일제의
특별한
식민지
포항

『포항지浦項誌』
주해와 그 주변의
이야기들

일제의
특별한
식민지
포항

김진홍
옮기고 쓰다

글항아리

일제강점기 포항의 다양한 표정

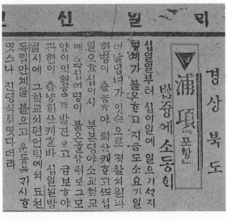

조선 독립 만세를 외친 포항
『매일신보』, 1919. 3.

재해로 좌절한 포항
『매일신보』, 1923. 4.

무시는 못 참은 포항
『중외일보』, 1927. 8.

부당함에 투쟁한 포항
『중앙일보』, 1932. 2

미래를 준비한 포항
『시대일보』, 1925. 1.

위기를 극복한 포항
『동아일보』, 1928. 7.

자녀 교육에 힘쓴 포항
『동아일보』, 1940. 5.

이 책에 대하여

일제강점기 한반도의 경제, 문화, 사회를 고찰한 많은 연구와 서적 대부분은 전국을 대상으로 다루고 있다. 그와 달리 이 책은 특정 지방, 즉 포항을 중심으로 그 시대를 증언하고 있다. 어느 지역이나 마찬가지겠지만 오늘날 고장의 역사를 알 수 있는 숱한 향토 사료는 거의 사라지고 없다. 자료가 제대로 축적되지 못한 이유도 있지만, 6·25전쟁으로 유실된 데다 이후 압축 성장기의 도시 개발 과정에서 향토사가 소홀히 취급된 탓이다. 포항시는 그중에서도 더욱 심한 편이어서 대구나 부산과 달리 6·25전쟁 당시 도심지 자체가 거의 초토화되었다. 그렇기에 운 좋게 남겨졌거나 우연히 발견된 과거의 흔적은 더없이 소중하다. 비록 그것이 일제강점기 당시 일본인에 의해 만들어진 것일지라도 그 실질적인 내용은 우리 선조의 피와 땀으로 이룬 것이기에 지역학의 관점에서는 남다른 의미를 찾아볼 수 있다.

이 책은 구한말 당시 동부 해안가의 한적한 어촌 마을이던 포항동浦項洞이 면面으로, 또 읍邑으로 성장한 과정을 조명하고 있다. 그와 동시에 그 시기 한반도 곳곳에서 발생한 주요 사건들을 망라하고 있으며, 역사·설화·산업·사회단체·문학·언론·의료·유흥·관광 등의 분야별로 시대상을 살펴볼 수 있는 지방 종합지다. 다른 지방 도시들도 포항과 유사한 과정을 거쳤다는 점을 고려할 때 이 책은 당대사를 간접적으로 체감할 수 있는 '전국구'급 향토사라고 할 수 있다.

그런 맥락에서 이 책의 전반부를 이루는 『포항지浦項誌』를 우리말로 옮기는 작업에 신중을 기했다. 우선 원문을 있는 그대로 옮기기만 하는 방식은 위험하다고 판단했다. 『포항지』를 쓴 두 저자는 당시 식민정책의 최전선에서 조선총독부 정책을 대변하는 일본인 기자였고, 그러한 관점과 논리가 책 안에 교묘하게 스며들어 있었기 때문이다. 예컨대 조선총독부의 정책 변화에는 충실한 태도를 보이면서 조선인이 처한 현실에 대해서는 간략히 다루거나 무시하거나 왜곡하고 있다. 또한 일찌감치 식민植民 사업에 뛰어든 일본인들이 '발전'이라는 구호 아래 한반도 동쪽 영일만의 어촌을 거점으로 부를 축적시켜 나가는 과정을 상세히 소개하고 있다. 더욱이 조선총독부 시정 25주년인 1935년에 간행된 『포항지』는 일제의 식민정책 성과를 과시하는 수단이자 포항 지역에 정착한 일본인들의 성공담이라 할 수 있다.

그런 이유로 이 책에서는 원문에 담긴 의도를 밝힘으로써 그들의 왜곡된 시각과 사고를 드러내고, 그들이 생략하거나 누락한 행간을 메울 수 있는 자료를 최대한 조사하여 해설과 주석으로 덧붙였다. 이 책 후반부에 『포항지』 발간을 전후한 사료와 광복 직전의 창씨개명과 징용, 광복 직후 일본인의 철수와 혼란기 포항의 모습까지 또 다른 포항의 발자취로 담은 것도 그 때문이다. 부족한 부분에 대해서는 연표 작성으로 보완했다. 이로써 일반인은 물론 과거 시대상을 연구하는 연구자들이 오해하거나 왜곡된 정보를 그대로 수용하지 않게끔 객관화했다. 또한 현대화 과정을 거치는 동안 각 지역의 역사적 흔적들이 큰 고민 없이 파괴되거나 훼손된 상황에서 그나마 과거 이 땅에서 어떠한 일들이 있었는지, 선조들은 어떠한 시대현실을 통과했는지 등의 증언을 지방의 향토사학 연구자들 또는 지역주민에게 들려줄 수 있다는 점에서 이 책은 남다른 의미를 지닌다.

당대의 여러 자료를 통해 『포항지』의 내용을 검증하는 과정에서 새로운 사실 가능성을 포착하기도 했다. 우선 1930년대 중반 일본이 러일전쟁과 만주사변에서 죽은 일본군을 추모하는 (또한 죽어서도 일왕에게 충성하겠다는 전사자의 다짐을 드러내는 의미에서) 전국 각지에 세운 충혼비가 묘한 용도로 재활용되었다는 점이다. 그 재활용처는 다름 아닌 6·25전쟁에 참전한 미 해병 제1비행단 전몰 용사를 기리는 충령비다.(이 점을 언론에 알려 기사화되기도 했다.)

또 다른 사실은 포항의 모갈산(수도산)에 남아 있는 저수조에 새겨진 휘호에 관한 것이다. '수덕무강水德無疆'이라는 휘호 옆에 새긴 서명은 현재 훼손되어 있지만, 조사 결과 그 서명의 주인은 일제강점기 당시 총독으로 활동했던 사이토 마코토齋藤實일 가능성이 있다. 이 또한 향토사 연구의 자그마한 성과라 자부한다.

선조의 발자취가 담긴 과거의 역사를 제대로 연구하지 않으면서, 한일관계가 악화될 때마다 눈앞에 걸리는 문제를 하나씩 치우는 식은 능사가 아니다. 일제강점기의 흔적이 과연 어떠한 목적으로 형성되었으며, 어떠한 과정을 거쳐 오늘날 남아 있게 되었는지 확인하는 작업이 필요하다. 그 작업의 결과는 후손들이 올바른 시각으로 역사를 바라보게 하는 교재로 활용되어, 역사의 진실과 현실을 함께 끌어안을 수 있도록 해야 한다.

끝으로 이 책의 출판을 흔쾌히 약속한 글항아리 강성민 대표와 복잡한 원고를 깔끔하게 정리해준 편집부 여러분께 감사드린다. 무엇보다도 2018~2019년 매주 함께 모여 원고를 꼼꼼히 검토하고 토론하고, 자료와 지도를 발굴하고 현장 촬영까지 도와준 분들께 감사드린다. 포항지역학연구회의 이재원 대표, 향토사학자 이상준 선생, 김정호 작가, 엄국천 포항문화재단 팀장 등 여러 회원의 관심과 독려가 있었기에 이 성과를 거둘 수 있었다. 이 책을 계기로 전국 각지의 많은 향토 연구 결과가 세상에 선보이기를 기원한다.

2020년 8월
김진홍

제2부 또 다른 포항의 발자취

일러두기

1. 이 책의 제1부는 『포항지』를 주석과 함께 번역한 주해서로 구성했고, 제2부는 『포항지』 발간 전후의 포항에 관한 사료들을 모아 구성했다.

2. 『포항지』는 당시 포항읍을 중심으로 다루고 있으므로 현 포항시 행정구역에 속한 영일군에 대한 정보가 많이 누락되어 있다. 이 점을 고려하여 장별로 소개가 미흡한 부분은 1936년 발간된 『경북대감慶北大鑑』(쓰지 스테조辻捨藏 편저)의 자료를 추가하여 보완했다.

3. 제2부에서는 1940년대 초의 창씨개명, 광복 이후 일본인의 철수, 1949년 포항시 승격 시점까지의 관련 자료를 담았다. 다만 부록의 연표 범위는 휴전이 조인된 시기까지로 잡았다. 이는 6·25전쟁으로 포항 시가지가 거의 초토화되어 휴전 이후 재건되었기 때문이다.

4. 『포항지』 원문에 없는 내용(사진 포함)은 '*' 표시와 함께 색을 달리하여 구분했다. 원문 자체의 오류는 바로잡은 후 주석으로 설명을 붙였으며, 존칭과 호칭은 대부분 생략했다.

5. 가독성을 위해 내용의 중요도에 따라 편집의 변화를 꾀했다. 예컨대 『포항지』 원문에는 본문으로 다루었으나 그 내용이 부수적인 부분은 구성을 달리했다.

6. 이 책에 실린 이미지 자료 중 출처를 밝히지 않은 것은 주로 일본의 데이터베이스, 포항시 홈페이지, 그림엽서 자료, 기타 이름을 밝히기를 꺼려하는 개인 제공 자료 등이다.

7. 이 책에 인용된 국내외 신문기사는 모두 저작권법 소멸 시효(70년)가 지난 기사들이다.

현재 포항 시립 포은도서관에 소장되어 있는 『포항지』 원본으로, 항온항습 장치를 통해 관리되고 있다.(표지는 파본) 향토사학자 고 박일천 선생 사후 기증되었다.(사진: 포항지 역학연구회 김정호)

국립중앙도서관에 소장되어 있는 『포항지』 원본. "조선총독부도서관" 청인이 찍혀 있다.(사진: 글항아리 출판사)

제 1 부
『포항지』주해

포항항의 어제와 오늘

1935년 포항항의 전경

1926년 10월 포항항의 전경(만 내에 정박한 것은 제2함대 30여 척으로 후루타카古鷹호에
는 황공하게도 다카마쓰노미야 노부히토高松宮宣仁 친왕 전하가 승함하고 있다)

1909년경 포항항의 전경

*후루타카호는 일본 제국 해군의 중순양함(1번 함)으로 1926년 3월 31일 준공된 것이다. 이 사진은 1926년 9월 21일에 촬영된 것으로 추정된다. 실제 노부히토 천황은 이날 오전 9시 50분부터 11시까지 1시간 10분에 걸쳐 포항에 상륙했다.

포항 개발의 인물 1

우메모토 쇼타로
梅本庄太郎

*1912년 영일어업조합 발기
　1920년 학교조합 임원
　1931년 포항운수 임원

오카모토 리하치
岡本利八

*1905년 가을 포항으로 이주
　1907년 4월 초기 일본인회 조직
　1912년 영일어업조합 발기
　1926년 포항읍회 의원
　1934년 사망

나카타니 다케사부로
中谷竹三郎[1]

*1901년 가을 첫 포항 방문
　1905년 가을 포항으로 이주
　1907년 4월 초기 일본인회 조직
　1910년 2월 일본인회 회장
　1918년 포항금융조합장
　1920년 11월 20일 포항면회 의원
　1923년 포항무진 이사
　1933년 공적을 기리는 수상과
　　　　공원이 조성됨
　1938년 조선수산회 회장,
　　　　포항상공회장,
　　　　경북도의회 부의장

마스노 구마오
增野熊雄

*1907년 4월 시점 포항 거주,
　초기 일본인회 조직
　1920년 11월 20일 포항면회 의원

후쿠시마 이헤이
福島伊平

*1912년 학교조합 임원
　1919년 미쓰토모 자동차 임원
　1920년 11월 20일 포항면회 의원
　1920년 포항금융조합 감사

---

1 나카타니 다케사부로는 초기에 상업을 하다가 경북어업, 교에이 자동차, 포항운송, 경북수산, 나카타니 다케사부로 상점, 조선축산, 경북물산 등 다양한 사업을 운영했다.(손경희, 「일제강점기 경북 영일군의 이주일본인 증가와 토지소유 확대」, 『대구사학』 제122집, 2016. 2) 또한 1936년 당시 영일읍의 '나카타니 옹 수상건설 보존회'가 『나카타니 다케사부로 옹』이라는 177쪽짜리 책자를 발간하여 그의 일대기를 상술하고 있다.

포항 개발의 인물 2

오우치 지로
大内治郎

*1914년 학교조합 임원
1920년 11월 20일 포항면회 의원
1935년 포항양조 임원, 20년간
송도에 송림을 조성

오가미 도메조
大上留造

*1910년 2월 일본인회 임원
1931년 5월 초대 포항읍회 의원

사사키 에쓰조
佐々木悦蔵

*1912년 영일어업조합 발기
1920년 11월 20일 포항면회 의원
1922년 두호동 학술강습소 창립

오쓰카 쇼지로
大塚昇次郎

*1910년 2월 일본인회 임원
1913년 영일수리조합 초대 조합장
1914년 포항 최초 자동차사업 도입
1917년경 포항을 떠남

기타가키 마타지로
北垣又次郎

*1915년 영일수리조합 발기인
1920년 학교조합 임원
1935년 포항운수 감사

하마다 이와
濱田惟和[2]

*1914년 초대 영일어업조합장
1927년 경북어업 전무
1928년 대보우편소장
1932년 송덕비 건립
1941년 대구일일신문사 이사
1943년 포항수산물출하조합장

---

2 『조선신문』 1930년 1월 20일자 경북수산의원 보결후보자 출마 관련 기사에 하마다의 이름이 "하마다 이와濱田惟和はまだいわ"라고 표기된 반면, 1930년 10월 22일자 『부산일보』의 영일어업조합장 당선 기사에는 "하마다 고레"로 표기되어 있다. '화和'의 발음 표기가 불확실하여 여기서는 '이와'로 통일했다.

하마다 이와의 송덕비

사람들 가운데 명예를 탐하지 아니하는 사람 없기에 이름을 이루는 자는 선하다. 사람들 가운데 이익을 독차지하지 않으려는 자 없기에 이익을 보는 자는 드물다. 이름은 언제나 훼손되기 마련이고 이익은 언제나 재난을 부르기 마련인데 이는 사욕이 이기기 때문이라. 진실로 사욕이 없이 명예를 탐하지 않고 자신의 이름으로 이익을 독점하지 않고 이익을 스스로 올바르게 한 자, 그 하마다 군을 잠시 돌아보면, 도야마현 아라카와군의 명문가에서 태어나 어린 시절 하루아침에

두 형을 잃은 뒤 교모 대신 어부의 모자를 쓰고 가업을 좇았다. 처음에는 부친이 경영하던 홋카이도 해역에서 일했으나 드디어 때를 만나 경북 영일만의 황폐한 땅으로 왔으니, 기다리는 이 하나 없는 물살 세고 파도 높은 이곳에서 최선을 다해 개척했으며 2년 만에 조망 어구의 개량에 성공했다. 이에 어족이 점차 번성하고 조업도 점차 왕성해져 끝내 지역 내 최고의 대 어장을 만들었다. 멀고 가까운 모든 어가漁家의 모범이 되어, 비결을 묻는 자에게 최선을 다해 지도하고 사업 실패로 도움을 청하는 어가에게는 책망하지 않고 보수도 받지 않고 도왔으니 오직 그의 명예가 빛나도다. 사업 역시 향하는 곳 어디라 할 것 없이 날로 번창했으니, 이 모든 것을 사욕과 명리에 매이지 않고 스스로 행한 자라. 아, 그는 참으로 인자한 사람, 군자라 아니할 수 없구나. 고로 본래 수산계와 기타 방면에 바르지 못한 곳이 많아 1930년 공직에 추대되어 종사한 지 15년이라. 대중이 이에 조합장으로 추천하고 또 지금 상의하여 공덕비를 세우니, 선조 송덕회 회원들은 누구의 비냐고 묻는 사람에게 기쁜 마음으로 자랑스레 이야기할 수 있는 기록이라. 그곳에 새기기를, 거친 물속에서 큰 고기를 잡는 것은 위수渭水에서 고기를 잡아 태공太公에 오른 것과 같은 제왕장상帝王將相의 이야기지만, 옛 고사에 고기로 흥하거나 고기에 대한 공功이 많이 언급된 것은 훌륭한 위인을 이야기함이라. 이처럼 하마다는 인자와 관용 그리고 재지才智까지 겸비한데다 심성이 한결같고, 가정보다 영일만 북부 바다의 어업을 위한 제방과 보호에 힘써서 거친 어구를 가진 자들이 어려움 없이 고기를 건져 올리도록 했다. 먹을 수 없다고 하면 말한 대로 되므로 그는 마땅히 해야 할 일에 대해서는 왕처럼 함부로 말하지 않는다. 옛사람의 말에 따라 청렴하고 손해에 연연하지 않아 오히려 이익이 늘었으니, 이러한 은혜로써 불쌍한 자를 두루 살피며 기뻐한다. 그가 명예롭게 쌓은 덕과 공이 높아서 모두 모여 비석을 하나 언덕에 세우고 기뻐하노라.

1932년 임신 여름, 경학원 대제학 명륜학원 총재

정만조鄭萬朝 지음

나카타니 다케사부로의 송덕비

옹은 성이 나카타니요 다케사부로라 불린다. 1871년 10월, 효고현 가리야초에서 태어났으며, 품성과 자질이 영특하고 뛰어나며 그릇의 크기가 커 능히 사람들을 포용한다. 행동거지는 서두름이 없으며 일찍이 웅대한 포부를 지니고 약관의 나이에 경주 각지를 돌아다니다가 바다 어업의 개발에 착안하여 경상북도 포항에 자리를 잡았으니, 이는 1904년이라.

이래로 갖은 고생 끝에 경영하던 사업이 점차 진전되고 집안도 부를 이루게 되었으며, 모든 일에 솔선수범하여 공적인 일에 전력을 다하면서 밤낮으로 지방 개발에 심혈을 기울였다. 이에 대중이 일본인 회장으로 삼았으며, 학교조합 관리자를 역임하고, 어업조합장, 수리조합장, 도 평의원, 금융조합장, 수산회장, 조선수산회 평의원, 도회 부의장 등 중직을 맡아 어업을 장려하고 항로를 계발하는 한편 항만의 번영과 철로의 부설 등 이루 헤아릴 수 없는 공적을 이루었으니, 이는 경상북도의 보물이라 할 것이다.

관록과 그 공적으로 금은 공배를 하사받았으며, 또한 황실 장례식 대전에 도민 대표로 참석했고, 즉위식의 대전에도 초청받아 기념훈장을 하사받았으며, 궁중의 연회에도 축하 사절로 포장을 받았으니, 이는 실로 영광이라. 옹은 지금 연세가 예순이며 장년에 이른 지역인사 가운데 후진後進이 공경할 만한 사표가 되기에 마땅하다. 이에 같은 뜻으로 상의하여 그의 수상을 세워 그 위덕을 천세에 전하고자 하니, 하나는 그의 은혜를 갚고 다른 하나는 이로써 후진을 가르치기 위함이다. 이 상像이 영원히 그 이름을 남기며 포항을 비추기를.

1933년 가을 9월
나카타니 옹 동상건설회

나카타니 다케사부로의
수상壽象(이면주각裏面鑄刻)
*광복 이후 수상(동상)은 철거되고
기단은 다른 목적으로 재활용된 바 있다.

포항의 과거와 현재

1935년 현재 혼초本町 거리 풍경 *광복 후 상원동

과거 혼초 거리 풍경

1935년 현재 나카초仲町 거리 *광복 후 중앙동

과거 나카초 거리 *일부 책자에서는 구한말의 여천 시장으로 소개

1935년 현재 영일교 *당시 도개교의 형태였음을 알 수 있다.

과거 영일교 *동빈내항으로 연결된 칠성천 영일교

1935년 현재 어선 풍경

과거 어선 풍경

1907년 11월 폭도*의병에 의해
포항으로 피난한 경찰관과 가족(우측 두 번째 인물이 이케나가池永)

1909년 6월 개교 당시의 영일일본인회립 포항심상소학교. 뒤편 오른쪽부터 야마자키山崎 교장, 오카
모토 리하치岡本利八, 고레나가 덴조是永傳藏, 나카타니 다케사부로中谷竹三郎, 오가미 도메조大上留造, 와
타나베 덴기치渡辺傳吉 다케이 기쿠치竹井喜久治. 앞의 오른쪽부터 미즈구치 도모주로水口友重郎, 니시 아
무개西某, 도쿠야마 시게조德山鎭象, 요시다 군조吉田軍三, 불명不明, 오테아라이 마사키御手洗政喜, 오가미
데쓰오大上哲夫, 이나타 나카토稲田仲藤, 구라타 아무개倉田某, 우라하마 마키浦濱マキ, 사토 기노佐藤キノ,
쓰치야 데루土屋テル, 최군자崔君子, 기요미즈 센넨清水千年

재류 일본인 최초의 연예회(1908)

재류 일본인 최초의 친목야유회(1909)

어마어마한 엽전 운반 광경

1908년 발행 다이이치 은행권第一銀行券

1원 권 지폐.*『포항지』에 게재된 1원 권 이미지는 좌우반전된 것으로,
여기에는 다른 사진 자료를 싣는다. 지폐 속의 건물은 수원의 화홍문華虹門이다.

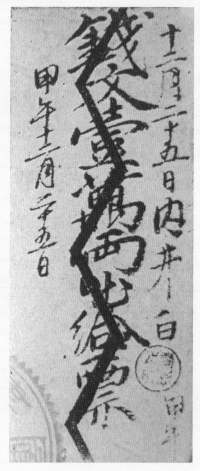

엽전 1만 냥 어음(구한말 시대 1894년 12월 25일자)
*원문에는 엽전의 사진이 있으나 생략함

『포항지』의 저자 소개

다나카 마사노스케[1]
田中正之助

가노 야스마사[2]
加納安正

*『포항지』의 원고('제5장 3. 경찰 가. 제도 이전의 경찰' 부분)

---

1 다나카 마사노스케는 당시 대동해운 소속으로, 『포항지』 본문에서는 조선민보사 포항
지국장으로도 소개하고 있다. 『포항지』 발행 이후 그는 이데미쓰出光 상회와 대동해운이
합자한 쇼와덴코 주식회사 이사로 취임했다.(『고베우신일보』, 1936. 12. 3)

2 가노 야스마사는 다나카 마사노스케와 함께 『포항지』를 저술하기 전에 『김천전지金泉
全誌』를 편찬했고 『최근의 김천最近の金泉』을 저술했다. 동아일보사 김천지국장을 역임하기
전에는 부산일보사 기자였으나, 1923년 4월 8일 본사로부터 김천 지역을 시찰하라는 지
시를 받고 같은 달 25일 김천으로 부임했다. 이후 1932년 고스기 양문당小杉養文堂에서 김
천 지역에 관한 전반적인 조사를 담은 『김천전지』의 편찬을 담당했다.

신작新作 포항 찬가

포항 좋은 곳 영일만 앞바다는
그것은 물고기의 수확
물결에 물결 눈을 사로잡는 파도
진짜 세계 제일
1리 1리마다 10만 량

포항 좋은 곳 해수욕은
촤악 촤악 헤엄치세
소나무 색향에 파도를 넘어
진짜 일본 제일
멀리까지 얕은 곳 잇는 수변 3리

포항 좋은 곳 항구의 위용은
모두 옆으로 붙어
기선어선은 파도를 가르며
바로 그 휘황찬란함
먼동 틀 때 방파제는 재즈 네온사인

경북수산 고우타小唄[1]

_ 야나나ハヒ[2] 지음

1. 파도에 파도가 에헤라디야[3] 출조를 끌어안고(샤미센 반주)
   덥든지 춥든지 물고기의 수확 그것 물고기의 수확
   갈매기 귀엽네 아니 아니 물고기 소식(후렴구 반복)

2. 남랑여랑男浪女浪[4]의 에헤라디야 수확의 갈매기 들어오네(간주)
   그물망대 이어지길 50여 리 그것 50여 리
   갈매기 귀엽네 아니 아니 물고기 소식

3. 1년에 600 에헤라디야 여만餘萬이라고 말하지만(간주)
   1리 1리마다 10만 량 그것 10만 량
   갈매기 귀엽네 아니 아니 물고기 소식

4. 바다를 비추어보면 에헤라디야 아이고 부끄럽네(간주)
   마누라妻[5]나 등대 눈의 피부 그것 눈의 피부
   갈매기 귀엽네 아니 아니 물고기 소식

5. 미가키[6] 닦아 에헤라디야 제대로 말려야(간주)
   진짜 청어의 색깔과 맛 그것 색과 맛[7]
   갈매기 귀엽네 아니 아니 물고기 소식

6. 허리는 펼치고 에헤라디야 꼬리는 붉게(간주)
   새우 색향의 사쿠라보시櫻干[8] 그것 사쿠라보시
   갈매기 귀엽네 아니 아니 물고기 소식

7. 청어 청어의 에헤라디야 북풍이 멈추면(간주)
   생각이 머문 곳에 딸려오는 고등어 그것 딸려오는 고등어
   갈매기 귀엽네 아니 아니 물고기 소식

8. 남편은 바다 멀리 에헤라디야 마누라는 작은 배手船[9]로(간주)
   저어라 휘저어버려라 고등어 무리 그것 고등어 무리
   갈매기 귀엽네 아니 아니 물고기 소식

* 현재 일본 홋카이도에서 만들어
판매하고 있는 신흠 청어.

1 고우타小唄: 샤미센 반주의 민요풍 소곡을 뜻하는데, 아마도 연중 풍어로 포항의 즐거운 풍경을 염원하는 마음을 녹여낸 곡으로 보인다.

2 야나나ハ七: 원문에는 이 곡이 작자 미상으로 되어 있으나 두 저자가 기자였음을 고려할 때 일부러 밝히지 않았을 가능성이 크다. 이 책의 후반부에 소개된 조선총독부 시정 25주년 기념 특집기사("약진 조선의 전망: 포항의 권, 『부산일보』, 1935. 10. 9)에는 '기라쿠喜樂'라는 요정에 소속된 게이샤 야나나가 「경북수산」 고우타를 지었다고 밝히고 있으며, 『포항지』 본문에도 야나나의 사진이 소개되어 있다. 한편 1935년 10월 11일부터 포항에서 개최되는 '경상북도수산진흥공진회'를 계기로 경북과 영일만의 수산업을 널리 선전하기 위해 협찬회에서 샤미센의 노래가사를 공모한 결과 많은 작품이 응모되었으며, 포항하나초의 오카모토岡本六七代가 1등에 당선되었다는 자료가 있다.(이기복, 「경상북도수산진흥공진회(1935년)와 경북 수산업의 동향」, 『역사와 경계』 73, 173~222쪽, 부산경남사학회, 2009. 12) 그렇다면 '오카모토'는 야나나라는 예명을 지닌 게이샤의 본명일 가능성이 있다.

3 에헤라디야: 원문은 '얏토사노사ゃっときのき'이나 특별한 의미가 없이 민요의 맞장구로 부르는 소리여서 우리 민요의 '에헤라디야'로 옮겼다.

4 남랑여랑男浪女浪: 큰 파도 작은 파도.(또는 파도의 방향이 서로 달리 얽히는 파도)

5 마누라妾: 한자 '妾'은 단순한 '妻'의 오기로 보인다. 일본인들이 포항에서 첩으로 삼은 조선 여성을 지칭한 것일 수도 있지만, 문맥상 첩보다는 처(마누라)로 보는 쪽이 자연스럽다. 이와 관련하여 당시 일본에서 첩은 합법적이었다. 이미 1898년에 호적법 개정에서 '첩'이라는 단어가 삭제되었다.

6 미가키身欠: 청어 대가리를 자르고 내장을 빼낸 후 건조하는 방식을 말한다. 이 방식이 광복 이후 이어져서 지금의 과메기 건조 방식으로 발전했을 수 있다.

7 청어: 메이지와 다이쇼 시대에 일본에서는 어장에서 건져 올린 청어를 며칠간 나무상자에 보관했다. 어육이 연화되고 청어 알이 굳어져 손질하기 쉬워지면 손으로 배를 열어 내장과 청어 알을 분리한 후 22~23마리씩 짚으로 엮었다.(이런 꾸러미 한 개 단위를 '렌連'이라 한다.) 이 상태로 2일 정도 덕장에서 말렸다가 사바사키리라는 예리한 부엌칼로 몸통을 가르고 2주간 더 건조시킨다. 지금은 기계에서 적당히 수분을 제거하고 손질한 후 다시 1주일간 기계건조를 했다가 머리 등을 잘라내는 성형 과정을 거쳐 1개월 정도 숙성시켜 출하하고 있다. 요즘 과메기의 제조방법과 닮은꼴이다.

8 사쿠라보시櫻干: 새우 멸치 등에 간을 한 뒤 서로 나란히 펼쳐 붙여서 건조 보존하는 방식.

9 작은 배手船: 자기 소유의 배.

서序

얼마 전 알고 지내던 가노 군이 찾아와 포항의 연혁을 써보겠다고 했
다. 나는 그 말을 듣고 크게 찬동의 뜻을 표했다. 국가에는 국가의 역
사가 있다. 그리고 그 역사는 국민이 나아가야 할 방향을 알게 해준
다. 지방에는 지방의 역사가 있어야 한다. 오늘날 포항이 이룩한 융성
은 분명 과거에 수많은 사람이 노력하고 고심하고 정진하여 경영해온
결정체나 다름없다. 즉 조상들의 희생으로 오늘날의 성과를 얻은 것이
다. 그렇다면 그것을 후손에게 전함으로써 지역의 장래를 짊어질 사람
들의 분발을 촉구하는 것은 긴요한 일이다. 그런 의미에서 나는 가노
군의 이 기획에 매우 찬동한다.

지금으로부터 30여 년 전까지만 해도 수십 호 정도의 일개 어촌에
지나지 않았던 포항이 지금은 3000호, 1만3000명의 인구를 끌어안은
경북 제2의 도읍이 되었고, 특히 최근에 동해안 철도의 연장과 맞물
려 축항築港의 실현이 드디어 가시화될 터다. 게다가 포항을 중심으로
영일군 내 각 지역을 살펴보면 도로, 항만, 호안護岸 등 토목사업은 물
론 교육기관의 충실, 대중 어업의 발달 그리고 농림 사업 분야에서도
폭발적인 발전을 이루어왔다.

실로 올해는 조선총독부 시정施政 25주년을 맞이했다. 오는 가을
우리 포항에서 경상북도수산진흥공진회를 개최코자 열성적으로 준비

하고 있다. 이러한 시기에 가노 군의 이 계획은 매우 시의적절한 것이라 믿는다. 아직 그 내용을 검토하지는 않았으나, 반드시 포항 개발에 이바지하는 문헌이 될 것이라는 말로써 서문을 갈음하고자 한다.

1935년 10월 영일군수 난바 데루지難波照治[1]

---

1 난바 데루지는 영일군수를 거쳐 전남 광주부 3대 부윤府尹을 역임(1938. 5. 4~1941. 5. 14)했다.

서序

『포항지』편찬을 계획한 것이 한두 번이 아니었으나 미처 실현하지 못하고 있었다. 본인이 맡은 책임을 다한 뒤에 할 일이라지만, 하루빨리 완성해야 함을 잘 알고 있으면서도 세속의 일에 쫓기고 새로운 시설 문제로 바쁘다보니 지지부진했다. 다나카 군이 이 작업을 맘먹은 것은 정확히 4, 5년 전으로 기억한다. 상당한 지원이 들더라도 반드시 완성하려고 벼르던 차에 이번 수산공진회 개최를 계기로 수년 전부터의 염원을 반드시 이루겠다는 계획을 내게 밝혔다. 나는 이견이 있을 턱이 없다. 사실 내가 해야 할 일이고, 이쪽에서 '부디' 하고 부탁해야 할 일이다. 게다가 이『포항지』편찬을 위해 가노 군이 종종 포항을 찾아와 취재하고 있다는 이야기를 듣자 더욱 그 뜻이 강해진 것이다.

아직 책의 내용은 모르나 다나카, 가노 두 사람의 평소 행실로 판단할 때 분명 포항의 전모를 밝히기에 충분히 좋은 저서가 될 것임을 믿는다는 한마디로써 서문을 갈음한다.

1935년 9월 포항읍장 시모무라 시게히데下村重英[2]

---

2 시모무라 시게히데는 조선총독부 경부 출신으로, 1919년 3·1 운동 당시 민족대표 33인 중 한 명인 윤익선尹益善과 재일 유학생 양주흡梁周洽을 경성 종로서에서 취조한 인물이다. 이후 포항경찰서장과 포항읍장을 지내고 1939년경에 경북흥업회사의 지배인을 맡았다.

자서自序

다나카 군으로부터 『포항지』를 쓸 테니 도와달라는 이야기를 들은 것
은 4, 5년 전의 일이다. 그것이 이제야 실현되었다. 금년(1935) 4월 시
모무라 읍장과 다른 선배들에게 상담하자 꼭 해달라며 격려해주고 자
료도 이것저것 제공해주어 제대로 착수한 것은 7월 초였다. 물론 회사
일과 여러 잡무가 넘쳐나는 상황에서 진행하기에는 상당히 큰 작업이
었다. 4월 24일부터 다음 달 8일까지 15일간 포항에 체류하면서 자료
수집에 나섰으나 기록이 없는 것도 있고, 초창기 사람들의 기억이 서
로 일치하지 않는 데는 별 도리가 없었다. 이런 사정 때문에 이 15일
간 취재는 뜨거운 여름의 더위와 함께 나를 상당히 괴롭혔다. 수집된
자료들을 정리하여 집필하기 시작한 것은 8월 10일, 그때부터 대부분
의 잡무를 젖혀두고 집필을 진행해 9월 6일 탈고하여 인쇄 공장으로
넘길 수 있었다. 약 300쪽의 소책자이기는 하나 1개월도 채 안 되는
기간에 완성하기란 결코 쉬운 일이 아니었다. 겉핥기식 취재와 불과
2개월이라는 짧은 기간에 만든 이 소책자로 포항의 전모를 밝히는 것
은 도저히 불가능한 일이다. 물론 누락된 부분이 있을 수밖에 없다는
점을 알고 출판한 것이기는 하다. 다만 이 졸저를 식자들 앞에 보여 포
항 건설의 기억을 새롭게 하는 단서가 될 수 있다면 그 이상 행복한
일은 없을 것이다. 저술할 때는 먼저 기록을 가장 중요한 자료로 삼고,

기록이 없는 것은 오래전부터 포항에 살아온 사람들의 기억에 의존했다. 그중 서로 어긋나는 것은 다수가 일치하는 것을 채택했으며, 가노는 직접 그것을 집필했고 다나카는 출판 쪽을 맡는 식으로 분담했다. 다행히 본인은 포항의 지방색에 조금도 물들어 있지 않아 집필 진행의 공정성과 공평성에 제약이 없었고 또한 다른 곳으로 빠질 만한 것은 아예 쓰지 않았다. 이 점에서는 편협했음을 느낀다. 포항 건설인의 연표와 이력도 꼭 써서 남겼어야 할 하나였으나, 시간 부족으로 이를 기술할 수 없었던 점은 유감이다. 부족한 점, 빠트린 점은 나중에 재판再版의 기회에 보완할 생각이다. 이 소책자의 편저에 서명 '浦項誌' 세 글자는 이시다 쓰네히데石田常英[3]에게 받은 것이고, 교정은 아마키 지혜이天木治平를 번거롭게 했다. 그 밖에 자료를 제공하거나 적지 않은 지원을 해주신 여러분에게 심심한 사의를 표한다.

1935년 9월 저자 쏨識[4]

---

3 이시다 쓰네히데는 조선총독부 기사技士로 1923년 3월 「사방사업의 효과」라는 보고서를 썼다. 당시 기자였던 가노와 친분이 있었을 것으로 추정된다.
4 자서를 쓴 '저자'는 가노 야스마사로 추정된다. 다나카 마사노스케와 공동저자인 점을 고려하여 자신을 3인칭으로 표현하고 있다.

1 장
상고와 신라, 고려,
조선 시대 개설

포항항은 경상북도의 동쪽 끝에 위치한 조선 남부南鮮[1] 동해안 유일의 무역항이다. 그리고 그 땅은 고대부터 일본과는 관계가 매우 밀접하며 그 유명한 스사노오노미고토素盞嗚尊[2]나 스쿠나비코나小名彦命[3]도 이곳 포항에서 도항했다던가. 또한 진구 황후神功皇后가 삼한 정벌에 친히 나섰을 때의 항로를 이곳으로 채택했다고 전해져, 지금의 포항역 뒤쪽 죽림산에는 황후가 상륙한 유적으로서 황후 신사가 세워져 있다. 그 밖에도 일본과 얽힌 이 땅의 신화와 전설이 많이 전해지고 있다.

상고 시대의 이 지역 정황에 대해서는 지금이야 알 수 없으나, 지문地文이 알리는 바에 따르면 원래 이 땅 일대는 완전히 황폐한 데 지나지 않았다. 형산강이 범람하는 과정에서 토사가 쌓이던 중 언젠가부터 게·새우·대합·조개가 서식하는 바닷가가 되었고, 해를 거듭하

1 오늘날 통용되는 '남한'으로 옮길 수도 있으나 최대한 『포항지』 원전의 느낌을 살리기 위해 원문의 표기를 살렸다.(구한말 시기를 설명하는 부분에서 '한인'이라는 표기를 제외하고는 한국인이나 한반도를 지칭하는 표현도 원문 표기 그대로 따랐다.)
2 『고지키』 『니혼쇼키』 등 일본 신화에 등장하는 용맹하고 다재다능한 신으로, 일본에 노래와 목공예 그리고 산철검을 전한 존재로 묘사되고 있다. 전국 곳곳에 신사가 있으며, 이즈모 지역 등에서는 조선 땅에서 일본으로 건너간 신이라는 설도 있는데 이는 『삼국유사』의 연오랑·세오녀 설화와 연관이 있다.
3 『고지키』 『니혼쇼키』 등 일본 신화에 등장하는 생활형 신격의 신으로, 의약·온천·곡물·지식·주조 등을 주관한다. 또한 나라를 세우는 데 도움을 주고 산이나 강의 이름을 짓는 신으로도 알려져 있다.

*「포항진 지도」(서울대학교 규장각한국학연구원 소장, 1872)

면서 형산강 기슭은 동방 제일의 평지를 이루었다. 나아가 향도向島[4]의 사구砂丘를 이루어 갈대와 억새풀 사이로 갈매기가 놀고 독수리가 잠자는 사주沙洲로 변했다. 이후 비가 내리고 물이 넘칠 때마다 그 폭이

---

4 지금의 송도를 지칭하는 것으로 추정된다.

넓어져 급기야 현재 포항항의 지대를 이루게 되었다고 한다. 지금도 경찰서 주변의 모래땅을 파면 불과 1.5미터 깊이에서 파도에 씻긴 작고 동그란 형태의 아름다운 모래알 등을 볼 수 있다. 또한 형산 기슭에 산재한 부락들이 상도上島 혹은 하도下島, 죽도竹島 등[5]으로 불리고 있는 것은 당시 이 부근이 파도가 넘실대는 해변이었음을 말해주는 유력한 증거일 것이다.

당연히 그것은 상고 이전의 지형으로, 이 지역에 산재한 패총으로 추정할 때 거친 암초 지대의 해변에 선주先住 민족이 있었음을 상상하기란 그리 어렵지 않다. 나아가 육촌六村이 발달하여 신라 국왕의 창건 시대에는 '근오지현斤烏支縣'이라 불렸고, 경덕왕(1193년 전) 때에는 '임정臨汀'으로 바뀌었고, 고려 시대에 이르러 '연일延日'로 개칭(이마니시今西 박사의 『신라사 연구』)되었다고 하는데, 이러한 부락 명칭도 결코 지금의 포항이 아니라 '연일'을 지칭하는 것이었음이 명확하다.

연일에 관해 말하자면, '영일迎日'은 '연일延日'로도 쓰는데, 이는 '영迎'자와 '연延'자가 음통音通[6]의 관계이기 때문이다. 고려조에 이르러 '영일'로 명칭이 바뀌었다는 기록이 있다.(『동국여지승람』) "오늘날의 영일읍은 소생이 여행 당시(1906)보다 30년 전에 신설한 것으로서…"(이마니시 박사, 『신라 구도 경주의 지세와 그 유물유적』)을 보더라도 지금 포항 땅의 출현은 매우 새로운 것임을 알 수 있다. 또한 상고부터 신라 및

---

5 『조선왕조실록』에 따르면 1731년(영조 7) 곡식 보관소의 기능을 하는 '창진倉鎭'이 포항 지역에 건설되었다가 1784년(정조 8)에 폐지되었고, 병인양요(1867) 3년 후인 1870년(고종 7)에 '포항진浦項鎭'이라는 명칭으로 다시 세워지면서 '포항'이라는 이름이 처음 나타나고 있다. 창진이 동해안 항로와 흥해 등의 곡창지대로 설치된 것이라면, 포항진은 군사 지리적 요충지로서 건설된 것이다. 1872년에 제작된 「포항진 지도浦項鎭地圖」에는 오늘날에도 지명이 남아 있는 5도(상도, 죽도, 분도, 하도, 해도)가 형산강 하구에 섬 형태로 있음을 확인할 수 있다.

6 음통音通이란 음이 같거나 운이 같은 어휘를 말함.

*형산강변의 조개무덤(사진: 조선총독부 유리건판, 1914년 촬영)

고려 시대에 일본 본토나 조선 북부 지방과 교통한 곳은 현재의 포항이 아니라 대체로 상하 부조扶助 지역에서 옛 연일 지역까지였을 것으로 봐야 한다.

형산강의 출현에 대해 말하자면, 오래전부터 포항 사람들에게 이 강은 암癌과 같은 존재로 이야기되고 있었다. 원래 이 포항 지대를 조형한 것이 바로 형산강인데, 예전에는 상당히 깊었던 듯 경주 부근까지 왕래하는 배舟나 패筏[7]가 있지 않았을까 이야기되고 있다. 그러나 그것은 잠시 접어두고, 이 강은 신라 신무왕神武王 때 형산兄山과 제산弟山 사이의 협곡을 가르면서 이루어졌다고 전해지고 있다. 이마니시

---

7 패筏(이가타)란 목재나 대나무 등을 엮어 만든 일본의 무동력 수상 구조물로, 물건을 싣고 강을 건널 때 쓰인다. 바지선과 같이 밧줄 등으로 잡아당기거나 배와 연결하여 보조적으로 사용되었다.

박사에 따르면 "형산 부근에는 신라의 신무왕릉이 있다. 형산 정상에는 왕王의 사우祠宇가 있는데다 이 왕이 부조扶助의 계곡을 개착開鑿하여 경주의 물을 영일만으로 떨어트리고 경주의 평야를 만들었다고 전해진다. 마치 일본 고슈甲州 평야의 그것과 유사한 설화가 있어 매년 5월에는 가깝고 먼 데서부터 찾아온 남녀가 사당土女祠에 참배하는…"이라 했다.

이에 따르면 단지 그 설화가 있을 뿐으로, 과연 신무왕 때 부조의 계곡이 갈라져 열린 것인지는 명확하지 않다. 또한 그 개착 공사가 실행된 당시로서는 상당한 대형 사업이었을 것으로 생각됨에도 불구하고 어떠한 기록도 없다. 게다가 『세계년계世界年契』[8]에 따르면 신무왕의 재위 기간이 4개월이고, 하야시 다이스케林泰輔의 『조선사』(1892)에 따르면 재위 기간이 7개월이다. 과연 이 대사업이 그 시기에 계획되고 이루어졌을지 의심스러운 일이다.[9] 그런데 지금 이 지방에 전해지고 있는 형산강 개착에 관한 재미있는 전설이 있다. 어느 시대인지는 모르나 옛날 안강 부근의 평야를 통치하던 왕 형제가 있었고, 당시의 경주 일대는 산악으로 둘러싸인 분지 형태로 큰비가 내릴 때마다 백성이 수

---

8 『세계년계』란 1901년 1월 무라카미村上 서점에서 출판한 『세계대년계世界大年契』를 가리키는 것으로 보인다. 일본·조선·지나(중국) 등 주변국을 포함하여 각 왕조별 왕의 즉위년대가 표시되어 있는데, 조선 편에서 신라 민애왕閔哀王, 신무왕神武王, 문성왕文聖王이 즉위한 해가 모두 1499년(일본 메이지明治 시대에 제정한 황기皇紀년도. 서기로 따지면 839년에 해당한다)으로 표기되어 있다. 저자는 1년 12개월을 각 4개월씩 3등분하여 세 왕의 제위 기간을 계산한 듯하다.

9 신라 시대의 엄청난 공사들, 예를 들어 석굴암이나 동궁 월지 등의 경우 대토목공사의 탁월한 기술력이 입증되었음에도 불구하고 저자는 편견을 가지고 서술하고 있다. 또한 이러한 토목공사는 반드시 왕의 재임 기간 안에 완성되어야 하는 것이 아니기 때문에 역사서에 기재된 왕의 재임기와 완공 시기가 맞아떨어지지 않을 수 있다. 대부분 완공된 시점을 역사에 기술한다는 점을 고려하면, 이 공사는 수십 년에 걸쳐 이어지다가 신무왕 시절에 완공되었다고 볼 수도 있다.

해에 시달렸다. 백성의 고난을 불쌍히 여긴 왕 형제는 어떻게든 수해로부터 구원해야겠다는 생각을 품고 있었다.

"백성의 이 고난을 없애주려면 우리 두 사람이 용으로 변신하여 큰비를 내림으로써 그 산의 계곡을 잘라낼 만한 강을 일으켜 바다로 흐르게 하는 수밖에 없지 않은가"라고 형 왕이 말했다.[10] 아우 왕은 당연히 이견이 있을 리가 없다. 급기야 두 사람은 교룡蛟龍으로 변신하여 신통력으로 큰비를 불러일으킴으로써 산악의 일부를 끊어 분지의 빗물을 바다로 흘려보냈다고 한다. 형산강 또는 형산과 제산이라는 명칭도 그때부터 생긴 것이라고 이 지방의 노인古老들은 지금도 이야기하고 있다. 그러나 형산강의 개착설이나 전설을 뒷받침하기에 충분한 근거가 없다는 점에서 이는 일종의 상상의 산물일 수 있다.

그리고 영일만과 일본 본토, 조선 북부 방면과의 교통 관계에 관해서도 과연 설화나 전설대로 이루어져 왔는가는 의문이 들 수밖에 없다. 특히 일본과의 교통 문제에 관한 것이 그렇다. 영일만과 우리 일본이 교통하는 길은 해로였으니, 당시에는 해류를 이용해서 항해해야 했다. 그 해류의 관계를 볼 때 영일만을 나와 북쪽으로 흐르는 난류로 갈아타고 나아가 북해에서 내려오는 한류에 배를 태우기란 매우 곤란했음이 틀림없다. 또 영일만에서 일본으로 건너려면 동해안 가까이 붙여서 아진포阿珍浦[11]로 항해한 다음 그곳에서 왼쪽으로 꺾거나, 아니면 영일만 머리 북쪽으로 달리는 난류를 타고 죽변 부근까지 전진한 다음 오른쪽으로 꺾어 이즈모出雲 쪽 동남 방향으로 달리는 한류를 따

10 신무왕 시대에 물 흐름을 조절하는 준설 공사로 물길을 열었다고도 해석할 수 있으며, 용의 이야기는 큰비와 지진 등에 따른 산사태로 협곡이 갈라진 현상에서 비롯되었을 수 있다.
11 아진포는 지금의 울산만.

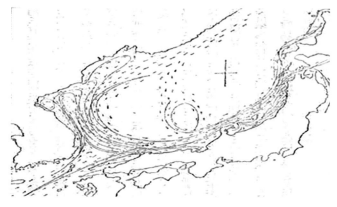

*구마다 작도 해류도(『포항지』)

*구마다 작도 해류도 원본(『일본 환해의 해류조사 업적』, 1922)

라 울릉도에 이르렀다가 오키隱岐에서 남하하여 일본에 도달하거나, 두 가지 길 중 하나를 선택해야 한다. 당시에는 두 항로 모두 쉬운 길 이 아니었다. 오늘날 1913년 오사카매일신문과 도쿄일일신문 양사가 해류 조사를 벌였고,[12] 동해 해상과 그 부근에 투입한 250개의 표시병 을 확보하여 조사한 결과를 토대로 구마다熊田가 해류도를 상세히 그 려냈다. 이 해류의 상태를 보면 난이도가 어떠한지 한눈에 알 수가 있 다. 물론 연대에 따라 해류 관계는 다소 변화가 있겠으나 이 해류도를 보면 영일만과 우리 일본의 교통이 그리 쉽게 이루어졌으리라고는 도 저히 생각할 수 없다.

나아가

영일만은 원산만 외에 동해안의 거의 유일한 만으로, 왕씨 고려 시대의 사실史實에 따르면 북방에서는 늘 반도의 동해안을 따라 남하를 시도하 여 함경과 두만강의 민족이 때때로 혹은 자유롭게 영일만에 접근할 수 있었다고 하니, 대체로 왕래한 함경 주민의 세력과 종적은 만 근처까지 미치고 있다. 따라서 남부에서는 이 만의 남쪽에 위치한 동외곶冬外串[13] 너머 북쪽으로 항해하기는 다소 곤란했을 것이다. 울산만은 조선 동해

12 이 조사는 1913~1917년까지 오사카매일신문사와 도쿄일일신문사가 조선총독부 관 측소의 협력을 받아 실시한 것으로, 구마다 도시로熊田頭四郎가 조사 보고서를 편집하여 1922년 『일본 환해의 해류조사 업적』이라는 책으로 간행되었다. 이 보고서에 수록된 다 른 해류도를 보면 『포항지』에 실린 구마다의 해류도보다 단순하다. 즉 『포항지』의 주장과 는 달리 영일만과 일본 사이의 해상교통이 그리 어렵지 않았음을 뒷받침하는 자료로 활 용될 만하다. 당시 『포항지』의 두 저자는 어떤 의도를 가지고 구마다에게 해류도 작성을 별도로 부탁한 것으로 보인다. 이러한 해류 조사와 관련하여 1908년 6월 11일 영일만 동 쪽 15리(위도 36.18, 경도 129.45)에서 병 10개를 투하했다는 사실이 확인되었다. 이후 2, 3년 간격으로 거리를 바꾸어가며 10개씩 투입했으며, 일본 서안 지역 중 시마네현 등에 서 가장 많이 발견된 것으로 나타났다.

안에 있지만 그 항로의 계통으로 말하면 부산과 함께 남방에 속하는 것
으로, 남방으로부터 반도를 왕래하는 일본인은 주로 이 만 근처까지…
(이마니시 박사, 『신라통설』)

이라고 밝혀, 일본인이 왕래한 곳은 대개 울산만이라고 단정하고
있다.

이 '영迎'과 '일日'이라는 두 글자가 묘하게 일본인의 감정을 움직여, '영일
迎日'이야말로 일본과 신라의 교섭지였다는 상상을 하기에 이르렀다. (…)
소생이 영일을 답사했을 때 태고太古 일본의 강력한 여왕이 옛 영일古迎日
에 상륙했음을 알려주는 국비國碑가 있다는 말을 토착민들로부터 들었
다. 물론 출처를 의심하면서도 일단 시험적으로 조사하고자 한바, 최근
이 땅을 왕래하던 일본인들이 이곳을 진구 황후의 상륙 지점으로 단정
하여 조선인들에게 그런 말을 옮긴 것이다. 그리하여 6년 만에 현지 주
민들 사이에는 고대로부터 내려오는 국비가 있다는 설이 사실인 것처럼
고색古色을 띠고 퍼져나갔고, 이것이 새로 유입된 일본인에게도 전해진
것이 명백해 보인다.

박사는 이렇게 말한바 진구 황후 도래의 전설도 지워지고 있다.[14]

---

13 여기서 말하는 동외곶은 호미곶이다. 김정호의 「대동여지도」에는 호미虎尾, 즉 '호랑
이 꼬리 부분'이라고 기록하고 있으나 말의 갈기와 닮았다고 하여 장기곶長鬐串 또는 동외
곶冬外串으로도 불렀다. 우리나라 고지도에는 동을배곶冬乙背串이라고 표기되어 있고, 일
제강점기인 1918년 이후에는 장기갑이라고도 불리다가 1995년에는 장기곶으로, 다시
2001년 12월부터는 호미곶으로 변경되었다.
14 그러나 조선총독부가 측도하여(1917~1936) 발행한 포항 지도에는 지금의 '수도산'이
'신후산神后山'이라는 명칭으로 시내 쪽의 포항산浦項山과 나란히 표기되어 있다. '신후'란
진구 황후를 의미한다.

조선 시대에 들어 태종왕 때 연일에 진鎭을 설치하여 성을 짓고 병마의 구비도 완비했으나, 이것은 그다지 특기할 만한 사실은 아니다.[15] 다만 포항 부근의 특산물로서 매년 진공珍貢한 물품을 기술하여 향후 산업 개발에 일조할 수 있도록 정리해둔다.

> 미역귀藿耳, 미역가루紛藿, 대여석大礪石, 별여석別礪石,[16] 인삼, 띠(삘기)白茅香, 백복령白茯苓, 방풍防風, 백작약白芍藥, 시호柴胡, 구판龜板, 당개나리連翹, 마황麻黃, 연꽃 수술蓮花蘂, 건문어乾文魚, 건광어乾廣魚, 건대구어乾大口魚, 대전어大全魚, 생복生鰒, 생대구어生大口魚, 관목어貫目魚

---

15 저자는 특기할 만한 사실이 아니라고 폄하하고 있으나, 이것이야말로 포항 지역의 정체성을 나타내는 중요한 기록이다. 이곳에 설치한 연일진은 말하자면 해병사단 안에 배치한 육군이다. 진鎭은 군사적 요충지의 성격을 띤다는 점에서 조선 시대에 이미 영일만 또는 연일 지역의 지정학적 중요성이 인식되었음을 알 수 있다.
16 원문에는 대광석大礦石, 별광석別礦石으로 표기되어 있으나, 포항지역학연구회의 향토사학자 이상준 선생이 확인한 바에 따르면 대여석大礪石, 별여석別礪石의 오기가 확실하여 이에 바로잡았다.

2 장
발전의 경로

1. 초창기 시대

포항에 일본인이 온 것은 1901년 가을이다.[1] 지금 초창기 포항의 원로로서 안팎의 신망을 한 몸에 받고 있는 나카타니 다케사부로中谷竹三郎 옹이 바로 그 장본인이다. 나카타니는 당시 부산에 본점을 두고 조선의 각 중심지에 지점을 둔 아와모리淡盛 상회[2]에서 곡물, 해산물, 면사의 무역업을 폭넓게 경영하던 청년 실업가였다. 아와모리 상회에서는 동해안 일대의 해산물을 취급하기로 하고 그에 관한 모든 거래

---

[1] 일본의 『제국통계연감』에 따르면 포항에 일본인이 들어온 것은 빠른 편이 아니었음을 알 수 있다. 구한말 일본인이 조선으로 건너온 도항 사유별 통계는 다음과 같다.

구분	공무	유학	상업	기타용무	기술자	노무	어업	여행	계
1880	174	5	350	332	73	-	-	-	934
1885	30	6	186	142	17	24	-	2	407
1890	24	10	970	450	85	219	33	2	1,793
1895	144	90	3,665	1,787	517	2,919	1,265	4	10,391

[2] 아와모리 상회는 일본 효고현兵庫県 아와지섬淡路島 출신인 다케히사 스테기치武久捨吉가 장년기에 조선으로 건너와 부산에서 해산물 무역으로 시작한 사업체다. '아와모리'란 상호는 자신의 출신지인 아와지淡路의 '담淡'과 번성繁盛의 '성盛'을 따서 지은 것으로 추정되며, 당시 기업의 심벌마크는 마루(○)안에 자신의 성 첫 글자인 '타タ'를 넣은 '마루타⑨'를 사용했다. 그의 사후 아들인 다케히사 고닌剛仁은 1931년 3월 15일자로 아와모리 상회를 주식회사로 변경, 비료 및 해산물 판매는 다케히사武久 상사(주)로, 해운 및 보험은 마루타 해운(주)으로 분리했다. 또한 부산수산(주), 조선수산수출(주), 조선수산물판매(주), 부산토지건물(주), 동양수산신문사(주), 부산선박급수(주), 부산식료품(주) 등의 계열사를 구성해 재벌로 성장한다.

를 나카타니에게 맡겼다. 그는 일단 이 지방에 대해 조사를 진행한 후 1901년 가을 포항에 들어와 잡곡과 해산물을 매입함과 동시에 포목, 석유, 성냥, 소금, 면사 등을 도매하면서 이 지방의 오지까지 진출해 거래를 시작했다. 포항에 일본인이 들어온 것은 이것이 시초다. 그때 같은 시기에 포항에 들어온 사람으로는 지금 원산元山에서 상당한 사업을 일으키고 있는 오카노 시로스케岡野四郎助, 그보다 조금 늦게 포항에 들어온 사람으로는 1934년 작고한 포항의 원로 오카모토 리하치岡本利八가 있다. 이들은 모두 부산 영사관의 호증護證[3]을 받아 이 땅 일대를 상권으로 삼아 활약했으나, 포항에 정주하지는 않고 가을에 포항에 들어와 이듬해 5월경까지 체류하면서 반년 분을 청산한 다음 5, 6월경 교대로 포항을 떠났다가 그해 가을 출곡기와 성어기에 다시 포항으로 들어오는 식이었다. 당시 부산-포항 간 교통은 육지로는 동래에서 언양 그리고 경주, 부조로 이어지는 옛 도로舊道를 거쳐 하부조에서 배편으로 포항에 바로 들어오거나 울산을 경유하여 포항으로 들어오는 것이었다. 배가 너무 소형이어서 화물 수송은 날씨에 따라 좌우되곤 했는데 운이 나쁘면 보름이나 허송하는 수도 있었기 때문에 화물은 별개로 치더라도 대부분 사람들은 육로를 이용했다. 1904년 1월 1일 조선 개발의 대동맥인 경부철도가 개통되고 난 뒤로는 대구

---

3 일본인은 경술국치의 해인 1910년 이전에도 출입이 가능했다. 이는 1876년 2월 강화도조약에 이어 1876년 7월 27일의 조일통상장정(1. 일본 상품에 대해 무관세와 항구 사용 무료 2. 양곡의 무제한 유출), 1876년 8월 24일의 조일무역규칙(일본 수출입 상품에 대한 무관세, 양곡의 무제한 유출 허용 등의 조항 포함), 1882년 7월 조일수호조규속약(제1조 부산·원산·인천 각 항의 간행이정을 확장해 각 50리로 하고 2년 후를 기해 다시 각 100리로 한다. 1년 뒤에 양화진 시장을 연다. 제2조 일본국 공사·영사와 그 수행원과 가족의 조선 각지 여행을 허가한다. 여행 지방을 지정함은 예조에서 하되, 증서를 발급하고 지방관은 증서를 검사하고 여행자를 호송한다) 등 당시 주도권을 쥔 일본이 일련의 일방적인 조약을 맺음으로써 이루어진 것이다. '호증'이란 조일수호조규속약 제2조에 의거해 일본 영사가 발급한 증서로 추정된다.

로 가는 이 철도 노선을 이용했는데 그 전까지는 모두 언양 가도를 통해 부산과 포항을 왕래했다.

당시 포항은 연일군延日郡 북면北面 포항동浦項洞이라 불리던 곳으로, 형산강 하구에 붙은 조그마한 어촌에 지나지 않았다. 부락의 규모를 이룬 곳은 지금의 남빈南濱, 여천余川, 학산鶴山 3개 동으로 조선인을 포함하여 불과 120~130호, 문화는 물론 부富의 정도 역시 매우 빈약한 상태였다. 그러나 동해안에서는 부산과 원산 사이의 중요 지역으로서 당시 함경남북도산 명태의 40퍼센트가 이 땅으로 수집되고 대구를 비롯한 안동, 의성, 예천, 김천, 상주, 멀리는 충청도와 전라도 방면까지 공급되어 각지의 시장을 뒤흔들었다. 부조 시장이 조선 남부 3대 시장 중 하나로 불리게 된 것도 조선 북부에서 잡힌 명태 거래가 왕성했던 데 따른 결과다.

1903년 말부터 일본과 러시아 간 풍운이 점차 험악해지다가 1904년 2월 6일 일본 제국의 건곤일척이라 할 선전포고가 있었으나, 당시 포항 인근의 인심 동향은 매우 느긋하여 마치 도원경에 있는 것 같았다. 그때의 상거래는 대체로 구한말의 엽전韓錢으로 이루어지고 있었지만 업자들은 그다지 불편함을 느끼지 않았고, 호증을 지닌 일본인에 대한 보호도 원만했기 때문에 내륙 여행이나 상거래 불만은 거의 없었다고 한다. 당시의 상황에 대해 나카타니가 이야기한 대목이 매우 흥미로워 여기에 함께 적어둔다.

나카타니 이야기

그렇다. 1901년 가을경 상거래를 목적으로 포항에 들어왔다. 나 외에는 지금 원산에 있는 오카노, 조금 늦게 오카모토 등이 포항에 들어온 것으로 기억하고 있다. 나는 지금의 점포보다 좀 위에 있던 한인韓人의 온

돌 집에서 생활하면서 다음해 6월까지 반년을 채운 후 부산으로 돌아 갔다. 거래에 이용된 돈은 한전이었는데 그 양이 산더미같이 많았기 때문에 조선인 중 세금을 걷는 관리收稅吏라 할 수 있는 자에게 어음과 같은 것을 발행하고, 그것을 한전과 교환했다. 그러면 그 수세리(?)가 해당 어음을 지참하여 부산으로 가서 일본돈日貨으로 바꾼 다음 그것을 서울(경성)로 보내게 되는데, 그 어음 취급이 매우 간편하여 그들은 그것으로 상당한 이득을 얻었다.

그리고 통신 문제를 말하자면, 지금이야 부산은 물론 조선과 만주 지역뿐만 아니라 외국까지도 전보나 전화 통신이 가능하나 그때는 모두 히갸쿠飛脚[4]였다. 그 히갸쿠의 부산 왕복이 5일 만에 이루어지면 최상이었다. 즉 가는 데 이틀, 오는 데 사흘인 셈이다. 우리는 하루라도 빨리 부산에 도착하기를 바랐기 때문에 이틀 만에 도착하게 되면 임금에 1원을 얹어주었다. 그때 포항을 중심으로 모여드는 물자는 쌀이 5~6만 석, 콩이 3~4만 석 정도였는데 당연히 가격도 지금과 비교가 안 될 정도로 싸서 쌀이 1석당 4~5원 정도였지만 그 품질이 열악한 데는 놀라지 않을 수 없었다. 특히 곤란했던 것은 백미였다. 그것은 일정한 표준이 없었을 뿐만 아니라 쌀 분량이 적으면 그 분량만큼 돌이 들어 있는 불량품이었다. 곡물 대부분은 부산으로 회조回漕[5]시켜 정제했지만 청어鰊는 본고장답게 그 양이나 질이 모두 훌륭한 것이었다.

---

4 히갸쿠飛脚란 빨리 달리는 사람이라는 뜻으로, 오늘날의 택배업자라고 할 수 있다. 옛날 역마 제도와는 달리 조선 후기에 해당하는 에도 시대에 편지, 환, 소화물 등을 운송하는 업자와 그들의 운송 방법을 의미한다. 관공서의 히갸쿠 외에도 각 지역별 히갸쿠가 있었으며, 민간에서도 신속하고 확실한 통신·운송 수단으로 발달하여 지역별로 히갸쿠 도매상이 있었다. 1830~1840년대에는 이것이 정기 운송업으로 확대되었으나 1871년 우편 제도가 생기면서 점차 쇠퇴하게 되었다.

5 회조回漕(가이소)란 '회선운조回船運漕'의 약칭으로, 화물이나 승객을 배에 실어 정기적으로 운송하는 것을 뜻한다.

그 시절 포항은 대체로 연일 군수가 생사여탈의 권력으로 다스리고 있었다. 포항은 북면의 포항동이라 불렸고, 면사무소라는 것이 지금의 도키와초常盤町에 남아 있다. 그 사무소를 한인들은 교당校堂이라 불렀던 것으로 기억하고 있다. 그 시기에 행정이라는 게 어떤 식이었는지는 기억이 나지 않으나 이 교당에는 일반인에게 세금을 징수하는 역할의 공무원(?) 정도가 있었던 듯하다. 조선 말기의 정치는 가렴주구가 행해졌다고는 하나 이 지역에서는 그런 것도 없었던 것 같다. 게다가 이 주변은 동양의 독특한 미풍인 경로사상이 발달하여 젊은이는 모두 연장자의 말을 경청하고 빠릿빠릿하게 일을 잘했다. 범죄자라고 해봐야 크지 않고 작은 도둑질 정도라서 그들에게는 채찍질 몇 대 정도의 제재였고, 예방조치隣保6 격인 제재도 매우 엄격하게 시행되었기 때문에 이 일대는 상당히 평온했다. 이러한 상황에서 일·러 간 풍운이 급변하며 전쟁이 시작되었으나 매우 무관심했기 때문에 주민의 이동이나 업계 상황의 변화는 조금도 없었던 것 같다. 1903년부터 경부선의 속성 공사가 시작되어 각 역에는 기술자부터 토공, 또 그들을 대상으로 하는 잡화상이나 여관, 요리점 등 수많은 일본인內地人이 주거를 옮기는 것을 보았으나, 포항에선 여전히 우리 몇 명만이 출입하면서 상거래를 했을 뿐이었다. 이러한 상태로 1904년을 보내고 1905년을 맞이했다. 일·러 간의 전쟁은 개전 이래 일본군皇軍이 연전연승하는 상태로 진전되자 러시아가 필승할 것이라는 사대사상에 물들어 있던 일부 조선 사람들의 분위기도 바뀌어 일본인에게 각별한 호감을 보이기 시작했다.

그리고 잊기 힘든 것은 1905년 5월 27일의 동해日本海 해전이다. 당시 발틱 함대가 근거지를 나와 동양 진출을 위해 블라디보스토크 함대와 협

---

6 인보隣保란 빈곤, 환경, 사회 등 다양한 주변 지역의 사회 복지적 차원에서 전문지식을 가진 자가 제재나 예방조치 등을 취하는 것을 의미한다.

력하여 일본 함대와 일전을 주고받는다는 정보가 우리의 신경을 더욱 예민하게 만드는 한편 일종의 주체할 수 없는 흥분마저 느끼게 했다. 언제 어느 곳에서 교전할지 물론 알 길이 없었으나 그 결과에는 신경이 쓰였던 것이다. 지금도 그때를 회상하면 일종의 흥분을 느끼게 되는데, 실로 그때의 포성이 어제인 것처럼 아직도 귀에 남아 있다. 정확히는 27일 정오경이었다. 쾅! 쾅! 하고 포가 폭발하는 굉음이 들리자 나는 '시작했구나'라고 직감했다. 처음에는 멀리서 천둥 치는 소리 같았는데 점차 가까워지면서 마치 콩 볶는 것 같은 소리가 들렸다. 땅이 울려 주변의 가옥들이 진동하는 상황은 실로 처참한 모습이었다. 포에서 나는 소리가 점차 북쪽으로 가더니 그날 저녁 무렵에는 전혀 느끼지 못했지만 '그 결과는 과연?' 하는 것은 당시 포항에 있는 자들뿐만 아니라 모든 일본인의 관심사였을 것이다. 나는 그 전과를 알고 싶어 날이 밝아지기를 기다렸다가 포항을 나섰는데 울산에서 대구로 향하던 사람으로부터 우리 일본의 도고 함대가 대승했다는 말을 듣고 깡충깡충 뛰면서 즐거워했다.

그해(1905) 가을 나카타니는 영주할 목적으로 우리 포항으로 거처를 옮기고 일본식 건축 양식의 가옥을 신축했다. 그것이 지금의 나카타니 상점의 3대 전 가옥으로, 포항항에 건축된 최초의 일본 가옥이다. 나카타니가 이주한 직후 그와 같이 영주하기 위해 포항에 들어온 사람은 6, 7명을 헤아렸는데 그중 주된 인물은 다음과 같다.

- 곡물·해산물 무역: 나카타니 다케사부로, 오카모토 리하치, 이와사 히로가즈, 오카노 시로스케
- 곡물·해산물 무역 겸 농업: 도미요시 마쓰지로富吉松次郎
- 운수: 아마노 겐조天野源蔵

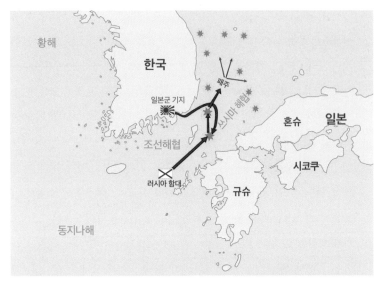

*'동해 해전'이라 불리는 러일전쟁 주요 격전지(나카타니 다케사부로가 기억하는
해전의 함포 소리는 아마도 러시아 함대와의 추격전이었을 것이다)

– 통역: 소오宗[7]

    이들 모두 단신으로 포항에 거처를 마련했고, 이외에도 나카타니
와 오카모토 등의 가게에서 일하는 일본인 점원이 있었다. 그해 말경
에는 20명 가까운 일본인 거주자들이 최초의 1년을 보냈고, 국위國威
가 사해에 빛나는 1906년 1월을 전승戰勝의 축하주와 함께 맞이한 것
이다.

    해가 바뀔수록 포항을 찾아오는 일본인 숫자가 늘어나 호소카와
細川, 아마노天野, 하시모토橋本는 모두 부인을 데리고 포항에 들어왔다.

---

7 소오宗는 쓰시마對馬島 영주 가문의 성씨로, 이곳 출신들은 조선어와 일본어에 능통하
여 통역원으로도 많이 종사했다.

1906년 이른 봄에 아마노가 가장 먼저 들어왔고 호소카와와 하시모토는 6월 15일에 들어왔으므로, 최초로 포항에 들어온 일본인 부인은 1906년 봄의 아마노 부인이었다.

당시 포항은 부산영사관 관할 지역에 포함되어 있기는 했으나 보호는 거의 받지 못했다. 그동안 일본인들은 제 한 몸의 이득에만 몰두하지 않고 대大 포항 건설에 앞장서서 일치단결하여 열심히 노력했는데, 그 결실로 오늘날의 대 포항을 건설하게 된 공적은 우리 포항 역사에 대서특필하여 후세에 전해야 할 것이다.

붉은 황토로 덮인 산赫土山의 소나무 그림자에 모습을 감춘 채 미미하나마 인적을 알리는 연기가 갈대와 억새 바람 사이로 휘날리던 어촌, 동해에서 싸구려 거래나 하던 거친 갈대밭의 빈약한 어촌이 이제는 조선 동해안 유일의 무역항이 되었다. 바다에 큰 배를 띄우고 육지에 사통팔달의 교통로를 개척하여 번화한 항만도시를 꿈꾸는 지금의 모습을 보면, 포항 초창기의 사람들로서는 실로 만감이 교차하는 감정이 끊이지 않을 것이다.

2. 이사청 시대

1905년 11월 17일 한·일 간 신협약＊을사늑약이 체결된 데 이어서 12월 20일에는 통감부와 이사청理事廳 관제가 칙령으로 공표되었고, 또한 영구히 존재할 것 같던 공영사 제도가 폐지되어 1906년 2월 1일 부터 통감부와 이사청의 업무가 시작되었다.[8] 당시 조선 내 이사청이 설치된 곳은 10개 지역이었다. 즉 부산, 마산, 목포, 군산, 인천, 경성, 진남포, 평양, 원산, 성진이었는데 곧이어 8월에 대구, 11월에 신의주, 이듬해인 1907년 12월에는 청진까지 3개 도시가 더해져 13개 청이 설치되었다. 그 관할구역은 다음과 같이 정해졌다.

이사청	관할구역
부산이사청	경남 남부 일대, 경북 동부 연안 일대, 강원 연안 일부
마산이사청	경남 남부 일대(부산, 대구 관할은 제외)
목포이사청	전남 일대
군산이사청	전북 일대, 충남 남부 일대

---

8 1905년 12월 21일부터 시행된 이사청 제도는 지방 행정을 맡으면서 거류 일본인의 이익 보장과 한반도 전역을 지배하기 위한 통감부 전위조직의 성격을 지니며, 공영사 제도를 폐지하고 관련 업무를 이사청이 수행하게 된 것 자체가 일본 제국이 사실상 한반도의 행정 부문을 장악한 것을 의미한다.

이사청	관할구역
경성이사청	경기 동부 일대, 강원 서부 일대, 충북 동북부 일대, 충남 서북부 일대, 황해 남부 일대
인천이사청	경기 서부 일대, 황해 남부 일대
평양이사청	평남 동북부 일대, 황해 동부 일대
진남포이사청	황해 서북부 일대
원산이사청	함남 일대, 강원 동북부 일대
성진이사청	함북 서남부 일대
대구이사청	동해안을 제외한 경북 일대, 충북 동남부 일대, 강원 남부 일대
신의주이사청	평북 일대
청진이사청	함북 북부 일대

당시 포항에 머물고 있던 일본인들 가운데 주요 인물을 보자면, 무역업의 나카타니 다케사부로와 오카모토 리하치, 요리점업의 호소카

*을사늑약으로 1907년 7월 10일 착공된 (한국) 통감부 청사.
이후 조선총독부 임시 청사로도 사용되었으며, 6·25전쟁 당시 파괴되었다.

와 아무개, 기계업의 아마노 아무개天野某, 과자상의 하시모토 마쓰시
게橋本松繁, 상업 겸 농업의 이와사 히로가즈, 과자상의 세토구치 산
조瀨戶口三藏, 요식업의 후지와라 류조藤原隆蔵, 통역의 소오宗 아무개였
다.(호소카와, 아마노, 하시모토, 이와사, 후지와라는 부인을 동반했고, 나머지
는 모두 나카타니, 오카모토의 상점 점원이라고 한다.)

3. 1907년 전반의 상황

1906년은 통감 정치의 초기다. 위인偉人 이토 히로부미伊藤博文가 초대 통감의 인수印綬를 두르고 그 직위에 부임하여, 예의 한국 보호통치의 결실을 거두어 동양 평화를 확립하기 위해 자기 몸을 돌보지 않고 국가에 충성匪躬하는 데 지극정성을 쏟았다. 그러나 새로운 보호조약의 파기를 부르짖는 이 걱정 없는 국가非憂國家에서는 군대를 일으키거나 의병이라는 미명에 적籍을 둔 화적들이 봉기하는 등 세상을 시끄럽게 하는 수많은 사건이 각지에서 일어났다. 대한제국 조정韓廷에서는 일본 배척설이 성행하고 협잡의 무리가 궁중에 출입하면서 허구망탄虛構妄誕의 이야기를 유포하고, 대한제국 황제韓帝를 움직여 비서감승 김승문金升文에게 '적신 이토伊藤, 하세가와長谷川을 참해야 한다'는 내용의 밀칙密勅이 내려지는 등 한국은 위아래로 소란스러운 일이 있었다.

당시 네덜란드의 헤이그海牙에서 제2회 만국평화회의가 개최되어 열강의 위원들이 모여 회의를 벌이는데 갑자기 한국의 사절이라는 자가 나타나 세상의 이목을 놀라게 했다. 그것이 바로 헤이그 사건이라는 것이다. 이 일을 들은 통감은 단호한 태도를 보였으므로 상하 모두 기색을 잃고 결국은 한국 황제가 양위하는 것으로 이 사건은 낙착을 보았다. 그러나 이 양위를 흔쾌하게 여기지 않았던 박영효朴泳孝, 이도재李道宰 등 궁중파는 군부의 불평분자들과 결탁하여 7월 20일 날이 밝자 즉위식 참가의 기회를 틈타 양위파, 즉 내각대신 등을 일거에 모두 찔러 죽일 것鏖殺을 계획하고 모든 준비를 추진했으나, 정부가 이를 알게 되어 폭동 계획은 간발의 차로 저지되었다.

그리고 한국의 위아래는 항상 불온한 것이 많아 제국의 한국 보호 통치의 결실을 거두기 위해서는 한 단계 높은 혁신이 필요하다는 점에서 7월 24일 이토 통감과 이완용 총리대신 사이에 아래의 조관條款이 약정되었다.

제1조 한국 정부는 시정 개선에 관해 통감의 지휘를 받을 것
제2조 한국 정부의 법령 제정과 중요한 행정상 처분은 사전에 통감의
　　　승인을 거칠 것
제3조 한국의 사법 업무는 보통 행정 업무와 구별할 것
제4조 한국 고등관리의 임면은 통감의 동의를 받아 이를 행할 것
제5조 한국 정부는 통감이 추천하는 일본인을 한국 관리로 임명할 것
제6조 한국 정부는 통감의 동의 없이 외국인을 한국 관리로 용빙傭聘하
　　　지 않을 것
제7조 1905년 7월 22일 조인한 일한협약 제1항은 폐지할 것

이 협약에 따라 한국에 대한 일본의 보호권이 한 걸음 내딛게 되어 지휘권을 쥐게 되었다. 이에 따라 즉시 한국 군대의 해산에 착수한 것이다. 당시 포항 부근에 있는 진위대鎭衛隊와 병사 인원兵員은 다음과 같았다.

진위 제3대대 본부(대구)　부령副領(중좌中佐[9] 상당). 이하 장교 10명, 하
　　　　　　　　　　　　사·졸병 251명

진위 제3대대 분견소(경주) 부위副尉(중위 상당). 이하 하사·졸병 29명

진위 제3대대 분견소(울산) 부위 이하 하사·졸병 21명

진위 제3대대 분견소(진남) 정위正尉[10](대위 상당). 이하 하사·졸병 101명

진위 제3대대 분견소(안동) 정위 이하 하사·졸병 101명

진위 제3대대 분견소(진주) 부위 이하 하사·졸병 29명

진위 제3대대 분견소(문경) 부위 이하 하사·졸병 50명

이 군대 해산은 7월 31일 밤 군부대신 이병무李秉武가 대조大詔를 받들어 8월 1일부터 시작되었다. 당초 많은 소란을 각오하고 있었기에 해산병이 폭도로 돌변할 경우 대처할 방책이 미리 세워져 있었다. 당시 한국 정부는 총포화약단속법이라는 것을 선포하여 미리 병사들로부터 총검을 거둬들여 창고에 격납시킨 뒤 만전을 기해 해산을 단행한 것이다. 경주 진위분견소 대장은 박창화朴昌和라는 부위로, 그는 일본 육군사관학교 출신의 신지식인이며 훌륭한 친일파였다. 그가 당시의 경주서장 기네나가 후사요시杵永房吉와 밀접하게 연락하면서 해산식을 단행하자, 시류에 편승하지 못한 해산 병사들은 화적으로 변해 이 지역 일대를 거칠게 돌아다녔다.

당시 포항 부근의 소란함이 극심하여 재류민들도 큰 불안감을 안고 나카타니 집에 모여 군대 급파를 요청하기로 뜻을 모았다. 결사의 각오로 다케다 야스아키武田安秋, 세토구치 산조瀨戸口三蔵가 급히 대구로 출발하려던 차에 다행히도 오쿠라小倉 14연대의 병사 20여 명이 수비대장 나카지마中島 중위의 인솔 아래 의기양양하게 상륙했고, 재

---

9 부령은 대한제국 시절 위관 계급의 하나로 오늘날 '중령'에 해당하며, 일본의 중좌中佐가 같은 지위에 속한다.

10 정위 계급은 '참령'보다 낮고 '부위'보다 높은 계급에 해당한다.

류민들은 그제야 근심스런 기색을 풀고 살아남았다는 생각을 했다고 한다.

나카타니 이야기

확실히 1907년 7월에서 8월로 넘어가는 시기였다고 기억한다. 각지에서 봉기한 폭도들의 기세가 날이 갈수록 극에 달해 재류 일본인이 피해를 받는 경우가 매우 많았다. 게다가 포항도 언제 습격을 받을지 알 수 없었다. 그런데 이곳에는 폭도들과 교전할 무기라고는 한 점도 없었다. 그때는 최초로 내가 건축한 집을 2층으로 개량했기 때문에 2층 건물은 일종의 일본인 집회소였다. 사람들은 매일 모여 폭도에 대한 대책을 상의했다. 그리고 수비대를 주둔시켜달라는 청원서를 대구이사청에 제출하기로 한 것이 그 요점이었다. 그때의 폭도 대책은 맥주병에 화약을 채우고 도화선을 붙여 폭도에게 던지자는 것이었기에 마음만 졸일 뿐이었다. 그런데 화약도 200문[11]밖에 없었다. 그걸로는 아무것도 할 수 없었다. 한시라도 빨리 수비대를 주둔시켜야 한다는 데 대중의 뜻이 모이자 모두 비장한 마음가짐으로 문구를 다듬었고, 오카모토의 점원으로서 일러전쟁에 종군하여 군조軍曹[12]까지 승진했던 건장한 고레나가 덴조是永傳藏가 집필했다. 그런데 청원서를 지참하고 대구까지 가는 중요한 역할을 맡을 사람이 필요했다. 그 길은 어쨌거나 폭도들이 횡행하는 곳이니 결사의 각오를 해야만 한다. 그리고 도중에 해를 당한다면 아무것도 이룰 수가 없다. 자, 이 엄청난 역할을 받아줄 사람은 누구인가? 일동은 비장한 얼굴로 한 마디도 하지 않고 있었다. 그때 문득 그 역할을 맡겠다고 나선 자는 다케다 야스아키와 세토구치 산조 두 사람이었다.

---

11 1문匁은 1관(3.75kg)의 1000분의 1 정도.
12 우리나라 군대 체계에서 '중사' 계급에 해당한다.

그 자리에 있던 모두는 휴 하며 안도의 가슴을 쓸어내렸다. 이 결사의 두 명을 보내기로 결정한 뒤, 수비대가 도착하기 전에 폭도의 습격을 받을 경우의 대책을 논의했다. 돌발사태가 일어나면 고레나가가 지휘를 맡기로 결정한 순간 앞바다에서 기적 소리가 울렸다. 그 당시에는 조선 정부의 융성호隆盛號라는 배가 한 구석에 입항해 있었으나 다른 기선은 눈에 띄지 않았기에 의아하게 생각하고 앞에 있는 전망대(현재는 박재오朴在五의 집 공동우물이 있는 곳)로 올라가 바라보자 일본의 운송선이 아닌가. 심지어 그 배에는 군대가 있었다. 잠시 기다리자 중위가 인솔하는 24~25명의 군대가 이 우울한 부락 포항에 상륙했다. 지옥에서 살아났다는 표현을 하기에는 이르다 해도 당시 재류 일본인들의 희열은 실로 문자나 말로 다할 수 없었다. 생각지도 않았던 군대의 상륙으로 인해 결사의 각오로 대구행을 결심한 다케다·세토구치 씨도 위험 지옥을 뚫고 나갈 걱정이 사라진 셈인데, 군대의 상륙이 한 시간만 늦었다면 두 사람은 이미 출발했을 것이다. 뜻하지 않은 행운에 모두들 미친 듯이 기뻐하며 군대를 맞이했다. 그러나 군대가 머물 곳이 없어서 우선 우리 집과 오카모토, 이와사의 집에서 나누어 숙박하도록 했고, 포항을 중심으로 한 인근을 수비하게 되었다. 이때 대장은 나카지마中島라는 사람으로, 소속 부대는 제12사단 오쿠라小倉였다.

이케나가 시치로池永七郎 이야기

(이케나가는 1907년 6월 경무고문부 대구 지부 경주분견소에서 근무하다가 같은 해 11월 초순 영일분견소의 주석이 되어 1909년 10월까지 주재한 사람이다.) 당시 한국의 제도는 매우 복잡해서 경찰은 한국 정부, 이사청 경찰, 경무고문부 3개로 나뉘어 있었다. 나는 한국 정부의 순사인 동시에 경무고문부 보조원으로서 처음에는 경주서의 사법 주임이 되어 마쓰나가

후사나나松永房七 서장 밑에서 일했다. 7월 들어 각지에서 폭도가 봉기했기 때문에 정세가 매우 소란스러웠다. 포항에는 수비대가 와 있을 것이라고 생각하면서도 연락이 단절된 상태였으므로 알 도리가 없었다. 어느 날 밤 마쓰나가 서장이 나를 숙소로 불러 진위대 해산 후의 수습조치에 관해 논의했다. 그리고 만전을 기하려면 대장과도 협의해야 했으므로 이튿날 밤 박 대장을 서장 관저로 불러들여 세 사람은 다급히 협의를 마쳤다. 다행히 박 대장은 일본의 사관학교 출신인 신지식인인데다 대단한 친일가親日家였기 때문에 의논이 매우 순조롭게 진행되어, 해산 전에 하사·졸병의 검을 회수하고 탄약 총기 일체를 창고에 격납시키기로 했다. 그러나 분위기가 험악해서 언제 해산 병사가 날뛸지 모르는데다 일대에는 진위대의 재향 병사 600명 정도가 있었다. 이들이 서로 내통하면 재류민들은 모조리 당할 것이 자명하기 때문에 나는 수비대원 파견을 간청하라는 서장의 명을 받고 포항으로 향했다. 무엇보다 고문부 측에서 가사기함笠置艦13에 병사를 태워 부산에 보내주겠다는 통지가 있었으므로 지금쯤이면 당도해 있으리라 예상하고 출발한 것이다. 포항에 도착하자 수비대가 도착해 있었다. 사흘쯤 전에 도착했다는데 아직 행장을 풀지 못한 자도 있었다. 나는 바로 나카타니 집 2층에 본부를 둔 보병 제14연대의 분견대장 나카지마 중위를 만나 서장의 의지를 전달하고 병사의 출동을 간청했다. 그러나 대장은 불안하다면서 구체적인 사건이 없는 곳에 병사를 파견할 수는 없다고 했다. 그러면 행군을 해서 그들의 폭동을 견제해주었으면 좋겠다고 하자 그 청은 들어주겠다고 했다. 즉시 조장 이하 15명의 병사가 경주를 향해 출발하여 그날 저녁 무렵 경주의 하원河原에 도착하여 야영하자 재류민들은 한없이 기뻐

---

13 가사기함은 일본 제국 제1호 2등 순양함으로, 1897년 2월 13일 기공하여 1898년 1월 20일 진수식을 올렸으나 1916년 7월 20일 좌초되었다.

*1899년 고베항에 정박한 가사기함

했다. 이튿날 진위대 해산은 물론 병기 탄약을 즉각 울산으로 실어 보내
는 등 15명의 병사로 인해 평온하게 해산이 이루어졌다.

4. 폭도의 봉기와 포항

진위대가 해산되자 소속 대원들은 갑자기 화적 무리에 합류하여 '의
병'이라는 미명美名에 적籍을 두고 각지에서 봉기했다.[14] 어제는 영일의
우편소가 습격을 받았다고 하고, 오늘은 영천에서 일본인이 죽임을 당
했다는 말이 들리자, 당시 포항의 재류민들은 수비대가 주둔하고 있다
는 말에도 큰 불안에 떨었다.

그때 폭도의 수괴라 불리는 사람은 영천군 자양면 검단동 태생으
로, 당시 64세의 정환직鄭換直이라는 선비儒子였다.[15] 군대 해산 당시 그
는 서울(경성)에 있었으나 의병대장인 아들 정용기鄭鏞基[16]가 일본군에
항거 중인 것을 알고 9월 19일 귀향했다. 그리고 경주군 안국사에 있
는 정용기를 찾아가 '당랑거철螳螂拒轍과 같다'며 불가능함을 설득했으
나, 그는 부친의 말을 따르지 않고 더욱 일본군에 대항하여 재류 일본

---

14 1913년 조선주차군사령부가 펴낸 『조선폭도 토벌사』(총독부 관방총무국인쇄소)에 일
본군의 의병 진압 기록이 있다. 반란분자와의 무력충돌 건수는 1907년 8월 이후 323회,
1908년 1451회, 1909년 898회, 1910년 147회, 1911년 6월까지 33회로 나타나 있는데,
특히 1907년 9월부터 1909년 9월까지는 매월 50회를 초과하고 있다. 그중 1907년 11월
부터 1909년 6월까지는 월 평균 100회 정도로 의병활동이 전국적으로 전개되었음을 알
수 있다. 일본군의 조사에 따르면 1906년부터 1911년까지 일본 측(수비대, 헌병, 경찰 포함)
의 피해는 사망자 136명, 부상자 277명인 데 반해 의병 측은 사망자 1만7779명, 부상자
3706명, 포로 2139명이다. 의병의 피해가 큰 이유는 무기가 빈약했기 때문으로 분석되어
있다.

인에게 위해를 가했다. 그러다가 10월 7일 영천대(영천 주재 경찰관)[17]에 의해 입암동에서 전사하자, 300명의 폭도는 그의 부친 정환직을 주장主將으로 맞이하여 영천, 연일, 홍해의 각지를 습격한 것이다.

이 폭도의 제1초장哨將 조재술曹在述은 부하 80명을 이끌고 청하군 자전紫田에 있다가 날이 밝을 무렵 홍해를 습격하여 우편소와 분파소를 공격했다. 이때 소장 고바야시 겐조小林源蔵 부부와 3세 여아를 참살하고 건물 8동을 태워 일본인에게 절대적인 위협을 주었다. 당시 기록에 따르면(1907. 10) 다음과 같다.

---

15 본관은 영일迎日. 초명은 정치우鄭致右. 일명 관직寬直. 자는 백온伯溫, 호는 동암東巖. 경상북도 영천 출신이다. 1888년(고종 25) 의금부 금부도사를 지냈으며, 1894년 삼남참오령三南參伍領에 임명되어 동학군을 진압했다. 그해 겨울 다시 토포사討捕使로 임명되어 고종의 밀지를 받아 황해도 지방의 동학군을 진압했다. 그 공으로 태의원시종관太醫院侍從官을 지냈다. 1899년 삼남검찰三南檢察 겸 토포사로 삼남 일대의 민정을 두루 살폈다. 1900년에는 도찰사에 임명되어 농민의 원성이 높은 경주부윤을 파면하려다 오히려 봉세관俸稅官에 의해 구금되었다. 석방된 뒤 관직에서 떠나고자 사직을 청했으나 다시 중추원의관中樞院議官에 제수되었다. 1905년 일제의 강권으로 을사조약이 체결되자, 고종은 정환직에게 밀지를 보내 의병을 일으켜 나라를 구할 것을 권했다. 그는 관직을 버리고 아들 정용기에게 고향으로 내려가 의병을 모집한 뒤 서울로 진격하여 황제를 구하고 국권을 회복하라고 지시했다. 청송 등지에서 의병을 일으킨 정용기가 붙잡혔다가 석방되는 과정에서 의병활동이 부진하자 정환직은 의병을 독려하고자 1907년 9월 19일 고향으로 내려갔다. 그해 10월 7일 정용기가 입암에서 영천수비대 소속 일본군과 싸우다가 순절하자, 그는 정순기鄭純基·이세기李世紀·우재룡禹在龍 등에게 추대되어 산남의병부대山南義陣 의병장을 맡았다. 이후 군세를 크게 떨치면서 동쪽의 포항, 서쪽의 신령, 북쪽의 청송 등지를 공격하여 일본군 수비대에 큰 피해를 주었다. 그는 의병의 사기를 고취하기 위해 전열을 정비하여 각지로 소모군을 파견, 의병을 모집했다. 이와 함께 무기와 탄약·군량 등을 준비하면서 국민의 반일투쟁의식 고취에 전념했다. 그러나 신병을 치료하던 중 일본군 수비대에 붙잡혔다. 일본군이 회유하려 했으나 끝까지 반일의 뜻을 굽히지 않다가 총살형을 당해 순국했다.(자료: 한국역대인물종합정보시스템)

16 원문에는 '정관여鄭寬汝'로 표기되어 있으나 다른 역사 자료에는 거의 정용기로 표기되어 있어 바로잡았다.

17 포항지역학연구회 이상준 선생에 따르면 '영천대'란 청송수비대를 말한다.

두 보조원[18] 곤지權次와 시바타柴田는 폭도에 대항하여 약 1시간 교전했으나 중과부적으로 결국 포항 쪽으로 퇴각했다. 곤지는 오전 7시, 시바타는 12시에 도착했으며 재류민 2명도 무사히 피난했다. 포항수비대장 사이토斎藤 중위는 무기 정리를 위해 장기군으로 출장을 갔기 때문에 남아 있는 인원 가운데 상등병 이하 6명이 흥해로 서둘러 달려갔고, 연일분견소의 보조원과 포항 재류민 15명도 흥해로 갔다. 군대가 도착했을 때 척후의 그림자를 느낀 적은 이미 신광면과 기계면 방면으로 퇴각한 뒤였다. 우편취급소장과 가족의 소재를 수사하자 우편취급소 서쪽에서 소장 부인과 여아가 참살된 채 발견되었으며, 이어서 보조원 숙사 동쪽에서 소장의 시체가 발견되었으나 수급首級은 가져간 것으로 보였다. 발견된 3인의 사체는 검시한 후 포항으로 보내어 친족인 쓰처다 준사쿠土田順作에게 인도했으며, 소실된 가옥은 8동으로 분파소, 우편취급소 3, 재류민 민가 2로서 보조원 가옥 2동은 무사하다. 당시 가와우치河內 재무관보는 후지모토藤本 보조원의 보호 아래 영덕군으로 출장 부재중이었다. 그해 폭도 중 약 40명은 경주로 향했다는 설이 있고, 순검 3명은 피난한 것으로 인정되나, 아직 소재를 파악하지 못했다.

고바야시 겐조는 아키다현 사람으로, 일본 본토의 연로한 부친을 동반하여 임지에 도착했다. 4, 5일째 되던 날 연로한 부친은 경주 구경에 나선 덕분에 폭도의 위해를 피할 수 있었고, 장남(5세)은 취급소 직원(소사)이 기지를 발휘하여 온돌 아궁이 속에 밀어 넣어 숨긴 뒤 마구馬具로 가려놓아 위험을 면했다고 한다.

흥해를 떠나 포항으로 피신한 보조원 시바타와 곤지는 요시다 아

---

18 보조원이란 한국 정부 소속의 순사에 해당하는 경무 고문부의 보조원을 뜻하는 것으로 보인다.

무개의 집에 몸을 의탁하고 있었다. 당시 포항에서는 총기를 가지고 있으면서 적에게 뒤를 보이는 것은 비겁자라는 인식이 높았으므로, 이 일을 보고받은 경주서장 마쓰나가는 크게 분노하며 연일분파소 주석 이케나가 시치로池永七郎에게 엄명을 내려 한시바삐 임무에 나서게 했다. 곤지, 시바타, 후지모토 세 보조원은 후속 지원대를 급파해줄 것을 간청하고 10월 14일 즉시 임지로 떠났다. 이날 폭도는 그들의 밀정을 통해 이 사실을 알고 즉시 이들을 습격하려던 중, 당시 울진서장 구메 마사오久米正男[19]가 약 700명의 폭도에게 습격을 받아 부하 11명과 함께 포항으로 퇴각하다가 흥해에서 1박하고 있다는 사실을 알아냈다. 그리하여 이날 밤 습격을 중지하고 16일 해 뜰 무렵 정완생鄭完生을 주장으로 하고 우재룡禹在龍을 부장으로 한 약 200명의 폭도가 흥해군 신광에 위치한 흥해분파소를 습격하게 된 것이다. 적의 내습을 알게 된 곤지는 즉시 총을 들고 응전했으나 불행히도 관자놀이에 찰과상을 입은데다 왼쪽 손등에 1탄을 맞은 상태에서 침입한 폭도와 마주쳤다. 세 보조원과 같이 있던 순검 박제균朴齊均 등 4명은 집 밖으로 피신했으나 결국 곤지는 등 뒤에서 적탄에 맞아 명예롭게 전사했다.

이케나가의 이야기

나는 그때 연일분파소 보조원으로 근무하고 있었다. 아무것도 모르고 포항에 도착했는데 지난밤 흥해가 습격을 받아 수비대가 그쪽으로 가고 있다는 말을 들었다. 요시다 아무개의 집으로 가자 후지모토와 시바타는 바지에 구멍이 뚫려 있고 윗옷은 무엇인가에 찢겨 있었다. 지난

---

19 구메 마사오는 이 사건 때문인지는 알 수 없으나, 1910년 3월 무렵 평안북도 강계江界 경찰서장으로 복무하고 있다.

밤 상황을 전해 듣고 울진에서 퇴각한 구메 경부[20]에게 지원을 요구하여 함께 흥해로 향했다. 우리가 도착했을 때 곤지의 사체는 군대와 포항 일본인회 사람들의 손에 수습되어 있었으나 함께 참살된 순검 정영필鄭永弼의 시체는 그대로 방치된 채였기에 수습에 나섰다. 다행히 청하 태생이어서 가족에게 인도했다. 그러한 상황인지라 당시에는 곤지의 사체를 보지 못하고 나중에 보았는데 분개심을 금할 수 없었다. 머리와 얼굴에 약 30개의 칼자국이 남아 있었다. 게다가 ×부위에 봉이 찔려 있었다고 한다. 당시 함께 있던 박제균의 말에 따르면 곤지 군의 응전 태도와 전사 과정은 매우 당당했다고 한다. 돌아오니 대구의 경무보좌관 나가타니 류지永谷隆志 경시[21]가 와 있었는데, 이런 상황을 전혀 모르고 있었다. 포항 일본인회가 곤지의 장례를 치르겠다고 했고 나가타니 보좌관도 이에 동의하여 그날 밤 지금의 포항역 부근 도랑에서 다비를 했다. 스님도 없었고 경문을 읊어줄 이도 없었다. 동료인 후지모토가 눈물을 흘리며 조사弔詞 같은 것을 읊었다. 장례라고는 하지만 복식을 갖출 수 없어서 일반 옷차림이었다. 그때 포항에 거주하던 사람 중 정장 예복紋服袴[22]을 가진 사람은 아오야기 기사쿠青柳義作라는 연일우편취급소장 정도였다.

이와 같은 상황에서는 폭도의 세력을 꺾기 어려웠으므로 12월 10일 경북 북부에서 대토벌을 실행하기로 계획되었다. 토벌대장 이자와伊沢 소좌, 포항수비대장 후지타藤田 대위 그리고 경북 각지의 수비대가 토벌에 참가했다고 한다. 12월 10일 포항수비대는 입암동에 주둔하여 군위軍威인 스나모토砂本(특무조장) 부대와 연락한 뒤 보경사에 있

---

20 현대 경찰의 경감 지위에 해당한다.
21 현대 경찰의 경정이나 총경 급에 해당한다.
22 일본에서 남성의 예식용 정장 화복和服인 몬즈키하오리 하카마紋付羽織袴를 뜻한다.

는 적을 치라는 명을 받고 육군과 경찰의 혼합부대를 편성하여 입암동으로 향했다. 스나모토 부대가 빠르게 보경사로 향했다는 정보를 받고 후지타 부대는 즉시 흥해로 가서 숙영했다. 스나모토 부대가 적의 본거지로 진군한 다음 날인 11일에 웬 기품 있는 노인을 체포하여 신문한 결과, 그는 바로 경북 일대를 종횡무진하던 폭도의 주괴 정환직이었다. 황군의 대토벌이 전개되자 도저히 이길 수 없음을 깨달은 그는 부하들을 각전角田에 모아놓고 시운時運이 다했음을 알린 뒤 도적단을 해산시켰다. 그런 다음 그는 정한 곳 없이 떠나는 중에 사로잡혀 포항으로 송치되었고, 취조를 받은 후 대구로 이송되었다가 영천에서 형이 집행되었다.

정환직 조사서

제1장 직장 정2품 정환직의 이력

1. 함풍咸豊 갑진甲辰[23] 5월 19일 경상북도 영천군 자양면 검단동에서 출생(연령 64세)
2. 조부모는 없으며 자식은 앞서 일군日軍(영천대)에 의해 사망, 처는 현재 자택으로 돌아갔음. 손자 3명, 손녀 1명은 아직 사리를 분별하지 못하는 유년임. 이력은 아래와 같음.

   금부도사, 동헌부감찰, 순무영참모관, 중추원의관, 대의원어전의, 삼남도검찰, 삼남도찰사, 비서함秘書函.

---

23 조사서에 나타난 대로 당시 정환직의 나이가 64세라면 출생년도는 1843년 헌종 9년에 해당한다. '함풍'이라는 연호를 사용한 시기는 철종2~12년(1851~1861)이므로 그의 나이와 맞지 않는다. 다만 갑진년을 기준으로 치면 헌종 10년이므로, 1844년 출생으로 볼 수도 있다. '한국역대인물종합정보시스템'에는 정환직의 출생년도가 헌종 9년인 1843년 생으로 되어 있다.

제2장 적괴가 된 원인

본년(1907) 9월 초순 자식 정용기[24]가 의병장이 되어 일본군에 항거한다는 소식을 듣고 9월 19일 서울(경성)에서 귀향, 경주군 안국사에서 아들에게 당랑거철螳螂拒轍과 같은 짓이라며 적극 설득했음. 아들은 그의 말을 듣지 않고 더욱 모병에 힘쓸 뿐으로, 유감스러움을 안고 자택으로 돌아옴. 10월 3일 흥해에서 일병日兵, 순사, 순검 10여 명이 가택을 침입. (…) 그는 낮에는 산속에 은둔하고 밤에는 주변 마을에 나가 먹을 것을 구하던 중 같은 달 7일, 사랑하는 자식 정용기가 입석동에서 일본군에게 전사당하여 (…) 300명의 의병이 각각 고하기를, 우리는 지금 수장을 잃어 호구지책이 궁한 나머지 화적이 될 지경이니 그의 부친을 통령으로 삼아 수장의 복수를 시도하는 게 어떠한가? 진심을 담아 애원하기를, 주군과 부친의 원수는 같은 하늘을 이고 살 수 없는 토벌해야 할 적이라고 하자 결국 자식의 뒤를 답습하기에 이르렀음.

제3장 편성

4개 소대로 구분하고 10명을 1개 분대로 하여 각기 분대장을 두고 있다. 지금 그 성명을 열거하면 다음과 같음.

제1초장 조재술, 제2초장 남경숙, 제3초장 안흥천, 제4초장 김경문

- 10월 29일 청하군 자전에 머무른 뒤 제1초장 조재술로 하여금 부하 80명을 이끌고 흥해를 습격하도록 하여 우편소와 분파소를 불태우고 소장 이하 3명을 살해함.
- 11월 3일 신녕군을 습격하여 분파소 보관 총기 60여 정을 탈취함.
- 11월 4일 의흥을 습격하여 분파소를 불태우고 총기 49정을 탈취함.

---

24 주석 16 참조.

- 11월 8일 청송군 유전에서 일본군(사카이대酒井隊)과 맞닥뜨려 무기 131정을 빼앗기고 조재술은 왼쪽 다리에 관통상을 당해 의성군 소야면巢野面[25]으로 귀가시킴.
- 11월 16일 흥해군 신광에 이르러 수장 정완생, 부장 우재룡이 부하를 이끌고 또 다시 흥해를 습격하여 분파소를 불태우고 일본인 순사와 한국인 순검 각 1명을 살해함. 당시 일본인의 금전을 탈취한 뒤 정완생은 장기로, 우재룡은 대구로 도주를 기도함.
- 12월 5일 영덕군 주변 방위를 맡은 일본군(영덕분견대)에게 야습을 받아 제2초장 남경숙 전사.
- 12월 7일 부하 83명을 이끌고 영덕에서 역습을 시도하여 총기 28정을 탈취함.
  그 후 경주군으로 향할 예정이었으나 영덕군 소역小驛에서 주둔하던 중 일본군의 포위가 있음을 탐지, 8일 청하군 각전에서 부하들에게 해산 명령을 내리고 총기를 땅에 묻음. 일본군에 아무리 저항해봤자 백전백패할 뿐이라는 불리한 상황을 상세히 설명하자 모두들 하염없이 눈물을 흘리며 탄식을 함.
- 11월 10일 산속에서 밤을 지내고, 11일 새벽 고천에 이르러 천망회회天網恢恢,[26] 결국 일본군(스나모토 부대)에 의해 체포됨.(이하 생략)

그는 한학이 깊고 주역의 도에도 능통하며 의술을 연찬하는 등 두뇌가 명철한 인물이었다고 한다. 수괴 정환직의 체포로 북부의 대토벌

25 원문에서는 획야면獲野面으로 되어 있으나, 소야면巢野面의 오기로 보인다는 포항지역학연구회 이상준 선생의 견해에 따라 바로잡았다.
26 원문에서는 '천망쾌쾌天網快快'로 되어 있으나 『도덕경』의 "천망회회이불천天網恢恢疎而不失(하늘의 그물은 크고 넓어 엉성해 보이나 결코 빠져나가지 못한다)"를 인용한 것으로 보아 '천망회회'로 바로잡았다.

2장 발전의 경로

*1935년 문명기가 일본 해군에 헌납한 최신식 함상전투기. '보국73호기' 아래에 '문명기호'라 적혀 있다. 그해 3월 22일 수천 명이 운집한 가운데 문명기의 육군정찰기 헌납기념식이 거행 되었다.

도 일단락되자, 후지타 부대는 나카우마 소위 이하 23명의 병사를 정 리위원으로 남겨놓고 12월 13일경 포항을 떠났다. 정리위원도 남은 일 을 마친 후 얼마 지나지 않아 철수했다.(나카우마 소위는 현재 문명기文明 琦[27]의 제안으로 결성된 국방기헌납회의 상임이사다.)

---

27 문명기는 1907년경 제지업을 시작으로 영덕군에서 수산업을 경영했다. 1932년에는 광산업에 나섰다가 1934년 강원도 금광을 매각한 뒤 군용 비행기 헌납자금이라는 명 목으로 거금 10만 원을 들여 전투기 2대를 제작해서 일본에 기부했다. 이후 국방기國防 機 100대 기부운동을 제창했고, 일본에 건너가 이세대묘伊勢大廟에 참배하고 돌아와 전국 강연을 다니면서 군용 비행기 조선호朝鮮號 100대 헌납을 추진하는 조선국방비행기헌납 회를 조직, 스스로 부회장이 되어 활동했다. 1935년에는 도회의원, 국방의회장, 재향군인 회 특별회원, 일본적십자 특별사원 등으로 활동했다. 1933년 2월 제국비행협회가 설립되 자 이 협회의 경상북도지회 이사로 활동했으며, 1934년 2월 지방 유지와 협의를 거쳐 다 른 지방보다 먼저 영덕국방의회를 설립한 바 있다.

5. 일본인회 조직과 학교 설립

포항에서 일본인회를 설립하자는 이야기는 1907년 4월경부터 대두되었다. 폭도 소란 이후 자체 경비를 위해서라는 게 주요 취지였다. 그러한 뜻을 모아 5월에 규약 초안을 완성하여 설립 인가를 신청했고, 6월 19일에 인가를 받았다. 그러나 당시 포항에 정착한 신구 일본인 간의 알력으로 인해 일본인회 회장에 나서는 자가 아무도 없었다. 당시 마스노増野는 부산 출장 중이던 오카모토에게 타전하여 무리하게 그를 회장에 취임시키고 나카타니 다케사부로를 부회장으로 추대했다. 그러나 오카모토는 8월에 사임했고, 부회장을 맡은 나카타니는 집안사정으로 인해 일을 맡을 수가 없었다. 이후 1909년[28]에 다시 일본인회 임원 선거를 시행하여 기시마 쇼사부로木島昌三郎가 회장으로, 나카타니 다케사부로가 부회장으로 당선되었으나 머지않아 두 사람 모두 사임하면서 일본인회는 완전히 유명무실한 상태가 되었다.

이후 부산 이사청의 전임 가메야마亀山 이사관이 포항을 방문했을 때 포항의 인화人和에 대해 누누이 설명한 바 있고, 부산으로 돌아가서도 포항의 전도가 매우 유망함을 역설하곤 했다. 그 결과 부산에서 포항으로 넘어오는 사람들이 늘어나고 일본인회 활동에 대해서도 기

---

28 원문에는 '익익益々 십이十二년'으로 되어 있으나 메이지 '사십이四十二년의 오기로 보아 바로잡았다.

대가 높아지자 고레나가 덴조是永傳藏를 추천, 회장사무취급에 임명하여 모든 직무를 맡기게 되었다.

일본인회 조직 당시 포항에 거주하던 주요 인물은 다음과 같다.(1907년 10월 이케나가가 연일분파소에 부임한 당시에는 일본인 인구가 36명이었다고 한다.)

나카타니 다케사부로, 오카모토 리하치, 이와사 히로가즈, 도미요시 마쓰지로, 오즈 후미히라大津文平, 니시지마 지로西島次郎, 후루카와 가이이치로古川改一朗, 하시모토 마쓰나가橋本松繁, 미네 시게키峯茂樹, 마스노 구마오增野熊雄, 후쿠시마 겐기치福島源吉, 고레나가 덴조, 가마다 지요기치鎌田千代吉, 요시다 아무개, 호소카와 아무개, 후쿠다 아무개, 우라하마浦浜, 아마노 겐조天野源藏, 나가다 고즈치永田甲槌, 후쿠즈미 요시카쓰福住義勝, 세토구치 산조瀬戸口三藏

마스노 이야기

확실히 1907년 4, 5월경이었다. 일본인회를 조직하자고 해서 오카모토 군의 집에 모였다. 그때 얼굴을 비친 자들은 이와사 히로가즈, 오카모토 리하치, 고레나가 덴조, 후쿠즈미 요시카쓰, 오즈 후미히라, 세토구치, 호소카와, 하시모토 마쓰나가, 후루카와 가이이치로, 후쿠다, 가마다 지요기치, 미네 시게키, 니시지마 지로. 아마 더 있었던 것으로 생각되지만 기억이 나지 않는다. 어쨌든 20명 정도 모였을 것이다. 일본인회 설립에 대해서는 만장일치로 이견이 없었으나 확실한 방안은 나오지 않았다. 일단 설립을 결정하고 해산했으며, 인천의 민단에서 일한 적이 있는 내가 인천과 부산에서 민단 규약을 입수하여 그것을 토대로 회칙을 기초하는 데 착수했다. 이후 종종 모여 내용을 다듬은 뒤 인가 신청을 하자 얼마 지나지 않아 인가는 받았으나 회장을 맡을 사람이 없었다. 그때 부산으로 출장 가 있던 오카모토 군에게 타전하여 무리하게 회장을 맡기고 나카타니에게 부회장을 부탁했으며, 고레나가에게 업무를 맡기기로 했다. 그런데 8월이 되자 오카모토가 사임했고, 나카타니는 부회장 자리를 지키고 있었지만 무엇 하나 추진되는 일이 없었다. 가메야마亀山 이사관이 오서서 환영회 후에 요리점을 일일이 돌아다녔는데 한 조선인 여자가 포항의 상황을 세세히 보고하는 바람에 다음 날 포항의 유지들은 진땀이 흐르도록 질타를 받았다. 1908년도 이러한 상태로 유지되다가 1909년 봄 총독부의 교육촉탁인 히로타 나오사부로広田直三郞[29]가 포항을 방문하여 학교 설립의 뜻을 밝혔다. 계획이 점차 구체화되면서 일본인회를 강화해야 할 필요성이 요구되던 중 마침 임원의 임기가 만료되어 선거를 실시했고, 그 결과 기시마가 회장에 뽑히고 나카타니가 부회장에 뽑혔다. 그러나 얼마 안 되어 그들은 사임했고 이후 고레나가 덴조가 회장사무취급을 맡았다.

일본인 자녀들의 교육기관을 설치하기 위해 총독부가 위촉한 히로타広田가 경주를 거쳐 포항을 방문한 것은 1909년 2월이다. 먼저 경주서에서 연일분파소로 그러한 내용의 통지를 보냈고 이케나가 순사가 그를 영접하여 요리점 에도야江戸家로 안내하고 오카모토, 나카타니 두 사람을 불러 소개했다. 두 사람은 히로타의 뜻을 재류 일본인들에게 전하고 구체적인 논의를 벌임으로써 비로소 소학교 설립이 확정되었다.

---

29 조선총독부 관보에 실린 히로타 나오사부로의 행적을 살펴보면, 1913년 3월 31일까지 총독부중학교 교유教諭로 근무했다. 그해 4월 1일부터는 부산중학교 교장으로 재직하면서, 1915년 9월부터 예비역 보병 육군중위와 재향군인분회장을 겸임했다.

이케나가 이야기

히로타가 포항에 온 것은 1909년 2월이다. 나는 경주서의 통지에 따라 중간쯤까지 영접을 나갔고 에도야로 안내했다. 그날 밤 나카타니, 오카모토 두 사람을 불러 학교 설립에 관한 대화를 나누었고 두 사람은 중대한 문제라서 자기들이 허락할 일이 아니라고 했다. 그 말에 기분이 상한 히로타는 포항에 학교를 지으면 통감부에서 600원 정도의 보조금을 주기로 되어 있는데 이렇게 거절한다면 강원도에 가서 말해볼 수밖에 없다고 했다. 두 사람은 모두와 상의해보겠다고 하고 헤어졌는데, 그때부터 아오야기 기사쿠, 마스노, 오쓰카大塚, 이나다稲田 등이 중심이 되어 드디어 학교 설립이 구체화되던 차에 가메야마 이사관까지 포항을 방문하면서 이윽고 일본인회립 소학교 설립이 결정되었다.

그때는 여관도 있었으나 요리점들이 번창하여, 1909년 4월에는 여성 종사원이 46명이나 될 정도로 화류계가 상당히 번창했다.[30]

그리하여 건평 18평 5합슴의 교사校舍를 신축하려는 활동이 전개된 것이다. 지금 총 2958평의 부지에 530평 2합의 교사 규모에 비하면 실로 격세지감이라 하겠다.

그해 3월, 부통감 소네曾根 자작이 포항을 방문하여 학교 기본재산 설치비로 일금 50원을 하사함으로써 학교 설립 업무를 담당하던 자들에게 적지 않은 감동을 주었다.(그 후 데라우치寺內 총독이 포항에 왔을 때도 기본재산 설치비로 60원을 하사했는데, 여기에 후쿠시마 겐기치가 기부

---

30 일본 민간인은 일본이 본격적인 식민정책을 추진하기 이전인 1885년 2월부터 서울에 정식 거주가 가능했다. 그로부터 불과 2개월도 안 된 1885년 4월부터 일본인의 매춘영업이 빠르게 시작되어 경성영사관에서 매음단속 규칙을 마련하기까지 했다. 이 글에서 말하는 '화류계의 번창'이란 여성의 매춘까지 포함한 요리점 영업을 의미하는 것으로 보인다.

한 100원을 더하여 니시지마西島 소유 임야와 밭을 매입한 금액이 지금의 학교 기본재산이다.) 초창기였던 당시에 학교 신축을 위한 기부금 550원은 상당한 거액이어서 담당자들이 고심했다고 한다.

교사 건축비 보조금 문제로 1908년도에 진행될 교사 건축을 1909년도 사업으로 이월한다. 해당 연도 결산 잔액은 불과 188여 원, 게다가 초창기여서 회비 징수의 곤란함을 고려할 때 경비 부족분 126여 원이 발생하기 때문에 여력이 안 되므로 다음 연도로 이월 전입하여 보충하기로 한다.

이상은 일본인회 1909년의 기록이다. 앞서 기술한 사실과 대비해 보면 다소 이상한 점不審도 있으나, 당시 포항 건설의 선두에 섰던 사람들이 고심했던 흔적이 가슴에 절절히 와 닿는다.

학교의 위치를 결정하는 데도 상당한 논란이 있었으나 결국 포항동과 가와구치川口의 중간 정도로 결정하고 후쿠시마 겐기치로부터 300평을 기부 받아 그 땅에 건축하기로 하되, 완공될 때까지는 민가를 빌려 교실을 대신하기로 했다.(오가미大上의 기억에 따르면 민가에서 수업한 일은 없었다고 하나, 여기에는 일단 기록에 근거하여 기술한다.) 4월 8일 야마자키山崎 교장이 부임하여 개교했으며 6월에는 신축 교사로 이전하게 되었다. 당시에 입학한 아동은 아래 12명이지만 지금 포항에 거주하고 있는 자는 불과 4명에 지나지 않는다.

오테아라이 마사키御手洗正喜, 미즈구치 도모주로水口友重郎, 사토 기노佐藤キノ(이상은 지금 학교의 기록에 있는 자)
최군자崔君子, 니시 아무개西某, 기요미즈 센넨清水千年, 즈치야 데루土屋テ

ル, 도쿠야마 시게조德山鎭象, 요시다 군조吉田軍三, 우라하마 마키浦浜マキ, 구라다 아무개倉田某, 1명은 불명(이상은 기요미즈 센넨, 무라타 태양당村田太陽堂[31] 주인의 기록에 따름)

당시 포항 일본인회의 회비는 518원 40전, 보조금 620원, 기부금 550원으로 합계 1688원 40전이었는데, 대부분 학교 비용으로 사용되고 있다. 즉 교사 신축비 750원, 교육비 560원이 지출되는 등 초창기 포항에서 자녀 교육에 얼마나 힘을 쏟았는지를 알 수 있어 가슴이 찡하다.

그 후 1910년 2월 28일 임원의 임기가 만료되어 선거한 결과

오쓰카 쇼지로, 이나다 나카지稻田仲次, 오카모토 리하치, 나카타니 다케사부로, 미즈시마 쇼사부로, 도미요시 마쓰지로, 오가미 도메조, 이와사 히로가즈

이상 여럿이 당선된 이후 3월 31일 임원을 선출하여 회장은 나카타니 다케사부로, 부회장은 이나다 나카지, 의장은 기시마 쇼사부로가 맡았다. 취임 즉시 회장사무취급 고레나가 덴조로부터 일본인회 업무를 인계받음으로써 문자 그대로 일본인회의 진용을 정비하기에 이르렀다. 이후 5월 24일 통감부가 기존의 일본인회를 폐지하고 재류 일본인의 자치기관으로 학교조합[32]을 조직하기로 결정함에 따라, 6월 1일 일본인회는 영일학교조합으로 개칭되었다. 일본인회장 나카타니는

---

31 원문에는 '무라타 대양당大陽堂'이라 되어 있으나 상가일람 등에는 '태양당'이라 되어 있으므로 수정했다.
32 일종의 교육위원회 정도의 역할을 수행한 것으로 추정된다.

조합의 초대 관리자가 되었다. 이후 7월 5일 조합령에 따른 의원 선거에 의해 다음 6명이 당선되었다.

이나다 나카지, 오카모토 리하치, 오가미 도메조, 마스노 구마오, 오쓰카 쇼지로, 기시마 쇼사부로

조합 기관으로는 의원 외에 구장區長 6명을 두어 원활한 조합 업무에 기여토록 했다.

6. 병합 전후의 정세

아시아의 동쪽 끝에 돌출된 한반도는 늘 동양 평화의 화근이었다. 게다가 한국 자체는 내부적으로 세력 간 항쟁을 일삼고 바깥으로 사대事大를 해오다가, 배후가 변화하는 시기에 접어들면서부터는 일본 제국에 영향을 끼치는 일이 많아 일·청, 일·러 간 전쟁의 원인도 한국에서 발생되었다. 1906년 보호정치를 시행한 이래 제국은 오직 한국 황실의 확고한 안정과 한국 국민의 복리 증진을 위해 노력하고 있음에도 불구하고 한국 백성 중에는 이를 달갑게 여기지 않는 자들이 있어 보호정치의 목적을 달성하는 데 상당히 곤란을 겪게 되었다. 게다가 그동안 폭도의 봉기, 한국의 외교 고문 스티븐스 살해, 이완용 총리의 조난 등이 있었던 만큼 한국 내륙의 여행은 위험 그 이상이므로 고위관료顯官가 외출할 때는 10여 명의 헌병, 순사가 호위하는 등 실로 정세가 소란스러운 편이었다.

1906년 2월 이래 통감으로서 한국의 보호 개발에 충심으로 노력한 이토 후작은 재임 3년 반쯤 되던 1909년 6월에 일본 조정으로 복귀했다. 곧이어 부통감 소네 자작이 통감의 직위를 넘겨받아 부임한 7월에 일본 정부는 사법과 감옥 업무를 넘겨받았고, 다음 달에는 군부를, 10월에는 법부를 폐지했다. 이 신정치를 기뻐하지 않는 일부 불평분자들은 민족 사상에 매몰되어 과격 불온한 항거를 일으키곤 했

*조선총독부 신청사(1926년 10월 1일 준공, 1996년 11월 13일 철거)

다. 특히 10월 26일[33] 중대한 사명을 띠고 러시아 방문에 오른 이토 공작이 하얼빈역 앞에서 암살되는 등 제국으로서는 보호정치에서 한 걸음 더 나아가야 하는 국면을 맞았다. 한쪽에서는 이용구李容九가 이끄는 일진회一進會가 한·일 간의 현 상황을 직시하여 합방의 필요성을 주장하고 1909년 12월 4일 100만 회원의 이름으로 합방의 필연성을 상주했고, 동시에 소네 통감과 이 총리에게도 글을 올려 빠른 결행을 촉구했다. 그런데 이 비상시국에 소네 통감은 불행히도 큰 병을 얻어 1910년 1월 귀환한 뒤 그해 5월 30일 통감직을 사임했고, 육군대신 데라우치 마사타케寺内正毅 자작이 통감을 겸하여 7월 23일 인천에

---

33 원문에는 12월 22일로 표기되어 있으나 안중근 의사 의거일인 10월 26일의 오기로 보아 바로잡았다.

서 서울京城로 들어왔다.

데라우치 통감이 도쿄를 떠나기 전인 6월 24일, 한국 정부와 각서를 교환하여 경찰 업무를 제국에 위임하기로 결정했다. 그런데 서울에 들어온 후 한국의 정세를 보니 병합을 하루도 소홀히 할 수 없다고 판단, 8월 16일 한국 정부 수뇌부와의 회견을 통해 일본 제국의 그러한 뜻을 밝혔고 한국 정부도 그렇게 할 수밖에 없는 상황임을 인정했다. 양국은 병합을 통해 동양의 영원한 평화와 양 국민의 복리 증진을 이루는 것 외에는 다른 방책이 없다는 의견의 일치를 보았다. 그에 따라 서둘러 병합조약 초안을 마련하여 그달 22일 각종 절차를 완료했고, 당일 통감 저택에서 데라우치와 이李 두 전권全權이 조인함으로써 8월 29일자로 한·일 간에 역사적인 합병이 이루어진 것이다. 3000년 이래 일본과 조선 형제의 의誼는 그동안 상호 간의 옛 맹세에 불을 지피고 여기에 몇 단계의 돈독함이 더해져 상근일가桑槿一家[34]라는 진실이 이제야 처음으로 구현된 것이다.

한국 병합에 관한 조약(1910. 8. 29)

짐朕은 추밀 고문의 자문을 거친 한국 병합에 관한 조약을 재가했기에 이를 공포한다.

일본 황제 폐하와 한국 황제 폐하는 양국 간의 특수하고 친밀한 관계를 돌아볼 때 상호의 행복을 증진하고 동양의 평화를 영구히 확보기를 바

---

34 '상근일가桑槿一家'란 일본을 상징하는 뽕나무桑와 조선을 상징하는 무궁화槿를 통해 한일합방의 뜻을 표현한 것이다. 역사적으로 신라의 경우 9세기 말에 '근화향槿花鄉(무궁화의 나라)'이라 표현한 기록(최치원의 「사불허북국거상표謝不許北國居上表)이 있고, 일본의 경우 사서인 『부상약기扶桑略記』(1094)와 『대부상국고大扶桑國考』(1836)에 '부상국'이라 표현한 기록이 있다.

라며, 그 목적을 달성하기 위해서는 한국을 일본에 병합하는 수밖에 없음을 확신하고 이에 양국 간에 병합조약을 정결定結하기로 결정했다.

이를 위해 일본 황제 폐하는 통감 자작 데라우치 마사타케를, 한국 황제 폐하는 내각 총리대신 이완용을 각각 전권위원으로 임명한바, 이에 위 전권위원은 회동하여 협의한 후 다음 조항들을 협정한다.

제1조 한국 황제 폐하는 한국 정부에 관한 일체의 통치권을 완전하고 영구히 일본국 황제 폐하에게 양여함.

제2조 일본국 황제 폐하는 앞 조항에 제기한 양여를 수락하며, 빠짐없이 완전히 한국을 일본국에 병합하는 것을 수락함.

제3조 일본국 황제 폐하는 한국 황제 폐하, 태황제 폐하, 황태자 전하와 그 후비와 후예로 하여금 각 지위에 상응하는 존칭, 위엄과 명예를 향유토록 하는 동시에 그것을 유지하는 데 충분한 세비를 공급할 것을 약속함.

제4조 일본국 황제 폐하는 앞 조항 외의 한국 황족과 그 후예에 대해 각 상당한 명예와 대우를 향유케 하는 동시에 그것을 유지하는 데 필요한 자금을 급여할 것을 약속함.

제5조 일본국 황제 폐하는 훈공 있는 한인으로서 특히 표창하기에 적당하다고 인정되는 자에 대해 영예로운 작위를 수여하고 은금恩金을 부여함.

제6조 일본국 정부는 앞에 기록한 병합의 결과로서 모든 한국의 시설을 맡아 관리하며, 해당 지역에 시행하는 법규를 준수하는 한인의 신체와 재산에 대해 십분 보호하며 그 복리의 증진을 도모함.

제7조 일본국 정부는 성의와 충실로써 신제도를 존중하는 한인으로서 상당한 자격이 있는 자를 사정이 허락하는 한 제국의 한국 관리로 등용함.

제8조 본 조약은 일본국 황제 폐하와 한국 황제 폐하의 재가를 거친 것
으로서 공표의 날로부터 이를 시행함.

이상의 증거로서 양 전권위원은 본 조약에 기명 조인하게 되었음.

1910년(메이지 43) 8월 22일

통감 데라우치 마사타케

1910년(융희 4) 8월 22일

내각 총리대신 이완용

이 병합조약에 의거하여 '한국'을 '조선'으로 바꾸고, 통감부와 이
사청을 폐지하고, 중앙에 조선총독부를 두고, 지방을 13도로 나누어
각기 장관을 배정한 뒤, 그해 10월 1일 일제히 업무를 시작했다. 당시
포항의 일본인 인구는 432명, 142호에 달했으며, 대구-포항 간 2등도
로가 완공되었으며, 한때 저조하던 청어 어획량도 풍성해져 날이 갈수
록 포항항은 발전의 정도를 높이고 있었다.

7. 포항읍 행정의 변천

포항읍의 전신은 영일군의 북면과 흥해군의 여천, 학산, 신흥리新興里[35] 다. 일본인이 처음 이 지역에 들어왔을 당시는 부산영사관 관할이었고 1906년 이사청 제도가 시행되었을 때도 여전히 부산에 소속되어 있었으나, 포항의 일본인들은 교통상 대구이사청 관할구역에 포함될 것을 희망하여 대구이사청에 여러 번 이전을 요청했다. 당국에서도 그 필요성을 인정하여 1909년 초가을 부산 이사청의 가메야마亀山 이사관이 포항에 왔을 때 대략적인 결정을 보았고, 그해 10월 포항 일본인의 수년간 현안이었던 관할지 교체가 결정되었다. 그 밖에도 다양한 변화를 거쳐 오늘에 이르고 있는데, 병합 후 1912년 다음과 같은 처리 규정이 발포되었다.

경상북도 훈령 제28호

1912년 9월 16일

경상북도 장관 이진호李軫鎬

면 사무처리 규정을 다음과 같이 정함.

---

35 원문에는 진흥리眞興里로 표기되어 있으나, 1917년 포항면 시절의 다른 기록에는 여천, 학산 등과 나란히 '신흥동新興洞'으로 표기되어 있다. 이는 일본어 발음이 같은 한자의 오기로 보아 바로잡았다.

면 사무처리 규정

1. 총칙

제1조 면에 면사무소를 둔다. 면사무소의 위치는 면장의 의견을 듣고
군수 부윤이 이를 정함.

제2조 면장의 사택을 면사무소로 빌려 쓰고자 할 때는 사용할 건물의
도면을 첨부하여 부윤 군수의 인가를 얻을 것.

(제3조 제4조 생략)

2. 복무

제5조 면 관리인원은 면사무소에서 집무할 것. (이하 생략)

이상의 업무처리 규정을 볼 때 당시 면의 행정이라는 것이 얼마나
유치한 것이었는지 짐작할 수 있다. 이어 1914년 4월 1일 부·군府郡의
통폐합이 이루어짐에 따라 처음으로 포항면이 탄생했으며, 그해 8월
5일 「도보道報」 69호에 영일군의 면·리·동面里洞이 발표되면서 포항면
의 새로운 구역이 결정되었다.

포항면			
득량동得良洞	옛 득량동	상도동上島洞	옛 상도동과 효자동 일부
죽도동竹島洞	옛 죽도동과 포항동의 일부	해도동海島洞	옛 대송면 송호동松湖洞
학잠동鶴岑洞	옛 학잠동	포항동浦項洞	옛 신흥동과 포항동 일부
대도동大島洞	옛 대도동과 하도동		

이상은 당시의 포항면으로, 이후 1917년 면 행정이 시행되면서부
터는 포항, 학산, 두호 3개동만이 포항면으로 특별 지정되었다. 또한
1915년 오상선吳祥善, 정선근鄭善根을 거쳐 와타나베 야지로渡辺矢次郎가

면장을 맡게 되면서부터는 새로운 행정 규칙이 제정되었다. 이때 처음으로 대의제代議制[36]의 첫걸음이라고 할 수 있는 면상담역面相談役[37]이 신설되고 나카타니 다케사부로,[38] 후쿠시마 이헤이福島伊平, 정선근, 이한근李漢根 4명이 임명되어 민의를 듣는 정치의 첫 발자국을 내딛게 되었다.

당시 상담역에게 자문을 구해야 할 사항은 다음과 같은 것이다.

경상북도 훈령174호

1917년(다이쇼 6) 6월 19일

경상북도 장관 스즈키 다카시鈴木隆

상담역의 자문에 관한 건은 다음과 같이 정함.

제1조 상담역의 자문을 받아야 할 건의 개략적인 항목은 다음과 같음.

1. 부과금, 사용료, 부역·현물의 부과징수에 관한 것.

2. 세입세출 예산을 정하는 것.

3. 차입금에 관한 것. 다만 일시 차입은 이에 한하지 아니함.

4. 세출세입 예산으로 정해진 것 외에 새롭게 의무를 부담하거나 권리를 포기하는 것.

5. 기본재산과 적립금곡積立金穀 등의 설치 또는 권리의 포기를 위한 것.

6. 그 밖에 중요한 사건에 관한 것. (이하 생략)

---

36 지방의원이 지역민을 대신하여 논의하는 제도로, 지금도 일본에서는 중의원을 '대의사代議士'라 부르기도 한다.

37 일종의 자문위원 또는 고문위원.

38 포항의 자문위원으로 임명된 인물을 소개하는 신문기사에 나카타니 다케사부로의 이름은 보이지 않고 학교조합 의원인 미쓰나가 가시치光永嘉七가 소개되어 있다.(『매일신보』, 1917. 10. 4) 나머지 세 명의 이름은 동일한 것으로 보아 『포항지』 저자의 착각으로 보인다.

이후 1920년 11월 상담역을 폐지하고 면협의회 의원을 설치하면서 그달 20일자로 초대의원 총선거가 시행되었는데, 다음과 같은 사람들이 당선되었다.

후쿠시마 이헤이, 나카타니 다케사부로, 김용주金用柱, 마스노 구마오, 김봉균金鳳均, 오우치 지로大內治郎, 이일우李一雨, 사사키 에쓰조佐々木悅藏, 서석태徐錫台, 다카다 마사오高田正雄

이어서 1931년 4월 1일부터 읍의 행정이 시행됨에 따라 5월 21일 제1대 읍회의원 선거가 시행되었다. 치열한 경쟁을 거쳐 다음 12명이 당선됨에 따라 비로소 완전한 자치단체로서 오늘에 이르고 있다.

윤이병尹彝炳, 와키무라 신조脇村辰藏, 오가미 도메조大上留造, 최병기崔柄基, 스가와라 이치로菅原市郎, 강주석姜疇錫, 요시모토 노부요시吉本信義, 김동덕金東德, 후쿠시마 겐지福島憲治, 기타가와 리하치北川利八, 김두하金斗河, 오카베 요이치岡部與一

＊다음에 소개한 지도들은 일제강점기 당시 20~30년 사이에 포항이 비약적으로 발전하는 변화상을 담고 있다.

＊1910년 흥해 지도(1:50000)
(자료: 국립중앙박물관 일제강점기 자료)

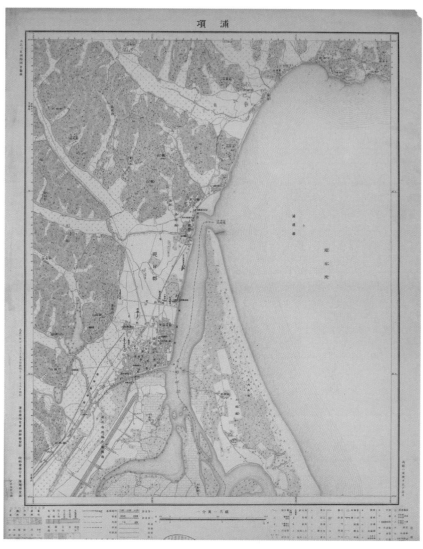

項 浦

*1917년 포항 지도(1:10000)[39]
이 시기에는 아직 향도(송도)가 섬이 아니었음을 알 수 있다.
(자료: 국립중앙박물관 일제강점기 자료)

---

39 최성원의 연구에 따르면, 1917년 10월 1일 조선총독부가 '면제面制'를 실시하면서 2512개 면 가운데 23개 면을 특별히 지정면指定面으로 했는데, 당시 경상북도에서는 택지 조성, 상하수도 공공시설, 경부선 철도 등의 요충지로 각광을 받았던 김천과 더불어 포항만이 이에 포함되었다. 포항은 총 4034명의 포항 인구 중 일본인 비율이 30퍼센트 이상을 차지하고 있었다(「일제강점기 포항의 도시화 과정」, 『경주사학』 제38집, 2013, 114쪽) 조선총독부는 면제 시행을 전후로 주요 도시의 지도를 작성한 것으로 추정된다.

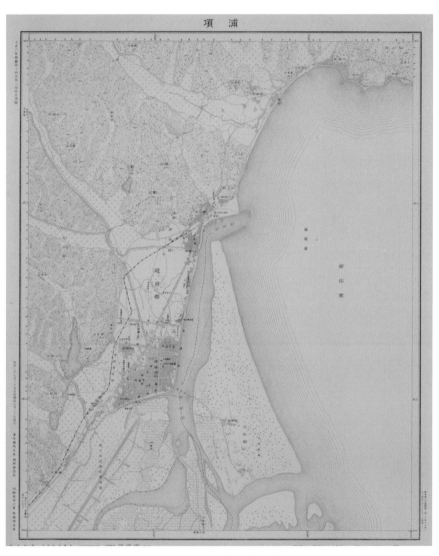

*1925년 측도, 1927년 발행된 포항 지도
(자료: 일본 국제일본문화연구센터 데이터베이스)(지도-조선-포항)

項 浦

*『포항지』 발간 무렵인 1936년의 포항 시내 일부(1:10000)
(자료: 국립중앙박물관 일제강점기 자료)

8. 하천의 개수와 축항

포항항에 배를 넣을 수 있는 곳은 남빈과 동빈 일대의 형산강 하구였
다. 이 하구는 북하구와 남하구 두 개로 나뉘어 있었으나 매년 형산강
이 범람하면 쓸려 내려온 토사가 가득 쌓여 배의 출입이 불가능했으
므로 포항 사람들에게 이보다 더 큰 골칫거리는 없었다. 그때마다 주
민들은 원예용 모종삽schop을 지참하고 토사를 걷어냈지만 대자연의
위협 앞에 모종삽으로는 감당이 될 리가 없었다. 상황이 이러하니 형
산강 정비와 축항은 포항인의 중대한 문제가 아닐 수 없었다. 이를 해
결하려면 많은 비용이 들기 때문에 불안과 초조로 몇 년을 보내던 포
항 주민들은 '하다못해 부선艀船 정도라도 자유롭게 출입할 수 있었으
면' 하고 염원했다. 이 염원이 모여 기성회期成會가 조직되었다. 미쓰나
가 가시치光永嘉七가 회장을 맡고 후쿠시마, 오가미, 나카타니, 오우치,
마스노 등이 간부를 맡아 몇 년간 피나는 노력을 기울였다. 목적을
달성하기 위해 윗선인 경북도와 총독부에 포항항의 고충을 호소하거
나 진정과 청원을 올리는 등 온갖 방법을 동원하여 고군분투한 결과,
1914년 10월 7일 경북도는 형산강 방사제防砂提 축조 공사에 착수하게
되었다. 1914~1915년까지 2년에 걸쳐 실시된 이 공사는 연장延長이 불
과 56간間,[40] 경비는 3522원 52전으로, 항만 전체 수리공사에 비하면
구우일모九牛一毛에 지나지 않았으나, 이 정도만으로도 포항은 꽤 새로

운 면모를 갖춘 것이다. 이어서 1919년 1월 7일 착공한 형산강 북하구 도수제導水堤 축조 공사는 경비 11만9968여 원이 투입된 2개년 사업으로 추진되어 드디어 대대적인 축조를 보게 되었다. 당시 좌안의 도수제는 연장 210간 5보步, 폭天㎙ 3간이고, 우안 도수제는 연장 130간, 폭 3간에 이르는 규모였다. 이후 추가 공사가 이어져 1921~1923년 6월 20일까지 4만6799원이 투입되었다. 그러나 이는 응급조치라 할 만한 공사로 근본적인 문제에는 손을 대지 못한 것이었다.

1923년 4월 12일, 전날부터 시작된 악천후가 아침 무렵 폭풍우로 변하여 동해안 일대를 맹습했다. 때마침 고등어 성어기를 맞아 영일만 앞바다로 출어한 어선들은 포항 하구로 피난했으나 방파제가 없는 하구 안쪽은 산처럼 높은 노도에 휩쓸려 어선들과 어구가 바다 속으로 가라앉았고, 북하구 일대까지 깊숙이 치고 들어온 파도는 뭍으로 들어오던 어선을 뒤집어버렸다. 당시의 참상은 도저히 말로 표현할 수 없는 지경이었다.(이 참상은 별도로 기술하겠다.) 이 일이 있고 난 후에야 경북도 당국은 물론 총독부에서도 반드시 포항의 항만을 동해안의 항구로 완성시켜야 한다는 논의가 이루어졌다. 그에 따라 처음으로 제1기 포항항 도수제 축조 공사가 시작되었으며, 독립적인 형산강 치수 사무소가 개설되어 대형 개수 공사를 추진한 결과 오늘에 이른 것이다. 186만여 원의 경비가 투입된 형산강 3개년 개수 공사로 인해 포항 주민은 완전히 재난으로부터 벗어나게 되었다. 그리고 그 수혜 지역은 실로 1991정보(약 591.3만 평)[41]에 달했다고 한다.

---

40 1간㎙은 1,818미터에 해당하므로, 56간은 대략 101,808미터다.
41 당시 일본에서는 '정㎗'이라는 길이 단위와 구별하여 '정보㎗步'라는 면적 단위를 쓰기도 했는데, 1891년 미터조약 가입 시 30만 아르를 3025정으로 정했다. 1정보는 99.17355아르이므로 1제곱킬로미터는 100.83333정보이며, 1991정보는 19.74제곱킬로미터에 해당하는 면적이다. 정보를 평으로 환산할 경우 1991정보는 약 597만3000평에 해당한다.

포항항 각종 공사일람표

공사	시행 일자	공사비(원)	공종별 연장[42]	비고
형산강 방사제 축조공사	1914. 1. 7. 착수 1915. 10. 14. 준공	1914년도 1,821 1915년도 1,700 계 3,522	연장 101.8m	도지방비
형산강 북하구 도수제 축조공사	1919. 1. 7. 착수 1921. 3. 8. 준공	1918년도 8,208 1919년도 57,122 1920년도 54,630	좌안 도수제 연장 364.5 폭 5.45m 우안 도수제 연장 236.3m 폭 5.45m	도지방비 (국고보조 67,500 포함)
	1921. 8. 27. 착수 1922. 3. 15. 준공	17,048	우안 도수제 연장 54.54m 폭 5.45m	1918년부터 1920년 계속 사업 국고보 조공사잔금 처분공사
	1922. 9. 1. 착수 1923. 6. 20. 준공	1922년도 41,056 1923년도 5,743 계 46,799		도지방비 (국고보조 23,400 포함)
형산강 북하구 응급 준설공사	1924. 12. 15. 착수 1925. 1. 20. 준공	1,000		도지방비
포항 호안 수축공사	1926. 3. 2. 착수 1926. 4. 30. 준공	1925년도 5,212 1926년도 15,678 계 20,890		도지방비
포항항 도수제 축조공사	1928. 2. 8. 착수 1930. 5. 31. 준공	1927년도 22,092 1928년도 94,426 1929년도 106,544 계 237,989	좌안도수제 연장240m 우안 도수제 기부상基部上 및 계족繼足 연장 148m	도지방비 (국고보조 80,000 포함. 단, 670 반납)

---

42 원문의 '간'으로 표기된 길이 단위를 미터 단위로 변환했다.

공사	시행 일자	공사비(원)	공종별 연장	비고
공유수면 매립공사 (학산동 앞)	1928. 4. 21. 착수 1930. 5. 31. 준공	8,580	도로와 구거수 3,695평 매립취득지 3,993평	포항읍 시행
공유수면 매립공사 (포항동 앞)	1930. 12. 15. 착수 1932. 4. 13. 준공	66,200	도로와 구거수 5,740평 매립취득 6,850평	
형산강 북하구 준설공사	1930. 7. 1. 착수 1931. 3. 31. 준공	9,938	폭 30m 연장 700m	도지방비
	1932. 2. 1. 착수 1932. 3. 31. 준공	996	폭 50m 연장 140m	도지방비
포항항 방파제 재해복구 공사	1934. 1. 7. 착수 같은 해 준공	28,000	종전 제방경사면 각도를 30도에서 40도로 완만하게 시행	도지방비
형산강 개수공사	1931. 8. 15. 착수 1935. 3. 31. 준공	186,000	연장 20,883m 경비 334,000 호안 3,353m, 2,683m, 686m 경비 237,800 배수문 4개소, 54,000 형산교 155,000	도지방비 내 국고보조 80%
합계		2,395,734		

즉 포항항 수축에 무려 240만 원에 달하는 비용이 소요되었으나 여전히 항만은 완성되지 못한 상태로, 현재 제2기 공사를 시행하기 위해 경북도 당국에서는 예정지에 대한 새로운 조사들을 진행하고 있다. 이 공사가 완성되면 포항항의 번영을 가늠해볼 만한 일이 많이 대기하

고 있다. 포항 항만 수축에 관하여 대서특필로 세상에 알리고 싶은 일은, 지난 1926년 9월 21일 황공하게도 다카마쓰노미야高松宮[43] 전하를 태운 제2함대가 30여 척의 호위를 받으며 우리 포항항에 상륙한 일이다. 이는 포항항은 함선이 안전하게 운행할 수 있는 곳이며 정박에도 아무런 장애가 없음을 확증하는 사건으로서, 우리 포항항의 자랑이라 할 것이다.

---

43 다카마쓰노미야는 다이쇼大正 일왕의 3남인 노부히토宣仁 친왕에 대한 호칭이다. 1925년 12월 1일 해군소위로 임관한 그는 1926년 9월에 포항을 방문했는데, 원문에는 '5월'로 표기되어 있어 바로잡았다. 당시 9월 21일 경주발 타전 소식으로, "제2함대는 21일 오전 9시 50분부터 11시 사이에 경북 포항에 입항했고, 다카마쓰노미야 전하는 오후 1시 20분 포항에 상륙했다. 이후 자동차를 타고 2시 15분 경주박물분관에 도착, 고분에 관한 설명을 청취하시고 박 군수와 7명에게 감사의 말을 전했다. 기념식수를 하신 후 근처 고적을 구경하고 불국사로 향했다"는 기사가 게재되었다.(『매일신보』, 1926. 9. 23) 아울러 다른 신문에서도 "금강산을 탐방하는 동안 금강산에서 채집한 수령 250년의 진백眞栢 1주의 분재 화분을 그 지역 관리로부터 헌상받았다"(1926. 10. 1)는 기사가 확인되고 있다.

9. 동빈의 매립

형산강의 북하구부터 남빈 일대는 황무지와도 같이 개발의 손길이 미
치지 못한 곳이었다. 1927년 부산-원산 간 동해안선 부설이 확정되어
부산의 유력자 10여 명이 각 지역을 시찰할 당시 포항에도 들렀는데,
그때는 축항 공사가 착수되기 전이었기 때문에 하구 동빈 일대의 낙후
함은 시찰단에게 매우 안 좋은 인상을 안겨주었다. 이에 분개한 시모
무라 읍장과 포항 유지들은 이 지대를 매립하는 안건을 만들어 경북
도나 총독부에 진정을 올렸으나, 원산항과 청진항에서 이러한 사업이
실패한 점에 비추어 총독부는 이 요청을 받아들이지 않았다. 그러자
자금 제공처인 척식은행도 대출에 난색을 표명하는 등 남빈 매립의 미
래가 불투명하게 되었다. 시모무라는 면의 당사자로서 이 일을 실현하
겠다는 결심을 굳히고, 나카타니 도의원을 비롯한 면의 유지들과 힘을
모아 경북도 당국을 움직여 매축계획서를 작성했다. 1930년 봄, 시모
무라와 나카타니는 총독부를 찾아갔고 본부 토목과장 신바榛葉의 협
력으로 지금의 목재 기둥을 석재로 교체하는 지침을 얻어냈다. 그리고
포항으로 돌아오자마자 공유수면 매립 면허원을 비롯한 계획서를 제
출했다.

1930년 5월 22일

경상북도 영일군 포항면장 시모무라 시게히데

조선총독 사이토 마코토 각하

공유수면 매립 면허원

1. 매립의 장소: 경상북도 영일군 포항면 포항동 형산강 수면
2. 매립의 면적: 매립 총면적 31,522평 7합 2작ㅋ. 이중 15,782㎡는
   도로 및 구거 부지
3. 매립의 목적: 강안·도로·구거와 시가 택지 조성
4. 매립의 착수 및 준공기일: 착수 연월일은 면허일로부터 1개월 이내,
   준공 연월일은 1931년 3월 말일
5. 첨부 서류: 별지목록과 같음(별지 생략)

이상 면허를 바라는 바입니다.

이상은 1927년부터 4년에 걸쳐 노력한 끝에 얻어낸 남빈 매립의 출원서다. 그리고 11월 17일 자로 이 어려웠던 사업 신청이 면허를 받기에 이르렀다.

토제332호

포항면

1930년 5월 22일부 신청한 경상북도 영일군 포항면 포항동 내 형산강 수면부지 매립의 건을 아래의 조건을 붙여 면허함.

1930년 11월 17일

조선총독 사이토 마코토

아래

1. 매립 면적은 원서 첨부도면의 구역 1,152,225m²

2. 매립의 목적은 강안·도로 축조와 시가지 조성으로 함.

3. 매립 관련 공사는 면허의 날로부터 1개월 내 착수하고 면허의 날로부터 1년 6개월 내에 준공할 것.

   앞 조항의 공사에 착수할 때는 지체 없이 이를 보고할 것.

4. 공사 준공 허가와 동시에 도로와 구거는 국가에 귀속함. 이상

이 대사업을 눈으로 확인하게 된 시모무라 면장과 사업을 도운 도회 및 읍회 관계자들은 기쁨을 감추지 못했다.

1931년 가을, 읍의 관리 아래 착공이 이루어졌고, 경북도 토목파출소 주임 세오노 에이타로妹尾英太郎[44]가 공사감독의 책임이 맡아 궁민구제窮民救濟의 취지를 실어 공사를 추진한 결과 1932년 4월 13일에 완공하기에 이르렀다. 이로써 읍은 공사비 6만6200원을 투입하여 대지 6748.17제곱미터, 도로·구거 4774.55제곱미터를 취득했다.

읍회에서는 매립 공사비를 지급하기 위해 이 지대를 분양하기로 결의했다. 지대 가격을 놓고 다양한 주장이 제기되었으나 읍 당국의 중재로 의원 전원이 공매지 가격 심사위원이 되어 6월 19일 제1회 사정 회의가 개최되었다. 신중하게 심의를 거쳐 가격이 결정되었고 즉각 공매 절차에 들어갔다. 금년(1935) 7월까지의 결산에 따르면, 읍은 공사비를 지불하고도 무려 7만여 원의 수익을 냈다. 또한 동빈 일대의 경지를 정리하여 이용 가치를 높이고 가옥을 빌려 사용하던 읍사무소

---

44 각 연도별 「조선총독부및소속관서직원록」에 따르면, 토목기사 세오노 에이타로는 1922~1933년까지 경상북도 소속이고, 1934~1940년까지는 충청북도 소속으로 근무한 것으로 나타나 있다.

를 신축하는 등 실로 일석삼조의 결실을 얻은 데는 당국의 이해와 더불어 면의 당사자와 관계자가 열심히 노력해준 덕분으로, 이후 진행해 나가는 데 감사해야 할 일이다.

10. 어업 투쟁 사건

어업 수호를 위한 투쟁에서 비롯되어 포항 전체에 크나큰 분쟁을 일으킨 사건은 타뢰망打瀨網과 자망刺網 금지에 관한 문제였다. 전자는 1913년으로 접어드는 시기에, 후자는 1916년에 일어난 사건이다. 본래 포항에 거주하는 모든 어민은 청어 정치定置 어업을 위주로 삼고 있는데, 이 어업활동에 가장 큰 위협이 되는 것이 타뢰망 어선이다. 그들은 경상남도 혹은 일본 본토에서 오는 어민으로, 어획기가 되면 영일만에 타뢰망을 가지고 들어와 청어를 잡아들이는 바람에 정치 어업자인 포항 거주민에게 큰 타격을 입히곤 했다. 타뢰망의 어로활동을 방치할 경우 영일만 일대의 물고기 떼는 전멸할 것이고, 포항의 어업자는 생활고에 빠질 수밖에 없었다. 이에 조선인 어업자 300명이 서명한 진정서를 제출하여 한때는 타뢰망 어업이 금지되었으나, 그 후 얼마 지나지 않아 금지가 풀리고 말았다. 1912년 가을 청어 어획기가 되자 다시 타뢰망 어선들이 영일만으로 쇄도하여 정치 어업을 영위하고 있는 포항 주민들에게 심각한 위협을 안겨주었다. 생계의 활로를 열기 위해서는 일어서야 했다. 다음 회람 글에서 당시의 비장한 심경을 느낄 수 있다.

회람장回章

긴급한 일로 임원들이 철야 협의하고 있으므로 내일 4일 오전 8시 정각까지 집회에 참여 바람.

1월 3일 밤

이 통지는 영일어업협회이사 마스노 구마오, 오우치 지로, 오카모토 리하치, 감사監事인 사사키 에쓰조, 고토 사기치後藤佐吉, 임시 상담역인 우메모토 쇼타로梅本庄太郎 등의 이름으로 영일만 연안 수백 명의 정치 어업인에게 발송되었다. 1월 3일이면 도소屠蘇[45]의 술 향기가 떠도는 마쓰노우치松の内[46] 3일째다. 타지에서 맞이한 정월 무렵에 생계의 활로를 타개해야 하는 협의가 열린 것이다. 지금 이 회람을 대하니 피가 끓고 살이 떨리는 마음으로, 마치 전장에 나서는 사무라이의 각오와 같은 느낌이 전해진다.

3일 밤이 끝나갈 무렵에 이 통지가 발송된 것이나, 4일 오전 8시가 되자 협회원들은 속속 참여하여 비통한 얼굴로 협의를 나눈 결과 (1) 정치 어업자 전원의 총의로 조선총독부에 타뢰망 금지를 청원할 것, (2) 동시에 경북도 당국 및 관련 기관의 지원을 얻기 위한 활동을 시작할 것, (3) 기타 이에 필요한 관련 사항을 결정하고 협회의 임원들은 일을 분담하여 즉시 활동에 나서기로 했다. 당시 총독부에 청원하는 청원서(생략)의 기명날인을 취합하는 통지에도 극한 비장미가 담겨 있다.

---

45 도소屠蘇란 정월에 여러 약초를 청주 등에 재어두었다가 행운을 기원하며 마시는 일본의 약주다.
46 정월 첫째 날부터 짧게는 7일(간토 지방), 길게는 15일(간사이 지방)까지 문 앞에 장식을 걸어두는 일본의 풍습이다. 우리나라에도 정월에 복조리 등을 걸어두거나 북어포를 매달아두는 풍습이 있다.

일본, 조선 어업자 모두에게 고함

1. 타뢰망을 영일만에서 금지해야 한다는 청원은 이미 대중의 일치된 견해인바 본 청원서의 조인을 시급히 취합원에게 기명날인하여 제출해주기를 요청함.

2. 청원의 요지는 자망 및 수조망 그리고 정치 어업자에 관한 현 상황과 연혁을 밝히고 타뢰로 인한 손해를 진정함으로써 시급히 금지 명령을 발포해주기를 바라는 청원서임. 다만 문장의 뜻과 문구에 대해서는 수시로 추가 설명이 가능함.

3. 기명날인한 사람과 이를 취합하는 출장원에게는 어떠한 보수나 향응 등을 요하지 아니함.

1월 6일

1월 3일부터 모인 협회 간부들은 문자 그대로 불면불휴不眠不休의 노력을 기울인 끝에 6일부터는 날인한 청원서를 모으기 시작했고, 그와 동시에 부산에 주재한 수산조합의 조합장 오하라大原에게 포항을 방문해줄 것을 요청했다. 12일 나카지마 여관에서 정치 어업자들과 만난 오하라는 이들의 주장에 찬성하여 적극 협조하기로 확답했고, 15일에는 사사키 에쓰조의 집에 모여 총독부에 다녀올 위원을 결정했다. 이렇듯 맹렬히 활동에 나선 결과 경북도와 총독부도 이를 받아들여 2월에 타뢰망 어업 지역을 제한했다가 결국 금지 명령을 발포하기에 이르렀다.

제2차 어업 투쟁은 바로 1916년의 자망 금지 사건이다. 이 자망 어업자들 역시 타뢰망 어업자와 마찬가지로 경남 또는 일본 본토에서 온 어업자들로, 어획기가 되면 정치 어업자들을 피해 영일만 일대 연안을 돌아다니면서 어장을 황폐하게 만들어 포항의 정치 어업자들에게 적지 않은 위협을 주었다. 당시에도 타뢰망 금지 활동과 마찬가지로 비장한 각오로써 조치를 취해달라는 내용을 진정했고, 결국 목적을 관철했다. 그러나 당시 영일만 연안에도 자망 어업자가 있었던 만큼 조합 간부가 신변의 위협을 느낄 만큼 험악한 분위기가 조성되어 말조차 꺼내기 어려운 상황이었다고 한다.

당시 총독에게 제출한 청원서는 다음과 같다.

청원서

삼가 영일어업조합 총 대회의 결의에 따라 삼가 본 청원을 올립니다. 본 조직은 영일만 어업자 전체를 대표하여, 본 문제의 향방이 지방경제의 흥망성쇠에 즉각적인 영향을 끼치며 영일만 바닷가 어민들의 사활에 관한 중요 문제임을 확신하는바입니다. 부탁의 말에 앞서 겸손치 않은 말로써 위엄을 손상할까 걱정스러우나, 이 청원에 나설 수밖에 없는 사정을 짐작하시어 부디 명감明鑒을 베풀어주시기를 황공하고도 두려운 마음으로 엎드려 청원드립니다.

청원의 목적

1. 청어 자망 어업을 여타의 정치 어업에 대해 가능한 밀도까지 제한하는 규정을 바람.

청원의 취지

예로부터 이곳 영일만의 청어 어업은 조선 동해안 3대 어장의 하나로 불리며, 만내灣內 해변에 거주하는 800여 명의 일본·조선 어민은 모두 해당 어업의 풍흉에 의해 생활이 좌우되고 있습니다.

이에 어업령을 발포하신 지 4년여, 모든 어업 제도는 완성의 영역에 도달하고 있으며 해당 만에서는 청어의 정치 어업이 대대적으로 정돈되고 있습니다. 동시에 인근 어민의 사정을 헤아려 만내에 한하여 타뢰망 금지 명령이 이루어짐에 따라 해당 어업 경영의 방침이 제대로 확정된바, 각하의 어진 정치 아래 토착 어민은 안심하고 어업활동을 영위해왔습니다. 또한 어장을 아끼고 민력民力 배양에 전념하면서 열심히 어촌을 유지하는 데 태만하지 않았기에 그 수지收支는 수많은 어업에 비해 가장 우수한 정도에 달할 뿐만 아니라 농사 경영과 마찬가지로 대부분 안정적인 이율을 유지하고 있습니다. 1913년 1월 타뢰망 금지를 청원한 상황에 대해서는 감히 미사여구로 현혹할 필요도, 또 새삼 일일이 읍소할 필요도 없습니다. 청어가 영일만으로 회유하는 이유는 산란하기 위한 것으로서, 보통 12월부터 4월까지 산란에 적합한 온도와 장소를 찾아 만내 수심 2, 3심선 연안 가까이 모여듭니다. 다른 곳에서 이루어지는 수많은 수족水族의 어로 활동에서도 볼 수 있듯이 이러한 회유와 밀집 현상은 우연한 발생이 아니라 자연적 원인에 따른 것임이 다년간에 걸친 사실로 증명된 바입니다.

앞서 말씀드린 것처럼 이곳의 어업 특색은 농사 경영의 그것과 마찬가지로 고정불변의 안전한 이율을 유지할 수 있다는 점입니다. 그런 고로 본 영일만 연안의 토착 어민에게는 먼 옛날부터 내려온 관행과 불문율에 따라 서로 본분을 엄수하고 양보해왔으며, 친선으로써 침범하지 않고 각자의 분야에서 평안한 어촌을 유지해왔습니다.

일본 본토, 특히 청어 어업의 본고장인 홋카이도 또는 사할린 지역의 실제 사례에서도 볼 수 있듯이 근본적으로는 정치 어구와 유동流動 어구가 공존하지 못할 때 위정자는 기득권을 지닌 정치 어업의 권리를 보호하는 정신에 따라 자망 어업자를 전적으로 배척했습니다. 즉 정치와 유동이라는 두 어업방식 허용을 중단하고 전적으로 정치 어업인 건망健網

어업자의 보호에 주력했음을 말씀드립니다. 물론 다른 모든 제도의 변천과 더불어 이 역시 완전한 규율로 정할 수는 없겠지만, 부득이 두 가지 제도를 병행하여 현지 어민 모두의 어업 이익을 균등하게 하고 어촌 공동의 이익을 증진하는 경우는 비교할 만한 다른 곳이 없는 오직 이곳 어업계의 미풍양속이자 특색으로, 현지 어민이 크게 자랑하는 점입니다. 이것은 분명히 원래 정치 어업자가 대부분인 호망壺網 어업으로서 저 홋카이도나 사할린처럼 대규모 건망 어업의 업태와는 그 선을 달리하며, 그 수익률이 비교적 안정적인 것도 아직은 모두가 소자본이기 때문입니다. 즉 불과 한 곳 또는 두 곳의 어장을 나누어 가진 채 가족적인 어업에서 탈피하지 않을 정도로서 현지 자망 어업과 비슷한 규모를 지니고 있음을 고려해주시기 바랍니다.

또 수년 전부터 다른 지방의 자망 어업이 본 만에 군침을 흘리다가 일단 본 만에서 어업 이익을 맛보게 되자 먼 곳까지 소문이 퍼졌고, 이에 급류처럼 몰려들면서 종이 한 장의 신고 감찰증만 가지고 고기잡이를 해오고 있습니다. 해가 갈수록 그 규모는 커지고 태도가 당당하여 옛 관행과 불문율의 제재가 더 이상 통하지 않아 미풍양속이 파괴되는 실정에 놓였습니다.

이에 통계적 타산에 대해서는 잠시 미뤄두더라고, 경상북도 수산조합 지부에서 조사한 청어 자망 어업자 수는 800척이며, 수산조합 지부가 아닌 곳에서 따로 감찰증을 받은 자는 실제 어획기에 목격된 것만 해도 100여 척을 헤아립니다. 영일만의 총면적은 약 1만1000평방정인데 여기에서 정치 어장 면적 약 2130평방정을 제하면 나머지 구역 8690평방정이 어구 운용 조업구역입니다. 여기에 자망 어업자가 사용하는 배 한 척의 그물 사용 범위를 550간으로 한다면 총 71만5000간으로, 이러한 자망 어업의 증가는 장차 평균 어획량을 점차 감소시킴으로써 정치와 자망 어업 양쪽이 망하는 비극을 불러들일 뿐만 아니라, 지방의 불경기도 절정에 달할 것입니다. 이 상황에서 작년의 사실에 비추어볼 때 금년 어획기에도 서로 피해를 본다면 출어선은 더욱 증가될 것이고, 이 자그마한 지역의 가을 손님인 통어자通漁者들은 감획減獲 관리의 이익을 놓고 경쟁을 벌임으로써 군집 어족을 해치고 천혜의 산란장을 교란시킬 것입니다. 또한 이곳 어업의 근본적인 기초는 파괴되고 현지 어민은 기약 없이 유리걸식을 하게 될 것이니, 어촌 유지를 위해서는 다른 방법이 없습니다. 지방 어민의 산업 보호라는 대의적 관점에서도 이 문제의 처결은 매우 심각한 것입니다. 본 청원의 취지는 이곳의 어리漁利를 영원히 유지보호하고 남획의 구습을 탈피하여 어장의 황폐를 면하게 함으로써 국부 증진에 이바지하려는 봉공奉公의 정성을 다하고자 함이며, 일시동인一視同仁의 시정방침에 따르는 뜻 외에는 없습니다. 이미 정해진 국가 수입을 감소시키지 않기 위해 설망과 투망 구역이 늘어나도 배타적 감정을 가지지 않고 있습니다. 다행히 사리를 따져 시급히 자망 어업에 적절한 제한을 붙여 현지 어민이 안심하고 어업에 종사할 수 있기를 아룀은 800여 호 어민이 소생하기를 바라는 마음인 동시에 지방산업 발전의 시작이라 확신하기 때문입니다. 이상 삼가 받들어 청원하는 바입니다.

(이하 생략)

이 결과 당국에서도 포항의 정치 어업자들이 겪는 고충과 사정을 헤아리게 되어 즉시 금지 명령을 내기에 이르렀다.

11. 1923년의 폭풍우와 포항항

폭풍우로 인해 포항항이 피해를 입은 경우는 셀 수 없을 만큼 많지만 가장 피해 규모가 막대했던 것은 1923년 4월 12일의 폭풍우였다. 앞서 1919년 8월 24일과 25일, 이틀에 걸쳐 내린 큰비로 인해 형산강은 1장 1척 높이로 범람한 적이 있는데, 한 노인의 말에 따르면 60년 만의 대홍수라고 할 만큼 상도·하도·죽도에서 피해가 컸다. 그러나 1923년 4월 12일의 폭풍우는 전무후무한 대참사였다고 해도 과언이 아니다.

1923년 4월 12일 아침 중국에서 조선 남쪽을 향해 점차 저기압이 이동하더니 당일 오후 6시경 저기압의 중심이 울릉도 부근에 머무르면서 여러 차례 날씨가 험악해졌다. 이어서 북동쪽에서 불어오는 강풍이 큰 파도를 일으켜 엄청난 기세로 영일만을 습격했다. 항만에는 발동기선, 모선어선 등이 채워져 있었는데 모처럼 고등어의 성어기를 맞아 일본 시코쿠四国, 나가사키長崎 근처와 경남 각 지역에서 출어한 어선들이 동쪽 바다에서 일렬로 덮치는 큰 파도에 나뭇잎처럼 휘말렸다. 선부들이나 포항경찰서원 그리고 각 단체의 필사적인 방어 노력에도 아무런 효과를 얻지 못한 채 갈수록 위험의 정도가 높아졌다. 이에 비번인 경찰들을 소집하여 연안 곳곳에 배치하고 만일의 경우를 대비했으나 오전 1시경부터 파도가 더욱 격해져 작업해놓은 그물이 절단되

*포항에 닥친 폭풍으로 파손된 발동선(『동아일보』, 1923. 4. 21)

거나 돛대가 부러지고 키가 사라지는가 하면, 아예 선체가 전복되거나
부서지고 배끼리 충돌하여 침몰되었다. 배에 타고 있던 어부들은 구해
달라고 아우성치고 바닷물에 떨어진 이들은 필사적으로 헤엄치면서
격랑과 싸우는 참상이 펼쳐졌다. 말로는 형용하기 어려운 아비규환이
자 생지옥이 현실로 나타난 것이다.

– 피해 상황

　　부상자: 중상 16명, 경상 17명, 행방불명: 일본인 125명, 조선인
　　230명, 사망자: 311명, 선박 조난: 발동선 19척, 어선 76척

　　이상은 당시 포항경찰서의 기록이다.[47] 이 기록으로 당시의 전반적
인 상황을 간략하게나마 알 수는 있겠지만 그 참상이란 말과 글로써
형용할 수 없는 것으로, 사망자 수습부터 파손 선박과 어구를 정리하

---

47 당시 사상자가 2000명에 달했다는 기사(『동아일보』, 1923. 4. 15)를 보면 피해 규모가
매우 심했음을 알 수 있다.

던 때의 포항은 그야말로 죽음의 항구라 할 만큼 처참했다. 이 참사가 일어난 이후 당국은 포항항의 개축을 염두에 두고 제1기 방파제 축조를 논의하기 시작했고, 그로부터 항구 포항은 날이 갈수록 안전한 어항으로 거듭나 이제는 무역항으로 약진하는 길을 걷게 되었다. 그러나 이러한 약진의 포항을 건설하기까지는 앞서 설명한 수재 희생자에게 빚진 바가 적지 않다. 해가 바뀌고 세월이 흐르면서 이들 희생자들은 포항 사람들의 기억에서 잊히고 말겠지만, 기억이 남아 있는 동안 그들을 위령하기 위한 방안을 궁리해야 하지 않을까 싶다.

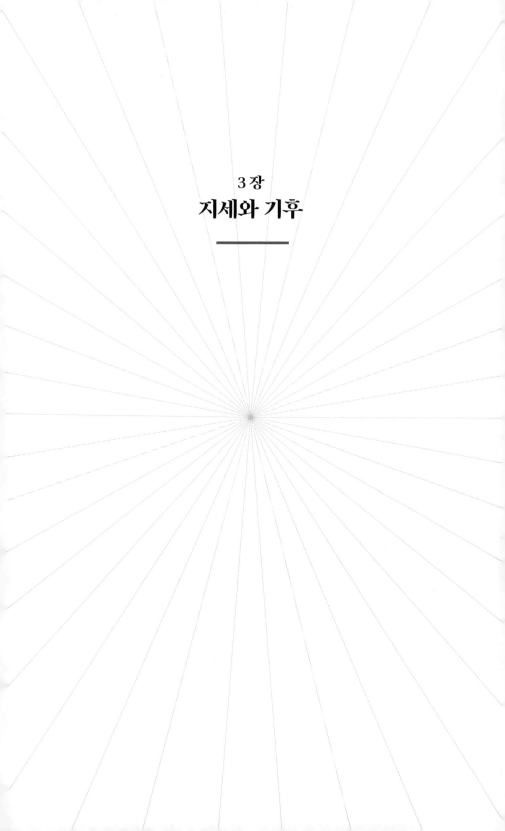

3장
지세와 기후

포항항은 조선 반도 남부 동해안 영일만 한 귀퉁이에 자리한 무역항이다. 좁고 긴 반달 형태며 북부로는 형산면·흥해면, 남부로는 대송면·연일면과 닿아 있다. 서부 일대에는 작은 언덕이 솟아 있고, 동쪽으로는 향도를 건너 영일만이 마주하고 있으며, 형산강이 그 사이를 흐르고 있다. 북쪽의 서울(경성)에서 철도로 110리[1]인 대구와는 26리 거리로, 자동차와 궤동차軌動車[2]로는 약 세 시간이 걸린다.

기후는 대체로 대륙적인 영향으로 같은 위도에 위치한 일본의 고후甲府, 기후岐阜 지역과 큰 차이는 없으나 한류가 영일만 앞을 흐르고 대륙의 한파로 인해 겨울철 추위는 5~6도가 낮다. 겨울철 최저 기온은 때에 따라 영하 12, 13도에서 영하 15도까지 내려갈 때도 있으나, 이 기온은 12시간 또는 몇 시간 만에 해소된다. 사람들이 솜이 안 들어간 의복으로 겨울을 난다는 사실로도 추위의 정도를 짐작할 수 있다. 특히 11월 말부터 다음 해 2월 말까지는 비가 내리지 않는 조선 특유의 기후를 고려할 때 다른 지역보다 적당히 습도가 있으며, 여름에는 쾌적한 미풍이 있어 조선의 건강지健康地로 불린다.

특히 최근에는 흰 모래, 푸른 소나무가 절경인 향도에 해수욕장 설

---

1 일본의 1리는 약 3.9273미터로, 110리는 432킬로미터에 해당한다.
2 궤동차軌動車란 레일 위로 화물이나 승객을 실어나르는 궤도차軌道車를 뜻한다.

（行溪堂芽月田村） 景雪乙町仲 項浦北尚慶群朝

*일제강점기 당시, 포항에 눈이 쌓이는 풍경이 희귀하여 그림엽서가 발행되기도 했다.(구한말의 초가지붕이 목조로 대체되었고 1930년대에 2층 상가가 조성된 거리로 변화된 점에 비추어 1920년대로 추정된다. '경상북도 포항 나카초(仲町) 설경'이라 적혀 있다.)

비를 갖춤으로써 무더운 계절에 이 건강 지역을 찾아오는 해수욕객의 수가 매년 늘고 있다. 강우량도 풍부하여 첫서리는 11월 5, 6일 전후에 내리고 마지막 서리는 4월 10일경으로, 같은 위도의 일본 지역보다 서리가 내리는 기간이 약 1개월 길다. 그래서 여름은 길고 봄가을은 매우 짧은 편으로 매화, 살구, 복숭아, 벚꽃이 거의 동시에 꽃을 피운다. 서로 경쟁하듯 백화가 만발하면 호화로운 두루마기 그림을 펼친 듯하며, 일본에서는 볼 수 없는 조선 특유의 맑고 깨끗한 봄가을 날씨를 보인다. 반면 눈이 내리는 경우는 매우 드물어서 겨울다운 풍경, 즉 흰 눈에 뒤덮인 은세계의 절경을 감상하기는 어렵다. 대구 근처에 비하면 다소 많은 양의 눈이 내리기는 하지만 원산 방면에 비하면 눈이 내린다고 말하기 어렵다.

최근의 기상표(1934년)

		1	2	3	4	5	6	7	8	9	10	11	12
포항의 기상 개황	기온	최고	10.2	12.3	21.3	22.8	27.4	36.2	38.0	35.4	31.0	25.5	17.0	16.7
		최저	-10.5	-10.0	-8.0	0.8	4.0	12.8	18.0	14.3	9.8	2.3	-4.3	-3.8

(표 계속)

월평균	최고 기온 38.0 / 최저 기온 -10.2(-는 영하를 표시)

	우량			눈		서리	
비·눈·서리	연 강우량	최다량	최다월	시작	끝	시작	끝
	2369.3	1230.7	8월	11월 7일	3월 14일	10월 18일	3월 23일

　　위에 나타낸 기상표는 1934년도의 것이지만 평년과 큰 차이가 없는 기상이다.

4장
인구와 호수

신라, 고려 시대부터 조선 시대까지 인구의 동태라고 할 만한 기록은 없으나 1901년 가을 나카타니가 포항에 들어왔을 당시 포항 일대의 호수戶數는 불과 120~130호에 지나지 않았다고 한다. 그리고 1907년 10월 일본인의 인구는 연일 지역을 포함하여 불과 36명을 헤아렸으나 이후 1909년에 이르러 204명으로 늘었고, 이후 증가 추세를 보이면서 1935년 4월 1일 현재 일본인 호수는 633호(남성 1382명, 여성 1192명)이고, 조선인 호수는 2588호(남성 5414명, 여성 5330명), 그밖에 중화민국인 호수는 28호(인구 48명)로, 합계 호수 3249호, 인구 1만3366명이다. 이제 1918년 이래의 일본인 인구 동태를 표시하면 다음과 같다.

인구 동태표[1]

연도	호수	남	여	합계
1910	101	212	189	401
1911	142	231	201	432
1912	-	455	327	782(748)
1913	270	-	-	1,080(889)
1914	281	643	617	1,260(1,090)
1915	323	583	571	1,254(1,190)
1916	316	663	592	1,255(1,198)
1917	-	-	-	(1,643)

1918	363	732	667	1,399
1919	367	761	683[2]	1,444
1920	380	787	779	1,566
1921	407	940	717	1,657
1922	420	987	745	1,732
1923	456	1,206	922	2,128
1924	524	1,293	1,024	2,317
1925	551	1,323	1,101	2,424
1926	562	1,461	1,285	2,746
1927	565	1,485	1,303	2,788
1928	550	1,137	1,136	2,273
1929	550	1,135	1,147	2,282
1930	550	1,135	1,137	2,272
1931	553	1,144	1,143	2,287
1932	601	1,256	1,292	2,546
1933	620	1,265	1,292	2,557
1934	646	1,309	1,322	2,631
1935	633	1,381	1,193	2,574

조선 인구 동태표

연도	호수	인구	연도	호수	인구
1912	–	(2,366)	1915	–	(3,773)
1913	–	(2,388)	1916	–	(2,836)
1914	–	(3,026)	1917	–	(2,943)
1924	2,013	8,511	1930	2,421	11,484

1 인구 동태표는 일본인 인구만을 대상으로 조사한 것이다. 원문에는 1918년부터의 통계만 소개되어 있는데, 여기서는 1910~1916년까지의 일본인 인구 조사를 추가했다.(통계자료는 『포항지』 원문 중 '학교조합' 부분에 있다) 또한 1912~1917년까지 괄호 안의 인구는 조선총독부(『조선총독부통계년보』(1912~1917)의 수치를 재인용 표기한 것이다.(「최성원, 「일제강점기 포항 행정구역 변환에 관한 연구」, 『경주사학』 41, 2016. 12, 130쪽)
2 원문에는 863명으로 되어 있으나 합계가 1444명이므로 683의 오기로 보아 수정했다.

1925	2,043	8,763	1931	2,817	12,542
1926	2,080	8,922	1932	3,030	13,227
1927	2,185	10,082	1933	2,867	12,685
1928	2,266	10,271	1934	3,210	13,144
1929	2,220	10,059	1935	2,374	10,111

이상의 인구[3]를 직업별로 표시하면 다음과 같다.

직업별 호수 및 인구표[4]

직업별	일본인		조선인		중화민국인		합계	
	호수	인구	호수	인구	호수	인구	호수	인구
농업과 목축업	24	101	302	1,695	-	-	344	1,796
어업과 제염업	49	236	219	795	-	-	218	1,031
공업	83	306	150	645	-	-	203	951
상업과 교통업	220	1,080	834	3,581	15	32	1,074	4,693
공무와 자유업	156	684	339	1,507	-	-	495	2,191
기타 유락자	39	132	423	1,698	-	-	462	1,830

3 1929년의 주요 어항의 인구를 비교한 연구(최성원, 「일제강점기 포항의 도시화 과정」, 『경주사학』 38집, 2013, 113쪽)에서는 이렇게 기술하고 있다. "1933년 조선총독부 발행 '조선의 취락' 전편에 근거하여 1929년 주요 어항 인구 수를 비교해보니 포항(6968명)이 가장 큰 어항이었고 여수(6072명)와 진해(5793명) 순이었고, 당시 한반도 어업을 주도했던 일본인이 많이 정착해 있던 어항도 역시 포항(1838명)이 첫 번째며 (…) 1929년에 포항은 조선의 어항 중에 인구 수가 6968명으로 한반도의 대표적인 어항으로 발전했음을 알 수 있다." 그러나 『포항지』 원문의 인구 동태표는 1929년 일본인 2282명, 조선인 1만59명으로 총인구가 1만2341명으로 나타나 있다. 이 시기의 포항은 국내 어항 중 인구 최대의 어항으로 발전해 있었으며, 그러한 위상을 지녔기 때문에 1929년 11월경 '경상북도 포항시가도'라는 상세한 시가지 지도까지 제작되었을 것이다.

4 원문에서는 각 직업별 합계와 일본인, 조선인별 합계 계산이 잘못되어 있다. 이 수치는 『포항지』보다 늦게 출간된 『경북대감』에 소개된 포항읍 인구와도 일치하지 않는다. 『경북대감』의 총인구 12,685는 일치하는데 직업별 인구 표상의 합계 인원은 3,022로 되어 있어 『경북대감』의 2,867과 불일치하는 반면 표상의 호수의 실제 합계는 2,867로 나오고 있어 직업별 호수 및 인구표 작성시 각 내역 일부의 수치가 잘못 집계된 것으로 추정된다.

| 무직과 직업신고 대상 | 9 | 24 | 89 | 190 | - | - | 71 | 193 |
| 합계 | 633 | 2,574 | 2,374 | 10,111 | 15 | 32 | 3,022 | 12,685 |

*『경북대감』의 1935년 영일군의 읍면별 호수는 다음과 같다.

읍·면	일본인		조선인		외국인		합계	
	호수	인구	호수	인구	호수	인구	호수	인구
포항읍	605	2,563	2,247	10,090	15	32	2,867	12,685
형산면	6	18	1,619	7,901	2	7	1,627	7,926
달전면	6	22	1,073	5,594	-	-	1,079	5,616
흥해면	32	115	2,013	10,097	1	2	2,045	10,214
곡강면	3	12	1,516	7,810	-	-	1,519	7,822
신광면	2	9	1,790	9,066	-	-	1,792	9,075
청하면	21	70	2,172	11,290	1	4	2,194	11,364
송라면	3	8	1,533	6,968	1	1	1,537	6,977
죽장면	3	13	2,375	12,375	-	-	2,378	12,388
기계면	10	31	3,143	16,692	3	6	3,156	16,729
연일면	8	39	1,370	7,208	-	-	1,378	7,274
대송면	17	65	1,618	8,321	-	-	1,635	8,386
오천면	10	36	1,474	7,923	-	-	1,484	7,959
동해면	29	114	1,498	7,821	3	10	1,530	7,945
창주면	275	1,123	2,929	15,168	7	23	3,211	16,314
지행면	29	92	2,680	14,198	2	7	2,711	14,297
총계	1,059	4,330	31,049	158,522	35	92	32,143	162,944

*포항 여자 체격 측정(앞면 옆면)

*당시 일본은 각 주요 도시별 조선인에 대한 평균 체격을 철저히 조사했다. 여자 조사대상은
대부분 비녀를 꽂고 있는 것으로 보아 주로 유부녀였고, 남자 조사대상은 상투를 튼 사람과
단발한 사람이 혼합되어 있다.(사진: 국립중앙박물관 일제강점기 자료 원문, 유리건판 사진,
1914년 촬영)

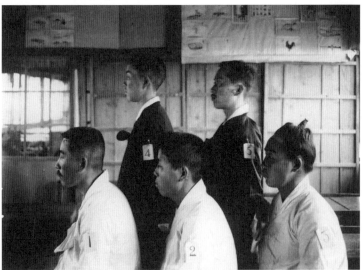

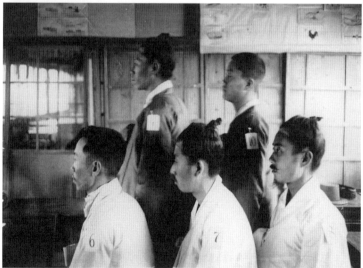

*포항 남자 체격 측정(앞면 옆면)

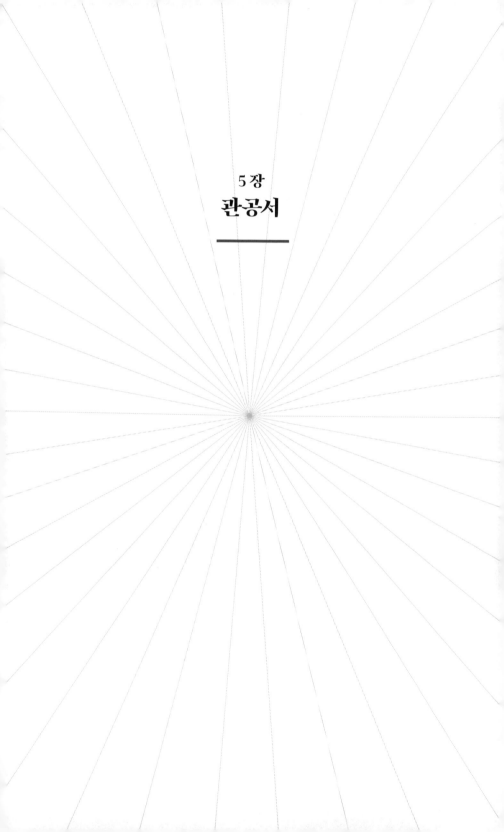

5장
관공서

1. 읍사무소

가. 기관

포항읍의 행정 변천에 관해서는 앞서 기술했으나, 현재 조선의 자치제도 가운데 가장 진보된 것이 읍정이다. 부府 제도에서 시장市長의 지위라 할 수 있는 부윤府尹은 국비가 지급되는 국가의 관리며, 그 밑에 있는 과장課長 역시 대부분 국비가 지급되는 관리다. 그 외 소속 관리 중에도 국비 지급 대상자가 적지 않다. 이에 반해 읍 제도는 취지를 달리하는데, 읍장은 도지사가 임명하지만 순수한 공리公吏이고, 부읍장副邑長 이하의 각 부서별 관리들도 모두 읍의 재정으로 채용된 공리다. 그리고 읍정은 지방법 제도에 따라 정해진 법규에 의거하여 추진되며 그 수뇌부는 바로 읍장이다. 여기에 읍면제의 일부를 발췌하여 읍의 자치 형태에 대해 간략히 설명한다.

읍면제(발췌)

제1조 읍면은 법인으로 하며 관의 감독을 받아 법령의 범위 내에서 공공업무와 법령에 따른 읍면 업무를 처리한다.

제7조 읍에 읍회(…)를 두며, 읍회는 의장과 읍회의원으로 (…) 이를 조직한다. 읍회의 의장은 읍장으로 (…) 이를 충당한다.

제8조 읍회의원은 (…) 이를 선출한다.

포항읍사무소

1. 인구 5000 미만의 읍면은 8명.

2. 인구 5000 이상 1만 미만의 읍면은 10명.

3. 인구 1만 이상 2만 미만의 읍면은 12명.

4. 인구 2만 이상의 읍면은 14명.

제13조 읍회는 법령에 의거, 그 권한에 속한 사건 외에 읍에 관한 다음

사건을 의결한다.

1. 읍 규칙을 설정 또는 개폐하는 것.

2. 세입세출 예산을 정하는 것.

3. 결산보고에 관한 것.

4. 법령에서 현재 정하고 있는 것 외에 읍세로서 부역, 현품, 사

용료, 수수료의 부과징수에 관한 것.

5. 읍채邑債 발행과 기채 방법, 이자율 및 상환의 방법을 정하거

나 이를 변경하는 것. (하략)

6. 기본재산과 적립금 등의 설치관리와 처분에 관한 것.

7. 부동산의 관리와 처분에 관한 것.

8. 계속비를 정하거나 변경하는 것.

9. 특별회계를 설정하는 것.

10. 세입세출 예산으로 정한 것을 제외한 기타 의무를 새롭게 부담하거나 권리를 포기하는 것.

11. 소송과 화해에 관한 것.

읍장이 필요하다고 인정할 때에는 앞 조항 각호에 게시한 사건 외에 읍에 관한 사건을 읍회의 의결에 붙일 수 있다. (…)

제20조 읍장은 읍을 통괄하며 읍을 대표한다. 읍장은 읍회의 의결을 거쳐야 하는 사건에 대해 의안을 제출하고 그것의 의결을 집행하며, 기타 읍회 업무를 맡는다. (…)

제23조 읍회의 의결 또는 선거의 권한을 넘거나 법령에 배치된다고 인정될 때 읍장은 그 의견에 따르거나, 군수 또는 도사島司[1]의 지휘에 따라 이유를 밝히고 재의결에 붙이거나 재선거를 실시해야만 한다. 다만 특별한 이유가 있다고 인정될 때 읍장은 도지사의 지휘를 청하고 즉시 그 의결 또는 선거를 취소할 수 있다.

앞 조항의 규정에 의한 읍회의 의결과 선거의 권한을 초월하거나 법령에 배치된다고 인정될 때는 읍장은 도지사의 지휘를 청하고 그 의결 또는 선거를 취소해야 한다.

제24조 읍회의 의결이 명백하게 공익을 해하거나 읍의 수지에 대해 정당하지 않다고 인정될 때 읍장은 그 의견에 따르거나, 군수 또는 도사의 지휘에 따라 이유를 밝히고 이를 재의에 붙여야 한

---

1 도사島司는 일본 메이지 시대의 도제島制에 따른 지방행정관으로, 부·현 지사의 지휘감독 아래 섬 지방을 관할하는 주임관奏任官이다. 1926년에 폐지되었다.

포항읍장 시모무라 시게히데[2]

다. 다만 특별한 사유가 있다고 인정될 때 읍장은 도지사의 지
휘를 청하고 즉시 그 의결을 취소할 수 있다.

앞 조항의 규정에 의거해 읍회의 의결이 명백하게 공익을 저해하
거나 읍의 수지에 대해 정당하지 않다고 인정될 때 읍장은 도지
사의 지휘를 청하고 그 의결을 취소할 수 있다. 다만 앞 조항의

---

2 당시 새로 취임한 시모무라 포항읍장에 대해 "천만사에 있어 조선인은 무시, 새로 취임
한 시모무라 포항면장, 배척운동 대두"라는 제목으로 이러한 내용의 기사가 보도되었다.
"경북 영일군 포항면에는 조선인이 7600여 인구, 일본인이 2700여 인구가 거주하여 인구
비례로 볼 때 조선인이 일본인의 3배 이상이다. 따라서 조선인 중에 상당한 인격자가 있
음에도 불구하고 수년 전부터 일본인 면장을 임명하여 조선인 면민들은 항상 불평이 만
만하던 중 작년 여름철 포항경찰서장으로 있던 시모무라 아무개가 상급 관청으로부터 권
고사직을 당하고 백방으로 운동하여 면장으로 취임된바, 부면장 조선인 아무개도 역시
전 순사 출신으로 시모무라의 명령이라면 무엇이든 절대복종을 하는 터다. 그러므로 시
모무라는 의기양양하여 모든 일에 조선인을 무시하므로 면민은 지금까지 말하지 않고 있
었으나 내심으로는 조선인 면민 7600여 인구가 거개 불평이 있던 차, 최근에 와서는 더
욱 심해져서 사소한 일까지 또는 직접적 관계가 있는 면의 공직자까지 조선인을 무시하
므로 공직자들이 먼저 분기하여 시모무라 면장의 비행을 폭로하는 동시에 조만간 면민대
회를 열어 적극적으로 배척운동을 하리라더라."(『중외일보』, 1927. 8. 14) 이상의 내용을 고
려할 때 전직 경찰 출신인 시모무라는 읍장의 막강한 권능으로 포항의 조선인들에 대해
편파적인 행정을 전개했음을 알 수 있다.

규정에 의해 재차 재의에 붙이는 것을 방해해서는 안 된다.

제25조 읍회 성립이 불가능한 때, 회의를 열어야만 할 때, 의결해야 할
사건을 의결하지 못할 때 읍장은 도지사의 지휘를 청하여 그 안
건을 처분할 수 있다. 앞의 2조 규정에 따라 읍회의 의결을 취소
할 때도 역시 그러하다. (이하 생략)

읍장의 권한과 의원의 직능은 위 발췌문에서 나타나듯이 명확하지
만 읍은 초町마다 총대總代를 두어 원활한 읍제를 도모하고 있다. 상담
역 시절부터 포항의 면읍제에 관계한 인물과 초의 총대는 다음과 같다.

시기	명단
1917년 상담역 시대	나카타니 다케사부로＊또는 미쓰나가 가시치, 후쿠시마 이헤이, 정선근, 이한근
1920년 11월 20일 시행 면평의회 시대	후쿠시마 이헤이, 나카타니 다케사부로, 김용주, 마스노 구마오, 김봉균, 오우치 지로, 이일우, 사사키 에쓰조, 서석대徐錫臺, 다카다 마사오
1923년 11월 20일 시행	박춘언朴春彦, 박윤여朴允余, 후쿠시마 이헤이, 나가시노 도라조長篠虎造, 우메다 규스케梅田九助, 오치아이 지효에落合次兵衛, 다나카 미쓰구田中貢, 장만준張萬俊, 오우치 지로, 미즈가미 히데오水上秀夫
1926년 11월 20일 시행	오카모토 리하치, 다나카 미쓰구, 김두하金斗河, 기타가키 마타지로北垣又次郎, 오가미 도메조大上留造, 장만준, 후쿠시마 이헤이, 박윤여, 김한득, 이일우, 기타가와 리하치, 김현태金顯台
1929년 11월 20일 시행	김두하, 다나카 미쓰구, 후루카와 모헤이古川茂平, 후쿠시마 이헤이, 기타가와 리하치, 하라다 가즈오原田一雄, 최한수崔漢樹, 김병수金秉秀, 최병기, 세토 고이치瀨戶甲一, 오가미 도메조, 권전척權銓斥
1931년 읍제 시행으로 5월 21일 시행	다나카 미쓰구, 오가미 도메조, 오카베 요이치岡部與一, 김동덕金東德, 쓰바키 이노스케椿猪之助,[3] 요시모토 노부요시吉本信義, 기타가와 리하치, 쓰루다 미노루鶴田稔, 윤이병尹彛柄, 최병기, 김두하, 후쿠시마 이헤이 후쿠시마 사망, 쓰루다 사임으로 1933년 2월 보결선거 결과 아라타 겐기치新田源吉와 강주석姜疇錫 당선

1935년 5월 21일 시행	윤이병, 와키무라 다쓰조脇村辰藏, 오가미 도메조, 최병기, 스가와라 이치로菅原市郎, 강주석, 요시모토 노부요시, 김동덕, 후쿠시마 겐지福島憲次, 기타가와 리하치, 김두하, 오카베 요이치

포항읍 초町별 총대 일람

가와구치초 川口町 (이후 항구동)	하라다 가즈오	히가시하마초 東浜町(이후 동빈1 정목과 동빈2정목 으로 분리)	요시모토 노부카쓰 吉本信勝	메이지초 明治町 (이후 덕수동)	사토 효스케 佐藤兵助
다이쇼초 大正町 (이후 신흥동)	후루카와 모헤이[4]	아사히초旭町 (이후 여천동)	와키무라 호오스케 脇村芳助	혼초本町 (이후 상원동)	스가와라 이치로 菅原市郎
사카에초栄町 (이후 덕산동)	와키무라 다쓰조 脇村辰藏	사치초幸町	모리시마 기이치 森島喜一	나카초仲町 (이후 중앙동)	고우지야 이타로 糀谷伊太郎
미나미하마초 南浜町 (이후 남빈동)	하세가와 가이토쿠 長谷川懷德	쇼온초初音町 (포항동에서 바뀐 것이나 이후 대흥동)	가와구치 고토에 川口琴惠		

     읍정의 집행기관으로 읍회를 설치하고 여기에 초를 대표하는 총대를 두며, 읍장 밑에 부읍장을 이사理事로 두고, 부서 내에는 각기 계係을 설치하여 읍의 행정업무를 처리하고 있다.[5]

3 일본 치바현 출신으로 1919년 12월 조선 북부로 건너와 8년간 조선 북부에서 회령전기주식회사 지배인으로 근무, 1927년 8월부터 포항의 다이코大興 전기주식회사 포항지점장으로 근무했다. 1933년 6월에는 대구지점장이 되었고 이후 대구상공회의소 의원, 대구증권주식회사 감사역, 여수전기주식회사 이사 등을 지냈다.
4 원문에는 요시카와 모헤이吉川茂平로 되어 있으나 이후 내용을 볼 때 '후루카와古川'의 오기로 보아 바로잡았다.
5 원문에는 포항의 초町가 11개로 되어 있으나, 1925년 5월 23일 다카스기 면장 시절 각 초의 총대와 부총대를 임면한 기사를 참고하면 쇼온초는 1925년 이후 신설된 것으로 보인다. 도키와초는 당시에도 보이지 않는 반면 1917년도의 지도에는 나타나 있다.

- 읍장: 시모무라 시게히데下村重英

- 부읍장: 박동주朴東柱

- 서무계: 후지무라 사쿠요藤村濯纓, 이병곤李炳坤

- 토목계: 이케타 겐이치池田憲一, 공문수孔文守

- 재무계: 김시오金時五, 마쓰다 가즈우마松田一馬, 최현준崔賢準

- 회계계: 이케쇼지 쇼타로池庄司庄太郎, 권중호權重鎬

- 권업계: 안재명安在明

- 호적계: 박성근朴成根

- 수도계: 다카야나기 다다히라高柳忠平, 신응조辛應祚, 야마가 조헤이山佳
  長平, 나미타치 히사요시波舘久義, 기노 이사부로起野伊三郎, 최기봉崔崎鳳,
  문상우文祥祐

역대 면읍장

시대	임명	퇴임	성명
북면 시대			오상선
포항면	1915. 4. 18	1917. 9. 30	정선근
포항면	1917. 10. 1	1920. 4. 21	와타나베 야지로
포항면	1920. 4. 22	1922. 4. 2	스기마츠 이치로杉松一朗
포항면	1922. 6. 27	1924. 9. 11	하야시 가즈이치林和一
포항면	1925. 1. 7	1926. 5	다카스기 겐조高杉權藏
포항면	1926. 7. 2		시모무라 시게히데

초기의 재정은 매우 빈약했으나 이후 점차 인구가 증가함에 따라
최근에는 일반經常, 특별臨時의 양 회계부를 합하면 무려 20만 원에 달
하는 상황이다. 이것으로 우리 포항의 발전을 규명하기에 충분하다고
할 수 있다.

최근의 재정(결산)(단위: 원)

1929년	58,487	1932년	141,165
1930년	61,777	1933년	142,219
1931년	131,628	1934년	142,224

그리고 1935년도의 예산은 일반(경상), 특별(임시) 두 회계부를 합하면 무려 18만8264원[6]으로 그 내용은 다음과 같다.

세입(원)		세출(원)	
재산에서 생긴 수입	571	신사神社비	135
사용료 및 수수료	22,812	회의비	690
교부금	1,078	업무비	18,077
잡수입	2,341	토목비	9,639
읍세 부과금	24,766	위생비	3,443
		수도비	8,024
		경비비	2,005
		기본재산 조성비	9,444
		기타	7,707
특별회계부	136,817	특별회계부	128,600
합계	188,264	합계	188,264

현재 포항읍이 보유하고 있는 재산은 다음과 같다.(1934년 말 현재)

6 당시 일본 본토와 조선에서는 엔화와 원화가 함께 사용되었으므로 1935년 당시의 화폐가치를 가늠하려면 그해 도쿄의 주요 물가를 살펴볼 필요가 있다. 신문구독료(마이니치신문, 매월) 1엔, 가솔린(1리터) 12전, 엽서 1전 5리, 이발요금 40전, 백미(10kg) 30전, 설탕(1kg) 39전, 커피(1잔) 15전, 일일근로자의 일당 1.3엔, 목수 하루 공임 2.0엔, 순사 초임 45엔, 국가공무원 초임 75엔, 급여소득자 연봉 712엔(월 환산시 59.3엔)이었다.

	밭田	논畓	대지垈地	잡종지	임야	폐 도로부지	현금	합계
면적(평)	308	649	601	7,056	162,429	688	2,172	94,279
시가(원)	21	389	3,970	86,819	2,498	580		

나. 상수도

포항의 시가지는 앞서 서술한 바와 같이 거친 암초 지대가 자연적으로 매몰된 지역이기 때문에 깨끗한 물을 구하기 힘들었다. 따라서 식수난은 항만 문제와 더불어 포항인 모두가 해결되기를 열망해온 것이었다. 그래서 여러 차례 당국에 시급한 해결을 촉구하여 1920년경에 대략적인 계획이 마련되었으나, 뜻밖의 사정으로 중단할 수밖에 없게 되면서 모든 계획이 백지화되었다. 그러다가 1922년 갑자기 상황이 호전되어 1923년에 사업이 시작된 것이다. 이에 당시의 상황을 알 수있는 면의회 간담회 기록을 소개하기로 한다.

1922년 5월 16일 오전 10시

출석자: (군서무과장) 다나카 도라오田中寅雄

　　　　(면장) 스기마치 이치로杉町一郎

　　　　(면협의회원) 김용주, 나카타니 다케사부로, 김봉균, 최석규崔錫奎, 정종만鄭鐘晩, 오우치 지로, 이일우

– 다나카 서무과장의 설명 요지:

　(1) 이번 상수도 설치에 관한 열망은 실로 10여 년간의 현안으로서, 모든 면의 우물물이 음용에 적합하지 않아 보건상 다양한 설비와 더불어 상수도관 설치에 대한 청원과 운동을 해왔습니다. 그러나 아직 시기가 무르익지 않아 마냥 시간만 보내던 중 어제 관련

전화전보 등이 있어 1923년 실시를 계획하게 되었기에 면민面民의 결의를 명확히 하고자 합니다. 게다가 시급히 면장과 함께 경북도로 올라오라는 명령입니다. 갑작스런 일이긴 합니다만 이와 같은 상황이라 오늘 모임을 부탁드렸으니, 여러분에게 이 안건의 경과를 보고하고 의견을 듣고자 합니다.

(2) 이 건의 총공사비는 25만 원으로, 그중 반액은 국고로 지출하고 잔여분의 일부는 지방비로, 나머지는 면이 부담하라는 내시가 있었습니다.

- 오우치: 이상과 같은 내시가 있다는 것을 알게 되었는데, 이는 하늘이 내려준 복음이며 모든 노력을 다해 실시되기를 바랍니다.

- 나카타니: 오우치 군의 말 그대로 대찬성입니다. 어떠한 희생을 치르더라도 시급히 실행할 것을 열망합니다. 다만 이 자리에서 참고로 한 말씀 드리겠습니다. 저는 청진에서 시행한 상수도 사업에 대해 들은 바가 있습니다. 그곳에서는 기계의 힘을 빌려 수원지로부터 배수지로 물을 끌어올렸으나 수량이 풍부하지 않아 일시 중지되어 성과가 그리 좋지는 않았다 합니다. 실제 그곳을 가보지 못해서 자세히는 알 수 없습니다만, 가능한 한 자연 유수流水의 방법으로 계획되도록 부탁하면 좋을 것 같습니다.[7] 공사비가 많이 들더라도 장래를 생각할 때 기계 송수보다는 양호한 결과를 얻을 것으로 생각합니다.

다년간의 현안이었던 만큼 문제 사안에 대해서는 그때그때 박수로써 찬동하는 식으로 진행되었고, 다음 날인 17일에는 다나카와 스기

---

7 이 회의록에 나타난 나카타니의 제안 때문인지는 알 수 없으나, 포항 저수조는 모갈산 (이후 수도산이라고 부르고 있음)에 설치되어 높낮이의 자연유수 방식으로 시내에 상수도를 공급하는 방식으로 이루어졌다.

마치가 경북도로 올라가 20일에 상수도 공사의 보조금 신청서를 제출
했다. 이 신청에 의거하여 경북도 당국에서는 총독부와 의견을 수시로
절충하여 해당 공사의 설계를 진척시켰다. 총공사비는 24만 원으로 결
정되었고, 그중 8만 원은 국고에서 보조하고 16만 원은 이등분하여 면
비와 도지방비로 실시하기로 했다. 1923년 11월 17일자로 인가되었고
그달에 즉시 착공했다.

저수조는 달전면 학천동에 축조하고[8] 포항의 뒷산 고지에서 모든
시가지로 급수한다는 계획 아래 약 11만5468입방미터의 저수량을
5인치^다 철관을 통해 송수하는 공사를 진행하여, 1926년 3월 말일에
공사를 완료했다. 여기에 이용된 철관은 다음과 같다.

규격	10인치 철관	8인치 철관	6인치 철관	5인치 철관	5인치 철관	3인치 철관
길이(간)	47.39	40.60	526.16	4073.81	446.64	2,330.60
미터 환산	약 86.7	약 84.7	약 956.5	약 7,406	약 811.99	약 4,237

8 당시 빠른 속도로 성장하던 포항에서 상수 문제는 중요한 현안이었다. 1936년 무렵의
언론 기사(『매일신보』, 4. 22, 『동아일보』, 6. 30)와 1947년의 기사(『영남일보』, 11. 18)를 종합
해보면, 처음에는 물 기근 해소와 공장 유치 등을 위해 제2수원지 후보로 흥해면 마산동
의 수질검사를 시작했으나 주민의 반대에 부딪혔다. 이에 곡강면을 타진했으나 역시 반대
에 부딪혔고, 오천면 원동 앞의 지반인 냉천을 예정지로 하자 인근 대송면과 오천면 주민
이 결사반대하며 경북도에 진정하는 등 난항을 겪었다. 이후 형산강 하류로 결정했으나
이번에는 수질이 좋지 않다며 포항 읍민이 거세게 반대하면서 포항읍회 의원들의 사퇴와
읍장 재신임을 제기했다. 우여곡절 끝에 1937년경 인구 2만5000명을 목표로 잡았던 달
전동의 저수시설 350입방미터를 700입방미터로 확장하고, 20만8000원의 공사비를 들
여 형산강 양수장 확장공사를 했다. 이후 10년 후인 1947년 인구 6만으로 급증하여 포
항부浦項府로 거듭나는 시점에서 상수원을 확충해야 한다는 기사가 보이고 있다.

일제의 특별한 식민지 포항

정수지 전경

*수도 시설 완공 후 산 정상에서 내려다본
저수조와 포항 시내 및 동빈내항

*수도산 저수조에 새겨진 '수덕무강水德无疆'은 사이토 총독의 글씨로 추정된다.[9]

*사이토 마코토 총독 기념관에 소장된 친필 휘호

공사비 내역(원)			
수원지 공사비	43,601.92	정수구장 공사비	27,574.66
수관 공사비	20,708.05	수선비	9,502.95
기구 및 기계비	4,807.50	조사비	696.41
보상비	6,337.40	잡비	2,006.32
업무비	34,764.62		

급수 대상 호수의 증감 상황은 다음과 같다.

연도	1926	1927	1928	1929	1930	1931	1932	1933	1934
급수 호수	288	328	366	416	422	490	468	485	495

다. 읍사무소

- 위치: 영일군 포항읍 93-1

- 사무실: 벽돌 단층 건축 1동 54평

- 회의실: 벽돌 2층 건축 1동 42평

- 계단과 승강구: 벽돌 2층 건축 1개소 14평

- 화장실과 휴게실: 벽돌 일부 2층 건축 1개소 5평

---

9 당시 전국적으로 각 지역에 수도 시설이 설치되면서 "수덕무강"이라는 글을 새겨 넣곤 했으며, 글의 주인은 대체로 그 지역의 부윤 또는 지사로 확인되고 있다. 그러나 포항의 경우 동해안의 대표적인 상업무역항으로 급성장하던 시기에 사이토 마코토 총독이 포항을 방문한 사실을 고려할 때, 사이토 마코토 총독의 것으로 보인다. 실제 사이토 마코토 총독의 몇 되지 않는 휘호를 기념 전시하고 있는 일본의 사이토기념관에 직접 문의해본 결과, 자신들이 감정기관은 아니지만 서체가 매우 유사하며 지워진 서명도 그러하다는 답변을 받았다.

- 현관: 벽돌 단층 건축 1개소 4.5평
- 총부지: 1,074평
- 착수: 1933년 8월 5일
- 준공: 1933년 12월 15일
- 공사비: 16,400원 부산부釜山府 쓰무라구미津村組 청부

처음에 포항면사무소는 지금의 혼초(이후 상원동)와 나카초(이후 중앙동)의 중간에 자리하고 있던 조선식 가옥에서 업무를 보다가, 1921년 포항경찰서의 신축 이전과 동시에 나카타니 다케사부로 소유의 가옥으로 이전했다. 그로부터 약 12년 뒤, 공유수면 매립 축조로 인해 뜻하지 않은 재원을 확보하여 1933년 말 현재 청사[10]로 신축 이전했다. 학교조합, 상공회, 청년단, 각종 기성회 사무소가 이 청사 안에 있다.

---

10 읍사무소 신축 공사에 관한 신문 기사를 보면, "7월 11일자로 본부의 정식 인가 통첩을 받아 20일경 입찰에 부쳐 공사에 착수한다"(『매일신보』, 1933. 7. 16)는 소식에 이어 5개월 후 "포항읍사무소에는 1만8000여 원의 거대한 공사비를 비롯하여 벽돌 2층으로 공사를 진행하여 지난 12월 17일 오후 3시부터 동 신축 사무소 구내에서 낙성식을 거행"(『조선중앙일보』, 1933. 12. 21)했다는 소식을 전하고 있다.

2. 학교조합

학교조합 설립일은 1910년 6월 1일이다. 당시 일본인회에서 시행하던 교육 사업을 인계한 것으로, 이에 대해서는 앞서 서술한 바와 같다. 면제가 시행되지 않았던 시대에 이 학교조합이라는 것은 전적으로 일본인의 자치기관이라는 시각이 있었다. 즉 일본인 자제에 대한 교육 이외에도 위생조합이나 번영회를 조직하여 포항의 발전에 활발히 공헌했음은 두말할 나위가 없다. 면제 시행으로 평의원 제도가 마련되자 면의 사업은 내선일치에 보조를 맞추어 추진되고 학교조합은 일본인 자제의 교육에만 한정하게 되었다. 1910년 창립 당시에는 영일학교조합이라 불리다가 이후 포항학교조합으로 바뀌어 오늘에 이르고 있다. 일본인회 시대부터 1916년까지 조합의 기록을 발췌하여 그 발달의 흔적을 살펴보기로 한다.

1909	
7. 5	부회장 임기 만료에 따라 7월 7일 임원의 보결선거 결과 나카타니 다케사부로, 기시마 쇼사부로, 이토 마사타伊藤政太 당선
7. 10	평의원 중에서 회장, 부회장을 호선하여 회장 기시마 쇼사부로, 부회장 나카타니 다케사부로 당선. 8월 3일부로 인가되어 서기는 교장이 겸임했으나 업무가 번잡해져 구주로 기치노스케久住呂吉之助를 전임서기로 함
12. 21	기시마 사임. 12월 17일 나카타니 사임

1910	
2. 28	임원의 임기 만료에 따라 선거한 결과 오쓰카 쇼지로, 이나다 나카지, 오카모토 리하치, 나카타니 다케사부로, 기시마 쇼사부로, 도미요시 마쓰지로, 오가미 도메조, 이와사 히로가즈 8명 당선. 3월 31일 호선으로 임원을 선출. 회장 나카타니 다케사부로, 부회장 이나다 나카지, 의장 기시마 쇼사부로 당선. 즉시 전 회장사무취급(고레나가 덴조)으로부터 업무 일체를 인수. 6월 1일 일본인 호수 101호, 인구 남 212명, 여 189명, 합계 401명, 농상업 46호, 관공리 6, 기타 49호
6. 1	6월 1일부터 일본인회를 폐지하고 학교조합이 됨. 제1차 관리자는 회장 나카타니, 7월 5일 의원 선거로 이나다 나카지, 오카모토 리하치, 오가미 도메조, 마스노 가마오, 오쓰카 쇼지로, 기시마 쇼사부로 당선
8. 29	한일병합, 대구-포항 2등도로 완성, 12월 17일 구주로 사임 및 하세가와 취임
1911	
1. 24	기존 이사청 관할구역을 경상북도청 관할로 변경. 3월 칙어등본 하사
4. 1	호수 142호(남 231명, 여 201명, 합계 432명) 농상업 65호, 관공리 11호, 기타 66호
7. 23	교사 증축공사 기공(건평 17평 5합)
9. 4	완공 경비 710원 82전 5리, 보조금 150원
1912	
1. 27	의원 정원 6명에서 조합원 증가로 정원 8명이 되어 2명의 보결선거를 시행하여 다케이 사부로竹井三郎, 다무라 다다오田村忠夫 당선
3.	하세가와 사임, 진구 마사아키神宮雅秋 취임
3. 31	히가시하마東濱(후쿠시마 이헤이 자택 인근)에 공동우물을 굴착. 경비 250원 1전
4. 1	호구 202호(남 455명, 여 327명, 합계 782명)
4. 1	학교 관제가 실시되어 조합립이 포항공립소학교로 됨
4. 17	군청 이전. 하천 준설 청원서를 제출
7. 7	의원 선거를 실시함. 기시마 쇼사부로, 오쓰카 쇼지로, 다케이 사부로, 후쿠시마 이헤이, 요시다 슌조吉田俊藏, 이나다 나카지, 오카모토 리하치, 오가미 도메조 당선

7. 30	메이지明治 일왕 붕어가 알려져 교정에서 요배식遙拜式[11]을 거행
11. 10	데라우치 총독이 포항에 방문하여 학교 기본재산 조성비로 60원 기부
1913	
4. 1	호구 270호(1,080명)
6. 1	나카타니가 관리자로 중임
6. 17	신청 중이던 고등과 병행 설치가 인가됨
12. 2	격리병사 기공
12. 27	데라우치 총독, 소네 부총감의 기부금 110원, 후쿠시마 겐기치의 기부금 100원을 합해 니시지마 후타지西島二次로부터 학교 임야와 밭(1정 2반 정도)을 매입
1914	
2. 24	공동변소 기공, 3월 4일 준공, 경비 57원
3. 6	격리병사 준공 경비 803원(부지 매입비 116원)
3.	부군府君의 통폐합으로 군청을 포항에 설치
4. 1	호구 281호(남 643명, 여 617명, 합계 1,260명)
4. 5	교사 신축공사 기공, 6월 28일 준공
7. 5	의원 임기만료로 선거 결과 오쓰카 쇼지로, 기시마 쇼사부로, 와타나베 야지로, 이나다 나카지, 후쿠시마 이헤이, 다나카 미쓰구, 오우치 지로, 무라타 야스이치村田安市 당선
12. 13	의원 후쿠시마, 이나다, 무라타 3명이 사임하여 보결선거 실시. 요시다 슌조, 오자키 신스케尾崎新助, 야마구치 가즈야山口一哉 당선
1915	
4 1	호구 323호 (남 583명, 여 571명, 합계 1,254명)
4. 28	관리자와 전 서기의 표창식을 소학교에서 거행. 관리자에게는 금배, 서기에는 은배를 증여하고, 식후 치토세루千歲樓에서 축하회 거행(참석자 28명)
5. 25	교사 증축공사 기공
6. 15	대송면 송정동 국유지에 대한 대부원을 제출

8. 23	큰비가 내려 말라 있던 형산강의 물줄기가 24~25일 1장 1척까지 불어남
10. 31	아동의 추계운동회를 개최
11. 1	기시마 귀향, 일본인회 시대로부터 8개년 근속 공로자로 마키에蒔絵 연초분煙草盆[12]을 증정
11. 11	대전大典 당일이 되어 대부출원 중인 백도白島[13] 국유 미간지에 기념수를 심고 표지판을 세움. 현장 방문한 나카타니, 요시다, 오자키, 오우치, 다나카 등과 이마자키今﨑 서기 등이 만세삼창하고 기념식수를 행함 같은 날 대신궁大神宮[14] 건설 부지를 결정, 시메나와(753繩)[15]를 늘어뜨리고 표시판을 세운 후 축하회를 개최
	1916
4. 1	호구 316호(남 663명, 여 592명, 합계 1,255명) 이 해부터 게이샤芸者에게 20전, 작부酌婦에게 15전(1개월)의 잡종세를 부과
5. 26	보결선거 결과 미쓰나가 가시치光永嘉七, 후쿠시마 이헤이 당선
6. 1	관리자에 나카타니 재임

이상은 학교조합에 보존되어 있는 유일한 기록으로서, 이 기록만으로는 초창기 시대에 일본인이 포항에서 펼친 모든 활동을 증명하기에 부족하다.

학교조합의 재정은 다음과 같다.

---

11 멀리 추모의 대상이 있는 곳을 향해 절을 하는 망배식.

12 마키에蒔絵란 우리나라 전통공예의 칠기와 비슷한 공예품. 나전칠기처럼 정밀하지는 않으나 금가루로 칠기 겉면에 그림을 그린 것이다. 연초분은 가루담배용 도구를 넣는 함으로, 그 안에는 담배를 담는 사각통과 대나무를 잘라 세운 재를 터는 통이 들어 있다.

13 『포항지』에서는 유일하게 '백도'라는 지명이 나타나고 있다. 이는 당시 저자가 필기한 한자 '向島'를 인쇄판으로 옮기는 식자植字 과정에서 실수한 것으로 보인다.

14 포항 신사를 지칭하는 것으로 추정된다.

15 시메나와七五三繩란 신전이나 신성한 장소에 부정한 것이 침입하지 못하도록 문 위에 걸어놓는 금줄 같은 것이다.

일본인회 시대			
1908	920,400	1909	1,688,400
학교조합			
1910	1,082.60	1923	22,599.00
1911	1,970.00	1924	21,513.00
1912	2,697.70	1925	20,615.00
1913	7,802.00	1926	20,248.00
1914	6,313.00	1927	21,249.00
1915	5,415.00	1928	20,609.00
1916	4,570.00	1929	28,777.00
1917	4,835.00	1930	28,483.00
1918	10,166.00	1931	21,891.00
1919	7,477.00	1932	29,176.00
1920	12,194.00	1933	26,290.00
1921	16,697.00	1934	25,787.00
1922	28,453.00	1935	43,011.00

역대 관리자와 조합의원은 다음과 같다.

역대 관리자			
임명 연월일	퇴임 연월일	만기 연월일	성명
1910. 6. 1		1913. 5. 31	
1913. 6. 1		1916. 5. 31	
1916. 6. 1		1919. 5. 31	나카타니 다케사부로中谷竹三郞
1919. 6. 1	1920. 7. 31		
1920. 7. 31	1921. 3. 25		후쿠시마 이헤이福島伊平
1921. 3. 25	1922. 6. 30		미카미 단조三上丹二
1922. 6. 30		1925. 6. 30	후쿠시마 이헤이福島伊平

1925. 7. 19	1926. 7. 2		다카스기 겐조高杉權藏
1926. 7. 12		1929. 7. 1	
1929. 7. 2		1932. 7. 1	시모무라 시게히데下村重英
1932. 7. 2		1935. 7. 1	
1935. 7. 2			

역대 조합의원(1914년 7월 5일 선거부터)

제1차

당선 연월일	사임 연월일	만기	성명
1914. 7. 5	1915. 9. 30	1917. 7. 4	마키지마 쇼사부로木島昌三郎
	1914. 7. 5		오쓰카 쇼지로大塚昇次郎
	1914. 9. 20		후쿠시마 이헤이福島伊平
	1914. 10. 18		이나다 나카지稻田仲次
	1914. 7. 5		다나카 미쓰구田中貢
	1914. 7. 5		와타나베 야지로渡辺矢次郎
	1914. 7. 5		오우치 지로
	1914. 10. 4		무라타 야스이치大內治郎
1914. 12. 13 보선			요시다 슌조吉田埈藏
			오자키 신스케尾崎新助
	1916. 4. 6		야마구치 가즈야山口一哉
			미쓰나가 가시치光永嘉七
			후쿠시마 이헤이福島伊平

제2차

당선 연월일	사임 연월일	만기	성명
1917. 7. 5		1920. 7. 4	와타나베 야지로渡辺矢次郎
			후쿠시마 이헤이福島伊平
			마쓰모토 스에오松永末雄
	1918. 2. 25		미쓰나가 가시치光永嘉七
			다나카 마사오田中政男
			다나카 미쓰구田中貢
			오가미 도메조大上留造
	1917. 8. 26		요시다 슌조吉田俊藏
1918. 7. 7 보선			오카모토 리하치岡本利八
	1918. 12. 23		오카다 히토요시岡田仁吉

제3차

당선 연월일	사임 연월일	만기	성명
1920. 7. 5	1921. 3. 28	1923. 7. 4	사사키 에쓰조佐々木悦藏
			오카모토 리하치岡本利八
			우메모토 쇼타로梅本庄太郎
			기타가키 마타지로北垣又次郎
			오우치 지로大内次郎
			다나카 미쓰구田中貢
			미즈가미 히데오水上秀夫
	1922. 1. 25		후루카와 가이이치로古川改一朗

제4차

당선 연월일	사임 연월일	만기	성명
			미즈가미 히데오水上秀夫
	1924. 4. 4		스미요시 이치타로住吉市太郎
			기타가와 리하치北川利八
			오카베 요이치岡部与一
1923. 7. 5			하라다 가즈오原田一雄
	1925. 8. 24		이케우치 히사오池内久夫
		1926. 7. 4	마쓰모토 스에오松本末雄
			야마모토 히코사부로山本彦三郎
			스가와라 이치로菅原市郎
1921. 8. 10 보선	1924. 3. 17		오야마 모모지尾山百次
1924. 5. 17			오가미 도메조大上留造
			후루카와 모헤이古川茂平

제5차

당선 연월일	사임 연월일	만기	성명
	1928. 3. 28		후쿠시마 스미지福島壽三次
			시가타 이치에이志方一衛
			스가와라 이치로菅原市郎
	1927. 7. 6		고지야 한타로糀谷反太郎
1926. 7. 5			고야마 쇼이치로小山正一郎
		1929. 7. 4	가와카미 구니이치로川上国一郎
			구즈마키 마사토시葛巻昌俊
	1928. 12. 8		다나카 추사부로田中忠三郎
			하라다 가즈오原田一雄
			쓰루다 미노루鶴田稔

1927. 4. 22 보선		1929. 7. 4	후쿠스미 요시카쓰福住義勝
			아라타 겐기치新田源吉
			후루카와 모헤이古川茂平

제6차

당선 연월일	사임 연월일	만기	성명
1929. 7. 5		1932. 7. 4	세토 고이치瀬戸甲一
			코지야 한타로糀谷拌太郎
			스가노 하루지로菅野春次郎
			스가와라 이치로菅原市郎
			오카베 요이치岡部与一
			쓰루다 미노루鶴田稔
			아라타 겐기치新田源吉
			가와카미 유에키川上裕繹
			후쿠스미 요시카쓰福住義勝
			가와바타 마고타로川端孫太郎

제7차

당선 연월일	사임 연월일	만기	성명
1932. 7. 5		1936. 7. 5[16]	하라다 가즈오原田一雄
			가와바타 타로川端太郎
			후쿠스미 요시카쓰福住義勝
			아카이 야타로赤井弥太郎
			구즈마키 마사토시葛巻昌俊

---

16 원문에는 1922년(대정 11)으로 되어 있으나 1936년(소화 11)의 오기로 보아 바로잡았다.

1932. 7. 5		1936. 7. 5	고지야 한타로糀谷拌太郎
			스가와라 이치로菅原市郞
			가와카미 유에키川上裕繹
			쓰보모토 사이이치坪本才一

학교조합은 관리자를 이사로 삼고 여기에 서기와 임시직원 각 1명을 두어 이들로 하여금 모든 업무를 처리하고 있다. 조합의 직원은 다음과 같다.

- 관리자: 시모무라 시게히데, 서기: 쓰루데츠 다로鶴鐵太郎, 임시직원: 가와모토 고메이치로河本米一朗

3. 경찰

가. 제도 개정 이전의 경찰

포항 주민이 처음 경찰의 보호를 받게 된 시기에 관한 기록은 찾아볼 수 없으나, 영사관 시대에 연일과 흥해에 조선의 순검이 있었기 때문에 포항 사람들은 연일의 관리 아래 있었다. 이후 일본인이 포항에 들어온 뒤 연일에 경주 분서 연일분파소가 설치되면서부터 재류 일본인은 모두 이곳의 보호를 받았다. 통감부 설치 이후로는 이 분파소의 권한도 확대되어 조선인까지 지도하기에 이르렀으나, 1907년 폭도의 봉기가 발생하자 경찰관만으로는 지방 치안을 유지하기 어려워져 진압을 위한 군대가 주재하게 되었고 헌병경찰 제도가 시행되기에 이르렀다. 즉 한일병합이 이루어진 해 9월 칙령 358호에 의거하여 특색 있는 제도가 정비되었다. 중앙에는 경무총감부를 두고 각 도에는 경무부가 설치되었으며, 조선 주차駐箚[17] 헌병사령관인 육군의 장관이 경무총장으로 임명되고 지방에는 헌병대장인 헌병좌관佐官이 경무부장으로 임명되었다. 이로써 헌병과 경찰 두 기관을 활용한 경찰 제도가 이뤄졌다. 당시 포항에도 대구헌병대 관할 포항헌병 분대를 설치하고 연일 외 10개 지역에 분견소를 두어 관할지역의 치안을 맡게 된 것이었다.

---

17 주차駐箚란 외교 등 임무를 위해 외국에 체재하는 '주재駐在'와 같은 의미. 원문에는 '주답駐劄'으로 잘못 표기되어 있어 바로잡았다.

포항경찰서장 스미조노 니스케

이후 9년이 지나는 동안 조선의 정세가 변화하자 당국에서는 민심의 추세를 살펴 1919년 8월 20일 칙령 386호로써 경찰관서 관제의 개혁을 단행했다. 그동안 치안 유지를 담당하고 있던 경무총감부와 경무부 그리고 각지에서 그 임무를 맡았던 헌병분대가 폐지되고 총독부에 경무국 1개국이 신설되었으며, 같은 날 칙령 391호로 지방관 관제를 개정하고 각 도에 제3부를 두어(이후 1921년 2월 칙령 23호에 의해 '경찰부'로 개칭) 각 경찰서를 통합하는 제도를 시행했다. 8월 20일 포항헌병대 내에 경찰서를 설치하고 헌병분견소 11개소는 그대로 경찰관 주재소로 이어받아 사용하게 되었다. 임시 서장으로는 당시 포항헌병분대장인 후지이 가쓰타로藤井勝太郎를 임명하고, 이후 9월 15일 헌병분대장 겸 포항경찰서장으로 육군 헌병대위 오이 덴주大井傳重가 임명되었으나 10월 10일 헌병분대가 폐지 철수됨에 따라 초대 포항경찰서장으로 조선총독부 경상북도 경부인 세토 고이치瀬戸甲一가 부임하게 되었다.

*정확한 연대는 알 수 없으나 사진첩 오른쪽에
"조선 경상북도 영일군 연일면 연일경찰관 주재소"라 쓰여 있다.

*당시 연일경찰관 주재소 근무자가 정복을 착용한 모습

나. 1921년 제도 개정 이후

당시는 만세 소란 직후여서 지방의 인심이 극히 불안한데다 유언비어가 난무한 상황이었다. 게다가 그동안 무력을 행사하던 헌병경찰을 대신하게 된 문화경찰이 과연 조선의 치안을 유지할 수 있을지 우려되었기에 민심 안정에 소홀히 할 수 없었다. 이러한 정세를 간파한 세토 서장은 유언비어를 엄중히 단속함과 동시에 지방 주민의 불안을 해소하는 데 헌신적으로 노력한 결과 이 지방에서는 만세 소란의 소요도 없이[18] 점차 안정을 찾아 생업에 전념하게 되었다. 이것은 주민들의 질박 순량함 때문이기도 하지만, 세토 초대 서장 이하 경찰들이 노력한 덕분이라는 점을 부정할 수 없다.[19]

*포항의 3·1 만세 운동과 관련한 당시의 또 다른 기록[20]

소요 사건은 일명 '만세 소란'이라 칭하는 1919년의 불상사를 의미하는 것으로, 그해 3월 경성과 평양에서 발생한 것이 계기가 되었다. 원인은

---

18 3·1 만세운동을 '만세 소란'이라고 표현한 데서 일본인의 시각을 엿볼 수 있다. 그리고 당시 영일군 포항읍에서 송문수宋文壽, 최경성崔景成 등의 주도로 독립만세 운동이 있었으며 주동자 5명이 피검되었다는 기록이 있다.(『독립운동사』 3, 국가보훈처 442쪽) 『포항지』는 포항에 이러한 사태가 없었음을 강변하기 위해 고의로 누락시킨 것으로 추정된다.

19 국가보훈처에서 발행한 『독립운동사』(제3권, 3·1운동 편), 영일군에서 발행한 『영일군사』, 독립기념관에서 발행한 『한국독립운동의 역사』(제20권) 등에 따르면, 포항의 만세 운동은 1919년 3월 11일 장날, 핵심 주동자들이 검거된 가운데 군중이 장터로 운집, 자발적으로 만세를 부르고 독립선언서를 낭독하고 벽에 붙이는 등 시위를 전개하다가 군경의 저지로 해산되었다. 다음 날인 3월 12일 밤에는 포항교회 신도를 중심으로 한 수백 명이 포항교회에 모여 등불을 들고 시가지를 행진했는데, 영흥학교 서편으로 돌아왔을 무렵에는 군중이 1000여 명으로 늘었다고 기록되어 있다.

20 이 글은 『나카타니 다케사부로 옹』(나카타니 다케사부로옹수상건설보존회 편, 1936)이라는 책자의 '소요 사건과 나카타니 옹' 부분을 발췌하여 옮긴 것이다.(내용 중 '옹翁'이라는 표현은 모두 '나카타니'로 바꾸고 경어체는 평서체로 정리했다.)

일본이 조선국을 점유했다는 오해가 반감을 불러일으킨 것이다. 세계대전 후 미국의 윌슨이 제창한 민족자결론을 유일한 파동으로 삼아 주모자들은 각기로 분산하는 방식으로 잠행하여, 이르는 곳마다 양민을 선동하여 소요를 확산시켰다. 나카타니는 소요 이후 포항에도 파급되어올 것을 인지하고, 틈틈이 밤마다 조선인 유력자들을 모아 설득했다. 멀리 청일, 러일 양 전쟁은 조선을 영원한 독립국의 반열에 두기 위해 일본이 숱한 희생과 막대한 국격을 지불하며 싸운 것이며, 결과적으로 조선은 그들의 손톱과 이빨을 회피할 수 있게 되었다. 그리고 이왕李王 전하는 그 후 시대 정세가 변천하는 가운데 동양 평화라는 견지에서 일본과 조선의 합방이 다수의 민중을 행복하게 할 것이라 보고 상호간 합방을 단행한 것으로서, 그로 인해 여러분들은 단번에 우리(일본)의 동포로서 여러 외국으로부터 존경받게 된 것이다. 이와 같은 사정을 두텁게 감사해야 할 뿐만 아니라 얼마 전 조선 각지에서 발발하고 있는 만세 소란, 이른바 불온 행동에 가담하여 관헌을 해치고 재수습해야 하는 사태를 일으킨다면 처자 및 친족과 헤어지는 파경에 이르게 됨을 유의해야 한다고 훈계했다. 유력자들은 이러한 훈계에 감사를 표한 뒤 맹세코 불온 행위에 가담하지 않겠다는 확답을 하고 돌아갔다. 나카타니는 점원들에게도 엄중 경계를 펼쳐, 소요가 포항으로 파급될 수 있으니 절대 가담하지 말라고 설득함으로써 만일의 경우를 대비했다.

그리고 그해 4월에 이르러 드디어 선동 주모자를 비롯하여 불온한 수십 명의 무리가 포항에도 잠입해 들어와서는, 4월 24일을 기해 거사하기로 했으니 집집마다 1명씩 참가하라고 선전하면서 이에 불응하면 죽음을 가하겠다고 했다. 앞서 언급한 유력자 등은 후환이 두려워 나카타니를 찾아와 이를 알리고 어떻게 대처해야 할지 상의했다.

나카타니는 자중하여 불온한 무리의 선동에 결코 따르지 말라고 일러놓

고, 사태의 중대성을 고려하여 당시 치안 유지의 책임을 맡고 있는 헌병
대로 출두했다. 헌병대장을 만나 상세히 보고함과 동시에 그 대책을 강
구하자, 대장은 불온 행위에 대해서는 즉시 해산을 명하되 그에 불응하
면 지체하지 않고 무력으로 진압할 뿐이라며 단호한 결의를 피력했다.

불행히도 무력 행동을 취한다면 그들 중 무지한 양민을 살상하게 될뿐
더러 내선 융화에도 장애를 초래할 것이라고 나카타니는 생각했다. 오히
려 지금이야말로 마수魔手로부터 양민을 탈출시킬 방안을 찾을 기회라
면서 일본인이 조직한 청년단, 재향군인회와 소방조를 한데 묶어 자경단
을 조직하고 헌병대는 경계망을 확대할 것을 제시했다. 다행히 헌병대장
이 이를 받아들여 즉시 준비에 착수했다. 3일 밤낮에 걸쳐 주도면밀하
게 헌병대와 연계하여 계획을 세우면서 엄중히 경계했다. 민중은 주모자
의 선동에 부응하는 일 없이 자중했고 감시 경계도 엄중하자 불온한 무
리는 손을 내릴 수밖에 없게 되었다. 그들은 결국 단념하고 한밤중에 입
항 중인 기선 함경호에 올라타더니, 포항에서 북쪽으로 15리 떨어져 있
는 영해 축산항으로 이동했다. 이에 포항읍은 평온무사하게 지나갈 수
있게 되었다. 수십 명에 이르는 폭도는 축산에 상륙하자마자 영해에서
다시 선동을 일으켜 중대한 사태를 촉발했다. 그곳에서 가까운 영덕경
찰서에서는 진압을 지원하기 위해 수십 명의 경관대가 출동했으나 많은
세력의 폭민暴民에게 역습을 받아 결국 추태를 연출하기에 이르렀다고
한다. 이러한 소식이 있을 때마다 대구연대에서는 즉각 군대를 보냈으나
그들이 해산할 기색을 보이지 않고 반항의 기세를 높이자, 결국 군대는
총화銃火를 가하지 않을 수 없게 되었다. 이에 사상자가 100명을 헤아리
게 되자 폭민이 사방으로 흩어지는 결말을 지었다고 한다.

이상과 같이 포항 땅이 일사불란하게 통제를 유지함으로써 폭도의 침입
을 극복하고, 그들이 편승할 기회를 저지함으로써 소요 사태를 방지할

수 있었던 것은 치안 경비의 임무를 맡은 헌병대와 여러 단체의 연계 협조가 잘 이루어졌기 때문이다. 게다가 밤낮 없이 쉬지 않고 경계에 힘쓴 공적에 따른 것이며, 기선을 제압한 나카타니의 대책도 크게 일조했다고 평가될 만하다. 당시 전 조선에 파급된 이 소요 사태에서 홀로 포항만이 그러한 일을 겪지 않은 것은 기적과 같은 것으로, 한때 여러 지역으로부터 찬사의 대상이 되었다고 한다.

새로운 제도 이후 10년 하고도 6년이 지난 지금은 경찰의 제반 제도가 모두 확립되어 영일군 일대 사방 73리, 호수 3만2742호, 인구 16만 7293명의 치안을 맡아 점차 그 기능을 발휘하고 있다. 현재의 세력은 다음과 같다.

구분	정원			현원			구분	정원			현원		
서소	부장	순사	계	부장	순사	계	서소	부장	순사	계	부장	순사	계
본서	6	25	31	12	21	33	장기長鬐	1	3	4	1	3	4
학산鶴山		4	4		2	2	구룡포九龍浦	1	3	4	1	4	5
연일延日	1	2	3	1	1	2	대보大甫	1	2	3		3	3
대송大松	1	3	4	1	2	3	달전達田	1	2	3		2	2
오천烏川	1	2	3	1	2	3	흥해興海	1	3	4	1	3	4
동해東海	1	2	2		2	2	곡강曲江	1	2	3		2	2
신광神光	1	2	3	1	2	3	입암立巖	1	3	4		3	3
청하淸河	1	2	3	1	2	3	기계杞溪	1	3	4	1	3	4
송라松羅	1	2	3	1	2	3							
상옥上玉	1	2	3		2	2	계	22	65	87	22	60	82

이상의 인원으로 그 치안에 유감이 없도록 만전을 기하고 있지만,

현재 민중과 가장 많이 교섭하고 있는 경찰의 업무와 그 성과를 열거하면 다음과 같다.

• 수화재水火災 경계방호 상황

모든 서원署員은 수화재의 경계와 방호에 적극적인 대응 자세를 갖추고 사건이 발생했을 때뿐만 아니라 훈련에도 주도면밀하게 임했다. 나아가 소방단체의 향상과 발달 그리고 기구 및 기계의 정비에도 노력하고 있다. 이를 위해 포항, 구룡포, 흥해, 청하, 장기, 대보, 기계 7개 지역에 의용義勇 소방조를 설치하고, 그 밖의 주요 지점에는 간이 소방조를 설치하여 만일의 사태에 대응하고 있다. 특히 대부분 해안에 접하고 있는 관내는 길이가 무려 32여 리에 달하는 데다 산간부락과 형산강 북천 등은 하천이 관통하여 해난 사고와 하천 범람에 따른 재해가 상당하기 때문에 각 소방조에는 수해 방지와 해난에 대비하는 예방구호용 기구들을 갖추었다. 그리고 수영, 조선술, 투망술 등의 훈련을 시행하고 있다.

• 각 영업에 대한 풍기단속

포항경찰서의 관할 지역은 청어와 고등어가 풍부한 어장이 형성되어 있어 어획기가 되면 각 방면에서 찾아오는 선박으로 어항이 들썩이게 된다. 이러한 성어기를 노린 임시 요리점이나 음식점이 많이 개업하면서 이에 따른 게이샤, 창기, 작부도 증가하여 매우 엄중히 이들을 단속하고 있다.[21] 이 업자들은 이익만을 추구하여 틈날 때마다 게이샤나 작부를 불러들이되 그들에게 합당한 대우를 하지 않는 경우가 많다. 특히 소액의 선금으로 조선의 사정에 어두운 초보 여성을 끌어들여 잠자리 행위를 강요하거나 계약대로 대우하지 않고 간단한 식사만 제공하거나 외부와의 연락을 방해하거나 폭행하는 사례가 있어 항상 단호하게 이들을 조치함으로써 관내 주민의 밝고 즐거운 생활을 지키려 노력하고 있다.

• 기타 단속

이외에 불법 어업자에 대해서는 지방 관민과 함께 대응하여 교통사고의 방지, 총포·화약, 마약의 흡입과 복용 및 밀매 행위를 철저히 단속함으로써 주민들에게 신뢰받는 민중 경찰의 모범을 실천하고 있다.

역대 서장

임명 연월일	퇴임 연월일	성명
1919. 8. 20	1919. 9. 15	(겸임) 후지이 가쓰타로藤井勝太郎
1919. 9. 15	1919. 9. 23	(겸임) 오이 덴주大井傳重
1919. 9. 25	1922. 5. 30	세토 고이치瀬戸甲一
1922. 6. 7	1922. 11. 20	가토 세이시로加藤清四郎[22]
1922. 11. 20	1924. 8. 8	미야케 히코시치三宅彦七[23]
1924. 8. 8	1926. 7. 1	시모무라 시게히데下村重英
1924. 8. 13	1928. 9. 13	오키 도쿠고로沖德五郎[24]

---

21 당시 조선의 기생은 세 등급으로 나뉜다. 가장 높은 1패牌는 자신의 집으로 손님을 초대하여 대접하던 관기官妓, 2패는 준기생, 3패는 매음·매춘을 하는 여사당패, 색주가, 작부 등(통칭 '갈보蝎甫')이다. 1916년 3월 31일, 일본은 경무총감부령으로 '가시자시키貸座敷 창기단속규칙'(시행 5월 1일부터)을 공표하여 사실상 조선에 공창公娼 제도를 도입했다. 이에 따라 요리점과 음식점은 원칙상 예기藝妓나 창기娼妓를 둘 수 없고 유곽에만 창기와 작부 등이 허용되어, 자신의 집에서 접대할 수 없게 된 조선의 전통적인 기생은 일본의 게이샤와 혼용되기 시작했다. 그러자 음식점, 요리점, 유곽 등에서 발생하는 풍기문란에 관한 단속은 복잡한 양상을 띠게 되었다.

1928. 9. 28	1929. 6. 8	야기 미쓰요시八木光喜[25]
1929. 8. 6	1930. 12. 29	이노우에 시게루井上茂[26]
1930. 12. 31	1933. 9. 3	히타카 이사무日高勇[27]
1933. 9. 3		스미조노 니스케角園仁助[28]

- 현 직원

서장: 경부 스미조노 니스케

보안위생계: 주임(경부) 정충원鄭忠源, (계원)오다카라 다카시太寶嶺, 마스나가 에이지增永栄治, 오기와라 시게토모荻原重友, 신병옥申炳玉

경무고등병사계: 주임경부보 다카키 도오루高木透, (계원)토다카 이사무戸高勇, 사다모리 지요마츠貞守千代松, 미조로기 료헤이溝呂木良平

사법계: 주임(경부보) 오모리 지로大森次郎, (계원)사사키 산지로佐々木三次郎, 이영식李榮植, 혼다 타요시本田太喜, 노다 시게루野田茂, 윤명출, 아사노 요시오朝野義雄, 김우현金禹顯

회계계: 후쿠다 히로시福田洋

---

22 가토 세이시로는 왜관경찰서장을 거쳐 1924년 9월 16일 고창경찰서장을 지낸 후, 1926년 도경시道警視 로 승진했다.

23 미야케 히코시치는 경시警視로 승진하여 진해경찰서장으로 영전한 후, 1927년 7월 도경시, 1929년 5월 신의주경찰서장, 1930년 5월 함경북도 청진시의 라남羅南경찰서장을 지냈다.

24 오키 도쿠고로는 진남포경찰서장으로 부임 후 부산경찰서장, 대구경찰서장을 지내고 퇴임, 1940년 5월에는 포항읍장으로 취임했다.

25 야기 미쓰요시는 포항경찰서장에서 경북도경 보안과장, 경무과장 등을 거쳐, 1934년 12월 전주경찰서장으로 부임했다가 1937년 1월 전북도경 경무과장을 지냈다.

26 이노우에 시게루는 포항경찰서장에서 퇴임한 후 경주면장으로 부임했다.

27 히타카 이사무는 왜관경찰서장에서 포항서로 부임 후 안동경찰서장, 1937년 1월 경북도경시, 1939년 3월 충북도경 경무과장을 거쳐 도경시로 승진했다.

28 스미조노 니스케는 경주경찰서장에서 포항경찰서장으로 부임 후 1939년에 대전경찰서 경시(7등 7급)로 영전했다.

고등계원: 다케우치 스스무竹內範, 분키 유우文龜祐, 오쓰카 아키라大塚
正, 후지타 구니시로藤田国四郞

특무: 후지타 사자에몬藤田佐左衛門, 이주봉李周鳳

다. 청사

청사는 1912년도에 신축한 서양식 2층 건물로, 건축 당시에는 포
항에서 가장 우수한 신식 건축물이었으나 시대가 변하면서 그 양식은
구식이 되어가고 있다. 게다가 포항서의 업무가 번잡해지면서 총 연건
평 134평의 공간이 협소하다는 호소가 있고 전체적인 개축의 필요성
을 주장하는 목소리도 있으므로 가까운 시기에 확대될 것으로 보인다.

4. 영일군청

영일군은 1914년 부군 통폐합 시 연일·흥해·청하·장기 4개 군을 하나로 통합하여 1915년 포항으로 이전시킨 것으로, 청사는 1916년에 신축한 것이다. 영일군은 1읍 15면에 이르는 행정의 총본산으로서 총독부 체제가 시작된 이후로 시대에 순응하는 정책으로써 군치郡治에 노력한 결과, 경북도 내 산업 개발에서는 타의 추종을 불허한다. 특히 본 군은 동해 연안 32리에 이르는 바닷가를 품고 있어 수산업의 발달이 눈부시며, 경북도 총생산액의 70퍼센트를 차지하고 있다. 나아가 최근에는 우가키 총독의 계획에 따라 농산어촌의 자력갱생 운동에 박차를 가하여 상당한 효과를 거두고 있는데, 이에 관한 군의 행정과 농산어촌 진흥 노력의 발자취를 살펴보면 다음과 같다.

가. 시정 방침에 철저한 상황

시정 방침을 철저히 하기 위해 특별히 설치된 것은 없으나 지시 체계를 면밀히 수행하고 있고, 군의 방침郡是을 차례대로 하달하여 읍면에 충분히 숙지시키는 기존의 방식을 시행하고 있다. 최근에는 자력갱생, 민력 진흥책으로 창립된 각 농산어촌 조합의 간부에게도 이 방식을 이용하여 주민에게 주지시키고 있으며, 새로운 시행령이나 긴급한 조치에 대해서는 읍면장과 여러 공직자 회의를 활용하여 상세히 설명

*1910년대 연일 생지리에 있었던 영일현청.
(엽서에 조선 경북 연일 현병출장소라 되어 있듯이 현병이 현청을 가장 먼저 접수했다.)

하고 있다. 또한 군청 직원이 출장하여 면내의 유력자들에게 시정 방침을 세심히 설명하는 등 지시를 전달하거나 민의를 수렴하는 데 노력하고 있다. 본 군의 주민은 대부분 순박하여 각자의 생업에 즐거이 임하고 있으나 청년 중에 불온사상을 지닌 자가 전혀 없다고 할 수는 없으므로, 이에 대한 선도에 특히 주력하면서 경찰의 단속 협력을 촉구한 결과 현재로서는 불온한 사상을 지닌 자가 완전히 근절된 상태다.[29]

나. 산업 개발의 상황

영일군의 산업 가운데 가장 주된 것은 수산물이지만 농촌과 산촌

---

29 1930년 10월 포항경찰서에서 10여 명의 공산주의 비밀결사 관련 청년들을 검거한 것을 시작으로 이와 유사한 사례가 포항에서 자주 발생했다. 『포항지』가 발간된 1935년의 언론 보도를 보아도 이러한 활동이 완전히 근절되었다고 볼 수 없다. 그해 경북도경은 경주에서 일본공산당 사건에 관련된 14~15명을, 포항에서 10여 명을 검거했으며 감포에도 도경 관계자를 급파하는 등 비밀결사 사건이 확대될 것이라는 내용이 게재되어 있다.(『동아일보』, 1. 15)

영일군수 난바 데루지

의 생산물도 결코 적지는 않다. 이에 대해서는 한쪽으로 치우치는 일이 없도록 공평하게 시설을 설치 운영하고 있다. 그 시설과 효과를 나열하면 다음과 같다.

종별	시설	효과	종별	시설	효과
보통 농사	벼 대량파종 논 설치	품종 및 경종법 개량	양잠	공동 누에깨기, 공동 사육	누에 비육, 사육 개량
	못자리 개량 장려	건묘 육성, 수량 증가		공동 판매소 설치	공평한 가격 통일
	정조식正條植 장려	노력 절감, 제초 촉진		뽕밭 품평회	재배법 개량
	보리 대량파종 밭 설치	품종 및 경종법 개량	축산	종묘實成苗 육성 장려	상묘 육성 못자리 절감
	밭농사 지도단 설치			종두우 설치	우량판매우 생산
	자급비료 증식 장려	경지 비양肥壤		경작 임대	유축농가 증가
	못자리 품평회	못자리 개량 촉진 조성		양돈부락 선정	우량종 보급, 사육 개량

구분	사업	목적	구분	사업	효과
보통 농사 (면작)	퇴비 품평회	자급비료 증산 조성	축산	양돈부락 양계	
	지도단 설치	경종법 개량 증산		병축 치료	가축의 보건위생
	부인 공동작포 설치	근로정신 장려		축산물 개량	우피의 품질 개량
	공동판매소 설치	공평한 면화 가격		생사 장려	사육 개량, 연료 절감
	면작 품평회	증식 증산		우사 개량	가축 위생, 비료 채취
	축우 품평회	우량우 생산	수산	고등어·갈치·대구 연승어업, 자망어업의 장려	모두 소어업자의 이익 증진을 위해 시설한 것으로, 현저한 효과가 있음
	축우 공제	축우 폐사의 구제		어선·어구의 개선 증가, 사료 공동제조, 망간장 및 선양장 설치	
	계란 공동판매			미역·돌김 어초 정비 공동작업, 돌김·미역의 제조 개량, 염장鹽藏·소건燒乾·젓갈鹽辛 등 제조 장려	
제지	개량기구 구입 알선	제품 우량, 경비 노력 절감			
	볏모稻苗 구입 알선	양묘 가격 통일			
	황촉계 재배 장려	품질 개량 증산			
	볏모단 설치	양묘 증식			
임업	묘목 공동구입 알선	양묘 가격 통일			
	온돌 개량 아궁이 장려	연료 절감, 화재 예방		고등어 자망의 편망 장려	

- 역대 군수

초대: 김한은金翰殷[30], 2대: 이종국李鐘國,[31] 3대: 다카다 기미고高田官吾,[32] 4대: 세토 고이치一,[33] 5대: 진나이 기하치陳內喜八, 6대: 미하라 쇼헤이御原正平,[34] 7대: 이시카와 세이시로石川齊四郎,[35] 8대: 고리 덴이치郡傳一,[36] 9대: 이시카와 간지石川寬二,[37] 10대: 난바 데루지

- 현 직원

군수: 난바 데루지, 내무계 주임: 하야시 겐지林憲二 (박만수朴晚洙, 이갑찬李甲燦, 엔도 다케시遠藤毅, 후루타 사이이치古田才一, 무토 스에오武藤末雄, 최만섭崔萬燮) 산업 기수: 이와사키 고이치로岩崎小一郎, 사이토 도모이치齋藤友一, 노다 사다오野田貞雄, 박창하朴昌夏, 모기 도모오茂木友夫, 이해붕李海鵬, 지방삼림 주사: 오정수吳鼎洙, 권위병權位炳, 지방교화 주사: 채홍석蔡鴻錫, 서무계 주임: 기누가사 덴이치衣笠傳一, 통계 주임: 장엄권張嚴權, 정태선鄭泰先, 세이토 소이치로淸藤双一郎

---

30 김한은은 1914년 3월 1일 영일군수로 부임했다가 같은 해 9월 25일 고령군수로 보직 이동했으며, 이후 경주군수, 도평의원 등을 지냈다.

31 이종국은 1914년 9월 25일 영일군수로 부임했다.

32 경북도 장관을 수행하는 도서기였던 다카다 기미고는 1918년 7월 1일 연일군수로 임명되었으며, 이후 1935년 6월경부터 대구부의회 부의장을 지냈다.

33 세토 고이치는 1922년 5월 4일 조선총독부 도경부에서 영일군수로 임명되었다.

34 미하라 쇼헤이는 1928년 5월 9일 공석이 된 상주면장으로 이전 발령을 받았다.

35 이시카와 세이시로는 1928년 5월 25일 부산역에서 오전 10시 50분 출발하는 북행열차를 타고 가족 동반하여 영일군수로 부임했다. 1939년 1월에는 청진냉동주식회사의 감사로 재직하고 있다.

36 고리 덴이치는 1929년 12월 29일 조선총독부 평안남도 소속 도경시에서 영일군수로 임명되었으며, 1930년 1월 12일 요정 기라쿠喜樂에서 신임군수 축하연회를 벌였다.

37 이시카와 간지는 1933년 10월 2일 김천군수로 이동했다가 1936년 7월 11일 경성제국대학교 법학부 조교수로 발령을 받았다.

5. 포항우편국[38]

1905년 6월 9일 영일에 임시 설치된 우체소가 포항우편국의 전신이다. 이후 1906년 12월 1일 영일우편취급소로 개칭되고, 1908년 5월 1일 포항으로 이전했으며, 1909년 6월 1일부터 전신 업무를 시작하며 포항우편전신취급소로 개칭되었고, 1910년 10월 1일부터 전화 업무가 시작되었다. 그리고 1912년 2월 24일 전화교환 업무가 시작된 날 처음으로 포항에서 "따르릉따르릉, 여보세요"라는 소리를 들을 수 있게 되었다.[39] 이후 해가 갈수록 포항이 발전함에 따라 우편국의 업무도 나날이 늘어나 혼초의 구사옥이 협소해졌다. 1914년 12월 4일 지금의 다이쇼초 824번지의 부지 606여 평을 사들여 청사 91여 평, 기타 부속건물 53여 평을 신축하고 곧바로 이전했다. 그리고 1929년 10월 1일

---

38 『경북대감』에 따르면 당시 영일군에는 포항우편국 외에 포항의 가와구치초를 비롯하여 흥해, 청하, 도구, 대보, 구룡포, 장기, 기계 등 8개 지역에 우편소가 있었다.

39 당시 전화는 한동안 1회선으로 운영된 것으로 보인다. 시대의 발전에 따라 구룡포에서도 이전까지는 통화구역이 아니었던 부산과 1925년 5월부터 개통하여 기존의 결함을 보충했다는 기사를 볼 수 있다.(『부산일보』, 1925. 11. 25) 그러나 신속한 연락이 필요한 선어鮮魚 거래의 특성상 부산, 포항, 대보 등지에 긴급전화를 신청해도 빠르면 2시간, 늦으면 온종일 기다려야 하는 경우가 많았다. 전화 교환의 실상을 잘 모르는 대중은 이에 대해 비문명적이라며 관내 우편소 직원의 직무 태만을 지적했다. 구룡포, 대보, 감포 등 4개 우편소장들은 이러한 결함을 해결해야 지방경제에 미치는 손해가 해소될 것이라며 1회선 증설을 신청하는 문서에 서명하여 체신국장관에게 보냈다. 이와 같은 내용으로 볼 때 전화회선이 도시의 발전 속도에 미치지 못한 당시의 상황을 알 수 있다.

부터 간이보험의 업무가 추가되어 오늘에 이르고 있다.[40]

역대 소장과 국장

임명 월일	퇴임 월일	성명
1906. 12. 1	1907. 5. 31	소장 쓰시마 게이유키對馬溪幸
1907. 6. 1	1909. 6. 21	소장 아오야기 기사쿠靑柳儀作
1910. 6. 23	1910. 9. 30	소장 고바야시 이치사쿠小林市作
1910. 10. 1	1913. 4. 29	국장 고바야시 이치사쿠小林市作
1913. 4. 30	1914. 9. 9	국장 나가이 모토永井元男
1914. 9. 10	1920. 5. 27	국장 가시로 도모이치加城友一
1920. 6. 1	1921. 7. 10	국장 한다 고조飯田甲三
1921. 7. 26	1924. 12. 1	국장 오가와 고조小川孝造
1924. 12. 20	1930. 5. 5	국장 사와무라 요시모리澤村義盛
1930. 5. 6	1933. 4. 21	국장 요시다 고스케吉田狂介
1933. 4. 22	1935. 8. 24	국장 나카지마 겐지中島謙治
1935. 8. 24		국장 스기가이 마사테루杉貝政光

---

40 포항발 『부산일보』(1932. 12. 17) 기사 중에서 "포항국의 연하우편 취급주의"라는 소
제목으로 이러한 내용이 실려 있다. "연하우편 특별 취급에 관해 포항우편국에서는 시내
요소에 포스터 혹은 팸플릿으로 각 방면에 그 취급방법과 주의사항을 표시하여 혼잡한
우편물의 편의를 계획 노력하고 있다. 즉 (1) 특별 취급기간은 20일부터 29일까지 (2) 특
별 취급을 해야 할 우편물의 범위(요금 완납의 보통통상우편물, 우표 별납의 우편물)로서 아
래에 게시한 것 1) 제1종우편물(서찰) 2) 제2종 우편물(엽서) 3) 제4종 우편물(명함) (3)
특별 취급할 우편물의 배달지(조선, 내지, 관동청 관내, 중화민국 또는 만주국) (4) 연하우편물
의 제출방법('연하우편'으로 기재한 부전을 붙인 후 이를 한 묶음으로 하여 접수창구에 제출) 단,
요금 완납의 우편물로서 그 수량이 적은 것은 '연하우편'으로 기재한 봉투에 이를 넣고
우편함에 투입해도 무방. (5) 소포 우편물에 관해(연말에 세모 선물로 보내는 소포우편물은
평소보다 취급이 지연되는 것이 불가피한 상황이므로 연내에 반드시 발송되어야 하는 경우에는
소포 우편물 도착지의 거리를 불문하고 최대한 일찍 제출할 것. (6) 환저금 업무에 관해 12월
25일은 일요일이지만 특별히 환저금 업무를 취급함. 12월 29일부터 31일까지는 취급 시
간을 오후 5시까지 연장함."

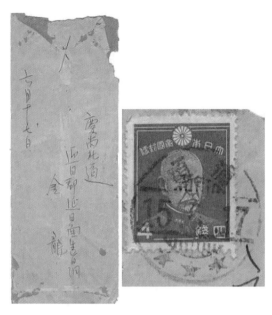

* 1940년 6월 17일자 영일군 연일면 생지동의 김용이 일본 오카야마현으로 보낸 우편물로, 포항우편국 소인이 찍혀 있다.(오른쪽) 4전짜리 우표에 적힌 소인(별 세 개)은 1940년 5월 23일부터 사용된 것으로, 당시 물류를 고려할 때 포항은 일본 본토의 제도 문물이 즉각 적용되던 대도시였음을 짐작할 수 있다.

- 현 직원

국장: 스기가이 마사테루, 주사: 아카자와 오니사부로赤澤仁三郎, 오노 모토오小野元男, 서기보: 사카모토 산주시坂本三重士, 구스로 히로유키久住呂弘之, 하야시 사즈타카林一孝, 구스로 군노스케久住呂軍之祐, 주재원 이하: 15명, 전화사무원: 12명, 고용원: 15명

6. 포항역

동해중부선은 1916년 4월 29일 조선경편철도주식회사에서 기공한 것
으로, 주요 지역 매입에 나선 사람은 대구의 나카에 고로헤이中江五郞
주41였다. 제1기로는 대구-하양 간 14마일哩(약 23킬로미터)을 준공하
고 1917년 11월 1일부터 운행을 시작했다. 이어서 다음 해인 1918년
5월 20일에 하양-금호 간 3.4마일(약 16킬로미터), 같은 해 9월 1일에
금호-서악 간 24.1마일(약 39킬로미터)을 개통했으며, 이후 서악-포항
간 22.1마일(약 36킬로미터)의 공사를 진행하여, 10월 1일에는 전 노선
이 개통되었다. 당시 대구에서 품평회가 개최되어 동해안 지역의 견학
단체를 태우기 위해 개통을 서둘렀으나, 객차가 충분히 준비되지 못해
무개차를 객차로 급조하는 등 창업 당시에 업무 담당자들의 고심은
이루 말할 수 없었다고 한다. 포항역의 업무도 바로 이때 시작되었다.
이후 1919년 포항-학산 간 1.2마일(약 2킬로미터)이 개통되어 비로소
전 노선이 개통되었다. 그동안 경편철도주식회사는 1919년 5월 29일
조선중앙철도주식회사로 개칭되었다가, 1923년 9월 1일 조선중앙·서

---

41 나카에 고로헤이는 대구에서 초창기에 활동한 일본인 사업가로 알려져 있다. 비료상
을 운영하던 그는 1918년 8월 대구에서 개최되는 공진회에 5원의 협찬금을 기부했고,
1923년에는 대구부 협의원에 당선되었으며, 1928년 대구일보사의 초대 사장으로 취임하
기도 했다. 1933년 1월 7일 뇌일혈로 와병 중 사망했다.

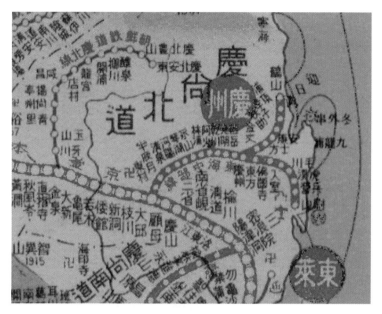

*1936년경 경상북도 철도 노선도.
안강-부조-효자-포항-학산역으로 이어지는 노선을 확인할 수 있다.

*만주로 떠나는 포항역 군중[42]

선西鮮식산·남조선·조선산업·조선삼림·양강척림兩江拓林의 6개 회사가 합쳐지면서 동해중부선은 조선철도회사의 경동선慶東線으로 개칭되었다. 그러나 철도선의 사명을 충분히 발휘하려면 일개 사유철도私鐵에 맡겨두면 안 된다는 취지에서 1928년 국유철도로 매입하여 다음 해부터 광궤선廣軌線으로 개축하게 되었다.[43]

포항역 구내 면적은 4644평, 역사는 28여 평, 그리고 57여 평의 부속건물이 있다. 구내에서 선로의 연장은 본선 353미터 정도, 측선 573여 미터에 달하고 있다. 장내 신호기는 원판圓板 장치였으나

---

42 이 사진은 1935년 『동아일보』 (3. 21)에 게재된 것으로, 기사 내용은 다음과 같다. "반농반어의 지대로 경북의 보고로 일컬어지고 있으나 수년간 농흉農凶에 더하여 어흉漁凶이 가속도로 격증하여, 빈농어민들은 초근목피를 캐어 먹더라도 연명만 할 수 있으면 정든 고향을 떠나지 않으려 하나, 각각으로 닥쳐오는 기근으로 마침내 마지막의 나라 만주국으로 유리遊離의 길을 떠나게 하고야 만다고 한다. 포항역 통계에 의하면 지난 2월 23일부터 3월 18일까지 1개월이 못 되는 동안 만주로 떠난 유리민이 단체 173명, 개인 322명, 합계 475명이라는 놀라운 기록을 나타냈다는데, 인근의 역에서 떠난 사람들까지 합하면 500명이 훨씬 넘으리라 한다."
『포항지』 원문의 제4장 '인구' 편에서도 이 기사를 뒷받침하는 기록이 나타나 있는데, 1934년 조선인 인구는 1만3144명이었으나 1935년에는 1만111명으로 무려 3033명이 줄었다. 결국 포항역은 지역산 농수산물을 서울로 대구로 판매하며 포항의 부를 축적하는 데 기여했으나, 고향을 떠나는 이들에겐 애환의 창구이기도 한 셈이다. 또한 당시 포항에서 만주로 떠난 일부 조선인은 만주에서 조선의용군이 되어 항일활동을 하다가 이후 중국인민군에 편입, 1950년 6·25전쟁 발발 1년 전 북한지역으로 이동 배치되었다가 남침에 참여한 사례가 있다. 포항 땅을 떠났던 포항인이 6·25전쟁 당시 비학산 전투 등 고향 땅에서 남과 북으로 대치하며 비극 상잔의 주인공이 된 것이다. 한편 일제강점기 당시 회사들의 주주는 90퍼센트가 일본인이었으며, 급여생활자도 조선인과 일본인은 대략 1.5배 이상의 급여 격차를 나타냈다. 1943년에 당시 조선총독부가 제국의회에 설명자료(제86회)로 제출한 내용에 따르면 일본과 조선의 1인당 평균소득(일본은 1인당 817엔, 조선은 158엔)도 상당한 격차를 보인다. 이러한 통계 역시 어획 감소로 인해 포항의 조선인들이 고향을 떠난 상황을 간접적으로 보여준다.
43 포항역에서는 금강산 탐승도 주도한 것으로 보인다. '포항역 주최 금강산 탐승 27일 출발'이라는 소제목의 기사(『조선신문』, 1930. 9. 29)에 따르면 천하 절경인 가을 금강산을 탐방하기 위해 포항역 주최로 단원을 모집했는데, "27일 오전 7시 45분발 열차로 출발하여 경주에서 단원을 추가하여 정원을 이룬 뒤 떠났을 터"라고 소개한 것으로 보아 포항에서 경주를 거쳐 금강산으로 가는 노선임을 짐작할 수 있다.

*1950년대 초 포항역.
건물 벽에 남은 총탄 자국과 깨진 유리창은 치열했던 6·25전쟁의 흔적이다.

*KTX 개통 이후 철거되어 사라진 2000년대의 포항역

1928년 4월 현재의 '암arm'식으로 변경되었고, 기타 전철기와 구내 레일도 국철 이후 현재 장치로 바뀐 것이지만 조만간 광궤 개축이 된다면 포항의 현관인 역사驛舍 개축도 당연히 이루어질 것이라 보고 있다.

국철로 된 이후 역의 수입은 다음과 같다.

연도 구분	여객	화차	계
1928	47,530.88	38,117.83	85,649.00
1929	84,141.61	61,123.94	145,266.00
1930	66,003.17	93,403.77	159,406.00
1931	58,057.00	106,315.00	164,372.00
1932	53,135.00	94,264.00	147,399.00
1933	69,323.00	104,160.00	173,483.00
1934	72,007.00	66,445.00	168,452.00

본선과의 연락은 다음과 같다.

시기	내용
1928. 7. 1(현재)	조선우선주식회사 선항로(화물) 조선철도주식회사, 경남철도주식회사, 남만주철도주식회사, 철도성, 금강산전기철도주식회사, 사와야마澤山 형제상회, 기타규슈北九州 상선주식회사
1929. 9. 15부터	울산자동차조합 간 여객수하물연대운수 시작
1930. 12. 1부터	조선경동철도에 대한 연대운수 시작
1930. 12. 25	남조선철도에 대한 연대운수 시작
1931. 4. 1	신흥철도에 대한 연대운수 시작
1933. 10. 1	남만북선관리국에 대한 연대운수 시작
1934. 8. 1	철로총국에 대한 연대운수 시작
1935. 3. 23	철로총국선 간 화물연대운수 시작

역대 역장

임명 일자	퇴임 일자	성명
1918. 10. 31	1921. 10. 25	오모리 도쿠사부로大森德三郎
1921. 10. 25	1930. 3. 20	후쿠하라 도쿠요시福原德吉
1930. 3. 20	1934. 12. 5	오바 요시大場 好
1934. 12. 5		쇼분 기요가즈正分清一

- 현 직원

역장: 쇼분 기요가즈, 조역助役:[44] 나가타 마고토長田實, 이식영李式永, 역무계: 박종영朴宗榮, 온다 도시코恩田利子, 김우구金又龜, 구내계: 나카무라 히로시中村 弘 전철수 겸 구내계: 배설조裵雪祚 역수驛手: 오카다 다케아키岡田武明, 오다 신페이太田普平, 김문이金紋伊, 김원정金元珽, 학산역무계: 가케가와 마사하루掛川正春

*당시 포항에서는 포항역 외에 학산역과 효자역에서도 승객의 승하차가 이루어지고 있었다. 『경북대감』에는 1934~1935년경 역별 주요 업무취급 상황과 수익금을 나타내고 있다.

역명	인원(명)		소수하물(개)		화물(톤)		수입(원)		
	승차	하차	발	착	발	착	객차	화차	계
포항	53,396	47,102	9,399	26,095	24,022	29,503	69,323	104,160	173,483
학산	628	601	3,271	130	4,872	350	8,219	45,684	53,903
효자	4,423	8,064	–	–	–	–	874	–	874
계	58,447	55,767	12,670	26,225	28,894	29,853	78,416	149,844	228,260

---

44 역장을 보좌하고 역장 부재 시 대리하는 직위다.

7. 포항세관출장소

포항에 세관이 설치된 것은 1913년이다. 당시에는 포항세관감시소라 불렸으며 무역액도 매우 작은 규모였다.

과거에 한국 정부가 해관海關을 개설한 것은 1883년 한일 양국 간에 일본인민무역규칙이 체결되고 나서부터다. 그 후 1885년 서울에 총세무사청이 설치되고 영국인 브라운이 수장을 맡았다. 당시 한국은 여전히 청국淸國을 으뜸으로 여기고 그에 얽매인 상태羈縻를 벗어나지 못해 모든 해관 업무는 청국에 예속되어 있었다. 청일전쟁 후 한국은 완전한 독립을 이루었으나, 서울에서는 여전히 총세무사의 지위에 있는 영국인 브라운의 세력을 함부로 할 수 없었다. 이러한 가운데 부산, 인천, 원산 3개 항에 우리 일본의 해관이 설치되었고 포항의 무역은 부산 해관에 속해 있었으나, 1912년경 연안과 서일본의 무역이 시작되면서 비로소 감시소라는 기관이 설치된 것이다.

포항항의 무역은 갈수록 약진을 거듭하여 제령制令 제6호에 의해 1923년 4월 1일부터 지정항指定港[45]이 되었고, 이에 감시소는 포항세관

---

45 이미 1920년 조선총독부령 제41호 단서 규정에 따라 전국 20개 항만은 수축, 항만 내 매립, 방파제, 방사제, 잔교, 물양장 등의 축설, 개축, 제거 등에 대해 조선총독부의 허가를 받도록 지정되어 있었다. 그중에 감포, 구룡포, 포항도 포함되어 있었기 때문에 여기에서 말하는 '지정항'이란 여러 지정항 가운데 세관이 설치된 경우를 뜻하는 것으로 보인다.

출장소로 바뀌었다. 최근에 이르러 포항항의 무역은 눈부시게 발전하여 1928년부터의 정황을 보면 다음과 같다.

포항 무역표(단위: 원)

연도	이출	이입	계
1928	779,748	277,545	1,057,293
1929	1,205,265	509,477	1,714,742
1930	638,960	1,042,770	1,681,730
1931	2,546,131[46]	909,163	3,455,234
1932	2,779,417	1,162,897	3,947,314
1933	2,456,399	1,648,290	4,104,689
1934	5,018,247	1,494,422	6,512,668

이상의 수치는 불과 7년여 동안 무역액이 약 10배나 약진했음을 나타내고 있다. 이것으로 우리 포항항의 장래를 내다볼 수 있다.

- 역대 소장

1913: 쓰지 아키라辻明

1913. 2. 13 이후: 간노 슌사부로菅野春三郎

1914. 4. 16 이후: 마쓰오카 간노스케松岡勘之助

1917. 7. 1 이후: 다케노우치 미사오竹ノ内操

1919. 7. 16 이후: 다나베 구라우도田邊蔵人

1920. 5. 24 이후: 이소다 마사노스케磯田正之助

---

46 원문의 이출액은 1932년과 같은 액수(2,779,417)로 표기되어 있으나, 1938년 포항읍 발전좌담회(『조선민보』, 1938. 8. 21)에서 소개된 이출액을 보면 1931년의 이출액은 2,546,131원으로 되어 있어 수치를 바로잡았다.

1921. 6. 30 이후: 이시하라 친지로石原鎭二郎

1922. 1. 23 이후: 사사키 요시카즈佐々木嘉一

1923. 4. 1 이후: 사와자키 후미오沢崎文夫

1925. 5. 9 이후: 다카오카 요시시게高岡嘉重

1927. 3. 14 이후: 이소베 도시가쓰磯部利克

1929. 9. 4 이후: 도미나가 아이스케富永愛助

1931. 12. 8 이후: 오카모토 시로岡本四郎

- 현 직원

　소장: 오카모토 시로, 차석: 도야마 노부가즈外山信一, 수산제품 검사

　기수技手: 와타나베 노보루渡辺昇

8. 영일군 농회農會 농업창고

- 위치: 영일군 포항읍 학산동 17번지
- 부지: 1575평(읍소유)
- 건물: 철망콘크리트 이중벽, 이중지붕 슬레이트 등 단층건물
   본동 153평, 부속건물 51평
- 수용 능력: 곡물 약 7400석
- 건조 설비: 전강식全岡式 화력건조기 10석, 탑 4기, 1시간당 건조능력
   약 30석
- 제현製玄 장치: 검사미 제현 능력 1시간당 15~20석
- 동력: 독일제 모터, 중유기관 12마력
- 궤도軌道·잔교棧橋: 궤도는 공장창고 잔교 간 연락에 이용되며 전용 잔
   교를 둠.
- 공사비: 3만1956원

총독부는 미곡 통제와 농민 보호를 위해 1931년 7월 제령 제
145호로써 농업창고령을 발포했으며, 이에 따라 영일군 농회가 설치되
었다.

농업창고에서는 벼의 나락, 현미, 백미, 보리, 콩 등의 곡식과 비료
등을 보관하며 필요에 따라 훈증, 금융 알선, 생산물 가공, 건조 판매

의 알선, 수검 운송, 소작료의 수령 대리 등을 처리한다. 업무가 시작된 후 그 업적이 현저히 올라가 지방 농민의 복지 증진에 크게 기여하는 기관으로 인식되고 있다. 창고 이용 상황을 열거하면 다음과 같다.

연도	현미	벼 나락
1932	221석 8말	771석 6말
1933	927석 2말	10,647석
1934. 7(현재)	2,294석 4말	5,321석

농업창고의 보관료는 한 달 기준으로 현미 1섬 혼합은 1전 5리, 단독은 2전이다. 나락·백미·콩·보리 등도 같은 금액이며, 비료 배합은 10관에 1전 5리, 콩깻묵은 1섬에 1전, 종자 1섬은 4전, 가마니 50장 잡용은 3전, 곡용은 4전이다. 역대 창고장과 직원은 다음과 같다.

– 창고장: 쓰루다 미노루鶴田稔, 직원: 김남호金南浩

9. 경상북도 수산시험장

경상북도는 예로부터 농산촌 중심으로 발달했기 때문에 그에 관한 시설 경영에는 꽤 노력을 기울여왔으나, 어촌에 대해서는 총독부가 시정을 펼치기 전까지 거의 신경을 쓰지 않고 있었다. 동쪽으로 동해를 접하고 있는 영일·영덕 2개 군, 경주군 일부, 울릉도는 완전한 어촌으로, 경상북도 해안선은 무려 116해리澤[47]에 달하며 그 사이에는 75개 어촌 부락이 형성되어 있다. 또한 울릉도는 둘레가 29해리(53.71킬로미터)에 달하며 앞바다에는 항상 한류와 난류가 교차하여 두 영역에 서식하는 고등어, 정어리, 전복, 해삼, 갈치, 방어, 청어, 넙치, 기타 어족이 풍부하기 때문에 그 어떤 어업도 가능한 바다의 보고寶庫다. 그러나 개발에 대한 지도와 지침을 제공할 기관이 없어 동부 연안 일대의 주민은 포항에 수산시험장을 설치해줄 것을 희망해왔다. 그로부터 한참 뒤인 1921년 10월 경북 도내 수산업자의 간담회가 포항에서 개최되어, 관련 업자 270명이 출석하고 경북도지사 및 총독부 수산기사 등 관청 인사 29명이 참석한 가운데 포항 시험장 설치가 결의되고 실행위원이 임명되었다. 상황은 급속히 진전되어 1922년도 소요 경비로 2만

---

47 해리는 항해 및 항공 분야에 사용되는 길이 단위로, 자오선의 위도 1분의 평균 거리를 말한다. 1929년에 협정된 1국제 해리는 1,852미터이므로 116해리는 214.83킬로미터에 해당한다.

6000원을 올렸고 도 평의회의 승인을 받아 착공하게 되었다. 한편 영일군 당국과 포항 유지들은 기부금 모집에 착수하여 1만4000원을 도 지방비 예산에 반영하도록 했다. 이 또한 매우 순조롭게 진행되어 다음 해인 1923년 3월 10일자로 절차가 완료되었다. 그리고 경북도에서는 민간 소유지 932평을 사들이고 대구의 하시모토구미橋本組에 청사 건축을 의뢰, 1922년 9월 29일 기공하여 1923년 1월 12일 완공했다.

청사 신축이 진행되는 가운데 1922년 11월 21일 총독부 수산시험장에 근무하던 자를 경북도 수산기사로 채용하고, 같은 해 12월 25일에 경북도 수산시험장 설치에 관한 규정을 발포하여 그에 대한 직제, 지방비, 경비 지급, 각 업무소장 위임사항, 규정과 처무 규정, 수산시험장 업무분장 규정 등을 게시했다. 1923년 1월 12일 시험장장場長 이하 3명의 직원을 임명하자마자 경북도 산업과 내에서 업무를 시작했고, 1923년 2월 16일 수산시험장이 현재의 위치에 건립되자 3월 1일부터 이곳으로 옮겼다.

이후 시험장에서는 직원 채용 및 내부 설비를 서두르는 한편 영일어업조합으로부터 기증받은 발동기선을 보조기관이 딸린 순 40마력, 길이 54피트呎, 폭 12피트 3인치吋, 깊이 5피트 7인치, 19톤인 겟치형[48] 범선으로 개조하여 같은 해 7월 7일 부산에서 진수했으며, 동시에 720원을 들여 일본선和船 1척과 전마선傳馬船 1척을 신규 건조하여 앞바다의 어로 시험과 해양 조사를 담당케 했다. 한편 제조 설비인 가열기구煮釜, 찜기구烝釜, 어육투입기肉換器, 혼합기瀨潰機, 절삭기切削機 등을 구입하고, 민간으로부터 세미트로 시머[49]와 부속 석유발동기를

---

48 겟치Ketch형이란 2개의 마스트를 갖춘 소형 범선의 종류다. 배수량은 100~300톤, 길이는 10~30미터 정도로, 당시 어선이나 군함, 교역선으로 이용되었다.
49 세미트로 시머semitro seamer는 통조림을 밀봉하는 기계의 한 종류.

시험선 계림호鷄林丸

기증받아 기타 각종 기구·기계의 설비를 갖추었다. 이에 즉각적으로 어로 및 수산 가공품의 제조 시험을 실시하여 경북 수산업의 개발에 커다란 성과를 거두고 있다. 그리고 기존의 시험선은 노후하여 사용에 적합하지 않은데다 시대의 발전에 따라 새로운 시험선이 필요하다는 요청으로 1933년 미쓰비시조선소에서 새로운 배를 제작했다. 계림호鷄林丸[50]라 불리는 이 시험선의 건조에는 6만7000원이 소요되었으며, 길이 73피트, 폭 17피트, 깊이 8피트, 총 69.43톤, 최대 속력 10.22노트의 성능을 지닌다. 이 시험선의 활약은 우리 경북 수산업의 비약적인

---

50 '한일회담선박관계자료송부의뢰의 건'(단기 4294년 5월 9일)에 따르면, 한일회담으로 한국이 일본에 제출한 추가선박 명부 202척 가운데 일본 정부로부터 반환받은 17척의 선박 기록이 있는데, 제1 계림호의 소유권이 1947년 9월 23일에 한국 측으로 넘어왔다고 되어 있다. 다만 이 문서에 기록된 배의 중량은 59.92톤으로 원문에 밝힌 69.43톤과는 다소 차이가 있다. 어쩌면 반환할 때 주요 설비를 제거하고 주었기 때문일 수도 있다.

발달을 가져오리라는 기대를 모으고 있다.

- 역대 장장

초대: 도가시 히토시富樫恒, 2대: 아오다 슌조靑田春藏, 3대: 가토 아사

고로加藤淺五郎

- 현 직원

장장: 가토 아사고로, 경북도 기수: 가쓰야 요시카즈勝谷義一, 산업기

수: 혼마 히사요시本間久吉, 안상한安相漢, 산업서기: 오쿠야마 히데미쓰

奥山秀三, 가와구치 다시로川口多四郎, 구보타 마모루久保田保

10. 경상북도 토목과 포항출장소

1916년 4월 경북도 훈령 제9호에 의해 경상북도 토목계 파출소라는 기관이 경북 각지에 설치되었다. 이 당시 경주에 설치된 토목계 파출소가 포항출장소의 전신으로, 관할 구역은 경주, 영일, 영덕 3개 군이었다. 그러나 3개 군의 토목사업을 관리하는 업무상 포항이 중심지라는 점을 고려하여 1920년 4월, 경북도 고시 27호에 의거하여 포항으로 이전되면서 현재의 이름으로 개칭된 것이다.

그 후 1924년 6월, 앞서 말한 3개 군 외에 청통, 신녕, 금호, 화산 4개 면을 제외한 영천군 일대까지 관할 구역으로 편입되었다. 토목과 출장소의 주요 업무는 1·2·3등도로의 유지와 수리, 군 이하에서 시행하는 토목공사에 관한 조사·감독이다.

처음 경주에서 이전되었을 때의 출장소 위치는 야마시타초山下町였으나, 1930년에 학산동 항만수축공장으로 옮겼다가 1934년 12월 1일 현재 위치에 새 건물을 지어 자리하게 되었다. 포항출장소의 관할구역에 속하는 관내도로는 2등도로 50리, 18여 정이며, 3등도로와 관련 동리 수는 생략한다.

– 역대 소장

초대: 고다마 덴지로兒玉傳次郎, 2대: 이리에 겐고入江健吾, 3대: 조무라

겐지城村憲治, 4대: 가와이 요시히사川井善久, 5대: 후세 요시오布施義雄, 6대: 오가와 겐사쿠小川健作, 7대: 세노오 히데타로妹尾英太郎, 현재: 우치야마 기사쿠內山儀作

11. 조선총독부 곡물검사소 부산지소 포항출장소

이 기관은 1917년 4월 9일 포항미두검사소라는 명칭으로 업무를 시작했다. 이후 1920년 조직이 변경되면서 경상북도 미두검사소 포항지소로 개칭되어 영일군 일대의 곡물 검사를 담당하게 되었다. 1926년 2월 1일 경주군 안강이 해당 검사소 소관으로 되었다가 1928년 3월 말부터는 경주로 이관되었다. 그해에 산업기수 1명을 증원했고, 섬 단위로 검사를 시행하게 되면서 직원 1명을 증원하여 1932년 10월 1일부터 현 체제가 되었다. 초기에는 나카초(이후 중앙동), 히가시하마(이후 동빈) 근처의 민가를 임대하여 업무를 보았으나 1929년 12월 24일 지금의 히가시하마초 110의 4번지로 신축하여 이전했다. 이곳에서는 영일군을 중심으로 영덕, 청송과 경주 지역에서 보낸 곡물을 검사하는데, 1928년 이후 검사 실적은 아래와 같다.(연도는 생산연도)

연도	1928	1929	1930	1931	1932	1933
현미	64,676	21,263	135,237	75,979	129,921	85,549
백미	1,322	535	6,598	772	3,178	1,167
대두	6,532	1,565	5,238	13,103	17,359	468
섬叺	-	8,074	1,237	1,882	4,566	45,330

- 역대 소장(4대 이전은 불명)

4대: 나카니시 진고中西甚吾, 5대: 곤도 유타카近藤豊, 6대: 나가미 요시부미永見義文, 7대: 오카모토 아키라岡本彰, 8대: 후카다 이치로深田一郎, 9대: 오카모토 아키라岡本彰

12. 포항세무서

1934년 5월 1일 관제가 공표됨에 따라 기존에 각 도에 있던 재무부가
폐지되고 세무 행정이 독립하게 되었다. 그 결과 대구 세무감독국 소
속 포항세무서가 들어섰다. 영일·영덕·울릉을 포함하는, 즉 2군 1도
를 관할하는 포항세무서는 초대 서장 다나카 시게루田中秀 이하 직원
28명이 배속되어 군청을 청사로 삼아 근무해왔는데, 1936년에 신축
이전하기로 되어 있다. 1935년 포항세무서의 각종 세액은 다음과 같
다.(단위: 원)

지세地稅	제1종 소득세	제2종 소득세	제3종 소득세	영업세	광세鑛稅	주세
148,809	2,986	549	13,550	11,566	9,511	169,259

- 역대 서장

　초대: 다나카 시게루

- 현 직원

　서장: 나카지마 사이지로中島才次郎, 간접세 과장: 고니시 고사부로小西
　幸三郎, 직접세 과장: 석용섭石容燮, 서무과장: 이용우李龍雨

13. 대구지방법원 포항출장소

- 위치: 메이지초明治町(이후 덕수동) 919번지
- 건물: 본관청사 21평, 목조 서양식 건물 단층
- 창고: 13.5평, 기타 30여 평

대구지방법원 포항출장소는 1916년 4월 1일 조선부동산등기령의 시행에 따라 포항읍 포항동[51] 78번지(현재 수리조합사무소 뒤편)의 오우치 지로 소유의 가옥을 임차하여 업무를 시작했다. 업무량이 늘어나면서 공간이 협소해지자 1917년 9월 30일 포항동 869번지(지금의 군청 앞)에 위치한 후쿠시마 이헤이 소유의 가옥을 임차하여 이전했다. 그 후 1929년 12월 17일 포항읍 소유의 토지 6필지 2011평에 대해 출장소 부지로 기부채납을 신청, 이듬해인 1930년 3월 11일 채납이 확정됨에 따라 그달 14일 국유지로 소유권 이전등기를 완료했다. 다음 해인 1931년 5월 11일 해당 국유지를 포항읍 소유(현재의 출장소 부지) 11필지 1782평과 교환해줄 것을 요청했고, 같은 해 9월 교환 결정이 이루어지자 그에 대한 절차를 완료했다.

　현재의 청사는 포항읍 유지들의 기부와 차입으로 신축한 건물로,

---

51 포항동의 명칭은 이후 쇼온초로 바뀌었다가 광복 후 대흥동이 되었다.(『영일군사』, 303쪽)

후루카와 모헤이를 임대계약자로 하여 매달 55원에 임대하고 있으나, 포항읍에서 재원을 마련하는 즉시 국가에 기부하기로 되어 있다.

해당 출장소의 등기 업무는 조선 제일이라 평가되고 있는데, 개청 당시인 1916년에는 5332건(1만1280개), 1925년에는 1만8264건(3만8902개), 1934년에는 무려 1만9714건(4만6432개)이라는 수치를 나타내고 있다. 나아가 1927년 4월 1일부터 부동산취득세법이 실시되던 당시에는 2만880건(4만7613개)으로 급증하여 1개월에 무려 800건의 등기신청이 이루어지고 있다.

- 역대 주임

  와타나베 나니渡辺七二, 구즈마키 마사토시葛巻昌俊, 고지마 다다시게小島貞重, 다카무라 시게오高村繁雄, 하라다 겐고原田健吾, 오자키 미야츠小崎見八, 기무라 요시노부木村善信, 노나카 로구스케野中六助

- 현 직원

  주임 이하 6명

*포항 구도심지의 초기 형성을 알 수 있는 경상북도 포항시가도(1929년 11월 19일 제작)

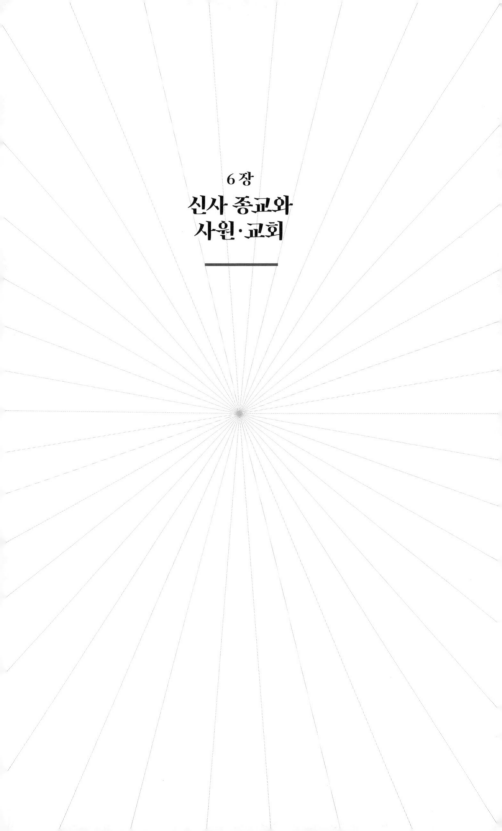

6 장
신사 종교와
사원·교회

1. 신사

가. 포항신사

일본인이 사는 곳에는 반드시 신사가 있다. 산간의 농산촌 또는 바닷가의 한적한 어촌, 일본인이 한두 명뿐이어서 신사 건립이 불가능한 경우라도 그들은 반드시 동방요배東方遙拜와 거주지 내에 신전을 마련하는 것을 잊지 않는다. 그러므로 포항에 일본인이 들어오기 시작할 무렵부터 신사 건립에 관한 논의가 있었음은 새삼스러운 일이 아니다. 그러한바 포항신사의 건립 논의는 꽤 이전부터 있었다 해도 이주 생활에 바쁜 당시로서는 미처 손대지 못하고 있었다. 1918~1919년의 호황기에 인구가 급격히 증가하자 포항에도 신사를 건립하자는 논의가 여기저기에서 나왔고, 그 기운이 무르익어 1922년 11월 24일 신사 창립을 위한 출원이 이루어지게 되었다. 그 창립의 이유는 다음과 같다.

포항면은 경상북도 영일만의 머리에 있는 경북도 동해안의 우수한 항만으로서 해로 연락의 요충지에 해당한다. 1904년부터 점차 일본인·조선인 거주자가 증가하여 지금은 일본인 501호에 인구 1913명, 조선인 1226호에 인구 5609명, 외국인支那人[1] 6호에 14명을 헤아리며 더욱 증

---

1 당시에는 '중국'이라는 국호가 없었고, 중국인에 대해서는 예전부터 '지나인支那人'이라 불렸다. '차이나China'도 여기에서 비롯된 말이다.

포항신사

*『신사 대관神社大觀』(조선 편)에 소개된 포항신사

가하고 있다. 이미 1917년 면제가 시행될 무렵 지정면[2] 가운데 농업·어업·상업 모두 상당히 발달하여 나날이 다달이 발전하는 지역이다. 그런데 제국의 신민으로서 잠시라도 참배를 빼놓을 수 없는 신사가 없는 지경이다. 식민지의 주민들이 배움을 위해 드나들 곳이 없으면 영주 정착할 신념이 두터워질 수 없으며, 그리하여 인심이 움직여 왕天皇을 존경하고 신을 공경하는尊皇敬神 정신이 희박해지는 경향이라도 생긴다면 유감이 아닐 수 없다. 이번에 다년간 여러 면민의 열망으로 포항신사를 창건하여 일반 민심을 안정시키고자 한다.

- 신사 칭호: 포항신사
  포항 유일의 신사로서 면민 일반이 존숭 봉사하기 위해 면의 이름을 붙여 포항신사로 봉칭함.
- 창립지: 경상북도 영일군 포항동 926번지.
- 모시는 신祭神: 아마테라스 오미카미天照皇大神, 오모노누시가미大物主命, 우카노미타마노미코토倉稻靈命[3].
  아마테라스 오미카미는 황국의 조상신으로 일반인이 받들어 섬기며奉崇, 오모노누시가미는 해상의 안전을 살피는 신으로서 받들어짐. 해당 면은 어업지여서 특히 기원할 일이 많은데, 우카노미타마노미코토倉稻靈命는 농업과 상업의 번영과 보호를 주관하는 신으로서 일반적으로 기원하는 바가 있기에 이를 합사合祀하고자 함.

---

2 지정면으로 선정되는 데는 여러 의미가 있겠으나, 기본적으로 일본인 주거비율이 높고 조선총독부가 중요하다고 생각되는 지역에는 일본인을 면장에 임명하도록 지정했기 때문에 '지정면'이라 불린 것으로 보인다.

3 아마테라스 오미카미天照大神는 일본 신도의 최고신으로서, 신화에서 일본 왕의 조상신으로 알려져다. 오모노누시가미大物主神는 일본에서 국가를 만드는 데 도움을 주는 신으로 알려져 있는데, 당시 포항의 발전을 기원하는 의미로 모신 듯하다. 우카노미타마노미코토倉稻靈命는 벼의 정령이 신격화된 것으로, 오곡과 식물을 돌보는 신으로 알려져 있다.

- 건물과 경내의 평수: 신전 0.33평(3合3勺), 배전拜殿 20평, 경내지 730평
- 창립비와 지급 방법: 창립 예산은 총 7000원이며, 모두 주민이 기부 모금하며 지출 내역은 다음과 같음.

수입(기부금 7000원)		지출(7000원)	
건축비 내역			
신전 건축비	850원	다마가키玉垣[4] 설치비	500원
배전 건축비	1,950원	도리이鳥居[5] 기타	450원
사무소 건축비	1,200원	신사도구비	1,100원
정지 비용	200원	기타	750원

- 출원자 명단

나카타니 다케사부로, 후쿠시마 이헤이, 오우치 지로, 다나카 미쓰구, 오가미 도메조, 오자키 신스케, 기타가키 마타지로, 후쿠시마 고토사지福島壽三次, 미즈가미 히데오, 후루카와 모헤이, 후루카와 가이이치로, 모리나가 다다조森永忠藏, 기타가와 리하치, 우스키 히사시薄久, 야마모토 히코사부로, 스가와라 이치로, 니시 도시미西俊美, 아라타 겐기치, 스미요시 이치타로, 세토 고이치, 이시바시 고타로, 기타하라 히코지로, 오카와 고조, 마쓰모토 스에오, 오쿠보 야스기치, 이케우치 기하치, 도쿠야마 와카지로, 오치아이 지헤이, 나라사기 이노기치栖崎伊野之吉, 구와타 겐지로, 다나카 추사부로, 오카모토 리하치, 고지야 한타로, 다케우치 마사히코, 가토 세이시로, 나카무라 에이치로, 구즈마키

4 다마가키玉垣란 일본의 신사 및 신역을 속세와 구분하기 위한 울타리로, 결계의 의미가 담겨 있기도 하다.
5 도리이鳥居란 일본 신사에서 신의 영역과 인간이 사는 속세를 구분하기 위해 입구에 설치하는 문으로, 두 개의 기둥을 세우고 기둥 꼭대기가 가로로 연결되어 있다.

6장 신사 종교와 사원·교회

마사토시, 하야시 와이치林和一, 스즈키 이세기치鈴木伊勢吉, 미카미 단지, 마스노 구마오, 우메모토 쇼타로, 우메모토 가메지로, 하라다 가즈오, 오카베 요이치, 사사키 에쓰조

그리하여 다음 해인 1923년 3월 5일 건립 인가가 떨어지자 각자 부서를 정하여 기부금 모집을 벌이는 동시에 신전 신축공사를 추진하여 그해 9월 30일에 완공함으로써 최초의 포항신사가 건립되었다. 그리고 제전祭典은 봄가을 2회, 즉 4월 17과 18일, 10월 17일과 18일로 정하고 초대 신사의 숭경자 총대로 다음의 인물들이 추대되었다.

나카타니 다케사부로, 스가와라 이치로, 스미요시 이치타로, 아라타 겐기치

10월 23일 초대 신직神職6으로 가와구치 도키나리川口時成가 부임했고, 1933년에 현재의 신직인 후지이 마사유키藤井正之로 교체되었다. 일본인 숭경자는 600여 호, 조선인은 1200호이며 매일 많은 참배자가 찾고 있으나 1일, 15일은 특히 이른 아침부터 저녁때까지 참배자가 이어지고 있다.

말사末寺로는 이나리稻荷 신사, 고토히라金刀比羅 신사가 있다.7

---

6 신직神職이란 절의 주지와 같은 신분으로, 칸누시神主라고도 불린다. 그 밑에서 일하는 자는 신칸神官이라 한다.
7 말사末寺란 포항신사에 부속된 작은 신사를 말한다. 이나리稻荷 신사는 일본 신화에서 곡물과 식물을 주관하는 신을 모시는 신사이며, 고토히라金刀比羅 신사는 오모노누시가미를 모시는 신사다. 포항신사에서는 아마테라스를 주신으로 섬기고, 2개의 말사를 따로 두어 대물주신을 모시고 농사와 고향 발전을 기원한 것으로 보인다.

나. 에비스惠比寿 신사

에비스는 어로의 신으로서 어업자들이 특히 숭배하는 신이다. 1933년 어업자들에 의해 어업조합 근처에 건립되었고, 그 경계를 대신하는 것으로서 영일만 어업의 큰 은인인 하마다 이와의 송덕비가 있어 의의가 깊다.[8]

---

8 하마다 이와는 당시 '동해의 수산왕' '조선의 수산왕'으로 불리던 인물로, 생존 중인 그의 송덕비를 세웠다. 뿐만 아니라 나카타니 다케사부로의 수상까지 세운 사실에서 일본인들이 지배계층을 신격화한 사실을 알 수 있다.

2. 종교와 사원·교회

포항 주민의 종교를 대별하면 신도, 불교, 기독교가 있다. 그중에서 일본인은 주로 불교를 믿으며 조선인 중에는 매우 독실한 기독신자가 있다. 조선불교라는 표현이 다소 맞지 않을 것 같은 2개의 조선 사찰이 있는데, 이곳 승려는 포교 활동을 하지 않기 때문에 신도 세력은 미미하다.

가. 신도

• 텐리교天理敎

- 위치: 사카에초 862번지
- 신전식 대臺: 3평
- 예배장: 4평
- 개교: 1924년 10월(당시는 다이쇼초에 있었으나 1929년 4월 현재 위치로 이전)
- 포교자: 하시구치 이와마쓰橋口岩松
- 신자 수: 일본인과 조선인 100호

신자의 마음자세
- 참배할 때는 용모를 바르게 하고 거동을 신중히 하며 지성으로

신의 은혜를 받든다.

- 소원을 빌 때에는 반드시 황실 안위寶祚의 장구함과 국가의 안온을 기원한 다음에 일신일가一身一家의 행복을 기원해야 한다.

- 일신일가의 행복을 기원할 때에도 겸허한 자세로 무리한 소원을 빌지 않도록 하며, 자신의 본분을 다하여 마음의 평안을 얻는 데 기해야 한다.

매일 행사와 월례제는 6일·16일·26일 3회로서, 6일 밤에는 설교 및 청년부 강연회를 하고 26일에는 교조 추모教祖靈察로 되어 있다.

• 곤코교金光教[9] 포항소교회소浦項小教會所

- 위치: 다이쇼초

- 개교: 1923년 6월

- 역대 포교자: (초대)하나다아사花田アサ, (2대)가와이 이오나河合一女

- 신자 수: 63호, 123명

- 월례제: 1일, 10일, 22일

나. 불교

• 본파 혼간지本派本願寺

1921년 1월 개원한 본파 혼간지의 포교사는 원래 야마구치현 토요우라군豊浦郡 구리노무라栗野村 렌코지蓮光寺의 주지住持인 후카노 미치노리深野道憲로, 경상남도 고성에서 이곳으로 전임하여 포교 활동에 나섰다. 그러자 먼저 자리 잡은 각 종파에서 맹렬히 배척운동을 벌였

---

9 곤코교는 일본 막부시대 후반 민간에서 창시된 신흥종교로, 일본 신도 13파의 하나로 분류된다. 일반적으로 숫자 4를 싫어하는 풍습이 있지만, 곤코교에서는 숫자 4에는 행복의 의미가 담겨 있다는 교리를 전하면서 1배-4박수-1배를 네 번 반복하는 의식을 치른다.

고, 30명의 유지들은 개교총장 마쓰하라 구라조松原倉藏에게 포교소 창립 중지를 청하는 단체서명 문서를 제출하는 등 본종 창립 시에는 노고가 적지 않았다고 한다. 혼간지파에서는 이 요구를 받아들이지 않기로 했고 후카노 포교사는 일부 신자의 후원 아래 역경을 딛고 창립하리라 결심했다. 와타나베 덴기치渡辺伝吉의 도움으로 혼초 오가미 상점 앞에 있는 창고를 개조하여 포교소로 삼았고, 몇 개월 후에는 이케쇼지 쇼타로池庄司庄太郎의 도움으로 미나미하마南濱에 있는 오우치 지로의 집으로 이전한 뒤 본격적으로 포교에 나섰다. 이때가 1921년 2월 13일이다. 그리고 21일 경주포교소 주임 이시다石田를 초청하여 입불식入佛式을 거행함으로써 정식으로 본파 혼간지 포교소가 들어섰다. 이후 3월 19일 조선개교총장 마쓰하라를 초빙하여 대대적으로 설교한 결과 혼간지파의 교권이 크게 확대되어 4월 1일 임시 포교소를 건립하자는 뜻이 모아졌다. 이날 처음으로 총대와 후원자世話役를 두었는데, 위촉된 사람들은 다음과 같다.

- 총대: 오카모토 리하치, 이소가이 긴기치磯谷金吉, 오자키 신스케, 오시타 유키마쓰, 와타나베 덴기치, 나카지마 지카히라中島乳平
- 후원자: 이케쇼지 쇼타로 외 16명

임시 포교소의 신축 문제가 호전되어 부산의 나카무라 도시마쓰中村俊松가 소유하고 있는 아사히초 240번지 부지를 임대한 후 5월 11일 공사에 들어가 7월 26일 완공했다. 공사비는 854원, 건평 25.5평으로, 불과 32명의 신자가 한마음으로 단결하여 매진한 결과이기도 하지만 후카노 포교사의 노력도 적지 않았다. 그 후 1927년 나카무라의 토지를 사들여 절의 재산으로 삼고, 1930년 사찰 이름을 서원사誓願寺로

정하여 오늘에 이르고 있다. 포항 종교계에서 서원사의 세력은 독보적
이며 신자 수 역시 다른 절보다 크게 늘어나 임시 포교소 방식으로는
감당할 수 없게 되었다. 그로 인해 1934년 1월 6일 일본당日本堂[10] 건축
이 논의되었고, 1월 29일 기부금 모집원을 제출하고 5월 29일 허가를
받음과 동시에 계원은 부서를 정해 기부금 모집에 나섰다. 12월 29일
와키무라, 쓰보모토를 건축 담당으로 하고 1935년 4월 2일 길한 날을
잡아 본당을 짓기 시작했다. 현재 진행 중인 건축 양식은 모모야마식
桃山式[11]이며, 내진內陣은 11여 평, 하진下陣은 22평, 기타 40평으로 훌
륭한 외양을 갖추어 포항 건축계에서는 웅장한 자태라 할 만하다. 현
재 신자는 150호에 달한다.

- 역대 주지: 후카노 미치노리
- 연중행사: 1월-호온코報恩講,[12] 3월-히간에彼岸會,[13] 4월-에이타이쿄永代
  經,[14] 5월-종조강탄회宗祖降誕會, 8월-봉에盆會,[15] 9월-히간에彼岸會
- 월례행사: 1일-설교, 10일-부인회, 15일-종조숙야宗祖肅夜, 20일-좌담회

---

10 일본식 사찰양식을 의미하는 것으로 보인다.

11 1568~1603년까지 임진왜란 전후로 일본 전국시대에 오다 노부나가와 도요토미 히데
요시가 정권을 잡았던 혼란기(가마쿠라 막부시대에서 도쿠가와 이에야스의 에도시대 사이)를
아즈치·모모야마安土桃山 시대라고 한다.

12 호온코報恩講란 불교 각 종파에서 종조宗祖에 대한 보은의 의미로 해마다 개최하는 법
회로, 히가시혼간지는 음력 11월 21~28일, 니시혼간지는 양력 1월 9~16일에 개최한다.

13 히간에彼岸會란 춘분과 추분을 전후로 7일간 개최하는 법회를 말한다.

14 에이타이쿄永代經란 영대독경永代讀經의 약자로, 신도의 의뢰를 받아 사망자의 기일 또
는 매월 공양 때마다 경전을 읽는 것을 말한다.

15 봉에盆會란 우라봉에盂蘭盆會의 약자로, 원래는 불사공양 또는 공양을 위한 법요의식
을 의미한다. 오늘날에는 추석 명절을 뜻하는 오봉ぉ盆의 의미로 쓰이고 있으며, 명절 기
간은 8월 13~16일이지만 휴일 등이 겹치면 연휴가 길어지는 경우도 많다.

혼간지에는 회원 약 60명의 신도 부인회가 있으며 사회적으로 많은 활동을 보이고 있다. 그 밖에 유치원도 운영되고 있는데, 1922년 4월 4일 창립 이후 1923년 3월 20일에 18평짜리 건물을 새로 지었으며 1935년까지 13회 325명의 원아를 배출했다.[16] 현재 원아는 32명이며 이들에 대한 모든 보살핌은 후카노 주지 부부가 맡고 있다.

• 임제종臨濟宗 도후쿠지파東福寺派 포교소

- 위치: 사카에초
- 창립: 1917년 2월 28일

본 사찰은 1917년 2월 가네야마 소에이시金山宗榮師가 창건했다. 당시 구름처럼 떠다니면서 탁발하던 그는 포항에 들어왔을 때 두세 명에게 불법을 설파한 불연佛緣으로 인해 이곳에 자리를 잡았다. 고토부키초壽町의 조선인 가옥을 빌려 임제종 도후쿠지파 포교의 첫 걸음을 내딛게 되었다. 1918년 10월에는 아사히초에 11평짜리 임시 포교소를 건립하여 이전했다가 1926년 5월, 현재의 부지 306평을 매입하고 경비 3388여 원을 들여 본당과 고리庫裡[17]를 겸하는 사원을 지었다. 해가 갈수록 교세가 확장되어 본당을 새로 짓자는 결의가 이루어졌는데, 공교롭게도 초대 포교사인 가네야마가 전출하게 되어 그 목적을 달성하지 못한 채 오늘에 이르고 있다. 제2대 포교사인 아사히 잇세이사朝日一誠師가 취임했으나 1934년 10월에 다른 곳으로 떠나고, 3대 니시무

---

16 1925년 3월 21일 오전 9시, 니시혼간지 포항유치원에서 제3회 원아 졸업식을 거행하여 총 25명이 졸업했다는 기사가 있다.(『부산일보』, 1925. 3. 25) 1935년까지 13회 325명의 졸업생을 배출했다는 원문의 수치와 비교해보면 원아들의 재원 기간은 1년이었던 듯하다.
17 고리는 불교사원 가람의 일종으로, 고원庫院이라고도 한다. 사원의 주방 또는 주지와 가족이 거주하는 곳이다.

라 교산사西村教山師가 부임하여 진중하게 포교하고 있다.

본존本尊은 물론 석가여래와 관세음보살, 약사여래상도 안치되어 있고, 경내에는 연명지장보살延命地藏尊[18]도 모시고 있어 매일 참배하는 사람이 적지 않다. 1일, 15일, 기타 축제일에는 축성祝聖이라 하여 성수무궁聖壽無窮[19]을 봉사하며, 부인회 등의 조직도 있다. 신자 수는 약 60호이다.

• 진언종眞言宗[20] 고야산파高野山派 포교소

본 사찰은 사카에초에 있다. 1916~1917년경 한 차례 포항에서 포교를 시작했으나 교세를 떨치지 못해 중단되었다가 1927년 미즈노 코닌사水野光仁師가 포항에 들어와 다시 포교소를 연 것이다. 원래 본당은 학교조합 소유의 조선식 건축이었으나 이전하여 사원으로 개조했으며, 건평 약 40평, 부지 368평에 신자는 약 60호다.

- 역대 포교사: (초대)미즈노 코닌, (2대)후지모토 히로아키藤本宥乗

- 월례행사: 8일, 20일, 28일

법화설교, 영가詠歌, 부인회를 개최하고 있다.

---

18 중생의 수명과 이익을 돕는 지장보살의 존칭으로, 새로 태어난 아이를 보호하고 수명을 늘려준다고 한다.

19 메이지 시대에 일왕 탄생일을 천장절天長節(11월 3일, 지금은 문화의 날)이라 하여 축일로 삼고, 이날을 축하하는 의미로 쓰이는 말. 즉 '성수聖壽'는 일왕의 장수를, '무궁無窮'은 왕실의 영원함을 기원하는 뜻이다.

20 신라 승려 혜통을 종조로 하는 해동 진언종이 아니라 일본의 구카이空海가 개파한 일본 진언종을 뜻한다. 고야산파는 18개 정도의 분파 가운데 하나다.

• 일연종日蓮宗[21] 포항포교소

- 위치: 사카에초 683번지

- 창립: 1930년 11월

- 명칭: 일연종 포항포교소(조코쿠지淨國寺)

본 사찰은 하야시 마사히코林大彦가 창건에 관여했으며, 활동 기간이 짧아서 명단에 올린 강원講員은 불과 36호다. 매달 12일, 23일, 28일을 청집일淸集日로 정하여 설교 법화 등의 행사를 하고 있다.

- 역대 포교사: (초대)하야시 마사히코林大彦, (2대)이와이 벤카이岩井辨海

• 히가시혼간지東本願寺 포항포교소

포항에서 가장 먼저 포교에 나선 일본인은 히가시혼간지파의 우에스기 다다히코上杉忠彦로, 그가 포항에 들어온 시기는 무려 1910년 7월 25일이다. 우에스기는 포항에 들어온 즉시 조선인 가옥을 포교소로 삼고 소수의 신자를 대상으로 8월 5일부터 포교를 시작했다. 당시 포항에 거주하는 일본인은 불과 400여 명이었으나, 다른 종파의 신자들도 이 포교소를 사찰로 인정했기 때문에 포교에 어려움은 없었다. 당시에는 활동이 느긋하여 본당을 건축하지 않았으며 포교사의 재임 기간도 짧아서 교세가 지지부진했다. 니시혼간지西本願寺파가 1921년 창립하여 현재 당당히 본당 고리를 신축한 것과 비교할 때, 각별한 역사를 지닌 히가시혼간지의 부진은 유감스러운 일이다. 현재 포교소 부지는 1911년에 구입한 것으로 235평 정도지만 사원 건립은 요원해 보

---

21 일본의 불교 종파. 1930년대까지만 해도 총 37개 종회가 있었으나, 일본 정부의 방침에 따라 1941년 3월 3대 계파가 합병하여 일연종으로 통합되었다.

인다. 다만 포교 활동이 오래된 만큼 신도가 상당히 많으며 부인회원도 109명에 달하는데, 최근에는 눈에 띄는 활동을 펼치고 있다.

- 역대 포교사: (초대)우에스기 다다히코, (2대)사토 가쿠젠佐藤廓然, (3대)가마치 간세이蒲地完成, (4대)이쿠타 아무개生田某, (5대)이토 신다이伊藤眞諦, (6대)사토 아무개佐藤某, (7대)미쓰네 요시유키光根善之, (8대)모토키 무가이本木無蓋, (현)나카노 히데유키中野秀哲
- 총대: 하마다 이와
- 후원자: 마쓰모토 스에오, 오가미 도메조, 기타가와 리하치, 다나카 미쓰구, 하마다 요시노스케, 시마다 진사쿠

매월 7일, 17일, 27일의 3일을 정례 포교일로 설법, 법화, 좌담회 등에 임하고 있다.

• 기타 사원

포항의 조선 사찰은 모갈산 중턱에 신축한 모갈사와 또 다른 사찰이 있으나, 일반 민중과는 거의 교섭하지 않는 완전한 산중山中 불교라 할 수 있다. 현재 산속에서 마음의 밭心田을 일구고 있는 이 은둔 사찰이 사회에 얼마나 융화될지는 앞으로의 전개를 두고 봐야 할 것이나 두 사찰에 다니는 신자는 아예 없다 해도 과언이 아니다.

다. 기독교[22]

포항에서 기독교의 포교는 매우 최근에 시작되었으며 신자 수도 적은 편이다. 현재 포교소는 3개며 그에 속한 포교사가 3명인데, 일본인 신자는 없으며 조선인 신자는 462명으로 알려져 있다. 조선 전국

의 기독교 교세로 보면 포항은 가장 왕성[23]하다고 볼 수 있다.

*1936년 구세군포항교회의 허윤기 목사와 소년부 청소대원[24]

---

22 일제강점기에 포항의 기독교는 단순한 종교 활동보다는 3·1 만세운동을 주도하는 등 사회 활동에 적극적이었다. 경북 야소교 장로회 회장인 박문찬은 대구, 영천, 포항 일대를 중심으로 민족주의적 비밀결사를 조직했다가 부산서에서 잡혔고 이찬수는 포항경찰서에서 취조를 받았다는 신문보도가 이를 뒷받침한다.(『중외일보』, 1930. 9. 29) 당시 기독교는 조선의 사상적 독립과 실체적 독립운동의 구심점이었다고 할 수 있다.

23 1934년 12월 1일 오후 7시부터 포항예수교회당에서 조선예수교 경북장로회 영일군 시찰회의 주관으로 교회 50주년 희년축하회를 개최했다는 보도가 있다. 목사 권영해가 사회를 보았고, 참석자인 김두하, 김용주, 조선중앙일보 포항지국장 이종석의 축사가 있었다.(『조선중앙일보』, 1934. 12. 8)

24 이 사진은 "허윤기 목사 '할아버지의 사진첩을 보며'(3)"라는 제목으로 신문에 연재된 내용의 일부다.(『굿모닝충청』, 2014. 10. 23) 1935년 허윤기 목사의 조부가 구세군 포항교회의 사관(목사)으로 발령받아 왔을 때는 전임 목회자의 문제로 교회가 닫혀 있었고, 교인도 거의 없었다고 한다. 허 목사가 소년들에게 나팔과 삽, 빗자루를 쥐어주고 함께 동네 청소에 나서자 차츰 교인들이 돌아왔다고 한다. 사진 왼쪽에 사관(목사)이 있고 그 뒤에 우승기가 세워져 있는 것으로 보아, 구세군 행사에 참여하여 우승한 기념 사진으로 보인다. 사진 왼쪽에 "포항구세군소년부 청소대원 일동, 1936. 4"이라는 설명이 적혀 있다.

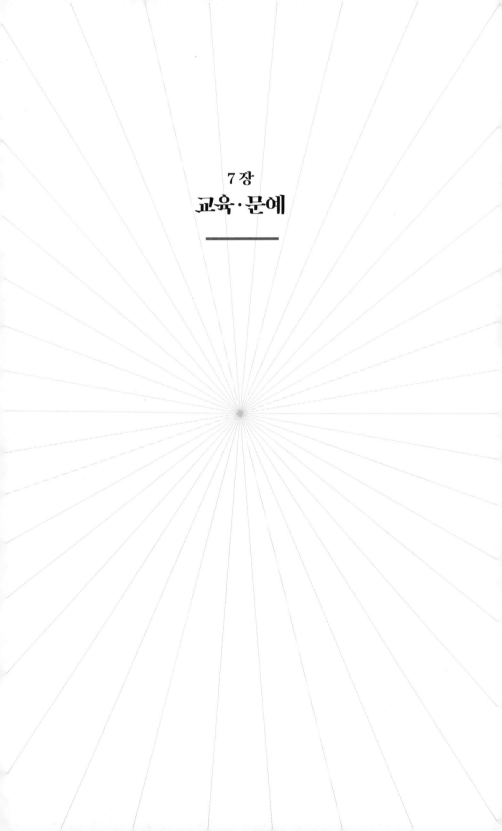

7장
교육·문예

1. 교육

가. 포항공립 심상고등소학교

포항공립심상고등소학교는 1909년 4월 개교했다. 앞서 '일본인 발전의 경로'에서 서술한 바와 같이 이해 봄 2월 통감부가 위촉한 히로타広田의 포항 방문으로 학교 건설 문제가 빠르게 추진되어, 기부금과 보조금으로 18.5평의 교사를 신축하고 학생 12명을 수용한 것이 학교 창립 당시의 상황이다. 그 후 해를 거듭하면서 27년 동안 무려 1143명의 졸업생을 배출했다. 이하 창립 이래의 상황을 표시하면 다음과 같다.

연도	학급 수	아동 수	졸업생	경비(원)	연도	학급 수	아동 수	졸업생	경비(원)
1909	1	12	1	560	1923	8	321	53	15,879
1910	1	23	2	615	1924	8	342	61	17,731
1911	1	33	5	830	1925	8	356	48	17,164
1912	1	54	3	1,446	1926	8	338	69	17,571
1913	2	76	11	1,692	1927	8	349	57	16,600
1914	2	90	10	1,930	1928	8	361	62	14,564
1915	3	118	21	3,399	1929	8	355	61	19,710
1916	4	150	24	3,769	1930	8	370	81	19,725
1917	4	177	20	3,962	1931	8	386	84	20,054
1918	5	204	26	5,824	1932	8	436	83	19,868

1919	6	216	40	6,928	1933	9	464	94	22,280
1920	7	258	32	11,597	1934	9	453	86	-
1921	7	259	44	13,316	1935	9	468	-	-
1922	7	290	56	14,167					

- 역대 교장

제1대: 야마자키 게이사쿠山崎慶作, 3년 재직

제2대: 미치테 로쿠지道手六次, 3년 6개월 재직

제3대: 나가모리 헤이지長森兵次, 3년 8개월 재직

제4대: 가나이와 주사쿠金岩壽作, 1년 4개월 재직

제5대: 노무라 모히데野村網秀, 3년 10개월 재직

제6대: 후나키 히로비船木博備, 4개월 재직

제7대: 시라즈 미이치로白津己一郎, 5년 8개월 재직

제8대: 기타무라 간사쿠北村閑作, 1931년 3월부터

- 현 직원

교장 겸 훈도: 기타무라 간사쿠

훈도: 기타무라 스즈키北村續, 이케자키 기요히코池崎淸彦, 이바라 가즈井原かづ, 사카이 이사오坂井魁, 후지이 구니오藤井邦夫, 모우리 다쓰오毛利辰朗, 이노우에 기요시井之上淸次, 이케다 구니池田クニ, 고미야 사부로小宮三郎, 야나기 이사미柳淸, 나가오 류지長尾隆治

나. 포항공립보통학교

- 위치: 포항동 902번지

본교의 창립은 1916년 5월 13일이다. 같은 해 12월부터 교사를 신축하여 다음 해인 1917년 3월 26일 공사를 완공했으며, 직원 임명 후 4월 10일부터 수업을 시작했다. 1918년 2월 7일 교육칙령을 받고 12월에 학교림을 조성했으며, 1919년 학생이 급증하여 일부 교사를 증축한 후 부지 확장과 교사 증축을 여러 번 실시하여 오늘에 이르고 있다. 교지 면적은 3855.3평, 건물은 2275평, 실습지는 335평, 기타 1245.3평이다. 실습지의 내역은 논 16.5평, 뽕나무밭 10평, 채소밭 39평이다.

- 역대 교장

  1대: 기타하라 겐기치北原源吉, 1년 재직

  2대: 오쿠무라 진자에몬奧村甚左衛門, 4년 1개월 재직

  3대: 야나기 진조柳甚三, 2년 1개월 재직

  4대: 다니 기사부로谷喜三郎, 7개월 재직

  현재: 에모토 기이치江本喜一[1]

- 현 직원

  교장 겸 훈도: 에모토 기이치

  훈도: 김종식金鐘軾, 홍남주洪南柱, 김백수金伯壽, 오카노 하야시岡野林, 다나카 야에田中八重, 박영우朴英雨, 요시미 도라오吉見虎雄, 강윤주姜潤周, 김유덕金柔德, 정윤진丁允鎭, 기무라 이츠木村イツ, 권유생權遺生, 강갑수姜甲秀, 김윤성金潤聖

---

1 에모토 기이치는 1912년 4월 1일 오카야마현 오다군 도미오카심상소학교 훈도에서 조선공립소학교 훈도로 발령받아 조선에 왔다. 1935년 12월 4일 포항공립보통학교 교장직을 용퇴했으며, 이후 일시 귀국했다가 1936년 9월 포항상공회와 연합하여 포항수산학교 설립 운동을 전개했다.

다. 수산 강습회

꽤 오래전부터 포항에서는 청소년을 통해 수산업을 부흥시키고 확고한 산업 관리의 사명감을 부여하자는 취지에서, 또한 수산업 지식을 향상시키고자 하는 뜻에서 수산학교를 건립하려는 움직임이 있었다. 지금도 이를 실현하기 위해 포항 유지들이 다양한 운동을 벌이고 있다. 그에 앞선 단계로 1930년 5월 수산강습회가 설립되었다.[2] 이 강습회는 경북도 지방비로 운영되며 어업조합연합회의 기부금이 보조되고 있다. 강의는 전임강사 1명과 겸임 2명(보통학교 훈도)이 맡는다. 입회 자격은 14세 이상 6년제 보통학교를 졸업한 남성이고, 정원은 40명, 강습 기간은 2년으로 정해 매년 경북도로부터 인가받는 식으로 운영되고 있다.

수산강습소 실습선(1942년 6월 14일 촬영, 자료: 김진호)

2 당시 "포항수산강습회 개교 피로와 낙성식"이라는 제목의 신문기사에 따르면, 5월부터 포항공립보통학교 근처에 교사를 신축함과 동시에 강습을 시작했고, 10월 19일 교사가 완공되어 개교 피로연과 낙성식을 거행했다고 소개하고 있다.(『부산일보』, 1930. 10. 22)

강습 과목으로는 수신, 공민과, 국어, 산술, 수산 법규, 어로, 제조, 양식, 수산, 동물 실습 10개 과목이며, 주로 실습에 중점을 두어 어로용 5마력의 발동선을 비롯해 수산품 제조, 가공용품 관련 실습 도구를 갖추고 있다. 개강 이래 4년간 30명의 졸업생을 배출했으며 현재 재적 1년차 26명, 2년차 4명을 수용하고 있다.

라. 기타 사립학교

사립학교는 2개교[3]가 있다. 하나는 기독교회에서 경영하고 있는 것으로 영흥학교라 한다. 1923년 12월에 개교[4]했으며 현재 교사 2명, 학생 97명으로 4년제로 운영하고 있다. 다른 하나는 두호동 학술강습소로, 사사키 에쓰조 등이 창립에 관여했다. 1922년 5월 개교했으며 영흥학교와 마찬가지로 4년제 과정이며 현재 교사 2명, 학생 78명을 수용하고 있다.

*『경북대감』에 나타난 영일군 지역의 1934년 공·사립학교 현황은 다음과 같다. 1935년 통계인 『포항지』 원문보다 학생 수가 줄어든 것은 1934~1935년 사이에 조선인들이 만주 지역으로 이주한 영향으로 보인다.

---

3 『포항지』에는 사립학교가 2개만 소개되어 있으나 지금의 포항시 권역 전체를 대상으로 볼 때 『포항교육사』(경상북도포항교육지원청, 2019)에 따르면 훨씬 많은 교육기관이 있었다. (현재의 연일초등학교인) 광남학교(1906. 3. 11), (현재의 흥해초등학교인) 의창학교(1908. 4. 4), (현재의 청하초등학교인) 천일학교(1910. 6. 10), (현재의 장기초등학교인) 장명학교(1910. 10), (현재의 송라초등학교인) 광동학교(1910) 등이다.

4 『포항시사』 등에 따르면 영흥학교는 1911년 11월 1일 포항교회 부지에 개설했고 설립인가는 1913년 3월 28일로 되어 있어 『포항지』와는 개교일이 다르다. 또한 『포항지』 발간 즈음의 언론 보도에 따르면 "20여 년 전부터 포항의 단 하나의 사립학교로서"(『중앙일보』, 1933. 3. 2)라고 되어 있어 설립 인가를 1913년에 받은 것으로 치면 『포항지』 원문보다 10년 앞선다. 1936년 2월 22일자 『동아일보』에도 "26년 전인 1911년에 창립"이라고 밝히고 있으므로, 1911년으로 소개한 『포항시사』의 기록이 더욱 정확한 것으로 보인다.

공립학교	소재지	학급 수	수학 연한	교원 수	학생 수
포항공립심상 고등소학교	포항읍 포항동	10	심상 6, 고등 2	10	453
구룡포공립심상 고등소학교	창주면 구룡포리	5	심상 6, 고등 2	5	175
일월공립심상소학교	대송면 여동동	1	6	2	24
흥해공립심상소학교	흥해면 성내동	1	6	2	18
장기공립보통학교	지행면 읍내리	5	6	5	273
연일공립보통학교	연일면 생지리	6	6	6	421
포항공립보통학교	포항읍 포항동	14	6	14	944
흥해공립보통학교	흥해면 성내동	7	6	7	473
청하공립보통학교	청하면 덕성리	6	6	6	353
기계공립보통학교	기계면 현내동	3	6	3	190
창주공립보통학교	창주면 구룡포리	6	6	6	368
동해공립보통학교	동해면 도구리	4	4	4	152
송라공립보통학교	송라면 광천리	3	6	3	191
신광공립보통학교	신광면 토성동	2	4	2	95
죽북공립보통학교	죽장면 합덕리	2	4	2	108
오천공립보통학교	오천면 용덕리	2	4	2	140
죽남공립보통학교	죽장면 입암리	2	4	2	125
대송공립보통학교	대송면 장흥동	2	4	2	136
대동배간이학교	동해면 대동배동	1	2	1	87
대곡간이학교	기계면 대곡동	1	2	1	79
공립 합계	-	83	-	48	4,805
사설학교	**소재지**	**학급 수**	**수학 연한**	**교원 수**	**학생 수**
포항사립영흥학교	포항읍 포항동	2	4	3	150
사립포항유치원	포항읍 포항동	-	-	2	35
사설 학습강습회	(강습회수)	5	-	11	316
서당	(서당수)	10	-	10	210

2. 사회적 교육시설(포항청년훈련소)

포항에서는 사회적 교육사업으로 포항공립청년훈련소가 운영되고 있다. 이 훈련소는 1928년 재향군인회 대구지부의 호남대회에서 결의된 것으로, 대구지부를 시작으로 조선 각지에 설치된 것이다. 그러나 포항에는 사립 훈련소가 운영되어야 한다는 견해가 제기되어, 당시 재향군인 분회장인 쓰루다 미노루鶴田稔가 군수와 서장에게 이를 건의했다. 군 당국에서도 시대적 요구를 외면할 수 없다는 판단 아래 설립 방법에 대한 조사연구가 이뤄졌고, 9월 8일 대구지부 이사인 도리이鳥居의 포항 방문을 계기로 드디어 설립이 결정되었다. 읍 소유의 잡초지 약 6만 평(20정보)을 매각한 금액을 경비로 하고, 같은 해 11월 하순 그 지역의 소학교 교장 시라즈白津를 소장으로 임명하여 개소했다. 이어 1932년 훈련소를 공립으로 전환해야 할 필요에 따라 5월 16일자로 신청하여 같은 달 22일에 인가를 얻었다. 수업은 4년제로 하고, 소학교장 기타무라 간사쿠北村閑作를 주사로 임명하여 오늘에 이르고 있다. 당시의 학생은 19명이며, 직원은 다음과 같다.

- 주사: 기타무라 간사쿠
- 지도원: 마쓰후지 히코이치松藤彦市
- 학과 담임자(보통과): 구메 시메오키久米七五三興, 다시로 후지마쓰田代藤

松, 이쿠노 기요토生野清人, 오이시 덴노스케大石傳之助

‐ 직업과: 도쿠야마 친조德山鎭象

현재 학생은 22명이며, 직원은 다음과 같다.

‐ 주사: 기타무라 간사쿠

‐ 지도원(교련): 야마모토 린주山本林壽, 도요타 미쓰히코豊田滿彦

‐ 학과 담임자(보통과): 기타무라 스즈키北村續, 이케자키 기요히코池崎淸彦

‐ 직업과: 오시마 다케토모大島武友

228

3. 문예狎祭[5]

포항에서는 문예 분야의 활동이 1921년경부터 나타나고 있는데, 하이쿠俳句[6]에서는 세토 바쇼瀬戸芭蕉[7]가, 단카短歌[8]에서는 우메모토梅本가 돋보였다. 단카의 경우에는 우메모토 등의 모임이 흩어지면서 쇠퇴의 길을 걸었으나 세토의 하이쿠 분야는 해가 갈수록 융성해지면서 도쿄의 거장 도요冬葉[9]의 닷사이와 비슷한 '조선 닷사이'를 조직하고 작품을 수록했다. 1934년 초반부터 발행된 『조선 닷사이』라는 제목의 회지는 1935년 7월까지 매달 이어지고 있다.[10] 『조선 닷사이』는 세토 바쇼가 주관하는 것으로, 동인으로는 나가사키 가오코長崎薫風子, 후지키 세이오藤木青甕, 메하라 효효目原飄飄, 후쿠이즈미 자세키福泉座石, 에구

---

5 닷사이狎祭는 흔히 시(하이쿠)를 읊는 모임인 구카이句會와 비슷한 성격이지만, 그보다 격을 높여 하이쿠 등에 대한 논평이나 이론적 연구를 하기도 한다. 때로는 그러한 성격의 문학지를 의미하기도 한다. 같은 이름의 유명한 일본 술도 있다.

6 일본문학 중 가장 짧은 시 장르로, 발음 기준으로 5, 7, 5자로 짓는다.

7 본명은 세토 가즈요시瀬戸一由. 일본의 유명한 하이쿠 시인 바쇼芭蕉를 흠모하여 동일한 발음인 '바쇼'를 자신의 호로 사용한 듯하며, 하이쿠를 다루는 포항소사음사浦項小砂吟社를 운영했다. 1929년 3월 8일자 신문에 포항소사음사가 오랜만에 하이쿠 대회를 개최했다는 기사가 실려 있다. 또한 그는 구룡포의 개발자인 도가와 야사부로의 송덕비 비문을 지었다.

8 일본문학에서 단카는 하이쿠의 5, 7, 5에 이어 7, 7까지 포함하는 형식을 지닌다.

9 도요冬葉의 본명은 요시다 다쓰오吉田辰男(1892~1956). 그러나 요시다 도요吉田冬葉로 더 유명한 하이쿠 시인으로, 그는 1925년 하이쿠 잡지 『닷사이狎祭』를 창간 주재했다.

치 가쓰도江口活堂, 이와미 신세이岩見寢醒, 도네 게이요刀根迎陽 등 수없이 많다. 응모작雜詠의 선정은 바쇼 본인이 맡고, 과제시吟는 야마자키 오모시가와山崎思川, 후쿠이즈미 자세키, 에구치 가쓰도, 아베 시로에安部皎江 등이 담당하고 있다. 하이쿠론俳論, 윤강輪講 등이 무척 탄탄하며, 특히 하이쿠 비평으로 정평이 난 바쇼의 예리하게 꿰뚫는 촌평은 매우 높이 평가되고 있다. 『조선 닷사이』는 조선에서 발행되는 이러한 종류의 출판물11 가운데 백미라 할 수 있다. 발행소는 영일어업조합 내 조선닷사이 발행소다.

*일제강점기 당시 포항인의 문학작품

*다음 글은 "포항소사음사"라는 제목으로 보도된 기사의 일부다.(『조선신문』, 1929. 3. 8)

포항소사음사는 그동안 시俳句 선정을 맡았던 세토가 병환으로 오랫동안 쉬고 있었으나, 지난 1929년 3월 2일 토요일 오후 7시 사치초幸町의 마루만 식당에서 시회句會를 열었다. 부제 '버들'과 '기러기'로 각 2구를 뽑아 세토의 종합비평 시론을 들은 다음 화기애애한 소연회를 개최했으며, 다음 날 오전 0시 30분에 끝났다.

---

10 1932년 3월 7일자 부산일보에 하이쿠 잡지 발간에 대한 기사가 소개되어 있다. 일본 중앙 하이쿠 문단 중 이른바 순정파로 불리는 '우소사이' '배성俳星(하이쿠의 별) 등의 동인으로 후진을 지도해온 세토 가즈요시(별명 바쇼)가 주도하는 포항소사음사에서 최근 진인과 신진인 우메모토 시유子遊 등과 함께 가배歌俳 연합(즉 하이쿠와 단카의 연합)의 월간지 『비어飛魚』 발간을 기획했다는 내용이다. 여기서는 『조선 닷사이』가 아닌 『비어』로 게재되어 있어, 『조선 닷사이』가 『비어』의 후속판인지 별개의 것인지는 불분명하다.
11 1930년대 당시 서울(경성)에서는 『마쓰노미松の実』의 후계지 성격인 『쿠사노미草の実』 외에 『장고長鼓』 『청호靑壺』가 있었으며, 목포의 『카리타고かりタゴ』, 원산의 『산포도山葡萄』 등이 알려져 있었다.

그동안 동인시집은 선정자가 편집해왔으나, 상의한 결과 간사 기타야마北山嶺雪가 정기적인 발간을 이어받기로 했다. 이날 밤 주된 우수작은 다음과 같다.(*당시 신문에 소개된 포항 문학도들의 작품 몇 개를 소개한다. 하이쿠는 5, 7, 5의 자수 제한이 있기에 최대한 글자 수에 맞춰 우리말로 옮겼다.)

기러기 가고 산에 걸친 저녁달 앉으니 오리	기러기 뜨니 시원한 작은 섬도 봄을 입었네	물의 고향에 마을 한 줄기 연기 버들이런가	버들 눈망울 뭉쳐지는 나날들 흙담에 앉지
연기 같은 비 버드나무 아래에 짠지 덮은 돌	돌계단으로 파도가 넘어오니 청 버들이네	기러기 가고 물 퍼내니 해지네 잠잘 돛단배	피리로 만든 풀잎 부는 소리에 우는 기러기
바람 포구에 기러기 돌아왔다 반기는 오리	실버들 지붕 살살이 청소하는 바람 부는 날	우산을 들고 시장통을 걸으니 봄눈 내리네	아침의 바다 푸르고 푸르더니 봄눈이려나

*다음 글은 가을을 맞이하여 포항소사음사 주최로 여자기예학원에서 열린 하이쿠 대회에서 수상한 작품으로, 구룡포에서도 참가하는 등 성황을 이루었다고 한다.(『조선신문』, 1930. 11. 12) 이날 선정된 작품들은 다음과 같다.

〈1등〉 한눈에 보는 벼 이삭에 숙이는 초가草家이런가	〈2등〉 장례 행렬에 무너져만 내리는 가을의 폭우	〈2등〉 가을 풀잎에 기울어지고 있는 선정善政의 비석	〈3등〉 아침 찬바람 역에서 세면하는 불편도 안녕
〈3등〉 건강미 넘친 아기 잠든 소리는 메뚜기 같네	〈3등〉 저물어가는 가을 수확 작업에 오리도 우네	〈3등〉 맛있다 하는 농사지은 감자가 더욱 무겁네	〈가작〉 할아비 손도 문풍지처럼 떠니 서둘러 막자
〈가작〉 병들은 친구 국화꽃 한 송이의 향기가 나네	〈가작〉 떠나간 가을 방구석에 치워둔 메마른 낙엽	〈가작〉 거리의 등불 나란히 펼친 홍시 노점이런가	〈가작〉 절의 역사를 듣고 있는 팔상전 저무는 낙엽

*다음 글은 『포항지』에서 다루지 않은 조선인들의 문학 활동에 관한 기사로, "문학청년이 세운 시림촌사 창립, 영일 포항에서"(『중외일보』, 1930. 4. 5)라는 제목으로 보도되었다. 이로써 당시 '시림촌사'라는 문학단체를 통해 왕성한 창작활동이 있었음을 알 수 있을 뿐만 아니라 일본인 중심의 '소사음사'와 대립됨을 알 수 있다.

경북 포항에 거주하는 몇몇 문학청년은 지난 4월 1일 오후 1시에 시림촌사詩林村社 임시사무소에서 시림촌사를 창립하고 동인제同人制로 아래와 같이 부서를 배정했다. 영시부英詩部 사업으로는 동인역시同人譯詩, 비평, 『시림촌』지 편집을 하고, 채어부彩語部 사업으로 시어 강의 등을 간행하여 시다운 시를 만들 것이라고 한다.(포항)

- 시림촌사 사무소: 포항 나카초仲町 457

- 영시부: 성추영成秋暎, 김성호金星湖, 유성幼聲

- 채어부: 김기봉金奇峰, 정난파鄭亂波, 엄역호嚴域弧

4. 신문

포항에 신문지국이 설치된 것은 1910년경이다. 당시 대구에 발행소를 두고 있던 조선민보사는 동해안 개발에 기여하기 위해 구스로 요시노스케久住呂吉之助를 지국장으로 두어 이 지방에 대한 모든 판매광고를 담당케 한 것이 시초였다. 얼마 지나지 않아 거래관계상 부산일보가 진출하여 한동안 2개사가 이 지역의 언론을 맡아 활약했다. 그 후 경일京日, 조선朝鮮이 진출하고[12] 아사히와 마이니치도 통신부를 설치했으며, 시나가와 모토유키品川基幸에 의해 주간週刊 신흥타임즈사의 본사가 설치되는 등 오늘날 포항의 신문 분야는 다사제제多士濟濟하여 높은 언론통신의 권위를 인정받고 있다. 포항기자단도 형성되어 친목을 위한 사교활동은 물론 대외적으로 의의 있는 활동을 지속하고 있다. 지사 및 지국의 통신부 주임은 다음과 같다.

---

[12] 동아일보는 1922년 5월 28일자 사내알림社告을 통해 동아일보 경주지국 포항분국이 영일군 포항면 산하정山下町에 설치되어 영일군 일원을 관할한다는 사실을 알리면서 포항분국장은 김효섭, 총무 겸 기자는 이욱이라 전하고 있다. 따라서 당시 포항에는 동아일보가 진출해 있었다. 다만 포항분국이 언제 철수했는지 불분명하지만, 적어도 1936년 8월 손기정 선수의 베를린 마라톤대회 소식을 보도할 때까지 동아일보는 정간된 상태가 아니었다. 그런가 하면 1932년 1월 11일자 중앙일보에는 제9대 영일군수가 부임인사로 중앙일보사 포항지국을 방문했다는 기사도 나타나 있다. 이러한 자료들을 고려할 때 『포항지』 저자는 일본어판 신문 위주로 소개하면서 동아일보와 중앙일보의 포항지국은 의도적으로 제외한 것으로 보인다.

- 조선민보사 포항지국장: 다나카 마사노스케田中正之助

- 대구일보사 동해지사장: 박문효朴文孝[13]

- 부산일보사 포항지국장: 야부노우치 가메타로薮内亀太郎

- 경성일보사 포항지국장: 하야타 주로早田十郎

- 조선신문사 포항지국장: 마쓰모토 구니오松本國雄

- 오사카아사히신문사 포항통신부 주임: 무라타 쇼고村田正午

- 오사카마이니치신문사 포항통신부 주임: 기타가와 리하치北川利八[14]

- 신흥타임즈사 포항지국장: 소메야 노부요시染谷信好

- 후쿠오카일일신문 판매부: 이케우치 히사오池內久夫

---

13 원문의 통신사 사진 자료에는 동해지사장의 이름이 '박문효朴文孝'로, 『포항지』 원문에서는 '박문홍朴文興'으로 표기되어 있다. 일본어 발음으로는 '흥'과 '효'가 같기 때문에 출판 과정의 실수로 보인다. 또한 1936년 9월 20일 포항읍회 의원선거의 득표자 명단에도 '박문효'로 표기되어 있어 이를 바로잡았다.

14 1936년 9월 20일 포항읍회 의원선거가 시행될 당시 언론인은 이름을 알리는 데 이점이 있었던 듯하다. 유권자 360명 중 290명이 투표한 결과 박문효 대구일보 동해지사장이 26표, 공의公醫 오연수가 16표, 김용주가 15표, 그리고 후보자도 아니었던 기타가와 리하치가 4표, 오가미 도메조가 1표를 얻는 기현상이 있었다는 내용의 보도가 확인되었다.(『매일신보』, 1936. 9. 22)

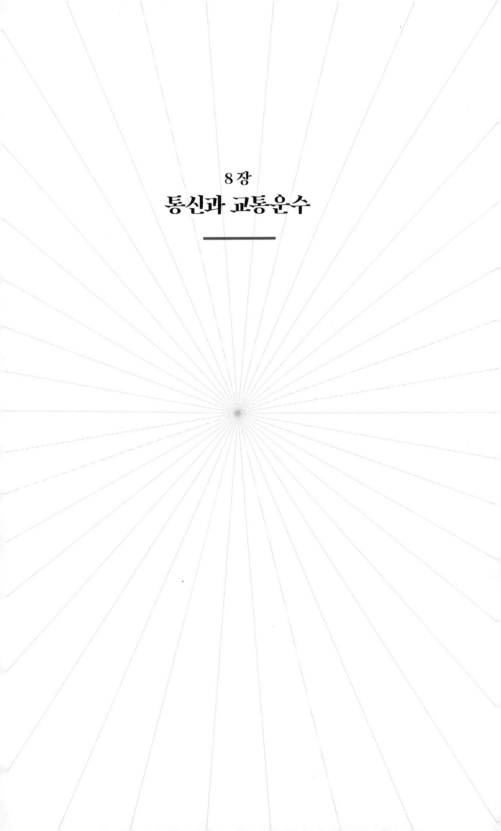

8장

통신과 교통운수

1. 통신

조선의 우편 행정郵政은 신라 시대는 물론 고려나 조선 시대에 이르기까지 어떠한 발달도 없었다고 한다. 36대 고종 21년 치하, 즉 1884년 당시의 조선 정부가 우정총국을 설립한 것이 개국의 시작에 해당하지만 이른바 갑신정변의 발발이 이 신사업을 막음으로써 결국 결실을 이루지 못하고 지나갔음은 모두가 아는 일이다. 그 후 1895년 농상공부 소관의 우체사郵遞司라는 기관이 설치되고, 다음 해인 1896년 일본인을 초빙하여 우편 사업을 시작했다. 이것이 바로 조선 정부에서 시행한 최초의 우편 행정 사업일 것이다. 이어 1901년에 농상공부 소관의 통신원通信院 관제가 선포됨에 따라 기존의 모든 우체사가 통신원의 관리 아래 우편, 전신, 선박, 선원海員 등에 관한 모든 업무를 총괄하게 되었다.

전신電信은 비교적 이른 1885년에 서울-신의주, 서울-원산 간에 가설되어 있었으나 한국 자체의 필요에 따른 것이라기보다는 청국淸國의 정치적 필요에 의해 가설한 것으로, 그 밖의 소포나 환換, 저금 등의 업무는 시행되지 못하다가 일본에 위탁하게 된 것이다. 1905년 4월 1일 일본은 한국통신기관의 위탁에 관한 취극서取極書를 체결 교환한 뒤 7월 1일 한국의 모든 관련 기관을 이어받았고, 중앙에 통감부 통신관리국을 설치하여 조선 전국의 통신망을 확대 강화했다. 이에 따라 연일과 흥해 지역에서 포항 지역의 통신 업무를 시작했다. 처음에는 임시우체소라는 명칭으로 우편 업무만을 취급했으나, 점차 포항이 발전함에 따라 1908년 5월 1일 포항으로 장소를 옮겼다. 그리고 1909년 6월 1일 전신이 개통되자 1912년부터는 일반 전화교환 업무를 시작했다. 당시의 전화 개통 수는 29기며, 그중 3기는 우편국용으로 사용하고 나머지는 일반 수요자에게 공급했다. 당시 번호와 소유자는 다음과 같다.

4번 오카모토 리하치岡本利八

5번 시라이시 가즈미白石和三

6번 다카하시 하루요시高橋春吉

7번 오쓰카 쇼지로大塚昇次郎

8번 하시모토 마츠시게橋本松繁

9번 구라이시 도라이치倉石虎市

10번 에노모토 진타로榎本甚太郎

11번 이나다 나카지稻田仲次

12번 사토 세이이치佐藤精市

13번 시게무라 모리스케重村衛輔

14번 아와모리淡盛 상회지점

15번 후쿠시마 이헤이福島伊平

16번 흥해지방금융조합

17번 이와사 히로가즈岩佐廣一

18번 와타나베 덴기치渡邊傳吉

19번 다케이 사부로竹井三郎

20번 오가미 도메조大上留造

21번 나카지마 모모조中島百藏

22번 활민活民노동조합

23번 난바 하루조難波春藏

24번 오가미 다쓰요시大神辰吉

25번 무라타 야스이치村田安市

26번 야마구치 구마지로山口熊次郞

27번 경상농공은행지점

28번 사쿠라이 시게루櫻井茂

29번 마쓰오 이이치로松尾猪一郞

　전화가 개통되어 포항은 더욱 편리해졌으나, 개통 당시에 전화기를 처음 써보는 소유자는 전화선을 뽑아둔 채 신호를 걸었다가 교환수가 나오지 않자 '우편소가 지금은 휴식 시간인가보' 했다는 난센스 일화도 있었다고 한다. 이 26기의 전화기 가운데 지금까지도 소유자가 바뀌지 않은 사람은 몇 명이나 될까? 세 번 혹은 다섯 번이나 소유자가 바뀐 경우가 적지 않으니, 생각해보면 인간 세상만큼 극심하게 변화하는 것은 없다. 지금 포항에서 살아남았다 할 만한 사람들은 최초의 전화기 소유자들의 이름을 대할 때 무언가 가슴에 와 닿는 게 있을 것이다.

　포항의 모든 통신은 포항우편국에서 취급하고 있다. 최근의 상황은 특히 비약적이어서 포항의 발전상이 확연히 나타나 있다. 1919년 이래의 통신과 환저금 등을 표시하면 다음과 같다.

통신계의 인물들

(오사카매일 포항통신원)
기타가와 리하치北川利八

(부산일보 포항지국장)
야부노우치 가메타로藪內龜太郎

(남선일보 포항지국장)
세구치 가쓰키瀨口勝己

(조선신문 포항지국장)
마쓰모토 구니오松本國雄

(대구일보 동해지사장)
박문효朴文孝

(오사카아사히 포항통신원)
무라타 쇼고村田正午

(신흥타임즈 지방사장)
소메야 노부요시染矢信好

(경성일보 포항지국장)
하야타 주로早田十郎

우편·전신·전화 통수표通數表

연도	우편	전신	전화
1919	1,124,228	142,700	401,745
1920	624,731	127,697	611,948
1921	867,698	143,355	538,670
1926	1,516,219	75,012	1,043,815
1927	1,372,446	91,036	974,301
1930	1,728,558	102,599	989,632
1931	2,213,590	67,812	1,288,145
1932	2,688,425	64,731	1,212,412
1933	2,813,127	80,463	1,310,736
1934	2,830,015	91,216	1,197,831

환저금표為替貯金表

연도	환저금	세입	세출
1919	4,722,528	117,752	14,238
1920	6,011,200	116,022	19,817
1921	5,968,870	131,426	23,632
1926	7,961,392	227,565	25,736
1927	7,966,491	252,516	26,120
1930	8,807,191	227,531	30,161
1931	7,776,688	255,188	29,648
1932	7,832,134	257,090	38,277
1933	8,045,729	278,723	38,128
1934	9,936,935	294,415	41,853

통상우편 집배표

연도	집	배	연도	집	배
1919	398,551	725,677	1930	765,216	963,341
1920	365,874	458,857	1931	1,103,871	1,109,719
1921	421,050	433,416	1932	1,289,389	1,399,036
1926	541,844	974,375	1933	1,320,151	1,492,976
1927	547,414	812,145	1934	1,346,090	1,483,921

소포우편 집배표

연도	집	배	연도	집	배
1919	3,712	8,827	1930	2,492	8,830
1920	3,738	9,597	1931	2,296	9,067
1921	3,626	9,597	1932	2,267	8,594
1926	3,252	10,717	1933	2,392	8,590
1927	2,789	10,098	1934	2,430	8,230

환爲替 취급표受渡表

연도	발행振出1	지급拂出2	연도	발행	지급
1919	3,666	5,083	1930	10,235	8,083
1920	9,276	6,783	1931	2,047	8,822
1921	11,295	6,909	1932	14,313	2,644
1926	11,226	8,432	1933	11,508	10,419
1927	11,226	8,677	1934	-	-

저금 취급표

연도	예금	지급	연도	예금	지급
1919	5,189	679	1930	10,296	1,490
1920	5,246	290	1931	12,398	1,734

1921	7,583	269	1932	11,977	1,905
1926	8,875	645	1933	11,236	2,275
1927	9,496	1,000	1934	12,304	3,025

　이상의 상황이지만 통신과는 관계없으나 추가로 체신업무에 속하는 것으로서 연금年金, 은금恩金,[3] 금고금金庫金[4]과 간이보험이 있다.

연금·은금 지급표拂出表

1919	1920	1921	1926	1927	1928	1930	1931	1932	1933
43	46	62	132	144	131	156	178	169	231

국고금 수불표

연도	수납	지급	연도	수납	지급
1919	1,270	836	1930	514	479
1920	782	722	1931	1,155	612
1921	1,166	405	1932	977	744
1926	939	442	1933	943	701
1927	972	496	1934	1,153	1,152

1 후리다시振出란 환어음, 약속어음 등을 예금주가 '발행'하는 것이다.
2 하라이다시拂出란 발행된 어음이 회부되면 이를 근거로 예금에서 금전을 '지급'하는 것이다.
3 은금恩金이란 군인, 국가공무원 등의 유가족 등에게 지급하는 연금의 일종이다.
4 금고금金庫金이란 수납된 국세나 지방세가 해당 관리 금고로 모아졌을 때의 세금 수납금이다.

간이보험표

1929	건수	486	1932	건수	1,600
	보험료	741.80		보험료	1,756.60
	보험금액	158,023.30		보험금액	360,658.20
1930	건수	1,196	1933	건수	1,862
	보험료	1,365.70		보험료	1,996.60
	보험금액	289,471.80		보험금액	413,161.20
1931	건수	1,372	1934	건수	2,134
	보험료	1,477.00		보험료	2,206.30
	보험금액	310,679.50		보험금액	453,776.40

2. 교통운수

가. 철도

철도에 의한 교통운수는 포항역, 학산역을 기점으로 중부선을 따라 나아가 경부선에서 각지로 연결되어 있다. 지금 포항역을 기점으로 조선, 만주의 주요 도시에 이르는 거리(킬로미터)를 나타내면 대구 105.4, 부산 230.2, 시모노세키 470.2, 고베 977.8, 오사카 1010.9, 나고야 1201.3, 도쿄 1567.3, 서울(경성) 431.1, 평양 691.8, 신의주 927.8, 봉천 1206.2, 신징新京[5] 1511, 다롄大連 1571.6이다.

포항의 철도 및 교통운수는 앞서 기술한 바와 같으나 포항역의 동향에 따른 교통운수 상황은 다음과 같다.

여객 승하자표

종별	1928	1929	1930	1931	1932	1933	1934
승차자	39,994	58,085	50,095	49,284	48,323	53,396	54,870
하차자	37,110	53,113	49,003	47,745	46,531	47,101	49,186
입장자	2,386	3,021	2,694	1,838	1,455	1,228	1,517

---

5 현재 지린성의 성도인 창춘시인데 당시에는 만주국의 수도였다.

수하물표

종별	1928	1929	1930	1931	1932	1933	1934
발송 유료	446	853	733	683	825	1,033	1,002
발송 무료	1,900	2,500	2,808	2,553	2,501	2,930	3,374
도착 유료	572	1,047	1,252	1,226	1,163	1,248	1,412
도착 무료	2,508	3,232	3,367	3,396	3,202	3,280	3,004

소화물표

종별	1928	1929	1930	1931	1932	1933	1934
도착	4,841	12,475	16,356	18,026	18,604	20,002	21,412
발송	3,857	6,078	5,368	3,694	3,312	4,030	4,491

철도전보 취급표

종별	1928	1929	1930	1931	1932	1933	1934
발신	6,917	9,519	9,375	9,893	10,151	10,716	10,767
착신	2,636	3,134	2,721	2,069	1,858	2,468	2,825

주요 하물 발착표(발송)

종별	1928	1929	1930	1931	1932	1933	1934
쌀	324	324	217	163	42	135	69
보리	55	55	28	50	-	-	-
야채	11	20	39	120	25	25	124
과일	15	52	11	19	17	17	27
숯(목탄)	13	-	5	-	299	293	452
목재	309	427	284	248	301	242	566
석재	5	8	-	-	-	-	-
소금	711	622	1,230	1,496	893	1,074	1,418
석유	79	126	126	189	536	55	684

선어	4,364	3,437	8,139	14,412	6,383	8,200	4,121
염장어	1,460	3,328	1,848	595	172	435	169
건어	353	312	385	434	263	275	116
해조	66	379	104	160	75	325	247
지류	30	22	26	92	145	143	270
금속류	1	19	-	-	-	902	-
금속기류	37	100	597	678	1,030	902	804
비료	121	654	961	3,638	4,332	7,202	10,327
시멘트	25	93	1,205	1,141	514	445	822
면포	5	8	-	-	-	-	-
청주和酒 기타	6	110	68	47	213	365	514
가마니繩叺	30	101	70	142	16	175	35
식료품	33	124	63	118	187	181	386
밤	117	126	83	55	5	-	96
콩	6	99	6	1	7	-	15
설탕	-	146	389	417	935	429	340
맥주	-	34	127	222	140	233	65
밀가루	-	-	1,763	1,861	2,120	2,297	1,024
기타	312	683	572	887	1,220	1,738	2,740

주요 화물 발착표(도착)

종별	1928	1929	1930	1931	1932	1933	1934
쌀	2,226	3,336	9,154	15,346	9,883	21,292	22,297
보리	2	54	220	114	42	705	139
야채	20	96	24	32	38	49	80
과일	102	117	135	167	105	143	145
숯(목탄)	5	-	-	50	-	3	-

목재	177	342	714	1,135	1,404	1,004	3,809
석재	3	8	8	2	–	75	–
소금	11	13	17	–	35	6	6
석유	–	30	6	1	–	35	5
선어	1	1	–	–	–	–	24
염장어	6	7	–	1	–	–	5
건어	5	12	7	9	27	4	7
해조	8	20	32	12	9	5	4
지류	10	15	14	19	–	–	1
금속류	11	73	3	8	4	10	59
금속기류	78	108	44	20	12	–	–
비료	225	40	40	55	612	468	214
시멘트	–	–	395	155	185	122	–
면포	163	196	–	–	–	–	–
도기류	33	76	12	36	52	26	6
청주和酒 기타	80	299	177	127	389	93	16
연초	179	96	173	184	203	268	149
가마니	307	465	117	334	184	62	203
식료품	23	86	5	5	62	60	152
밤	109	122	21	25	130	145	990
콩	541	191	1,342	2,368	4,377	1,729	2,209
설탕	–	2	72	2	14	52	112
맥주	–	8	8	3	–	1	26
밀가루	–	–	–	–	–	30	–
나락籾	–	–	–	–	–	–	505
기타	765	825	957	885	1,122	1,156	1,402

나. 자동차 교통

포항을 중심으로 하는 자동차 교통은 선각자 오쓰카 쇼지로에 의해 1914년 10월 하순부터 시작되었다. 당시에는 자동차가 어떤 것인지 아는 사람도 많지 않아서 운전 신청 인가서가 도청에 도달했을 때는 '말보다 빠르다' '아니 기차보다 빠르다'는 등 지금 들으면 어처구니없는 이야기꽃을 피웠다는 우스운 이야기가 전해지고 있다. 그 정도로 일반적인 인식이 없던 시대에 오쓰카는 이 자동차 사업에 착안하여 먼저 한 대로 대구-포항 간 1일 1회 왕복하는 영업을 시작했다. '경북1'이라는 번호가 지금은 경북도청의 자동차에 붙여져 있으나, 이것은 오쓰카 쇼지로가 소유한 자동차에 붙여진 경북 최초의 자동차번호로서 그야말로 경북도 자동차 교통의 효시다.[6]

그리고 1915년에 추가로 한 대를 늘린 이후로도 계속 증차하여 대구-포항 간의 유일한 교통기관으로 운행하다가, 1919년경 나카타니 다케사부로·오가미 도메조·후쿠시마 이헤이 3명이 미쓰토모三友 자동차부를 개설하여 포항-영덕 간 운행을 시작했다. 그러나 성과 부진으로 적자가 계속되어 미래가 비관적이던 중 1920년 11월 문명기文明 琦, 한규열韓圭悅 두 명이 경영하는 한문양행韓文洋行이 창립되자 포항-영덕선은 양자 간의 치열한 경쟁노선이 되어버렸다. 양자 모두 도산의 위기에 처하자 한문양행은 미쓰토모 자동차를 매입하여 1개 노선으

6 포항지역학연구회의 향토사학자 이상준 선생이 제공한 사료에 따르면 당시의 교통상황과 관련하여 다음과 같은 내용이 담겨 있다. "당 청 관내에서 현재 시점의 교통기관의 상황은 경주에서 대구와 포항 간은 자동차, 마차, 그리고 울산군과 안강 간에는 마차로 통하며, 자동차는 대구군으로 3시간 정도, 포항 간에는 2시간 반 정도 요함(모두 1일 오전 오후 1회 왕복이나 관용은 부정기임). 마차는 대구 간에 12시간, 포항 간에 5시간, 울산 간에 6시간, 안강 간에 4시간 정도 요함. 앞의 대구 간 외에는 당 경주로부터 인력거도 통행하며 포항과 안강 등에는 인력거 설비가 없고 울릉도 간은 포항에서 1개월에 4회 내지 5회의 기선이 있음."(「대구지방법원 경주지청 기밀사항에 관한 기록」, 검사사무, 1916. 1~1917. 12)

로 했으나, 당시 부품이나 휘발유 가격의 급등으로 사업이 생각만큼 진전되지 않아 한문양행의 경영은 상당한 어려움을 겪었다. 다행히 문화의 진보에 따라 교통량이 증가하면서 한문양행은 해마다 발전했다. 1922년 가을에는 손홍조孫弘祖가 경영하던 대구-경주선을 사들인 뒤 노선을 포항까지 연장했고, 1923년 4월에는 오쓰카가 경영하던 오쓰카 자동차를 매입 합병함으로써 드디어 동해안의 자동차 교통을 통제하게 되었으며, 조직을 개편하여 한문양행 자동차주식회사를 창립하기에 이르렀다. 한문양행 자동차주식회사는 포항에 본사를 두고(지금의 교에이共榮 영업소) 전문적인 자동차 교통업에 나섰는데, 사장은 문명기, 전무이사는 아오키 가쓰青木勝, 상무는 우에다 요시오上田義雄, 마에다 구마지로前田熊治郎 등이 취임했다. 사업은 해가 갈수록 번창하여 1924년 6월경 영덕에 본사를 둔 동해산업주식회사를 자매회사로 세워 포항을 중심으로 한 영덕-구룡포 간 자동차 운행을 시작했다. 이어서 영덕에서 나가다 고즈치永田甲槌가 경영하는 영덕-영양선을 매입하고, 다음 해인 1925년 2월에는 축산에서 김정한金禎漢이 경영하는 영덕-영해선을 매입하여 이윽고 포항을 중심으로 한 자동차 노선의 확장이 완성되었다. 그리고 1928년 7월 19일 한문양행, 동해산업주식회사가 합병하여 자본금 40만 원의 교에이共榮 자동차주식회사를 조직, 대구로 본사를 이전하고 기존의 한문양행 주식회사 건물은 영업소로서 오늘에 이르고 있다. 현재 포항의 자동차 교통은 교에이 외에 야마자키山崎 자동차가 있으며, 사통팔달로 개통되어 안동-포항 간 자동차 운행도 내년까지 기다릴 필요가 없을 것으로 보고 있다. 포항을 중심으로 하는 교에이 자동차 노선은 다음과 같다.

포항-대구 간: 7회 왕복, 포항-영덕 간: 5회 왕복, 포항-안동 간: 2회 왕

*1929년 당시의 야마자키 자동차부[7]

복, 포항-평해 간: 1회 왕복, 포항-기계 간: 1회 왕복, 포항-안강 간: 4회 왕복, 포항-대보 간: 2회 왕복, 포항-양포 간: 2회 왕복, 포항-보경사 간: 2회 왕복, 포항-구룡포 간: 5회 왕복

다. 해운

초창기에 조선 북부에서 운송되는 명태明太魚로 인해 포항에는 많은 범선이 드나들었으나 무역항으로 인식되지 않은 탓에 한국 정부 소유의 융성호隆盛號는 연 5, 6회 정도 입항할 뿐이었다. 메이지 시대 (1868~1912)에서 다이쇼 시대(1912~1926)로 넘어가는 사이에 일본과 조선 간 교통이 빈번해지면서 오사카-청진 간에 뱃길이 열렸으나 포

---

7 간판 양쪽에 적힌 행선지(흥해·신광행, 칠포·연일행)는 당시의 영업 구역을 나타낸다. 1914년 경북 지역 최초의 자동차 번호가 '경북1'인 점을 고려할 때 사진 속의 차번호가 1328, 1176번인 것을 보면 자동차가 급증했음을 알 수 있다.

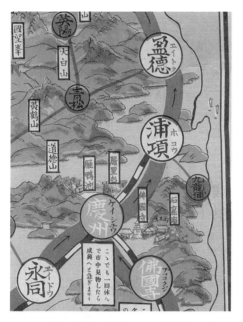

*1934년 조선의 자동차도로 중 포항 지역 도로망

共榮自動車株式會社　大邱府幸町一 電話５３１番

（大邱—盈德間）

大邱		前	8:00	盈德		後	1:50
〃		〃	10:00	〃		〃	3:50
〃		後	0:00	〃		〃	6:50
〃		〃	2:05	〃		〃	7:30
〃		〃	4:00	浦項		〃	7:05
浦項		前	8:00	盈德		前	10:20
〃		〃	10:00	〃		後	0:20
盈德		〃	8:00	大邱		後	1:35
〃		〃	10:00	〃		〃	3:35
〃		〃	11:40	〃		〃	5:35
〃		後	1:00	〃		〃	7:05
〃		〃	4:30	浦項		〃	6:05
〃		〃	2:40	〃		〃	5:00
浦項		前	8:00	大邱		前	11:05
〃		〃	8:05	〃		〃	11:00
永川		〃	8:00			〃	9:00

*1934년 대구-영덕 간 자동차 운행시각표

항은 이와 같은 이득을 얻지 못한 채 연안을 오가는 기선의 기항지에 그칠 뿐이었다. 1922년경 나카타니가 도 평의원회에 서일본과의 교역을 제안하면서 포항이 대상으로 구체화되었고, 도 평의회원과 유지들이 서일본을 시찰한 결과 양쪽의 의견이 일치되었다. 이에 따라 현縣과 경북도 당국의 보조를 받아 드디어 뱃길이 개통되었고, 나아가 조선우정국이 운영하는 울릉선, 오사카-웅기선이 포항에 기항하게 되면서 해운은 눈부시게 발달했다.

1934년도의 무역액은 500여만 원에 달하는데, 이러한 거액은 해운이 가져다준 복음으로서 해운의 앞날이 매우 양양하다. 2년간 포항항의 출입 선박을 비교하면 다음과 같다.

기·범선 입출항 2개년 비교표

입출	선종	1934		1933		증감	
		선박 수	선박 무게(톤)	선박 수	선박 무게(톤)	선박 수	선박 무게(톤)
입항	기선	273	207,050	272	202,784	-	4,274
	범선	46	1,419	47	1,523	-1	-101
출항	기선	273	205,534	276	202,929	-3	2,606
	범선	51	1,326	85	1,321	-34	5
합계		642	415,337	680	408,556	-38	6,781

이 선박들의 정기항로를 나타내면 다음과 같다.

정기항로 일람표

항로	항해 횟수	사용 선박		회사
		선박 명	무게(톤)	
오사카-웅기선	월 4회	가이조海城호	1,519	오사카상선 (이후 다이쇼호)
		다이주하치오노第十八小野호	1,366	현現
		사키시마先島호	1,224	현現
		다이니시마우미第二島海호	1,288	현現
		진텐神天호	1,255	-
		다이쇼大昭호	1,519	현現
		라난羅南호	1,254	(조선우정국) 침몰
		하루카와春川호	971	현現
		사카에榮江호	1,160	현現
		신의주新義州호	708	현現
조선-홋카이도-다롄선	연 20회	덴카이天海호	3,200	시마타니 기선 현現
		아사우미朝海호	2,682	현現
		니혼카이日本海호	2,681	현現
		아카시明石호	3,167	현現
울릉도-포항-부산선	월 2회	다이도太東호	268	조선기선 현現

*주: '현現'은 현재 취항 중인 선박

　이외에 임시 기항하는 조선기선의 기·범선이 차지하는 물량이 상당해서 포항항의 해운 경기를 더해주고 있다. 정기 연안항로는 다음과 같다.

정기 연안항로선표

항로	항해 횟수	사용 선박		회사
		선박 명	무게(톤)	
부산- 원산선	월 8회	가가미조鏡城호	373	조선기선 (총독부 지정)
		쓰바메つばめ호	불명	
		쇼와昭和호	불명	

　해운에 의한 운수 상황은 무역 분야에서 자세히 설명하기로 하고, 교통운수에 대한 기록은 이쯤에서 마무리하겠다. 요컨대 포항항의 교통운수는 육지로는 동해중부선의 포항-대구 간 1일 왕복의 기차와 기동차汽動車가 있고, 비교적 수송상의 편리함이 많은 협궤가 있다. 한 번에 대량의 화물을 수송할 때는 임시열차의 증편도 수월하여 계절에 따라 비료나 청어 등을 수송할 때는 임시열차가 하루에 3~4회 운행하는 일도 드물지 않다. 또 최근 자동차와 트럭의 이용도 현저하여 포항-대구 또는 포항에서 구룡포·대보·양포·영덕·영해를 거쳐 강원도로 연결되어 있으며, 나아가 경주·감포·부산으로도 연결되는 등 그야말로 포항은 사통팔달의 요충지다. 조만간 안동-포항을 연결하는 안포도로 역시 개통될 예정인데, 이 도로가 뚫리면 경북 깊숙한 지역까지 진입할 수 있으므로 육지로 바다로 나아가는 포항의 약진은 팔목할 만하다. 이 운수 교통의 보조기관으로는 운송점과 회조점回漕店이 있다. 오후쿠大福六, 포항운수小, 마루가미丸神 등으로, 이들은 운수 교통기관과 밀접한 연락을 통해 유감스런 일이 없도록 만전을 도모하고 있다.

*포항역에서 청어를 출하하는 광경(『동아일보』, 1931. 2. 13)

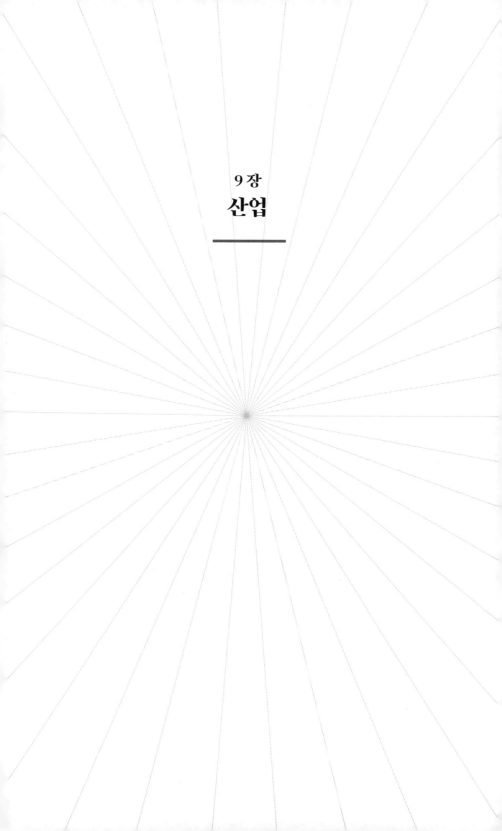

9장
산업

1. 수산업[1]

가. 개요

삼면이 바다로 둘러싸인 우리 조선의 해안선은 본토와 도서 지역을 포함하여 9330해리(1만7279,16킬로미터)에 이르며, 지세·기후·해류 등은 수산과 관련한 천혜의 자원이라 할 수 있다. 그럼에도 불구하고 예로부터 어업을 비천한 일로 여기는 풍조가 있었으며, 당국에서도 어업 행정漁政에 관심을 보이지 않았기 때문에 뜻밖에도 총독부의 시정 전까지는 그에 대한 기초를 거의 찾아볼 수 없었다.

병합 이래 당국은 수산업의 발전에 박차를 가하여 수산 관련 법규를 정비했다. 이렇듯 어업 행정의 기초를 다지고 주도면밀하게 어업 활동을 보호함으로써 우량 어선의 보급, 양식 가공의 지도 계발, 어항의 개선, 어업조합 설치 등 다양한 어업 분야의 향상과 발달에 매진했다. 그 결과 수산업은 비약적으로 발전하여 최근 어업가공 분야의 매출액은 1억2000만 원에 달하는 성황을 나타내고 있다. 총독부 시정

---

1 『포항지』 원문에는 제9장(산업)에 다른 산업 분야는 소개하지 않고 수산업만을 서술하고 있다. 그러나 같은 시기(1936. 4) 발행된 쓰지 스테조의 『경북대감』을 보면 당시 영일군 전역에 농업, 임업, 축산업, 제지업, 잠업 등 다양한 분야의 산업이 있었음을 알 수 있다. 『포항지』 저자들은 조선총독부를 배경으로 포항항 중심의 사업을 발전시킨 일본인의 개발 성공담을 홍보하고자 하는 목적이 강했음을 알 수 있다. 나중에 보완할 생각이었는지는 모르나, 농업 등 조선인 중심의 산업 분야는 제외했기 때문에 이 지면을 빌려 『경북대감』에 소개된 다른 산업 분야 내용을 보완했다.

청어잡이 광경

직후 942만 원이었던 데 비하면 약 12배의 증산[2]을 나타내어 현재는
완전히 과거와 다른 면모를 보이고 있다.

　한편 경북도의 수산업 상황은 앞서 서술한 조선 어업의 상황과 마
찬가지로 완전한 방임 상태였으므로 조선 시대의 어업 행정에 대해서
는 그다지 살펴볼 만한 것이 없다. 1907년경 일본인 어업자들이 이주
하여 어업 활동을 펼침으로써 점차 해안의 보고가 개척되었고, 이에
조선인도 자극을 받아 기술 개선에 나서고 관청의 지도 계발이 뒷받
침되어 비약적으로 발달을 이루었다. 1912년 어획물은 57만 원, 제조
및 가공품은 12만 원이었으나 최근의 어획물은 500만 원, 제조 및 가

2 총독부 시정 직후인 1912년의 물가지수를 100으로 할 때 1929년 경성부 권업계가 조
사한 생활필요품 가격은 1928년 기준 정미 173, 조선된장 258, 조선간장 312, 계란 279,
명태 365 등으로, 대체로 2~3배 물가가 올랐음을 알 수 있다.(『경성일보』, 1929. 12. 16) 이
를 고려할 때 수산 매출액의 12배 증산은 물량 기준으로 4~5배 정도였을 것으로 추정
된다.

공품은 120만 원을 돌파하는 성황을 이루었다.

50여 리(196.37킬로미터)에 달하는 경북도의 해안선 일대에서는 부락마다 물고기 잡이를 생업으로 삼고 있으니, 동부 해안 지방과 울릉도 주민에게 동해는 생명의 터전이다. 따라서 해양 항만의 경영이나 수산시설의 뛰어난 면이 많으며, 도내 13개 어업조합[3]의 업적은 실로 주목할 만한 곳이 적지 않다.

포항의 어업 구역은 영일만 내 11리(43.2킬로미터)에 걸쳐진 연안이다. 일본 본토에서나 다른 지역에서 많은 어업자가 이곳을 찾아들고 있지만 경북도 수산물의 3분의 1은 우리 포항에서 수확하고 있는 상황이다. 게다가 가공 및 제조 기술이 발달하고 자본력에 의한 공장 설비와 항만 건설에 힘입어 포항의 발전은 동해안에서 타의 추종을 불허한다.

영일만에 분포하는 수자원은 실로 광범위하여 약 70종을 헤아리지만 그중 어류는 50종, 조개류는 6종, 해조류는 6종, 어수漁獸 및 기타 10종에 이르며 그중 고등어鯖(사바), 청어鰊(니싱), 정어리鰮(이와시), 대구鱈(다라), 갈치太刀魚(다치우오), 가자미鰈(가레이), 도미鯛(타이), 삼치鰆(사와라), 방어鰤(부리), 넙치鮃(히라메), 전복鰒(아와비), 새우蝦(에비), 왕게鱈場蟹(다라바가니), 대게楚蟹(즈와이카니), 상어鱶(후카), 미역若布(와카메), 돌김岩海苔(이와노리) 등이 주된 것이다. 게다가 영일만 앞바다의 고등어 회유 밀도는 조선을 통틀어 가장 높다고 알려져 있고, 영일만 안쪽에

---

3 1933년 10월 12일 청하어업조합(다른 기사에 따르면 당시 청하어업조합원은 400여 명에 이르렀음)에서 청어 정치어장에 대한 입찰을 실시했는데 총 8건의 면허 어장에 대한 낙찰가격은 최저 150원, 최고 968원에 이루어졌다. 아울러 10월 19일에는 영일어업조합의 입찰, 22일은 송라어업조합의 입찰, 23일은 곡강어업조합에서 입찰이 있다고 소개하고 있다.(『동아일보』, 1933. 10. 18) 그만큼 당시 청어 등을 비롯한 영일만 전 구역의 어업조합은 활동이 왕성했던 것으로 보인다.

서는 조선에서 유통되는 청어의 70퍼센트를 점유한다고 하므로 경탄할 만하다.

나. 어업자와 선박

포항을 중심으로 영일만의 어업부락은 22개로서 호수 1020호, 인구 5100명에 이른다.

포항읍浦項邑: 두호동斗湖洞, 학산동鶴山洞, 포항동浦項洞

흥해면興海面: 용한동龍汗洞,[4] 우목동牛目洞, 죽천동竹川洞

형산면兄山面: 여남동汝南洞, 환호동環湖洞

대송면大松面: 송정동松亭洞, 송내동松內洞, 동촌동東村洞

오천면烏川面: 청림동靑林洞, 일월동日月洞

동해면東海面: 도구동都邱洞, 약전동藥田洞,[5] 임곡동林谷洞, 입암동立岩洞, 마산동馬山洞, 흥곶동興串洞, 발산동發山洞, 대동배동大冬背洞, 구만동九萬洞

이상은 영일어업조합 구역에 속해 있는 어촌이며, 그 주민은 포항항의 수산업자로 불린다. 이들 수산업자가 사용하는 어선은 조선형에서 일본형으로 바뀌었고, 최근에는 발동기선으로 발달 중인데 최근 5개년 동안의 선형船形의 변화를 나타내면 다음과 같다.

선형별	1930	1931	1932	1933	1934
발동선	25	40	44	43	51
발동선 운반선	20	21	24	28	32

---

4 원문에는 용간동龍干洞로 나오나 용한동龍汗洞의 오기로 보아 바로잡았다.
5 원문에는 낙전동樂田洞로 나오나 약전동藥田洞의 오기로 보아 바로잡았다.

일본형 범선	514	579	652	712	788
운반범선	60	70	90	120	82
조선형 범선	80	40	30	20	20

다. 어업의 종류

영일만에서 어업의 종류는 약 20종을 넘지 않는데 그중 주된 것은 장시[6]휘라망杖矢揮羅網, 자망刺網[7], 한줄낚시一本釣 등이었으나, 1904년 통어通漁조약이 재체결되어 일본인 통어자와 이주자의 발길이 이어졌다. 이후 통감부가 설치된 후로는 일본인 어업자의 수가 더욱 늘어나 어구 및 어로법이 빠르게 발전했다. 1910년대에는 전망縛網[8], 건착망巾着網,[9] 대부망大敷網,[10] 팔각망八角網, 각망角網, 호망壺網,[11] 지예망地曳網,[12] 유망流網 등 일본식 어업을 경영하는 자가 많아졌다. 조선인 어업자들도 이에 감화되거나 자극되어 점차 일본식 어업으로 전환했으며 당국도 이의 계몽에 적극 나선 결과, 유치한 조선식 어업은 1920년대 중반에 완전히 자취를 감추었다. 특히 기존에 청어 잡이에 사용되던 장시휘라망은 1917년경 찾아볼 수 없게 되고 낙망落網이나 표망飄網[13]이 선보이면서 범선 전망과 건착망 어업은 발동기선 건착망으로

---

6 장시杖矢(별칭 장살)란 말뚝으로 그물을 고정시키는 재래식 정치망이다. 줄시筀矢와 마찬가지로 경상남도 연안 일대에서 대구 또는 청어를 잡기 위해 설치했다. 어민들은 과거 이를 '장살'이라고 불렀는데 한자로 쓸 때는 '살'을 '시矢'로 표기한 것이다. 일본의 대부망大敷網이 보급되면서부터는 차츰 사용하지 않게 되었다. 휘라망揮羅網은 '후릿그물'이라고도 하는데, 장시와 같은 의미다.

7 자망刺網, gill net이란 잡으려는 고기의 몸통보다 그물코를 작게 만든 그물을 고기가 다니는 길목에 쳐서 고기가 그물코에 꽂히게 하는 방식으로, '걸그물'이라고도 한다.

8 전망縛網의 확실한 어법은 알 수 없으나 권망卷網의 다른 이름이 아닐까 추정된다. 정어리나 고등어와 같이 대규모 군집성을 지닌 어군을 빠르게 감싸 포획하기 위한 1개의 장방형의 그물로 길이 1000미터 깊이 150미터 이상의 것도 있다. 그물은 단순한 장방형 구조인데, 건착망 등의 어법이 가세하면서 보자기처럼 양 끝에 날개를 붙인 것도 만들어졌다.

변화되었다. 나아가 기존의 유망도 기선 유망으로 바뀌며 기선 저예망 어업이 생겨나 어업의 방법은 획기적인 진전을 보게 되었다. 그러나 이 비약적인 어로 기법의 발달은 어장을 황폐하게 만들기도 했고, 특히 저예망의 확대는 영세한 일반 어업자에게 위협을 주어 분쟁의 우려를 낳기도 했다. 이에 따라 영일만과 연안 각지에서는 저예망 어선을 20척으로 제한함으로써 어족의 번식을 보호하고 있다.

• 청어 어업

영일만의 청어 어업은 앞서 말한 바와 같이 조선 최고로 치는데 어획량이 매년 150만 원 이하로 떨어진 적이 없다. 예로부터 청어는 조선인이 특히 좋아하는 해산물로서 일반적으로 귀하게 취급되었다. 특히 이것 없이는 정월 설날을 맞이할 수 없다고까지 이야기하고 있다. 따라서 청어 어업이 풍어인지 아닌지는 어가漁家의 경제에 매우 중요한 부분임은 말할 것도 없다. 그만큼 청어 어업은 조선인도 매우 진보된 방법을 이용하고 있었다. 즉 장시杖矢라 부르는 정치망 어업[14]이다. 그런데 일본인이 포항에 들어오면서부터 어로 방식이 빠르게 진보하자 조

---

9 건착망巾着網, purse seine이란 두릿그물旋網에 속하는 어망으로, 주로 남해안의 정어리·전갱이·고등어를 잡을 때나 원양어업에서 가다랑어나 다랑어 등을 잡을 때 사용한다. 일반적으로 두 척의 배가 긴 그물로 고기떼를 둘러싼 뒤 마치 돈주머니의 입을 졸라매듯이 그물의 죔줄을 잡아당기는 방식이다.

10 대부망大敷網, tri-angular set net이란 정치망 어구 중 가장 원시적인 어구로, 통그물의 모양이 삼각형에 가까운데 한쪽 면 전체가 입구로 되어 있다. 물고기들이 들어오기도 쉽지만 그만큼 쉽게 빠져나가는 단점 때문에 지금은 거의 사용하지 않고 있다.

11 호망壺網, pound net이란 정치망을 설치하기 힘든 조류가 강한 곳이나 수질이 탁한 만내에 치는 어구다.

12 지예망地曳網(地引網)이란 '휘라망'의 일본식 명칭이다. 온지예망艦地曳網과 대지예망으로 나뉘는데, 후자는 우리말로 멸치휘리그물이라 한다.(『한국수산지韓國水産誌』, 1908 참조)

13 표망瓢網, fly net, jumper net, trap net이란 대부망과 비슷한 정치망의 한 종류다.

청어 어획물

선의 독특한 자랑이던 장시도 1910년대부터 사라지고 말았다. 그 후 하마다 이와가 영일만 내 동해면에서 표망 어업으로 매년 꽤 높은 성과를 올린 데 자극받아 청어 어업도 표망 방식으로 바뀌었다. 한편 호망은 낙망으로 바뀌면서 1926년경 이후 호망 어업이 자취를 감춘 현재, 경북도 청어 어업을 대표하는 방식은 낙망과 표망 어업이다. 또 예로부터 청어 어업은 자망업자의 독점으로 허가되어 있는데, 일본인 어업자가 가스사망瓦斯糸網 또는 면사망綿糸網을 사용하여 큰 생산량을

14 정치망定置網, set net이란 두 가지 의미가 있다. 하나는, 자루 모양의 그물에 테와 깔때기 장치를 한 어구를 고기떼가 지나다니는 길에 설치하여 물고기들이 들어가기는 쉽지만 빠져나오기 어렵게 만든 어구를 뜻한다. 다른 하나는, 잠망䇳網 및 장망張網 함정어법을 쓰는 어구를 뜻하는데, 보통은 유도 함정어법을 쓰는 것을 뜻한다. 일정한 장소에 일정 기간 어구를 설치해두는 방식으로, 보통 연안의 얕은 곳에서 단번에 대량으로 어획하는 데 쓰인다.

거두자 견망絹網이 아니면 청어를 잡을 수 없다고 생각하던 조선인들도 지금은 청어 자망에 면사망을 사용하고 있다.

• 고등어 어업

일본의 입장에서 볼 때 조선은 최고의 고등어 어장을 지닌 곳이다. 특히 영일만 일대는 반도半島의 고등어 어장 가운데 가장 중요한 곳으로, 해당 업자들에게 매우 중시되고 있다. 가을철에는 고등어군이 농밀한데다 물고기 크기도 대형이고 기름기가 많아서 맛이 좋은 특징을 지니는데 다른 어장에서는 이러한 고등어를 볼 수 없다. 따라서 고등어의 어획은 경북도 수산품의 핵심이라 할 수 있다. 그 어법은 다음 몇 종류로 나뉘고 있다.

- 기선건착망 어업 1919년 전까지 모든 고등어 어업은 전망 어업으로 이루어지고 있었으나 반원을 이루는 단방향투망片手廻 기선건착망의 출현으로 선두배先艚를 둔 건착망으로 바뀌었다. 단순한 범선전망 어업은 완전히 사라졌고 1925년경부터는 선두배를 둔 건착망 역시 기선건착망으로 바뀌었다. 이어서 원을 이루는 양방향투망兩手廻 건착망이 생겨나 현재에 이르고 있다.
- 기선유망 어업 고등어 유망 어업은 일본인 통어자가 들여온 것이다. 맨 처음에는 가가와현과 오카야마현의 어업자들이 영일만을 중심으로 경북도 연안을 찾기 시작했다. 이후 포항과 양포가 동해안의 우량 어항으로 알려져 어선 출입이 빈번해지자 엄중한 관리가 이루어졌고, 그에 따라 일본 본토에서 찾아온 어업자 중 불량한 이들은 두 어항을 피해 구룡포와 감포를 근거지로 삼기 시작했다. 그런 이유에서라고는 할 수 없겠으나, 앞서 말한 두 현에

서 찾아든 통어자들은 대부분 감포와 구룡포에 근거지를 두었고 결국은 그곳에 영주하게 되었다. 당시 고등어 잡이는 범선유망 방식이었으나 이후 어구의 개선 발달로 인해 1920년대 중반에는 기선유망으로 바뀌어 현재는 모두 40마력 이상의 발동기를 어선에 달고 있다.

- 범선유망 어업 모두 조선인이 경영하는 것으로, 수량이나 성과 면에서 기선유망에 비교할 바가 못 된다. 머지않아 영일만에서 이 범선유망 활동은 찾아볼 수 없을 듯하다.
- 고등어 연승延繩 어업[15] 1925년부터 울릉도에서 사용해온 방식인데, 소자본으로 운영할 수 있어서 1927년부터 영일만 연안에 보급시킨 결과 상당한 성과를 보이고 있다. 고등어 어장은 앞바다 7해리 (12.96킬로미터) 또는 10해리(18.52킬로미터) 지점에 있기 때문에 범선보다는 발동기선이 편리하므로 앞으로는 발동기선으로 바뀔 것으로 보인다.

• 정어리 어업

정어리 어업은 어획물로 구분하면 멸치鯷鰮 어업과 정어리眞鰮 어업으로 나뉜다. 전자는 주로 지예망과 권현망捲現網[16]에 의한 것으로, 이 종류의 어업권은 연안의 사빈沙濱으로 제한되며 조업 횟수는 89건에 달하고 있다. 그리고 각 어장은 제조 설비를 갖추어 잡아온 즉시 전자煎子[17]로 제조되고 있지만, 포항 연안의 정어리 어업은 강구나 축산에

---

15 연승延繩 어업, long line fisheries이란 한 가닥의 기다란 줄에 일정한 간격으로 가짓줄을 내어 그 끝에 낚싯바늘을 매단 어구를 사용하는 어업이다. 주요 대상 어종은 장어, 복어, 도미, 볼락, 가자미 등이다.

정어리 깻묵鰛粕 제조 광경

비해 미미한 수준이다.

정어리 어업은 1923년 이래 꾸준히 어획량이 증가하면서 오늘에 이르고 있는데, 원래는 자망 방식을 사용했으나 최근에는 기선건착망으로 잡는 경우도 있다. 잡는 시기는 5~8월까지 3개월이며 어획물 대부분은 깻묵榨粕과 기름의 원료로 사용되며 최근에는 토마토사르딘 tomato sardine[18] 원료로 많은 양이 공급되고 있다. 다만 포항 영일만의

---

16 권현망捲現網이란 우리나라 남해 연안의 대표적인 어업으로 주로 멸치 잡이에 쓰인다. 권현망의 구조는 400여 미터의 앞날개 부분과 30여미터의 안날개 및 여자망 그물로 만든 자루그물로 구성되어 있다.('농업용어사전', 농촌진흥청 참조)

17 전자煎子(젠코)란 멸치를 뜻하는 일본말이지만, 여기에서는 문맥상 정어리를 스팀으로 쪄서 말린 건조물을 지칭하는 것으로 보인다.

18 토마토사르딘tomato sardine이란 정어리 살과 뼈를 다듬어 찐 것에 토마토를 섞어 만든 것.

정어리는 이 원료에 부적합하다고 하므로 앞으로 영일만 정어리의 토마토사르딘 활용에 관한 연구가 필요할 것으로 보인다.

• 대구 어업

영일만을 중심으로 한 모든 연안은 대구가 회유하는 곳이다. 크기가 크고 맛이 좋으며 품질이 좋아서 영일 대구라고 하면 각지에서 인기가 있을 뿐만 아니라 어획량으로도 3위를 차지하기 때문에 대구 잡이는 이곳의 주요한 어업이다. 여기에 사용되는 어구는 기선저예망, 연승과 낙망 등이지만 그중 기선저예망이 가장 탁월한 성과를 얻고 있다. 그러나 저예망은 어장을 망칠 우려가 있어 허가 횟수를 20척으로 제한하며, 기선의 크기도 25톤 80마력을 상한으로 하고 있다. 또한 조업 구역도 한정하여 남획을 방지하는 데 노력하고 있다. 대구 연승어업은 주로 조선인 어업자들이 담당하는데 겨울철의 청어 어업에 비할 만한 어업이다. 낙망, 표망 방식은 원래 청어 잡이에 주로 사용되는데, 영일만 연안의 대구 잡이가 12월부터 다음 해 4월까지 이어지면서 청어 시기와 겹치므로 낙망, 표망 방식으로 청어와 대구를 함께 어획하고 있다. 이에 따라 그 어획량이 상당해서 경북도의 어획량은 약 48만 톤에 달한다.

• 넙치·가자미 어업

넙치와 가자미는 영일만의 우수 어업이다. 대부망, 저호망, 기선수조망手繰網, 범선 수조망, 한줄낚시로 잡는다.

• 갈치 어업

갈치 어업 역시 이곳에서 중시되는 분야다. 특히 최근 갈치의 수요

가 늘고 있어 당국에서도 갈치 잡이와 가공 개선에 힘쓰고 있다. 주로
대부망, 연승, 한줄낚시 등으로 잡는다.

경북도 최근 13년간 어획량

구분 연도	일본인			조선인			계		
	어선 수	승조 인원	어획량	어선 수	승조 인원	어획량	어선 수	승조 인원	어획량
1922	316	11,091	3,639,409	341	13,845	1,839,526	667	24,936	5,478,935
1923	349	11,033	4,312,733	373	14,588	1,967,617	722	25,621	6,289,350
1924	326	10,200	3,687,331	349	15,415	1,676,084	965	25,615	5,363,415
1925	342	11,422	3,421,179	374	16,700	1,602,525	716	28,123	5,023,704
1926	364	10,778	3,306,289	438	17,134	1,745,936	802	27,912	5,052,225
1927	318	10,826	4,489,984	362	18,316	1,689,943	680	29,142	6,179,927
1928	329	11,764	5,245,369	359	20,652	1,950,470	688	32,416	7,195,839
1929	336	10,788	4,778,540	346	20,223	2,500,254	682	31,011	7,278,794
1930	335	11,283	4,054,446	369	21,203	1,959,958	704	32,486	6,014,404
1931	386	11,823	3,590,519	578	22,815	1,541,561	965	34,638	5,132,080
1932	370	10,363	3,527,482	440	22,804	1,576,428	810	33,167	5,103,910
1933	371	10,101	3,739,135	525	29,204	1,968,131	895	39,305	5,707,273

포항항의 어업별 어획량(1934)

구분 (어업별)	일본인			조선인			계		
	어선 수	승조 인원	어획량	어선 수	승조 인원	어획량	어선 수	승조 인원	어획량
대모망 大謀網	46	360	230,920	15	120	88,425	61	480	319,345
낙망	177	1200	257,995	206	1440	205,520	383	2640	463,515
호망	10	15	3,000	110	230	7,972	120	235	10,972
지예망	8	56	4,500	16	120	4,670	22	176	9,170

고등어 건착망	12	130	110,000	–	–	–	12	130	110,000
항망 桁網	22	33	19,800	30	45	22,550	52	76	42,350
정어리 건착망	8	95	110,000	–	–	–	8	95	110,000
기선 저예망	9	72	263,977	–	–	–	9	72	263,977
범선 수조망	4	8	940	89	288	220,483	93	296	21,423
고등어 연승	7	21	7,599	불명	480	22,752	불명	501	30,351
청어 자망	4	8	1,016	330	1320	22,752	334	1316	115,222
잠수기	14	42	24,180	3	15	5,935	18	57	41,400
권현망	4	31	1,642	–	–	–	4	31	242,363
정어리 유망	–	–	–	71	350	22,731	71	350	51,935
기타 29종	–	78	29,350	–	5533	125,492	–	5610	34,505
계	325	2107	1,040,739	870	7744	640,540	1195	9851	1,681,279

포항항의 종류별 어획량(1934)

종별	일본인		조선인		합계	
	수량	가격	수량	가격	수량	가격
도미	3,488	1,350	5,646	1,850	9,134	3,200
정어리	1,638,875	119,500	1,105,903	125,969	2,944,778	155,469
청어	6,525	261,000	4,953	198,122	11,478	459,122
갈치	2,300,000	92,000	1,511,750	60,740	3,811,750	152,470
대구	2,393,147	167,520	1,565,171	100,562	3,958,318	268,080
고등어	1,967,533	117,062	374,800	22,788	2,332,333	140,250

방어	304,673	64,000	817,619	17,700	1,122,380	18,700
삼치	99,999	35,000	46,230	16,183	146,226	51,183
가자미	286,250	22,900	231,230	18,500	517,500	41,400
잡어	601,818	140,607	431,678	101,756	1,033,505	242,363
어패류	396,000	19,800	535,977	32,135	931,977	51,935
해조류	-	-	1,428,929	34,500	1,428,929	34,505
합계	10,188,396	1,040,739	8,059,236	640,540	18,247,632	1,681,278

1914년도의 어획량 기록에 따르면 청어鯡 4만5000원, 대구鱈 5000원, 연어鮭 1300원, 고등어鯖 550원, 삼치鰆 600원, 정어리鰮 800원, 장어鰻 200원, 잡어 400원, 미역若布 30원, 합계 5만1680원이라 되어 있다. 이 기록은 포항면 당시에 기재한 통계표로서 충분히 신뢰하기는 어려우나 지금과 비교하면 실로 격세지감이다.

라. 수산 제조가공업

수산 가공은 일본인 어업자가 이주한 이후 발달한 것이라 해도 틀린 말이 아니다. 1912년의 경북도 수산 가공품 기록에 따르면 제조 금액이 12만 원이며, 1933년에는 무려 156만3495원으로 13배 넘는 규모를 보인다. 포항의 수산 제조품도 당시에는 미미하여 찌거나 염장하는 수준에 불과했으나 1934년에는 13종 98만2618원이라는 거액을 이루었다. 이것을 표로 보면 다음과 같다.

유형별 수산 가공품

종류	단위	수량	가격	종류	단위	수량	가격
부시節[19]	kg	165	975	소건素乾품[20]	매	612,500	300
염장	kg	2,139,670	362,508	사쿠라보시櫻干[21]	kg	62,841	67,245
자건煮乾품[22]	kg	1,190,925	176,204	비료	kg	783,244	158,820
통조림罐詰	상자	424	4,929	기름과 왁스 油蠟	–	736,500	55,740
병조림壜詰	개	1,946	1,469	공예품	–	223,190	26,504
가스쓰케 粕漬[23]	준樽	235	217	기타	–	13,500	3,330
젓갈鹽辛	kg	256,979	11,282	합 계			982,618

• 염장품

경북도의 수산물 가운데 염장하는 것으로는 고등어와 청어가 중심을 이룬다. 이 어종을 가장 많이 수확하는 어항은 울릉도, 강구, 감포, 구룡포로서 아직 포항의 염장품은 이에 못 미치고 있다. 그러나 1934년의 염장품 표에서 보듯이 36만2000여 원[24]에 달하고 있어 크게 발전할 전망이다.

---

19 부시節란 생선을 훈연 건조시킨 뒤 대패로 밀어 국물용으로 사용하는 가공품으로, 가쓰오부시(다랑어부시)가 대표적이다.
20 소건素乾이란 멸치 등을 햇볕에 말리는 방식.
21 사쿠라보시櫻干란 생선을 말려서 조미한 어포.
22 자건煮乾이란 멸치 등을 삶아서 말리는 방식.
23 가스쓰케粕漬란 대구어의 살을 발라내어 가미하지 않은 채 술찌꺼기 등에 절여 숙성시킨 제품으로, 지금도 일본 홋카이도에서는 전통식품으로 판매하고 있다.
24 원문에는 17만6000여 원으로 되어 있으나 '유형별 수산 가공품' 표에 따르면 이 액수는 자건품 생산액이다. 염장품은 36만2000여 원으로 집계되어 있으므로 본문 내용을 바로잡았다.

• 신흠 청어身欠鍊[25]

청어는 조선인의 기호품으로 어획물의 대부분은 염장하여 각 지역으로 보내고 있지만, 최근에는 홋카이도의 방식으로 가공한 신흠 청어의 판로를 개척하여 여러 지역에서 대단한 인기를 얻고 있다. 경북도의 생산지로는 우리 포항항을 비롯하여 영덕과 강구에 11개의 공장이 있는데, 작년(1934)부터 포항에 신흠청어조합이 조성되어 질을 높인 새로운 맛을 제조할 수 있게 되었다. 이 가공품은 1923년경 일본인이 고안한 것으로, 처음에는 홋카이도의 가공품을 모방하다가 이후 몸통을 두 조각으로 나누어 품질을 개선했다. 공장은 1931년까지만 해도 두세 명의 일본인이 운영했으나 1932년에 어업조합연합회가 청어의 위탁판매소를 포항에 설치하고 경북수산회사에 대행하도록 했다. 그 결과 이전까지는 인근에서 잡은 선어 상태의 청어를 부산으로 수송했으나 최근에는 거의 전량 포항으로 집중되고 있으며, 강원도 지역에서 잡힌 청어도 포항항으로 들어오고 있다. 이렇듯 신흠 청어의 제조가

*지금도 일본에서 판매되고 있는 신흠 청어

25 신흠 청어란 머리를 자르고 몸통을 절반으로 갈라 내장을 제거한 후 염장 조미하여 말린 것이다. 당시 『동아일보』 기사에서는 '미가키 청어みがきにしん'와 '신흠 청어'를 혼용하고 있다.

점점 늘어나면서 1933년에는 생산액이 17만여 원에 이르렀다. 초기에는 시작한 지 얼마 안 되고 거래처가 확실치 않아서 업자 간에 먼저 판매하려는 경쟁이 극심했고 소비 지역의 업자들에게 휘둘리는 등 불리한 상황도 있었으나, 조합이 조직된 이후로는 이러한 폐해가 사라져 신흥 청어의 앞날이 밝다.

• 멸치煎子

멸치 제조는 경북도의 연안 각지에서 운영되고 있으며, 공장은 영덕군에 15개, 영일군에 39개, 경주군에 12개가 있다. 멸치의 품질도 매우 우수해서 현지에서 소비하는 것 외에는 대부분 부산을 통해 일본 본토 시장으로 보내졌으나, 최근에는 어업조합이 자금을 대고 판매처도 제공하여 조선 전역 및 만주까지 진출하고 있다.

• 대구포開鱈

대구의 가공품은 현재로서는 대구포(히라키타라)뿐이지만 작년 (1933)부터 가스쓰케로 판매하여 상당한 실적을 올리고 있다. 본래 대구포는 담백하고 보존에 강한 대구 육질의 특질을 활용한 원시적 가공이라 할 만한 것으로, 이 정도 수준에 만족할 일이 아니다. 이에 따라 현재 시험장이나 어업조합에서 이를 연구하고 있으나 제품 판매까지는 이어지지 못하고 있다. 장차 대구포는 소보로ソボロ[26] 또는 기타 가공용으로 기대되고 있다. 그리고 대구알鱈子(다라코)은 현재 청진에 대구알조합을 두고 오사카로 많이 수송되고 있으나 조선에서는 아직

---

26 소보로ソボロ란 소고기·돼지고기·닭고기 등의 육류를 분쇄하거나 새우·생선 등을 데쳐서 풀어 밥이나 다른 요리에 얹어 먹거나 초밥이나 다른 요리의 재료로 사용하는 식재료를 말한다.

가공품으로 판매되지 못하고 있다. 그러나 명란젓이 많이 소비되고 있다는 사실에 비추어보면 대구알도 지금 상태에 머물 일은 아니다. 또한 기름의 원료로 많이 쓰이는 대구 간肝도 머지않아 소비량이 많아질 것으로 논의되고 있다.

• 기타 가공품

기타 고등어 부시鯖節[27], 스루메鯣,[28] 정어리기름鰮油肥,[29] 통조림류, 사쿠라보시 류가 있다. 그중 사쿠라보시는 대부분 포항항이 독점하고 있으며, 공장도 5개나 되어 생산액이 갈수록 늘어나고 있다. 가공품은 조선과 오사카, 고베 등지로 수출되어 좋은 평가를 받고 있다.

마. 양식업

포항에서 양식업으로 특별히 살펴볼 만한 것은 없다. 과거 나카타니가 어업조합장을 맡던 시대에 피조개赤貝와 대합조개蛤를 영일만에 뿌려 번식을 시도한 적이 있으나 이후로는 이런 방법은 쓰지 않고 있다. 1917년 영일어업조합이 대송면의 해안 근처에서 치어를 양식하기 위해 면허를 받아 시도했으나 이윤 내기가 쉽지 않아 성과를 얻지 못한 채 면허 권리를 포기했다. 그리고 1923년부터는 돌김岩海苔 양식을 시도했는데 품질이 우수한 결과를 낳았다. 이에 총독부에서도 어촌의

---

27 부시鯖節란 가쓰오부시처럼 훈연 건조시킨 것을 대패로 밀어 국물용으로 이용하는 가공품이다.
28 스루메鯣란 오징어 내장을 제거한 후 일광 건조 또는 기계 건조시킨 1차 가공식품을 말한다.
29 정어리기름鰮油肥이란 정어리를 솥에 찐 뒤 고기를 건져 압축하여 살과 기름을 구분한 것으로, 정어리살 1등품은 식료품으로, 2등품 이하는 비료와 사료로 활용된다. 기름도 1등품은 튀김용 식용유, 화장품, 베틀기름, 기계기름 등으로 활용되고 2등품 이하는 세탁비누 원료나 화학 원료로 활용되었다.

이익을 끌어올리기 위해 보조금을 주고 바위에 시멘트를 도포하여 양식을 도모한 결과 지금은 중요한 어촌 부업으로 자리하고 있다.[30] 이외에 경북도의 양식 사업으로 영덕군 강구어업조합이 오십천五十川에서 연어의 인공 부화를 시행하고 있다. 매년 40만 마리의 치어를 방류하고 있기는 하나 현재로서는 그 성과가 불투명하다.

---

30 당시 신문 기사에 따르면, 영양이 풍부하기로 유명한 경북 돌김은 어가에서 소년이나 부녀자도 충분히 할 수 있는 최고의 부업으로 소개되고 있다. 당시의 연간 생산액은 6만여 원에 달하는데, 1935년도 경북도 산업과에서는 이에 대한 증식 10개년 계획으로 각 어업조합에 3600원씩 보조금을 배당했다고 한다. 돌김의 최대 생산시설은 송라에 있었고, 두 번째는 울릉도, 세 번째는 포항의 영일어업조합이었다.(『동아일보』, 1935. 8. 23)

어업조합	울릉도	영해	축산	강구	영덕	송라	청하	곡강	영일	구룡포	감포
보조금(원)	872	180	77	211	180	720	180	367	510	201	102
시설장(평)	1,453	300	128	391	300	12,000	300	611	850	337	170

2. 농업[31]

가. 농회農會

1926년 3월 18일 창설된 영일군 농회는 1933년 현재 회원 30만 10명, 1년 경비 7만682원에 이른다. 임원 9명, 직원 75명이 업무를 담당하고 있다.

나. 경지 면적

영일군의 논은 1만1234정 9반反,[32] 밭은 1만173정 1반, 합계 2만 1408정이며, 이밖에 토지대장 미등록의 논은 70정 2반, 밭은 90정 4반, 화전火田 46정 5반이 있다.

경지 면적의 자작自作, 소작小作 면적 현황은 다음과 같다.

읍면	자작 겸 소작농의 자작		자작 겸 소작농의 소작		자작농 (지주 포함)		소작농의 소작	
	논	밭	논	밭	논	밭	논	밭
합계	3,001.9	3,184.2	3,013.2	2,810.6	2,456.3	2,871.9	2,761.5	1,835.5

31 농업 분야는 『경북대감』의 내용을 토대로 보완했다. 글의 흐름에 따라 소제목 단위 (장·절·목)를 통합하고, 내용이 잘 연결되도록 문구를 추가 보완했음을 밝혀둔다.
32 1반反는 약 1000제곱미터, 즉 10아르에 해당한다. 과거 쌀 1석(성인 1년간 쌀 소비량)분 을 수확 가능한 면적을 1반이라고 불렀다.

다. 농업 호수, 주요 농산물 작황 반별과 수확량

영일군의 농업 호수는 2만2833호로, 그중 전업 2만1382호, 겸업 1451호다. 이를 국적별로 살펴보면 일본인 15호, 조선인 2만2780호, 외국인 2호다. 연도별로 살펴보면 1929년 2만3029호, 1930년 2만3037호, 1931년 2만4582호, 1932년 2만3794호, 1933년 2만2833호로, 점차 감소 경향을 나타내고 있다.

영일군의 농산물 종류는 주로 쌀, 보리, 콩류이며, 그 총계의 반별 작황과 수확량은 다음과 같다.

읍별	쌀		보리		콩류	
	반별 작황 (정)	수확량 (석)	반별 작황 (정)	수확량 (석)	반별 작황 (정)	수확량 (석)
합계	11,270.4	109,024	9,959.3	101,652	6,280.2	38,356

라. 기타 산업

• 잠업蠶業

영일군의 잠업은 당국의 장려 방침과 농가의 자각으로 인해 큰 진전을 이루어 1926년에 비해 4배 가까운 생산액을 나타내고 있다. 연도별 비교는 다음과 같다.

연도	뽕밭(반)	양잠 호수	누에판 제작 매수	고치 생산량
1926	229.4	2,078	2,403	915
1927	225.1	2,222	2,695	1,274
1928	295.9	2,635	3,250	1,579
1929	332.9	3,531	3,867	2,012
1930	373.4	4,199	4,550	2,518
1931	371.9	4,827	5,185	3,032

1932	342.9	4,660	5,052	2,904
1933	299.1	4,679	5,775	3,417

• 면작棉作

1933년 영일군의 면작 상황은 반별로 536정 8반, 작업자 수 3306명, 수확량 50만4923근이다. 1926년의 수치와 비교하면 작업자 수는 약 1.5배 늘었지만 반별 작황은 약 4배반, 수확량은 약 7배나 급증하여 경이로운 진보를 나타내고 있다. 연차별 비교는 다음 표와 같다.

연차	1반당 작황(정)	종사자 수(명)	수확량(근)	1반당 수확량(근)	판매 수량	판매액
1926	118.7	2,721	74,279	63	–	–
1927	170.9	2,573	115,172	67	4,257	729
1928	256.8	3,348	187,167	73	22,209	3,683
1929	321.7	3,388	193,225	60	30,421	4,280
1930	425.1	3,658	385,452	91	215,304	15,013
1931	593.3	3,642	434,178	73	254,876	11,797
1932	287.0	2,045	278,831	97	104,106	12,479
1933	536.8	3,306	504,923	94	212,148	25,567

• 제지製紙

닥나무껍질楮皮의 생산 상황은 다음과 같다.

연차	반별 작황(ℓ)	닥나무 수(그루)	수확량	판매액
1926	1,240	1,311,664	39,734	26,917
1927	1,560	1,403,477	42,150	30,256

1928	1,650	1,491,235	50,997	38,344
1929	1,900	1,738,951	51,165	33,434
1930	2,240	1,876,543	67,900	27,160
1931	2,370	1,989,429	72,550	21,065
1932	2,450	1,985,486	77,090	38,545
1933	2,547	2,075,500	78,040	40,955

조선지朝鮮紙 종류의 제지 상황은 다음과 같다.

연차	덩어리 수[33]	가격(원)	제조 호수(호)	통桶 수[34]	영업 인원(명)
1926	1,434	67,090	435	34	1,216
1927	1,376	66,905	411	35	535
1928	1,398	68,750	472	36	590
1929	1,426	62,560	472	36	608
1930	1,477	50,105	516	36	633
1931	1,505	37,685	553	40	637
1932	1,345	44,290	534	36	827
1933	1,364	44,190	537	36	848

• 축산

영일군의 1933년 가축 및 가금 수치는 다음과 같다.

33 닥나무껍질을 벗겨낸 뒤에 여러 단계를 거쳐 한지로 생산되기 전까지, 즉 섬유질만을 남긴 상태의 기초 원료 상태.
34 원료 덩어리의 상태에서 불순물을 제거하고 최종적으로 첨가물을 넣어 액상 상태인 한지를 한 장씩 판에 떠내는 작업을 하는 일종의 수조.

구분	종류	수량 (마리)	종류	수량	구분	종류	수량	종류	수량
소	수컷	9,847	암컷	3,937	돼지	수컷	855	암컷	473
말		338		320	닭		27,334		13,181
당나귀		1		3	오리		54		130
산양		219		87	칠면조		7		17

영일군의 1933년 축산물의 종류와 수량 및 단위별 가격은 다음과
같다.

종류	수량	가격(원)	종류	수량	가격(원)
쇠가죽	18,810kg	9,723	계란	1,023,354근	20,466
쇠고기	135,968kg	75,234	닭고기	19,218kg	14,553
쇠기름	3,374kg	925	벌꿀	2,500근	2,876
소뼈	46,945kg	1,332	밀랍	640근	470
돼지고기	7,285kg	3,093	양젖	285근	966
돼지기름	120kg	41	계		129,679

• **임업**

영일군의 임야 면적은 총 8만3442정(827.52km²)으로 세부 내역은
다음과 같다.

국유림 중 보존림要存林 66정(0.65km²), 국유림 중 방치림不要存林
603정(5.98km²), 합계 669정(6.63km²)

사유림(학교림) 88정(0.87km²), 사찰림 681정(6.75km²), 면유림 1만
107정(100.23km²), 민유림 7만1897정(713.03km²), 합계 8만2773정
(820.89km²)

1934년의 조림 면적은 430정(4.26km²)으로서 식재한 수량은 152만 2825그루로, 그 내역은 다음과 같다.

수종	식재 수량(그루)	수종	식재 수량(그루)
곰솔	544,000	사방오리나무	176,000
소나무	167,000	좀사방오리나무	11,000
밤	60,000	왕대	325
상수리	28,000	기타	30,500
산오리나무	506,000	계	1,522,825

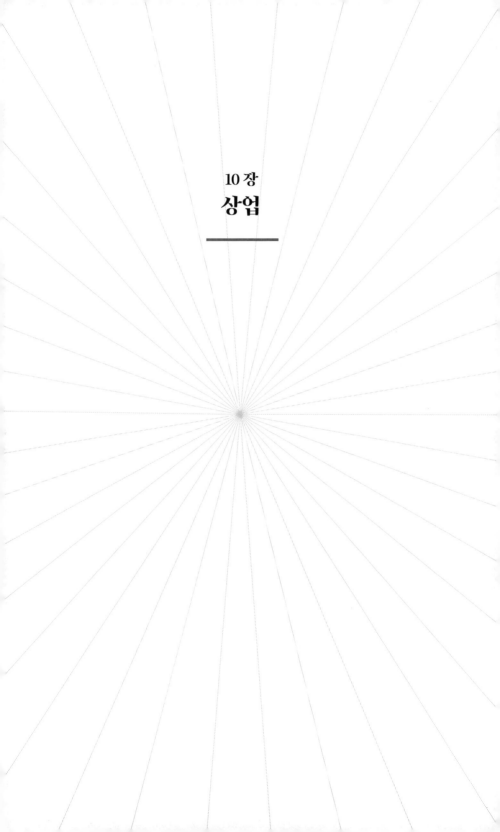

10 장
상업

1. 지금까지의 상황

상업은 원시 시대의 물물교환이 발달한 것이다. 신라·고려 시대는 알 수 없으나 조선 시대에 이르러 상거래는 대부분 시장에서 이루어지고 있는데, 지금으로부터 100여 년 전 조선 전국의 시장은 1052개로 현재의 시장 1300여 개보다 많았다.[1] 이러한 상황으로 볼 때 당시의 시장거래가 얼마나 성행했을지 짐작할 수 있다. 1901년 가을 일본인이 맨 처음 포항에 들어왔을 때의 상거래도 시장 거래에 지나지 않았는데, 당시 일본인 상인들은 조선 내륙에서 무제한 여행이 허용되지 않았기 때문에 내륙을 여행해야 할 경우에는 일일이 지방관으로부터 여권을 받아야 했다.

여권의 발급 절차도 복잡해서, 우선 꽤 신원이 확실한 보증인의 서

---

[1] 당시로부터 100여 년 전에 1052개였던 시장이 현재의 1300개보다 더 많았다는 표현은 모순이다. 원문의 '일천오십이'에서 100단위가 누락된 것이라면 과거 시장의 수치를 '1512'로 수정해야 맞지만, 이를 뒷받침할 만한 자료를 찾을 수 없어 『포항지』 원문의 오류를 그대로 옮겨놓았다. 참고로 1924년 11월, 조선총독부 서무부 조사과에서 당시 조선에 관한 여러 저서를 집필했는데 젠쇼 에이스케善生永助의 『조선의 시장』에 따르면, 조선 후기의 시장 통계는 900여 개, 1910년은 980개, 1922년은 1227개로 나타나 있다. 그리고 현재 포항시의 범위와 일치하는 당시 영일군의 시장은 1922년 현재 총 14개(포항, 여천, 도구, 영일, 부조 외 3동, 흥해, 옥리玉里, 기계, 입암, 창주, 하성下城, 청하, 칠전七田)로 모두 1호 시장인 공설 시장으로 조사되어 있다. 당시 경상북도 전체의 공설·사설 시장은 160개였으며, 조선 남부의 3대 시장으로 손꼽히던 부조 시장에서는 우牛시장도 섰는데 1만 마리 이상이 거래되는 큰 시장이었으며, 흥해의 우시장에서는 5000마리 이상 거래되었던 것으로 나타나고 있다.

*1899년 5월 2일자로 발행된 여권의 앞면.
"상기 인人이 철도공사 사무원으로 한국에 부임함에 통행에 지장 없이 여행토록 하고,
또 필요한 보호와 지원을 바란다"는 내용이 적혀 있다.(서명은 일본의 외무대신)

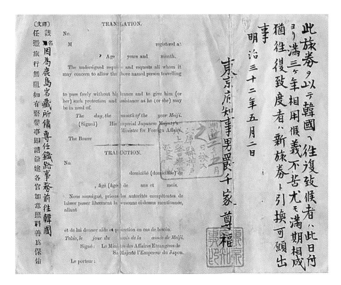

*여권 뒷면. "이 여권으로 한국을 왕복하는 자는 이날로부터 3년간 유효하나 이후
만기가 되면 새로운 여권으로 교환할 것"이라는 지방관(도쿄부 지사)의 서명과 함께
영어와 프랑스어 번역문이 있다.

명을 받아 요금 1원을 내고 출원서와 함께 영사관에 제출해야 했다. 영사관이 이 출원서를 처리하여 감리서로 송부한 다음에 반대 순서로 절차를 밟아 본인에게 교부되는 식이어서 번거롭기 짝이 없었다. 이와 같이 내륙 여행이 엄중해도 거주지 바깥 10한리韓里(1리)[2] 이내는 간행리정間行里程 또는 유보지역遊步地域으로서 자유롭게 여행할 수 있었으나, 불과 1리 이내의 자유여행 정도로 일본인들이 상권을 형성하기란 상상도 할 수 없는 일이었다. 이와 같은 상황에서 당시 일본인 상인은 여권을 가지고 계속 내륙을 돌아다녔는데 그때의 상거래란 행상의 범주에 그치는 수준이었다. 부산에서 여권을 교부받은 이들 행상인은 포목이나 성냥 등 조선인에게 수요가 있는 물품을 가지고 포항으로 와서는 곡물이나 수산물 등을 사들였고, 물건이 어느 정도 모아지면 당시의 유일한 운반기관인 거적배苫船에 실어 부산으로 수송했다. 당시 거래에 이용된 화폐는 항상 엽전이었기 때문에 일본인 상인들의 곤란함은 한두 가지가 아니었다. 이 엽전을 전부 부산으로 운반하기는 불가능했기 때문에 부산에서 세금을 취급하는 관리에게 연락하여 필요한 금액을 어음으로 빌행하고 수세리는 그것을 일화日貨로 환전하여 서울(경성)로 발송 납부하는 식으로 처리했는데, 매우 유치하고 번거로웠다. 그리고 조선의 상거래 특색 중 하나는 중개업자의 존재로서, 가장 유명한 것은 객주客主, 거간居間, 중립인仲立人 등이다.[3] 객주란 일본의 배 도매상船問屋이라 할 수 있는데, 지방에서 오는 상인과

---

2 한리韓里란 조선의 거리 단위인 '리'를 뜻한다. 즉 조선의 10리를 일본의 1리로 표기한 것이다. 일본의 경우 미터조약 가입 후 1891년 제정한 도량형법에 의거하여 1리는 36정이고, 1정은 60간(360척)이다. 이를 킬로미터로 환산하면 1리=36정=12,960척=3,927킬로미터다. 1902년 대한제국에서도 미터법에 대응하기는 했으나 주척周尺을 일본 곡척曲尺의 0.66배(20센티미터)로 하여 350보(=400주척=1386척), 즉 420미터를 1리로 했다. 이후 1909년 일본 척관법에 따라 새로운 도량형법이 제정되었으나 일본과 거리 편차가 크자 일본의 1리를 조선의 10리로 정했다.

현지 상인 사이를 주선하고 일정한 수수료를 받으므로 선주인船主人이라고도 하며 조선의 상인商賈 중에서는 가장 세력이 크다. 이전에는 누구든 자유롭게 객주로 활동할 수 있었으나, 독점을 유지하기 위해 관리에게 뇌물을 주고 관리 역시 이를 핑계로 재물을 요구하면서 점차 면허제와 같은 모양새가 되었다. 나아가 어떤 지방에서는 객주세客主稅 등의 징세 제도를 두기도 했다. 결과적으로 상거래 권역에서 객주의 세력은 막강한 것이었다고 한다.

조선의 상거래에서 가장 중요한 것은 시장이다. 일본인이 포항에 들어왔을 당시는 물론이거니와 그 후로도 오랫동안 시장 거래 외에 점포를 갖춘 상인은 볼 수 없었다. 당시 포항에는 여천余川 시장이 있었고 근처에는 연일 시장, 흥해 시장이 있었다. 특히 명태 거래에서 조선 남부 3대 시장 중 하나로 손꼽히던 부조 시장에서는 생활필수품뿐만 아니라 많은 해산물과 곡물이 거래되고 있었다.

도량형 역시 상거래를 하는 데 중요한 것이다. 기존 조선의 도량형은 다종다양해서 일정함이 없이 '눈치껏 재기' 식이었다. 예로부터 관습적으로 사용된 것을 말하자면 척도의 명칭과 단위名位는 척尺, 촌寸, 분分으로서, 흔히 사용되는 것은 침척針尺 또는 포백척布帛尺[4]이었다. 경척鯨尺[5] 1척 3촌을 침척 1척으로 하고 견직물을 잴 때는 경척 1척을 침척 8촌으로 삼았다. 목수木匠가 이용하는 척도는 곡척曲尺과 같이 8척을 1간間으로 하며, 곡식 측량桝目은 석·두·승·합石斗升合이라 하여 이름은 일본과 다르지 않으나 재는 그릇量器의 크기가 제각각이어

3 『조선의 시장』(1924. 11)에 따르면 중개인을 통해 거래되는 경우도 있으나 대부분 시장에서는 직접 매매로 이루어지고 있었다. 『포항지』의 저자는 당시 조선에 관한 자료를 참고하는 과정에서 일부 오해가 있었던 것으로 보인다.
4 침척針尺, 포백척布帛尺은 옷감을 잴 때 쓰이는 자.
5 옷감을 잴 때 쓰이는 일본의 자.

10장 상업

서 세 종류 가운데 가장 혼란스러운 것이다. 저울秤은 근·량·전·분斤
兩錢分으로 헤아렸지만 이것을 이용하는 일은 매우 드물었다. 토지면
적地積은 대부분 마지기斗落로 계산하지만 지방에 따라 또한 논과 밭
에 따라 넓이를 달리했는데, 포항 인근의 1마지기는 150, 160~200평
정도다.

이와 같은 소개는 1910년 병합 이전의 대략적인 내용이다. 병합 이
후에는 산업의 개발에 따라 상업이 크게 활성화되었고, 교통운수와
금융기관의 보급으로 더욱 발달하여 오늘에 이르고 있다. 포항 시장의
1914년과 1934년의 거래를 비교하면 다음과 같다.

구분	농산물	축산물	직물류	수산물	기타	계(단위: 원)
1914	4,100	4,200	4,200	3,500	15,400	41,400
1934	186,950	16,301	37,110	280,847	391,386	912,594

이러한 상황을 볼 때 포항의 발전이 얼마나 비약적이었는지를 짐작
할 수 있다.

*다음 통계는 『포항지』와 비슷한 시기 영일군 내 주요 장시場市들의 거래
상황을 보여주는 자료다.(『경북대감』 '시장' 편) 정확한 연도는 밝혀져 있지 않
지만 『경북대감』의 다른 통계 자료를 참고할 때 1933년 또는 1934년의 통계로
보인다. 영일군의 장시 중에서 비교적 왕성한 거래활동을 보인 경우는 여천장,
포항장, 흥해장, 기계장이다. 또한 장시는 각 지방마다 특징이 있어서, 창주장
에서는 농산물과 직물, 연일장과 부조장은 가축류 거래가 많다.

장시 명	개시 회수	1년간 매매 규모					
		농산물	수산물	직물	가축류	잡품	계(단위: 원)
하성下城	71	8,210	7,900	2,500	5,010	4,280	27,900
창주滄州	66	20,160	9,200	18,900	1,520	7,920	57,700
도구都邱	69	2,691	1,725	3,243	381	3,015	11,055
연일延日	69	2,750	6,500	2,070	77,650	5,500	94,470
부조扶助	33	1,500	3,960	990	29,120	2,640	38,210
여천余川	69	89,260	95,940	9,840	8,565	51,450	255,055
포항浦項	66	89,152	94,500	9,750	8,240	50,400	252,042
흥해興海	109	55,798	80,984	45,426	30,210	56,135	228,553
기계杞溪	72	46,014	7,114	4,200	59,526	1,192	118,046
곡강曲江	-	-	-	-	-	-	-
덕성德城	68	12,900	8,420	14,200	12,400	7,900	55,820
입암立巖	63	4,800	2,100	1,800	11,790	4,200	24,690
광명光明	62	3,600	10,520	5,400	3,464	6,740	29,724
신광神光	64	650	7,200	4,000	-	2,500	14,350
세계世界	60	5,400	3,000	6,000	9,000	6,000	29,400
합계	941	342,885	299,063	128,319	256,876	209,873	1,237,015

2. 무역

포항항의 1934년도 이출입移出入 무역액은 651만2668원에 달하는 성황을 이루었다. 1933년에 비하면 이출금액이 104퍼센트(10할 4푼)가 넘는 미증유의 대약진이다. 이러한 호황은 포항항의 항만 가치가 일반에게 인식된 결과이기도 하지만, 직접적인 원인은 이전에 중부선 연선의 곡물을 장생포에서 실어 나르던 것이 포항항으로 바뀐 데 따른 것이라 한다. 평소의 추세로 하자면 1934년의 무역액은 나타날 수 없는 것으로, 포항으로서는 항만을 지닌 것이 절대적인 장점이다. 1934년 가장 높은 이출을 차지한 현미의 출하는 철두철미 유지되었는데, 더위가 시들해질夏枯 무렵에는 불하미拂下米로 출하하다가 10~12월에는 그 출하량을 늘리고 있는 상황이다. 그 밖에 콩의 출하도 상당한 액수를 나타내며, 선어·건어·염장·비료의 양도 평년보다 증가했다. 이 물량을 실어 나르는 선박도 많이 늘어나 매달 25척의 기선을 헤아릴 만큼 성황이었다. 최근 2년간의 이출 화물을 보면 다음과 같다.

이출 화물의 수량·가격 2년 비교

종별	단위	1934		1933	
		수량	가격	수량	가격
현미	석	177,143	4,241,551	80,249	1,661,876

정미	석	12,569	291,669	14,031	300,913
콩	석	15,914	214,666	10,508	138,129
선어	근	741,160	37,816	2020,110	92,820
건어자건 대구	근	44,482	7,874	44,703	10,536
성어 고등어	근	62,300	2,500	870	190
신선조개	근	16,950	1,356	–	–
사과林檎	근	610	84	1,510	150
고등어통조림	타	8	10	–	–
장어통조림	타	664	1,660	640	1,700
정어리기름	근	66,798	4,858	–	–
석탄	톤	–	–	90	990
건어비료	근	2,898	14,243	3,649	16,681
생선깻묵 비료	근	7,009	34,603	5,593	26,531
쌀겨 비료	근	2,156	2,178	3,513	3,917
기타		–	162,535	–	202,136
합계			5,018,247		2,456,399

포항항의 이출 대상지는 오사카·고베·도쿄·나고야 외 20여 개 도시로, 그중 가장 큰 거래처는 오사카다. 이 지역의 작년(1934년) 무역액은 209만5000여 원에 달하며, 2위는 고베로 109만여 원, 도쿄는 제3위로 62만3000여 원이다.

한편 이입 화물의 상황은 1933년 164만8290원에서 15만3869원이 감소된 상황이다. 이에 대해 특히 내세울 이유는 없으나 1933년까지는 형산강 개수 공사가 있었기 때문에 각종 자재를 포항항에 들여왔으나 공사가 완료되어 자재 소비가 끊어진 결과로 보고 있다. 현재의 주된 이입품을 나타내면 다음과 같다.

이입 화물의 수량·가격 2년 비교[6]

종별	단위	1934		1933	
		수량	가격	수량	가격
소맥분	근	3,003,362	273,448	4,590,183	419,187
설탕砂糖	근	99,843	11,428	78,114	9,319
물엿水飴	근	137,665	23,334	-	-
맥주	리터利	63,951	20,400	55,152	18,329
소주	승升[6]	66,420	16,653	37,455	8,315
기계유	근	101,400	13,721	143,791	17,612
성냥	100다스打	6,626	28,615	4,740	20,685
면망사	근	29,633	22,573	22,601	17,783
어망과 재료	근	23,792	20,299	60,084	46,870
속옷肌衣	근	-	54,799	-	77,127
전도판	근	458,905	100,811	530,829	87,912
철선	근	230,578	24,665	45,786	8,653
양철못洋鐵釘	근	437,430	41,009	287,256	30,056
기타			842,706	-	933,312
합계			1,494,421		1,648,290

이와 같은 이입 무역액의 대상지 중에서는 오사카가 가장 높으며 시모노세키, 모지門司(기타규슈 지역), 고베, 하카타博多(현 후쿠오카), 나고야 순이다. 서일본 지역에서 이입되는 물량도 해가 갈수록 늘어나고 있다. 1934년 중 오사카에서 포항으로 수출한 금액은 73만7135원, 시모노세키는 35만1345원, 모지와 고베는 각각 15~16만 원으로, 이러한 상황에서 볼 때 포항의 앞날은 밝다.

---

6 1승은 10합合, 1합은 180밀리리터이므로, 1승은 약 1800밀리리터 분량이다.

11 장
공업

포항에서 각종 공업은 점진적으로 발달하고 있으나 조선이 원시공업 시대를 갓 벗어난 상태인지라 여러 분야로 확산되지는 못하고 있다. 포항도 이러한 흐름을 따르고 있기 때문에 아직 원시공업 시대에서 벗어나지 못한 상태로, 여기에서 다루는 것은 앞으로 개척해 나가야 할 다양한 잠재적인 부분이다. 일본인이 포항에 들어올 당시에 매우 빈약했던 조선의 주된 공업을 열거하면 마포麻布, 토관土管, 기와瓦, 돗자리芦蓆, 관물冠物, 토시吐手, 담뱃대煙管, 놋쇠眞鍮 기구 등이었다. 또한 1909~1910년경에는 일본인 중에서도 나막신下駄(게타), 술酒(사케), 간장醬油(쇼유) 등을 제조하는 자가 두셋 정도 되었다. 그 후 시대의 변천에 따라 종류의 변화가 두드러져 토시, 담뱃대, 관물 등 분야는 거의 사라지고 대신 정미, 조선, 철공장 등 현대적인 기계화 공업 시대로 접어들어 현재 포항의 공업은 수산 가공품을 중심으로 크게 발돋움하는 기세를 보이고 있다. 특히 최근에는 일본 본토의 선진도시에서 포항의 항만 가치를 인식하여 연간 700만 원 이상의 상거래를 나타내고 있으며, 경북의 약 3분의 1에 해당하는 미곡이 포항항에서 출하되는 실정이다. 이것을 계기로 대대적인 정미 공장의 출현이 약속되어 있다. 나아가 항만 가치의 향상에 따라 필연적으로 발전할 분야는 조선造船과 철공장이 있으며 수산 가공으로 신흠 청어, 각종 사쿠라보시, 염장

품, 토마토사르딘, 각종 통조림업의 발달도 살펴볼 만하다. 최근 포항
의 공업 상태를 표시하면 다음과 같다.

주요 공업생산품 가격(1934)

종류	호수			생산 실적		
	일본인	조선인	계	수량	단위	금액
금속 제품	10	5	15	7,100	개	7,850
기계류	2	-	2	54	개	5,020
목제품	8	9	17	8,015	개	9,800
농구	1	-	1	500	대	12,500
어구	7	6	13	4,600	대	46,300
차량	2	5	7	70	대	1,970
선박	5	-	5	96	척	28,500
양조품	8	-	8	895,935	박	200,503
간장과 된장	7	-	7	1465	석	35,910
누룩	2	-	2	201,300	kg	76,659
건면 및 두부	6	1	7	13,100	kg	4,550
과자	5	5	10	19,500		9,800
통조림	2	-	2	4,380		44,670
인공얼음人造氷	1	-	1	11,050	kg	21,050
피혁 세공鰲造	-	3	3	260	kg	3,000
유류	-	4	4	4,900	kg	1,850
비료	10	5	15	490,500	kg	4,500
기타	4	15	19	9,670		4,000
합계	80	58	138			518,432

*조선에서는 전통적인 공예품뿐만 아니라 공산품이 생산되고 있었음에도
『포항지』에서는 이를 별도로 다루지 않고 일본의 신기술로 생산된 공산품 위

주로 소개하고 있다. 다분히 의도적이라 여겨지는 서술이다. 이에 따라 지금의 포항시와 거의 유사한 구역을 차지하고 있던 당시 영일군의 연도별 공산품 생산액에 대해 좀더 상세하게 소개한 『경북대감』의 통계 자료를 덧붙인다. 무엇보다도 이 자료에 도자기와 기와 품목이 있는 것으로 볼 때 일제강점기에도 포항 지역에 있는 백자, 옹기. 기와 가마에서 생산이 이어지고 있었음을 알 수 있다.

종별	1928	1929	1930	1931	1932	1933
직물	51,370	51,200	62,276	19,385	53,030	116,753
금속 제품	3,854	4,260	5,100	5,240	7,757	10,010
농구 및 토목 공구	5,837	5,702	2,600	3,465	2,400	1,965
공구 및 날붙이刃具류	3,201	3,106	3,100	3,400	1,800	1,170
차량	1,900	1,820	2,800	1,840	3,700	2,190
선박 및 선구船具	3,300	3,600	3,800	4,500	9,600	15,430
도자기	4,825	4,800	10,755	3,000	4,327	5,909
기와	1,802	1,980	1,320	1,230	1,499	1,575
식물기름	16,810	15,210	10,210	11,280	12,600	11,652
동물기름	16,685	15,620	14,000	15,587	20,621	26,146
제지	68,750	62,560	50,105	37,685	44,290	44,190
동물질 비료	51,445	50,320	41,912	42,997	40,318	49,857
목제품	34,291	31,200	15,058	28,100	27,380	43,770
간장과 맛간장醬	27,000	-	-	-	-	59,400
된장	648	-	-	-	-	42,240
과자 및 빵	34,050	34,100	30,000	33,600	57,989	53,700
식염食鹽	6,375	5,691	100	382	6,909	6,495
김	7,431	21,450	10,120	8,145	5,502	7,400

종이 제품	1,250	12,800	1,200	1,150	948	1,175
죽竹 제품	3,255	3,000	1,810	3,295	4,468	2,500
화문석莞草莚	1,830	1,910	1,900	1,500	2,252	1,610
짚藁 제품	25,759	26,720	30,060	32,290	55,727	49,043
피혁 제품	2,600	2,820	7,892	8,375	5,267	9,000
재봉품	26,700	24,800	24,000	23,000	29,195	51,700
모자	920	860	805	580	620	420
붓毛筆	260	380	396	420	193	300
기타	900	926	600	300	–	1,850
*실제 내역의 계	403,048	386,835	331,919	290,746	398,392	617,450
합계(원문의 합계)	403,048	375,315	332,019	290,747	398,392	617,460

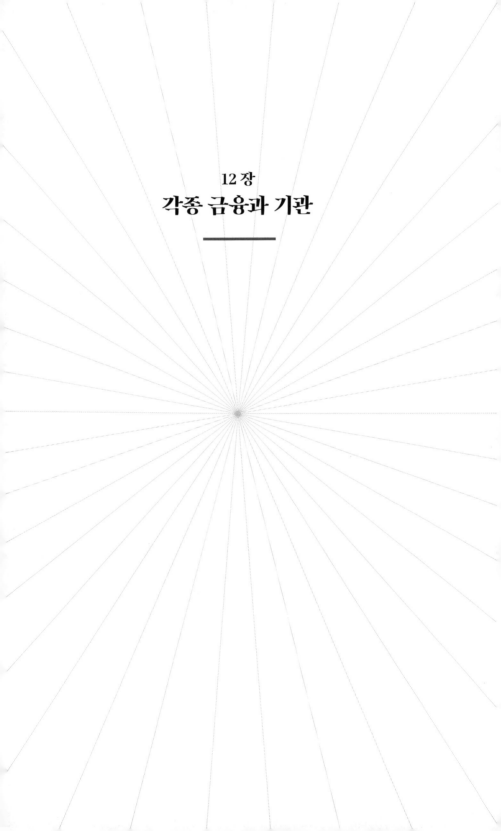

12 장
각종 금융과 기관

1. 개요

한국 시대에는 금융에 관해서는 산업이라 부를 만한 수준은 아니었으며, 화폐 제도 역시 없는 것이나 마찬가지였다. 교통 또한 전혀 도모되지 않아 도로라고 해봐야 밭두렁길畦道 또는 멧돼지나 토끼를 볼 수 있는 산길 등으로 한정되어 있었다. 경제 조직의 근본을 이루는 것의 대략적인 상황이 이러했으므로 금융 관련 기관이 있을 턱이 없다. 굳이 거론해보자면, 조선 특유의 것이라 할 계契 정도일 것이다. 게다가 조선 말기의 민생은 매우 피폐하여 국민경제 시설과 마찬가지로 서글픔을 자아낼 뿐이었다. 소유권에 대한 인식도 부족하여 부동산의 귀속이 매우 불명확하기 때문에 민간 소유와 관 소유는 물론이거니와 황실 재산의 구별조차 없었다.

유통 화폐로는 엽전이 사용되었으나 때와 장소에 따라 그 가치가 일정하지 않았으며 양이 너무 많아서 운반에 큰 불편이 있었다. 1894년에야 비로소 은 본위銀本位제가 채용되었고 이어서 1901년 금본위金本位제가 채용되었으나, 이 제도는 이름뿐인 것으로 결국에는 모두 실시되지 않았다. 그 후 5전 백동화白銅貨[1]가 주조되었는데 위조僞造[2]하는 무리들이 많았고, 정부도 마구 만들어냄으로써 화폐의 근본을 해치는 등 이루 말할 수 없는 난맥이 이어졌다.[3]

일본에서는 1878년 재류 일본인을 위한 금융기관으로 조선에 처음 은행을 설치했다. 당시 정부는 도쿄에 있는 다이이치第一 은행으로 하여금 부산에 지점을 개설케 했고, 이후 다이주하치第十八 은행도 인천과 원산에 지점을 두게 하여 동서 지역에서 전적으로 일본인을 위한 업무를 시작했다. 청일전쟁이 일어나기 전까지 두 은행은 서울과 기타 지역에 지점을 두었고, 이 시기를 전후로 조선인이 경영하는 대한천일大韓天一 은행(지금의 상업은행)과 한성漢城 은행이 창립되어 드디어 조선에서 금융기관의 정비가 첫걸음을 내딛게 되었다.

1902년 다이이치 은행은 한·일 정부의 허가를 받아 조선에서 다이이치 은행권을 발행했으며, 이후 한국 정부의 재정고문직을 맡아 1905년 화폐 정리와 국고금을 취급하게 되었다. 이 은행이 발행한 은행권이 조선에서 무제한 통용되면서 곧 한국 중앙은행의 역할을 맡았다.[4] 이후 경제기관으로서의 역할을 충실히 수행하여 1906년에는 각지에 농공農工 은행을 두었고, 1907년에는 10개 지역에 기본금을 붙여

---

1 1883년 7월, 재정 위기를 보완하고 통화정책 정비를 목적으로 독립된 상설 조폐기관인 전환국이 서울에 설치되었다. 이후 일본의 경제침탈 야욕에 의해 1892년 전환국이 인천으로 옮겨졌다가 1900년 다시 용산으로 옮겨졌다.

2 당시의 근대 화폐였던 백동화는 기존의 상평통보 기술로는 위조가 불가능했다. 그러나 전환국의 주조 기술은 일본에서 건너온 것이기 때문에 당시 일본에서 위조된 백동화와 제조 기계까지 조선으로 건너왔는데, 기계만 150여 대나 밀수되었고 수입된 백동화의 양도 예측이 불가능했다. 1883~1904년까지 21년간 주조한 총 화폐량은 일부 연구에 따르면 18,960,658원 87전이고 그중 백동화는 16,743,522원 65전으로 당시 주조 총액의 88퍼센트가 백동화였던 것으로 추정되고 있다. 이와 같은 유통량의 원인은 일본에서의 밀수·밀조 때문으로, 결국 1902년 일본 현지에서 '한국의 백동화 위변조범 처벌령'까지 제정되기도 했다.

3 청일전쟁 이후 일본은 조선의 재정난을 타개한다는 명분으로 자국으로부터 차관을 들였다. 이 차관의 대가로 세관의 운영권과 차관 제공의 독점권을 얻었다. 일본은 세관 운영권을 일본 다이이치 은행에 귀속시키고 관세를 일본화폐로 징수하도록 하여 일본 상인의 조선 상권 지배를 뒷받침했다. 일본의 화폐가 조선에서 대량 유통됨에 따라 조선의 화폐가치는 폭락하게 되었다.

*1898년(대한제국 광무2년)에 용산전환국에서 제조한 2전 5푼짜리 백동화.
(지름 20.7mm, 두께 1.8mm 무게 4.7g)

*당시 민간에서 주조된 2전 5푼짜리 백동화.
(지름 20.4mm, 두께 1.6mm 무게 4.2g)

백동화의 한 면에는 "二錢五分"이라 새겨져 있고,
다른 면에는 "大韓·光武二年·二錢五分·YANG"이라 새겨져 있는데
민간에서 주조한 백동화는 조잡하다.

지방금융조합을 설치하고 경비를 보조하여 매년 10~30개의 조합을 증설하는 계획을 수립했다. 1908년에는 동양척식회사가 세워져 자금 공급에 노력하다가 1909년 한국 중앙은행으로서 한국은행이 창립되었다. 그리고 기존 다이이치 은행에서 취급하던 중앙은행 업무는 모두 한국은행으로 이관했는데, 다음 해인 1910년 병합되자 한국은행은 조선은행으로 명칭을 바꾸어 오늘에 이르고 있다.

유럽 전쟁 당시 경제계가 엄청나게 팽창했음에도 불구하고 당시 농공은행의 자금력은 매우 빈약하여 각 은행의 자금을 다 합쳐도 260만 원에 지나지 않았다. 그 정도로는 시대적 요구에 부응할 수 없었기에 1918년 이를 개편하여 조선식산은행을 설립하게 되었다.

현재 포항의 금융은 식산·합동의 두 은행, 포항·영일의 금융조합 그리고 무진회사無盡會社(상호신용금고)와 개인 금융업자에 의해 운용되고 있다. 은행, 조합, 무진의 금융에 관해서는 뒤로 미루고 여기에서는 개인에 의한 금융에 대해 한마디를 남기고자 한다.

개인 금융이라 부를 수 있는 범위를 어떻게 정의할 것인지에 대해서는 다양한 견해가 있겠으나, 여기에서는 회사와 개인 금융업자 그리고 저당質屋업자를 하나로 묶어 서술하기로 한다. 포항에서 금융업을

---

4 1904년 일본인 재정고문 메가타 다네타로目賀田種太郞는 전환국을 폐지하고 화폐정리 사업을 단행했다. 그 전의 화폐단위는 1환(원)=5량兩=50전=500푼分이었고 1환(원)의 국 제환율도 동일하게 1달러=1엔=1원(환)이었다. 1902년에 1환=100전으로 화폐가치가 조정되었으므로 이때의 2전 5푼짜리 백동화는 1904년 시점에 5전의 가치로 교환되어야 했으나 백동화 종류를 갑·을·병으로 나누어 갑종은 그대로 2전 5푼으로, 을종은 갑종의 5분의 1 가치로 하고, 병종은 아예 교환 대상에서 제외했다. 그런데 대부분 백동화를 병종으로 구분하여 교환해주지 않았다. 결국 화폐 부족 현상이 일어나자 그 피해는 고스란히 조선의 상공업자와 농민들에게 돌아갔으며, 이 화폐정리 사업의 자금을 일본의 차관으로 채우도록 유도했다. 그리고 대한제국의 중앙은행을 맡은 다이이치 은행은 한국 자본의 일본 귀속을 가속화했다. 1905년부터 1909년까지 환수된 백동화의 총액은 약 9,608,636환 64전에 이르렀다는 견해도 있다.

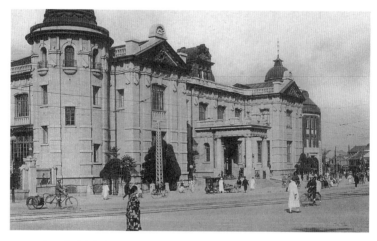

*1909년 10월 설립된 한국은행은 이후 조선은행으로 개칭되었다.(1930년대 조선은행 전경)
이 건물은 지금 한국은행(1950년 6월 12일 창립) 화폐금융 박물관으로 활용되고 있다.

하는 회사는 포항토지경영주식회사다. 이 회사의 투자는 다양한 방식으로 이루어지지만 결국은 담보부擔保附 금융이다. 그 내용은 회사의 경영 비밀에 속하므로 공표하지는 않겠지만, 이율이 의외로 저렴한데다 규칙에 얽매이지 않는다는 점에서 이용자에게 편의를 제공한다. 주로 농사경영 분야에 금융을 대고 있으나 연리 10퍼센트(1할) 정도가 최고다.

그리고 개인 금융으로는 저당업자를 거론하지 않을 수 없다. 어업이 중심인 해안 지역 사람들은 다소 기질이 거친 탓에 며칠씩 기다려야靑越 하는 대출이라면 쓰지 않겠다는 정서를 고려하여 포항의 저당업자는 상당히 신속하다. 그러나 저당을 위한 담보물質草이 도시에 비해 빈약하기 때문에 대출액은 계좌 수에 비해 적다. 이자는 대출액에 따라 현저한 차이를 보이지만 연이율 최고 60퍼센트(월 5푼步), 최저

25퍼센트(월 2푼步) 정도다.

　다음은 고리금융업자다. 은행, 조합, 무진 분야에서 금융 거래가 어려운 자는 이 개인 고리대를 이용할 수밖에 없다. 담보가 충분하고 신용이 있는 사람들도 이 거래를 이용하기 때문에 고리금융업자의 대출은 상당액에 달하고 있다. 담보를 가지고 있는 훌륭한 사람들이 개인 고리업자를 이용하는 이유는 여러 가지가 있겠으나, 은행이나 동양척식 또는 조합금융을 이용하려면 조사 과정에서 품이 많이 든다는 것과 함께 세상의 이목을 끄는 것을 싫어하는 조선인의 공통적인 특징通有性이 주된 원인으로 보인다. 이들 업자의 대출 방법은 토지·가옥의 담보도 있지만 주로 어음 대출로서, 그 이자는 최저 연이율 30퍼센트(월 2푼 5리)이고 가장 높은 것은 연이율 60퍼센트(월 5푼)이다. 이제부터는 각 금융기관에 대해 서술하기로 한다.

2. 식산은행 포항지점

포항 금융계의 으뜸은 식산은행 포항지점이다. 1918년 농공은행과 기타 5개 은행의 합병으로 신설되어, 10월 1일부터 영업을 시작하면서 농공은행 포항지점도 현재 명칭으로 바뀌었다. 당시의 포항은 교통이 불편한 무역항으로서 식산은행 포항지점도 널리 인정받지 못해 실적이 부진했으나 그 후 포항이 날로 발전을 거듭하면서 최근 놀라운 실적을 보이고 있다. 1934년의 취급액은 1509만여 원, 월말 잔액 49만여 원으로, 1919년의 수치와 비교하면 취급액은 92.2퍼센트(9할 2푼), 잔고는 213퍼센트(21할 3푼)나 급증했다. 그 취급액을 나타내면 다음과 같다.(단위: 원)

종별	내역	1919	1926	1934
예치금	입금	3,950,107	4,578,368	7,592,808
	출금	3,900,767	4,623,238	7,499,858
	잔액	157,007	249,046	492,435
상업 대출	대출	2,536,464	4,576,363	6,194,377
	회수	2,537,535	4,581,069	6,132,204
	잔액	235,226	515,739	575,874
공공산업 대출	대출	233,400	453,059	451,619
	회수	80,604	365,173	413,709
	잔액	297,597	1,359,854	1,571,921

환취급	수입	1,931,424	2,521,898	3,778,224
	지불	2,390,369	3,032,528	5,792,011

*조선식산은행 포항지점(1929)

조선식산은행 포항지점장 요시다 요시타로吉田善太郎

12장 각종 금융과 기관

이 비교표를 보면 과거 16년간 포항은 눈부시게 발전했다.

– 역대 지점장

　가네다 준이치金田純一, 기타하라 히코지로北原彦次郎, 가토 사부로加藤三

　郎, 야스이 다케오安井隆雄, 요시카와 요시타로吉川善太郎

– 현 행원(주임 이상)

　지점장: 요시다 요시타로, 지점장 대리: 윤광희尹光熙, 공공산업 금융

　대부계 주임: 다나카 미노하치田中己之八, 상업금융 대부계 주임: 이신

　학李新鶴, 예금계 주임: 다카 마사오高雄勇, 환계 주임: 오이시 가츠大石

　勝, 감정계 주임: 오하라 다다가즈小原忠一, 출납계 주임: 박재화朴在化

3. 경상합동慶尙合同은행 포항지점

이 은행은 1921년 11월에 영업을 시작했다.[5] 지역은행으로서 건실한 영업 태도로써 신용을 높였으며, 특히 조선인 사이에서 귀한 대접을 받고 있다. 그 업적은 아래 표와 같다.

종별		1921	1933	1934	1935(6월)
대출(원)		40,776	389,779	364,919	458,759
예금(원)		22,534	247,997	294,124	274,284
환취급	수입(원)	26,538	346,992	356,839	266,309
	지불(원)	26,945	347,030	356,626	267,574
이율	대출	연 14.6% (4전)	연 12.78% (3전 5리)	연 12.05% (3전 3리)	연 9.86% (2전 7리)
	예금	연 5.84% (1전 6리)	연 4.75% (1전 3리)	연 4.02% (1전 1리)	연 3.65% (1전)

– 역대 지점장

　　초대: 김현태金顯台, 2대: 권태직權泰稷

– 현 직원

　　지점장: 권태직, 지점장 대리: 김기련金基鍊, 대부계: 김병선金秉善, 예금

5　1921년 11월 10일부터 대구은행이 포항항에 지점을 설치하고 개업했다는 신문보도가 있다.(『동아일보』 1921. 11. 10)

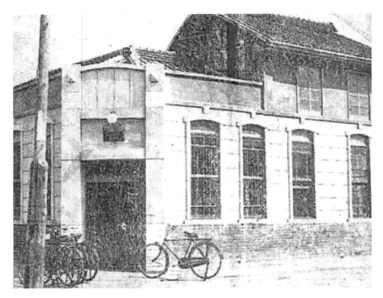

경상합동은행 포항지점

계: 김훈규金勳圭, 환계: 한석동韓錫東, 출납계: 박종호朴宗浩

4. 포항금융조합

1918년 6월 금융조합령의 개정으로 농촌에 설치되던 촌락조합村落組合
외에 시가지에도 도시조합이 설립될 수 있게 되자, 1920년 3월에 포항
금융조합이 설립 인가를 신청, 5월 인가를 얻어 6월 18일부터 영업을
시작했다. 설립자 나카타니 다케사부로 외에 직원은 59명으로, 당시의
임원은 다음과 같다.

포항금융조합

조합장: 나카타니 다케사부로, 이사: 오가미 도메조, 감사: 후쿠시마 이헤이, 다나카 미쓰구, 이한근李漢根, 김용식金用植, 평의원 10명

첫 사무소 위치는 포항동 116번지였으나 그 후 두 번의 이전을 거쳐 1926년 2월 4일 사무소를 새로 지어 현재에 이르고 있다. 그 실적은 다음 표와 같다.

실적 일람표

연도	계좌수	차입금			적립금	출자금		예금	대출
		특별	보통	계		총액	납입		
1920	169	50,000	-	50,000	-	34,550	3,455	9,770	45,622
1921	198	50,000	10,000	60,000	-	36,700	10,700	23,781	77,209
1922	202	50,000	16,000	66,000	1,200	37,150	14,860	50,183	117,796
1923	234	50,000	26,011	67,011	6,200	39,750	20,778	53,320	139,614
1924	252	50,000	53,927	103,927	12,000	41,450	25,837	86,263	150,843
1925	266	50,000	18,737	68,737	75	40,900	23,766	139,366	177,740
1926	295	50,000	28,432	78,432	6,000	41,500	24,836	165,748	212,937
1927	289	50,000	-	50,000	12,000	38,900	24,836	235,875	227,843
1928	322	50,000	10,000	60,000	15,000	38,250	25,019	285,304	257,296
1929	398	60,000	50,000	110,000	20,000	41,250	25,341	271,769	302,926
1930	438	16,255	86,604	102,859	23,000	43,125	29,218	265,280	318,278
1931	500	19,642	62,930	82,572	25,500	43,570	29,750	296,912	307,402
1932	535	28,212	66,550	94,763	27,800	44,350	30,565	305,209	315,137
1933	589	29,299	49,394	68,793	29,450	45,275	29,955	376,745	284,816
1934	700	27,799	2,539	30,338	12,914	46,475	29,028	810,985	304,893

금리[6] 부분은 다음 표와 같다.

포항금융조합 이사 모리쓰카 쇼사부로森塚昇三郎

인가 연월일	저축 예금	정기 예금	거치 예금	당좌 예금	정기예금			
					인가 연월일	6개월	1년	3개월
1920. 8. 26	연 6.57% (일보 1.8전)	연 8.395% (일보 2.3전)		연 4.38% (일보 1.2전)	1920. 8. 26	연 7.5% (연 7푼 5리)	연8.0% (연 8푼)	
1922. 2. 14			(연 8푼)		1924. 6. 18	(연 8푼 5리)	(연 8푼 5리)	
1925. 9. 1		(연 8푼)		(일보 1.0전)	1925. 9. 1	(연 8푼)	(연 8푼)	
1928. 1. 10	(일보 1.8전)	(연 7푼 5리)	(연 7푼 5리)	(일보 0.8전)	1927. 1. 18	(연 7푼 4리)	(연 7푼 8리)	
1928. 10. 29	(일보 1.4전)				1927. 8. 5	(연 7푼 1리)	(연 7푼 5리)	

6 이율은 가독성을 높이기 위해 연리로 환산하되, 소수 둘째자리에서 사사오입하여 표기했다. 당시 일본의 금리 기준은 일보日步(하루치 이자) 기준이었기 때문에 4전의 금리는 100엔당 4전이 붙는 방식이므로 이를 연리로 환산할 경우에는 0.04×365=14.6, 즉 연리 14.6퍼센트가 된다. 이하 표의 금리도 마찬가지 방법으로 환산한 것이다. 괄호 내의 숫자는 포항지 원문의 금리표 내용이다.

인가 연월일	저축 예금	정기 예금	거치 예금	당좌 예금	정기예금			
					인가 연월일	6개월	1년	3개월
1929. 4. 5	(일보 1.3전)	(연 6푼 2리)	(일보 1.7전)	(일보 0.7전)	1928. 10. 29	(연 6푼 5리)	(연 7푼)	
1929. 8. 24	(복연 5푼 4리) (일보 1.48전)				1929. 4. 5 1929. 8. 24	(연 6푼)	(연 6푼 2리)	(연 5푼 7리)

대부 금리율표[7]

인가 월일	보증	동산	부동산	당좌대월	(무담보) 어음할인	(담보) 어음할인	장기대부
1920. 8. 26	연 20.075% (일보 5.5전)	연 16.425% (일보 4.5전)	연 16.425% (일보 4.5전)	연 16.425% (일보4.5전)	연 16.425% (일보 4.5전)	연 15.695% (일보 4.3전)	
1922. 3. 29							연 14.0% (연 1.40할)
1925. 9. 1	일보 5.0전	일보 4.3전	일보 4.3전	일보 4.3전	일보 4.3전	일보 4.0전	연 1.35할
1926. 9. 18	일보 4.4전	일보 4.0전	일보 4.0전				
1927. 3. 12					일보 4.0전	일보 3.7전	연 1.25할
1928. 1. 10	일보 4.2전	일보 3.8전	일보 3.8전	일보 4.0전	일보 3.8전	일보 3.5전	연 1.20할
1928. 12. 27	일보 4.0전	일보 3.8전	일보 3.6전		일보 3.6전		연 1.10할
1929. 0. 14	일보 3.8전	일보 3.4전	일보 3.4전		일보 3.4전		연 1.05할

7 앞의 주석 참조. 1920년 8월 26일자 이율만 연리로 환산했다.

- 역대 조합장

나카타니 다케사부로

- 현 직원

조합장: 나카타니 다케사부로, 이사: 모리즈카 쇼사부로, 감사: 오가
미 도메조, 오카베 요이치, 김용주金龍周, 김병수金秉秀 외 평의원 10명

5. 영일금융조합

포항 지방에 설립된 최초의 금융기관은 영일금융조합이다. 본 조합은 1909년 8월 9일 흥해금융조합으로 설치되었다가 1911년 포항지방금융조합으로, 1918년 '지방'이라는 문자를 삭제하여 포항금융조합으로, 다시 1920년 도시조합이 설립되면서 현재의 이름으로 바뀌었다. 그 사이에 포항, 기계, 흥해, 도구에 각 금융조합이 설립되어 그 구역이 나뉘어 오늘에 이르고 있다.

대출과 예치금 이율표

대출금				
보증대출	연리 12.775% (일보 3전 5리)	단기담보대출		연리 10.95%(일보3전)
장기대출 (정기·연부)	연 9.7% (연 9푼 7리)	농사개량 저리대출	단기	연 8.5%(연 8푼 5리)
			장기	연 7.5%(연 7푼 5리)
특수산업 저리대출	담보 연 6.9% (연 6푼 9리)	부채정리대출	담보	연 7.5%(연 7푼 5리)
			부담보	연 8.5%(연 8푼 5리)
특수저리대출	자작농지 구입 자금 연 7% (연 7푼)	기타 자금	담보	연 7.5%(연 7푼 5리)
			보증	연 8.5%(연 8푼 5리)
예치금				
정기예금	구분	조합원		비조합원
	1개년 이상	연 4.7% (4푼 7리)		연 4.6%(4푼 6리)

정기예금	6개월 이상	연 4.5% (4푼 5리)		연 4.4%(4푼 4리)	
	3개월 이상	연 4.2% (4푼 2리)		연 4.1%(4푼 1리)	
거치예금	연 4.38% (일보 1전 2)	정기적금	연 4.3% (연 4푼 3리)	저축예금	복리 반월 계산 (100원당 16전)
단리계산	연리 3.65% (일보 1전)	당좌예금	연리 1.46%(일보 4리)		

실적 총괄일람표(단위: 원)

연도	조합원	출자금		적립금	차입금			예금	대출금
		총액	납입필		특별	보통	계		
1909	288	–	–			2,000	2,000	–	5,096
1913	289	–	–	1,718		1,800	1,800	52	7,648
1918	518	5,310	2,189	997		7,890	7,890	3,820	23,984
1923	867	8,670	8,119	4,800		52,348	52,348	103,330	120,055
1928	728	7,780	7,146	15,700		25,244	25,244	89,885	113,921
1933	1,189	12,520	8,820	9,072	22,593	54,541	77,134	138,806	173,285
1935. 7	1,325	13,430	8,343	16,760	26,625	88,111	114,736	132,540	223,138

영일금융조합 이사 사카이 구니타로

318

- 역대 조합장과 이사

조합장: 정기엽鄭基燁, 손창현孫昶鉉, 이자원李子願, 오영근吳永根, 김창석金昌錫, 정남용鄭南鎔

이사: 다무라 다다오田村忠夫, 마쓰오 겐스케松尾源助, 이치무라 에이이치一邑英一,[8] 스즈키 이세지鈴木伊勢治, 나가시마 시게루永島茂, 스기마치 이치로杉町一郎, 나카무라 쇼이치中村正一, 사카이 구니타로酒井國太郎

---

8 원문에는 '一邑'으로 되어 있으나 현대 일본 성씨에 없는 것이기에 '이치무라一邑'의 오기로 보아 바로잡았다.

일제의 특별한 식민지 포항

6. 포항무진 주식회사

포항무진浦項無盡 회사는 1923년 9월 15일 창립, 다음 달인 10월 3일에 영업 인가를 받아 업무를 시작했다. 당시 자본금 6만 원, 납입금 1만5000원이었으며 포항을 비롯한 영천, 경주, 영일, 영덕 4개군의 서민 금융기관으로 운영되다가, 1932년 6월 관련 업령이 개정되자 자본금을 10만 원으로 증자하여 오늘에 이르고 있다. 창립 당시 임원은 대표이사 사장 후쿠시마 이헤이, 이사 무라타 야스이치村田安市, 나카타니 다케사부로, 오가미 도메조, 오자키 신스케, 감사 우메다 구스케, 스가와라 이치로 등이었다. 사업 시작 이래 5, 6년간은 매우 순조로운 성적이었으나 재계의 불황이 이어지고 1931년 뜻밖의 돌발사건[9]으로 적지 않은 타격을 입으면서 한때 회사의 운명이 흔들리기도 했다. 그러나 사장 이하 모두의 노력으로 실적이 점차 개선되어 급부給付 계약금이 80만 원에 달하는 등 일대에서 서민 금융기관으로서 부동의 기반을 확립하게 된 것은 포항 재계의 축복이라 할 것이다. 현재 무진의 영업

---

9 돌발 사건이란 포항무진회사에서 발생한 횡령 사건으로 보인다. 그 당시 신문을 참고하면 "앞서 목하 예심에 넘어가 있는 횡령배임죄의 지배인 와타나베를 배출했던 경북 포항무진회사에서 다시 서기 난바 마사오難波正雄(25세)가 자신이 담당하는 수입계에서 받은 무진보증금 2000여 원을 횡령, 사적으로 시내 요리점 및 기생과의 유흥비로 탕진"했으며 서민 금융기관의 이러한 행태에 포항 시민들이 경악했다는 내용이 실려 있다.(『조선신문』, "포항무진의 서기가 횡령", 1931. 5. 27)

포항무진 주식회사

포항무진 주식회사 사장 와키무라 다쓰조脇村辰藏

조수組數는 천원회 10조組, 오백원회 14조, 삼백원회 11조, 백원회 2조, 합계 총 37조로서 급부금 계약금이 81만8000원에 달한다. 타사보다 소액 무진이 비교적 많은 점이 포항무진회사의 특색이라 할 수 있는데, 이는 영세민·상인·어민·농업인에게도 문을 열어놓고 본래의 사명을 달성하기 위해 노력하고 있으며 기본적으로 가입자 중심으로 업무를 수행하고 있다는 사실을 입증한다.

현재의 무진 조수와 종별표(1934년 12월 말 조사, 단위: 원)

종별	조수	계좌 수	급부 계약금 합계(원)	종별	조수	계좌 수	급부 계약금 합계
갑종 천원회	7	280	280,000	을종 천원회	3	120	120,000
갑종 오백원회	7	280	140,000	을종 백원회	7	280	140,000
갑종 삼백원회	14	560	168,000				
갑종 백원회	1	30	3,000	합계	37	1,550	851,000

가입 계약자별(1934년 12월 말 현재, 단위: 원)

종별	인원 수	계좌 수	급부금 계약액	보증금 계약액
일본인	971	935	574,300	617,641
조선인	531	615	276,700	297,916
계	1,202	1,550	851,000	915,561

계약자 직업별(1934년 12월 말 조사, 단위: 원)

종별	인원 수	급부금 계약액	종별	인원 수	급부금 계약액
농업자	108	47,700	봉급생활자	382	199,100
상업자	379	309,500	기타	298	269,400
공업자	35	25,300	계	1,202	851,000

기별 계약액 조사표(단위: 원)

기별	연월	보증 계약액	만기 잔액	미수무진 보증금
제1기	1923. 12	101,179	11,590	-
제2기	1924. 6	281,857	52,367	205
제8기	1927. 6	467,879	77,834	10,719
제9기	1927. 12	486,945	75,169	12,622
제15기	1930. 12	605,926	92,674	19,360
제18기	1932. 6	650,522	111,448	18,108
제20기	1933. 6	736,344	123,014	15,915
제22기	1934. 6	884,927	137,496	15,891
제23기	1934. 12	918,291	138,693	14,137

기별 주요 과목표(단위: 원)

기별	납입 자본금	적립금	예금 및 현금	대부금	무진급부 자금	순익금	배당금
제1기	15,000	-	6,436	7,266	2,677	-	-
제2기	15,000	-	5,503	18,690	9,943	979	1.00
제7기	15,000	5,100	4,312	43,898	8,914	3,724	1.60
제8기	15,000	7,000	8,369	30,490	10,299	3,617	1.28
제15기	15,000	18,050	5,022	28,512	4,771	2,365	0.80
제18기	15,000	20,800	12,407	29,770	7,166	129	-
제20기	25,000	14,550	16,677	33,965	8,916	3,250	0.80
제22기	25,000	18,500	49,931	23,943	10,976	4,113	0.80
제23기	25,000	21,100	58,972	27,715	10,802	4,732	0.80

- 현 임원

대표이사 사장: 와키무라 다쓰조, 전무이사: 우메다 구스케梅田九助, 이
사: 후루타 모헤이古田茂平, 기타가와 리하치北川利八, 야부노우치 가메

타로薮内亀太郎, 상임감사역: 후쿠시마 요시하루福島美治, 감사: 오야마
모모지尾山百次, 다나카 추사부로田中忠三郎

- 현 직원

지배인: 와키무라 호스케脇村芳助, 기장계: 최두한崔斗翰, 정리계: 구스
로 다쿠오久住呂拓夫, 급부·대부계: 하세가와 도쿠오長谷川德雄, 조사계:
김선경金善卿, 집금계: 마쓰이 가즈오松井一百, 강회講會계: 쓰루오카 시
게코鶴岡繁子, 기장계: 야마모토 후사코山本房子, 접수계: 신병부申炳府, 경
주주재원詰員: 사카모토 마사오坂本政雄, 영덕주재원: 치카에 닷페이近江
辰平, 대리점: (홍해)나카무라 쓰루기치中村鶴吉, (안강)사이토 지세이치西
藤寺誠一, (구룡포)하시모토 젠기치橋本善吉, 사이토 기이치斎藤規一, (감포)
스기마치 이치로杉町一郎, 야마모토 고하치山本小八

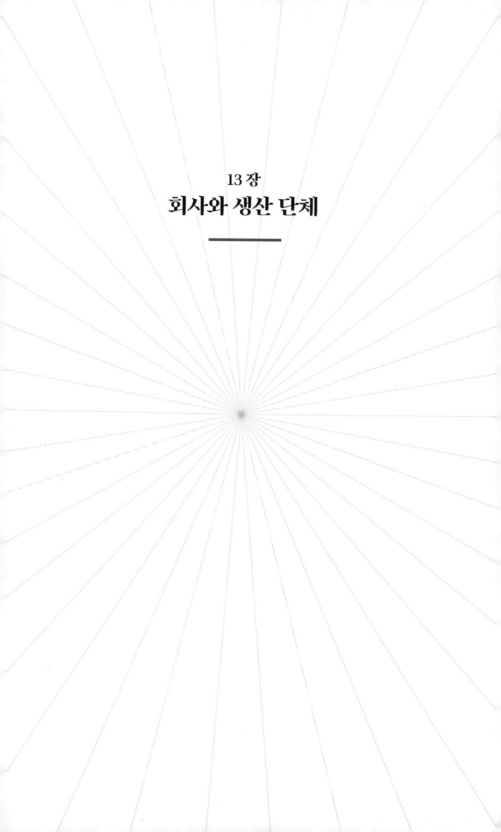

13 장
회사와 생산 단체

1. 회사

가. 개요

조선의 회사 발달은 세 시기로 구분하여 고찰하는 것이 편리하다. 1기는 방임 시기, 2기는 회사령 시기, 3기는 회사령 폐지 이후부터 현재에 이르는 시기다. 1910년 12월 회사령이 선포되기 전까지 한국의 여러 상사商社는 수준이 낮고 국민경제는 상업이라 할 만한 단계에 이르지 못했다. 따라서 상업적으로 특기할 만한 것은 없으며 시설도 거의 없었다고 할 수 있다. 간혹 상사 또는 회사가 설립되더라도 제약이 있어서 미약한 상태로 관리하는 데 그쳤다.[1] 병합 후에는 조선에서도 기업 열기가 왕성해지면서 회사를 조직하여 경영하려는 자가 서서히 늘어나긴 했으나, 대체로 법률적 경제적 지식이나 경험이 부족하여 복잡한 사업을 경영할 수 있는 사람이 적었다. 종종 교활한 자狡獪者나 기업가들의 과장된 감언에 유혹되어 뜻밖의 손실을 초래하는 일도 발생했다. 또한 일본 자본가들도 이들 사기꾼에 의해 불확실한 사업에 투자하여 손실을 보는 경우도 많았다. 조선의 산업 개발을 저해하는 영향이 뚜렷해짐에 따라 당국은 이러한 폐해를 근절하기 위해 감시 감독을 주도면밀하게 강화하기로 했다. 그리고 조선의 건전한 산업 발달을

---

1 한일합병 직전 대한제국에서 조선인이 경영하는 회사는 합명회사 3개, 합자회사 4개, 주식회사 14개로, 총 21개사가 있었다.

도모하는 차원에서 당분간 회사 설립을 허가제로 하여 1910년 말 법령을 선포, 다음 해인 1911년 1월부터 실시했다.

이렇듯 무모하고 불확실하거나 방만한 투자를 경계함으로써 그에 따르는 분란을 억제하고 건전한 조선의 산업 발달을 위해 일시적 편의權宜의 수단으로서 제정된 것이 회사령이다. 10년이 지나자 조선인의 경제력은 눈에 띄게 발전했고, 회사와 기업에 대한 이해도 한 단계 진전을 이루었다. 일본인 기업가들이 점차 조선의 사정을 인지하자 회사령을 존치할 필요가 없어져 1920년 4월 1일 이를 폐지했다. 그러나 모든 규정이 소멸된 것은 아니어서 보험업, 무진업, 유가증권의 매매나 중개업을 목적으로 하는 회사와 회사조직의 거래소는 일반 기업과는 달리 특별 법규가 제정될 때까지 본 규칙으로 보호감독을 강화하여 견실한 발달을 도모하고 있다. 그리고 1922년 조선무진업령을 선포 시행함에 따라 회사령 폐지 후 창립되는 회사들은 앞서 말한 두세 가지의 특례를 제외하고는 조선민사령에 근거한 상법의 적용을 받게 되었다. 설립 과정도 정관을 정하여 필요사항을 등기만 하면 끝나기 때문에 크게 진전되었다.

포항에 설립된 회사들도 이와 같은 추세에 따라 세 시기에 걸쳐 변화해왔다. 주식, 합자, 기타 회사는 다음 17개사가 있으며, 나아가 기업企業이라 부를 만한 회사도 있다.

상호	자본금	납입액
경북수산 주식회사	250,000	62,000
경북어업 주식회사	150,000	150,000
주식회사 나카타니다케사부로 상점	200,000	100,000
영일누룩 주식회사	50,000	20,000

상호	자본금	납입액
포항양조 주식회사	50,000	20,000
마루산丸三 어업 주식회사	100,000	60,000
포항운수 주식회사	100,000	38,000
주식회사 오후쿠회조점大福廻漕店	50,000	25,000
포항토지 주식회사	50,000	12,500
주식회사 후쿠시마福島 상점	100,000	700,000
조선어업 주식회사	100,000	100,000
합명회사 오가미大上 상점	50,000	50,000
합자회사 야마다山田 신발점	1,500	1,500
합자회사 구로다黑田 상점	4,000	4,000
합자회사 스기와라杉原 상점	1,000	1,000
합자회사 포항산업사	5,000	5,000
합자회사 김동金東 상점	30,000	20,000

이외에 일본 본토와 포항이 아닌 곳에 본점을 둔 회사의 지점 출장소를 열거하면 다음과 같다.

상호	자본금	납입액
다이코大興 전기주식회사 포항지점	5,000,000	2,900,000
교에이共榮 자동차주식회사 포항출장소	300,000	300,000
마루가미丸神 운수주식회사 포항출장소	200,000	125,000
주식회사 하야시카네林兼 상점 포항출장소	10,000,000	7,500,000
합자회사 에구치江口 주조회사 포항출장소	1,000	1,000

즉 포항 현지와 지점, 출장소까지 합치면 총 22개사가 되며, 각 회사의 실적도 모두 우수하다. 주된 회사와 지점, 출장소에 대한 자세한 소개는 다음과 같다.

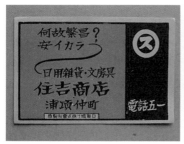

*과거 포항 나카초에 위치한 스미요시 상점(전화 51)의 선전문구가 재미있다.
"왜 번창하지? 싸니까. 일용잡화·문방구"라 적혀 있다. 광고지 또는 명함 용도로
활용된 것으로 보이는데 정확한 시기는 알 수 없다. 두 번째 광고지는 역시 나카초에 위치한
스스키 상점의 것으로, 한글로 "안심하고 물건 살수잇소"라는 문구가 적혀 있다.

• 경북수산 주식회사

– 위치: 히가시하마초 391번지

– 창립: 1931년 10월 23일

– 부지: 392평, 건평 72.5평

경북수산 주식회사는 경상북도 어업조합연합회의 어획물 위탁
판매, 업무 대행을 목적으로 지원을 받아 1931년 10월 23일 자본금
25만 원으로 창립된 회사다. 당시의 임원은 다음과 같다.

– 사장: 나카타니 다케사부로, 전무: 하마다 도시오濱田錄男, 이사: 김두
하, 시마다 긴시로島田金四郞, 하마자키 기사부로浜崎喜三郞, 후쿠시마 이
헤이, 하마다 이와, 김동덕, 정용수鄭用守, 감사: 김용수金龍守, 도가와
야사부로十河彌三郞,[2] 정도균鄭道均

이들이 중심이 되어 대구부大邱府 신초新町에 본점을 두고 포항에 지점을 설치하여 청어를 비롯한 선어, 염간어鹽干魚의 위탁 판매 그리고 수산물의 제조 가공과 판매, 어구와 부속품의 제조 판매를 시작했다. 이전에는 어획물이 어업자로부터 소비자에 도달하기까지 여러 단계를 거쳤지만, 본 회사의 설립으로 인해 가능한 한 중간 단계가 생략되어 생산자에서 직접 소비자로 연결되기 시작했다. 나아가 회사 수수료도 5퍼센트(5푼)로 하여 이익의 대부분이 어업자와 소비자에게 돌아가게 했다. 그 결과 선어는 본점 소재지에서 매우 높은 판매를 올려 첫해 취급액이 무려 44만5000원에 달하는 등 상당한 이익을 거둠으로써 먼저 설립된 다른 어류 도매회사와 치열한 경쟁이 벌어졌다. 한때 합병 등의 논의도 있었으나 결국은 이루어지지 않은 채 경북수산의 명성은 날이 갈수록 더해져 조선은 물론 일본 본토와 만주, 머나먼 미국에까지 거래처가 늘어나면서 세력을 뻗어갔다. 그러자 본점을 대구에 두고 활동하는 데 불편한 점들이 생겨나 1933년 4월 포항으로 이전하기로 결정, 같은 해 7월 4일 포항지점이 폐지되고 본점이 자리 잡았다. 다음 해인 1934년 7월 7일에는 나카타니 사장이 사임하고 하마다 이와가 자리를 이어받아 현재에 이르고 있다. 회사 설립 당시부터 경북 청어의 판매에 매진하여 오늘날에 이르게 된 것은 경북수산의 탁월한 성과라 할 수 있다. 지금은 어촌 발전이라는 파도를 타고 어업자와 함께 혼신의 노력을 다해, 1935년 10월부터 강구에서 토마토사르딘 제조를 시작하게 되었다.

— 대표이사 사장: 하마다 이와, 상무이사: 요시모토 노부가츠吉本信勝, 이

2 도가와 야사부로는 구룡포의 수산 분야에 공로가 큰 자로서 그의 공적비가 지금도 남아 있다. 상세한 내용은 2부 3장의 '특집기사에 소개된 구룡포'편을 참조.

사: 김두하, 하마다 도시오, 후쿠시마 겐지福島憲治, 윤이병尹离炳, 모토요시 도라가메元吉寅龜, 상임감사: 김용주金龍周, 감사: 도가와 야사부로, 다나카 미쓰구

• 경북어업 주식회사
– 위치: 히가시하마초 69의 9번지
– 창립: 1927년 11월 2일

경북어업 주식회사는 청어 기타 어업 경영 또는 수산물 가공과 수산자금 대부를 목적으로 자본금 15만 원으로 1927년 11월 2일 창립했다. 당시 발기인은 나카타니 다케사부로, 다나카 미쓰구, 오우치 지로, 김두하, 김동덕, 최병기, 아라타 겐기치新田源吉, 나카토 도모이치로中藤友一朗, 박윤여朴允余, 도가와 야사부로, 김하옥金河玉 11명이다. 이 회사는 주식 3000주, 나카타니, 다나카, 오우치, 김두하, 김동덕, 최병기, 김하옥, 도가와, 아라타, 나카토, 김하옥 등은 각자 소유의 어업권으로 주식의 납입금을 충당하여 주식이 2998주에 달하고 있다. 이 회사의 실적은 물론 어획량에 따라 좌우되지만 소유 어장이 모두 영일만의 우수한 지점에 있고 평가 가격의 차이가 거의 없을 만큼 어획기마다 높은 실적을 거두고 있으며, 최근에는 이익 배당이 15퍼센트(1할 5푼)를 내려가는 일이 없다. 그 중역들은 다음과 같다.

– 대표이사 사장: 나카타니 다케사부로, 전무이사: 하마나 이오, 이사: 다나카 미쓰구, 오우치 지로, 요시모토 노부가쓰, 오카베 요이치, 감사: 후쿠시마 겐지, 김동덕, 하마다 료노스케濱田良之助, 지배인: 후루이타 구니노스케古板国之助

• 조선어업 주식회사 영일출장소

- 위치: 영일군 동해면 대동배동
- 창립: 1930년
- 자본금: 10만 원

조선어업 주식회사는 오쿠다 가메조奧田亀蔵가 경영하던 가쿠와구미角輪組를 주식회사로 개편한 것이다. 그리고 본사를 강원도 고성군 신북면 영진동에, 영업소를 시모노세키에 두고 조선 동해안 일대의 어업에 종사하는 회사로 그 실적이 상당하다. 게다가 업태가 건실하며 노사勞使가 긴밀한 관계를 유지하여 모범 어업가로 이름을 알리고 있다.

- 사장: 도쿠다 히라가즈德田平一, 출장소장: 니시무라 겐이치西村源一

• 주식회사 나카타니 상점

- 위치: 혼초
- 창립: 1934년
- 자본금: 20만 원

주식회사 나카타니 상점은 나카타니 다케사부로가 주축이 되어 가문의 이름으로 경영하는 회사다. 나카타니 상점은 포항에서 손꼽히는 오래된 점포老鋪라고 할 수 있는데, 그 전신은 아와모리淡盛 상회 포항지점이다. 나카타니는 아와모리 상회에서 독립하여 단독으로 경영해 오다가 최근 2세 나카타니가 왕성한 활동을 펼치면서 사업을 확장하여 주식회사 조직으로 개편했으나 실질적으로는 나카타니 본인이 경영하는 체제다. 개점 당시부터 설탕과 밀가루, 성냥, 석유는 물론 주류,

*1929년의 나카타니 상점

정미, 면포, 비료 등 다양한 품목을 취급하여 건실하기 이를 데 없는
성과를 유지하여 1년간 약 100만 원의 실적을 올린다고 한다.

• 영일누룩 주식회사

- 위치: 사카에초 890번지
- 창립: 1930년 5월 29일
- 자본금: 5만 원

영일누룩제조 주식회사는 조선의 주조酒造용 누룩 제조와 판매
를 통제하는 당국의 방침에 기초하여 1929년 4월경 포항양조, 창주

주조와 청하주조의 대표인 모리나가 다쓰조森永忠藏,[3] 하시모토 젠기치橋本善吉 외 1명의 세 대표에 이종호李鐘虎, 김동덕, 마쓰모토 다니고松本谷吾, 소네 고이치曾根悟一, 설인찬薛仁燦 등이 가세하여 포항에 누룩 회사를 설립하기로 논의했다. 이들은 1929년 4월 20일 요정 마루만에서 창립총회를 열어 모리나가를 창립위원장으로 추대하고 회사 설립에 관한 모든 절차를 보고한 뒤, 관련 절차를 거쳐 주주 12명에 자본금 5만 원으로 영일누룩제조 주식회사를 창립했다. 사장은 모리나가 다쓰조, 상무이사는 김동덕, 이사는 마쓰모토 다니고, 이종호, 하시모토 젠기치, 감사는 소네 고이치, 설인찬 등이 취임 절차를 거쳤다. 7월에 회사의 사옥과 공장 신축에 착수하여 8월 초순에 완공, 20일부터 사업을 시작했다. 원래 영일군 일대의 주조장은 대부분 경남 동래의 누룩으로 충당하고 있었으나, 이 회사가 설립된 후로는 연간 생산액 30만 개라는 누룩 제조 실적을 발휘하여 영일군 일대의 주조장에 공급할 수 있게 되었다. 첫해에는 다소 적자를 보았으나 이후부터는 실적이 우수하여 상당한 성과를 거두었는데, 최근 자력갱생의 여파인지 주조회사의 수요가 감소한데다 재료 가격의 상승으로 1935년의 결산은 적자를 볼 수도 있다고 한다. 그러나 제품의 판로가 확실하므로 회사의 전망은 매우 희망차다. 사장 이하 임원은 아래와 같다. 9월에 재선거가 있으므로 12명 임원의 교체가 이루어질 수도 있으나, 대체로 이동은 없을 것으로 보고 있다.

- 대표이사 사장: 하시모토 젠기치, 상무이사: 김두하, 이사: 이종호, 하시모토 젠기치, 감사: 소네 고이치, 설인찬

---

3 원문에는 모리모토森本라 표기되어 있으나 이후 본문에서는 모리나가森永로 표기되어 오기로 보아 수정했다.

• 포항양조 주식회사

- 위치: 아사히초 356번지
- 창립: 1928년 4월 3일
- 자본금: 5만 원

조선주朝鮮酒[4]의 양조는 그동안 통제가 되지 않아 당국은 관리 단속에 큰 어려움을 느끼고 있었다. 1920년대 중반부터 각 도에서 시험적으로 양조 생산을 집약시킨 결과 비교적 성과를 거두었다. 이러한 통제에 착수한 경북도에서도 기존의 주조가를 중심으로 먼저 제도를 통해 회사 형태로 경영하도록 했다. 이러한 기운에 촉진되어 1928년 나카타니, 박윤여, 최병기, 김두하, 김현태, 모리나가 다쓰조, 이원기李源璣, 이동빈李東彬, 정기환鄭基煥, 서정석徐廷錫, 서상준徐相俊, 김봉원金鳳元, 정대용鄭玳鎔, 최기영崔基榮, 정태용鄭泰鎔, 정철검鄭喆儉, 이원우李元雨, 김두봉金斗鳳 18명이 발기하여 포항양조주식회사를 설립했다. 사옥 신축을 시작하는 동시에 준비 작업에 나선 결과, 7월 20일부터 업무를 시작했다. 이어서 1929년 1월 28일 연일주조 주식회사를 합병하여 오늘에 이르고 있다. 그 제조량은 탁주 5400석, 소주 20석, 약주 300석으로 실적이 매우 양호한데다, 독점적 사업이기는 하나 수요자와의 거래가 원만하여 다른 도시에서 들려오는 불매 동맹 등의 불편한 일이 없다. 임원은 다음과 같다.

- 대표이사 사장: 나카타니 다케사부로, 이사: 김두하, 김용주, 다나카 미쓰구, 와키무라 다쓰조, 기타가와 리하치, 가와모토 시게타로川本重太

---

4 여기서 말하는 조선주란 청주보다는 탁주, 즉 막걸리와 약재를 넣어 빚는 약주를 뜻하는 것으로 보인다.

郞, 감사: 최병기, 오우치 지로, 기타가키 마타지로

• 주식회사 후쿠시마 상점

- 위치: 히가시하마초 78번지
- 창립: 1928년 9월
- 자본금: 10만 원

주식회사 후쿠시마 상점은 후쿠시마 겐지福島憲治를 중심으로 한 집안 조직이다. 선대 후쿠시마 이헤이는 포항 건설의 은인으로, 많은 사람이 그의 덕을 추앙하고 있을 만큼 여러 분야에 공을 남겼다. 고인은 포항 개발을 위해 공적인 일은 물론 사업에도 관계하지 않은 분야가 없었으나, 개인의 영업으로는 먼저 양조업에 뛰어들어 1910년부터 '기비마사무네吉備正宗'를 판매[5]했다. 이것은 후루카와의 '호오鳳凰'와 함께 포항 최초의 일본인 양조 제품이다. 이후 된장, 간장을 양조하기 시작했고 식료, 잡화까지 겸업하며 넓혀 기반을 공고히 했다. 주식회사는 이것을 회사 조직으로 바꾼 것에 불과하다. 현재 양조 생산량釀石高은 청주酒 250석, 간장 100석, 판로는 현지는 물론 영일군 일원부터 동해안 각지, 나아가 강원도 일부 지역까지 미치고 있다.

• 마루산어업 주식회사

- 위치: 히가시하마초 68번지
- 창립: 1930년 5월 1일
- 자본금: 10만 원

---

5 1938년 3월 제4회 조선주조협회 대구지회 주최 청주품평회에서 후쿠시마 상점이 출품한 '영해迎海'가 금배를 획득했다는 기사가 있다.(『부산일보』, 1938. 3. 29)

포항은 물론 다른 지역에서도 마루산丸三어업 주식회사만큼 체계가 잘 갖춰진 회사는 흔치 않다. 신망이 좋은 이 회사의 전신은 후쿠시마 이헤이, 이소야 긴기치磯谷乳金吉, 쓰보모토 사이이치坪本才一 등이 협력하여 마치 한가족처럼 똘똘 뭉쳐 조직한 익명조합匿名組合 마루산구미丸三組로, 영일만 연안에서 어업을 시작했다. 한 가족의 조합처럼 모두가 어로 활동에 솔선했기 때문에 하오리羽織 어업자나 양복 조합장[6]과는 차원이 다르다. 물론 그렇기 때문에 실적이 높을 수밖에 없다. 호흡이 잘 맞아서 점차 사업은 문자 그대로 순풍에 돛 단듯이 발전했지만 후쿠시마 조합장은 조합의 성과를 높이는 데 만족하지 않고 노사勞使의 공동 번영에도 힘썼다. 하루 벌어 하루 생활하는 근성을 지닌 조선인과 일본인 어부의 태도를 개선시키겠다는 뜻에서 마루산구미를 주식 조직으로 개편하고 어부들에게 각각 주식을 제공했다. 그러자 하루 벌어 하루 살면 족하다고 생각해온 그들은 어업과 매일의 노동을 자신의 사업으로 인식하기 시작했다. 그리고 마루산구미의 자산을 소액으로 책정하여 불황이 닥치더라도 경영이 위태로운 상황에 빠지지 않도록 불안 요소를 제거했다. 현재 히가시하마초에 위치한 회사 인근의 토지 5000평은 5258원으로 평가되고 있는데, 이를 주식 납입대금으로 충당한 것을 보더라도 이 회사의 건실함은 100퍼센트라고 말할 수 있는 선례라 할 것이다. 현재 선박 17척, 종업원 100명, 연간 어획량 6만 원으로, 재계의 부진도 이 회사에는 영향을 끼치지 못한다.

— 대표이사 사장: 후쿠시마 겐지, 전무이사: 쓰보모토 사이이치, 이사:

---

6 하오리羽織란 일본의 전통 예복으로, 여기서는 바다에 나가지 않는 어업 경영자를 조롱하는 말이다. 양복 조합장이라는 표현 또한 양복 차림으로 책상에서만 일하기 때문에 현장을 알지 못하는 자들을 비꼬는 용어다.

이소야 긴기치, 쓰보모토 긴지坪本銀治, 쓰보모토 아라지坪本荒治, 감사: 후쿠시마 미하루福島美治, 지배인: 마쓰이 히로가즈松井濱一

• **포항운수 주식회사**

– 위치: 히가시하마초 342번지

– 창립: 1931년 4월 2일

기차역당 1개 영업소만 허용하는 1역驛 1점店 주의에 따라 소규모 운송사 간에 기업 합동이 이루어질 무렵 포항에서는 마루호㊍, 마루로쿠㊅를 제외한 11개 운송사가 합동하여 마루다치㊧ 운송이라는 조직을 만들었다. 사장으로는 김두하가 선임되었고 임원은 우메모토, 김용수, 정용수 등이 선임되어 조선운송 주식회사의 대행 회사로 출발했다. 그리하여 포항의 운송회사는 마루호, 마루로쿠, 마루다치 3개 회사로 압축되어 치열한 화물 쟁탈전을 벌이기 시작했다. 1930년 12월에 이르러 조선운송 측의 배려로 마루호와 마루다치 간의 합병이 제안되었고, 여러 차례 협의를 거쳐 의견일치를 이루었다. 양사의 합병을 위한 창립위원으로서 마루호에서는 나카타니·모리나가·기타가키·다나카貢·다나카忠·가와구치·고토에琴惠 등이 나서고, 마루다치에서는 김두하·우메모토·정용수·김용주·박윤여·서정석·강국원姜國元 등이 나서 1931년 2월 5일 창립총회를 개최했다. 회사 합병의 모든 과정을 끝내고 4월 2일자로 포항운수가 새롭게 탄생했다. 당시 사장은 나카타니 다케사부로, 이사는 모리나가 다쓰조·우메모토 가메타로·김두하·다나카 미쓰구·김용주·정용수·박윤여·최병기, 감사는 기타가키 마타지로·다나카 추사부로·강주석姜疇錫이 맡았다. 포항운수의 진용이 정비된 후 업계 쇄신을 위해 노력함으로써 매우 양호한 성과를 거뒀다. 2기

결산에서는 7퍼센트(7푼)의 배당을 얻었고, 이후 점차 상승하여 5기에는 15퍼센트(1할 5푼)의 배당을 하기에 이르렀다. 소유 자산은 창고 10동 514평, 임대 창고 2동 200평으로 포항 최대의 운송회사라고 할 수 있다. 업무는 일반 운수지만 대리업으로는 조선운송의 대행, 오사카상선, 시마타니기선, 조선기선 등의 대리점 외에 미쓰비시三菱 해상화재보험, 오사카大阪 해상화재보험, 데이코쿠帝国 해상화재보험의 대리점이다. 임원은 다음과 같다.

- 대표이사 회장: 나카타니 다케사부로, 이사: 다나카 미쓰구, 김두하, 김용주, 정용수, 최병기, 감사: 기타가키 마타지로, 다나카 추사부로, 강주석

• 주식회사 오후쿠회조점
- 위치: 히가시하마초 80번지
- 창립: 1925년 9월
- 자본금: 5만 원

오후쿠회조점大福回漕店은 2개의 운송사가 합병하여 주식회사로 개편한 회사다. 그중 하나가 선운합명鮮運合名으로, 1918년경 후쿠시마·오가미 두 사람이 인수하여 경영하다가 나카타니, 김준익金準益 등 6명이 경영하던 마루로쿠 운송을 매수 합병하면서 1925년 9월 주식회사로 창립했다. 그 후 1933년 부산의 오이케大池가 오후쿠의 주식을 사들여 오늘에 이르고 있는데, 사업 실적이 양호하여 포항운송과 함께 포항 운송업계의 쌍벽이라 불리고 있다. 대행으로는 조선우편朝郵, 조선기선朝汽, 남선운수南鮮運輸, 그 밖에 니혼日本 해상, 도요東洋 해상, 오

기타大北 화재, 후소扶桑 해상, 도쿄東京 해상 등의 대리점을 하고 있다.

- 대표이사: 오이케 겐지大池源治, 상무이사: 히로오카 다쿠지廣岡卓爾, 이
  사: 후쿠시마 겐지, 감사역: 구쓰나 미사오惣那操

- **포항토지 주식회사**
  - 위치: 메이지초 945번지
  - 창립: 1927년 5월
  - 자본금: 5만 원

포항토지 주식회사는 미야자키 사다하치宮崎定八 외 5명의 발기인
으로 창립되었는데, 미야자키가 밝혔듯이 실질적으로는 미야자키 소
유의 토지 경영기관이다. 그 업무는 토지 및 건물의 매매와 경영, 금
전 대부와 대리대부, 동산·부동산 관리와 감정평가, 각종 대리업으로
현재 논水田 200정보(60만 평), 밭 50정보(15만 평), 임야 200정보(60만
평), 대지垈 2만 평, 가옥 약 20호를 경영하며, 대부금 약 4만 원으로
매우 건실한 행보를 보이고 있다.

- 대표이사: 미야자키 사다하치, 이사: 고가 다쓰오古賀辰雄, 미야자키 세
  이하치宮崎淸八, 감사: 고가 요네오古賀米雄

주식회사는 이상과 같으나 앞으로 항구가 구축되면 이 회사들은
갈수록 비약적인 발전을 보일 것이다.
이외에 합자 조직과 합명 조직으로 6개사가 더 있으나, 자본금이
소규모이므로 여기에서는 그중 한두 회사만 소개하기로 한다.

• 합명회사 오가미 상점

오가미大上 상회는 오가미大上 도메조가 이끌어가는 회사로서 포항 유일의 합명회사다. 장년의 나이에 포항에 들어온 그는 형제끼리 협력하여 잡화 무역으로 기반을 다진 후 지난 해에 합명 조직으로 개편하면서 자신이 대표자가 되었다. 주요 분야는 주류와 비료인데 조선인 대상의 대표적인 잡화 도매품목은 설탕과 밀가루다. 포항 초창기의 일본인 중 한 명으로서 포항 건설의 주역이자 현재 이 지역에서는 누구도 함부로 할 수 없는 거물인 그는 나카타니의 뒤를 이어서 포항을 일으킬 일인자다. 그의 존재감과 더불어 그가 경영하는 오가미 상회도 점점 새로운 상업 기회를 잡아 확장한 결과, 현재 영일군은 물론 연안 일대에서 오가미 상점과 거래하지 않는 곳이 없을 만큼 상권을 넓혔다.

• 합자회사 김동 상점

- 위치: 히가시하마초 345의 1번지
- 창립: 1929년 8월 10일
- 자본금: 3만 원

합자회사 김동金東 상점은 해륙 물산의 무역과 위탁 판매, 정미, 운송, 창고업을 경영하고 있다. 포항에서 조선인이 경영하는 회사 중 가장 건실하고 신용이 두텁다. 해산물 무역은 연간 30만 원, 위탁 판매는 약 15만 원, 창고료 약 2000원이라는 실적을 나타내고 있다. 무한 책임을 지는 대표자는 김동덕金東德이다.

• 다이코 전기 주식회사 포항지점

포항에서 전기 사업은 1917~1918년경부터 여러 지역에서 나타나

기 시작했는데, 그중에는 안강의 수력을 이용한 발전 그리고 포항 현지
인이 계획한 포항전기 주식회사가 있다. 이 포항전기의 발기인은 후쿠
시마 이헤이, 오가미 도메조, 나카타니 다케사부로, 다나카 미쓰구, 아
라타 겐기치 등으로 자본금 10만 원을 기반으로 설립 계획을 출원하
여 인가되었다. 당시 다이코大興 전기가 각 지역에 영업 진출을 계획하
고 있었기에, 포항전기가 사업을 개시하기 전에 다이코 전기와의 합병
논의[7]가 이루어졌다. 1920년 8월 2일 다이코 전기와 포항전기의 대표
자가 합병 조인을 한 즉시 이를 신청하여 그해 10월 23일 인가되었다.

　그 후 2년 후인 1921년 3월 모든 공사를 완료하고 4월 1일부터 송
전을 시작했는데, 당시의 등수는 10촉으로 환산하여 1906등, 수요 호
수는 652호였다. 그로부터 1922년 11월 다이코 전기는 지점장 이와
이 쇼지岩井庄次가 부임하는 즉시 사카에초(광복 후 덕산동)에 지점을
신축하고, 50마력의 증기 발전汽力을 설비하는 공사에 착수했다. 시가
지 발전에 따라 전기 수요가 증가하자 1925년 가스瓦斯 발전 70마력
을 증설 설비하는 등 송전에 박차를 가해 1928년 12월 25일부터 흥
해 지역에 송전을 했고, 1933년 1월 28일부터는 연일 지역까지 송전
하게 되었다. 나아가 경주에 대한 발전 계획을 세워 1931년 7월 27일
300마력 중유발전소를 기공, 경주-포항 간 송전선을 완성함으로써 그
해 9월 22일 드디어 포항으로 송전을 시작했다. 현재 상황은 수요 호
수 1630호, 착탈식 등取付 5021등, 10촉(환산) 5444등, 동력 송전 31기

---

7 다이코 전기는 1911년 자본금 10만 원으로 대구전기주식회사로 출범했으나 당시 대
구 인구는 2만8000명(약 7300호) 정도로 전력 수요가 적어서 창업 당시 고전했다. 이후
1918년 8월 함흥전기를 합병하여 대구의 '대'자와 함흥의 '흥'자를 합친 다이코大興 전기
주식회사를 세운 후 적극적으로 사세를 키웠다. 1920년에는 광주전기에 이어 포항전기까
지 합병하면서 김천과 상주에 지점을 설치했고, 1926년에는 통영전기, 1930년에는 전남
전기, 1932년에는 남원전기, 영광전기를 흡수합병했다. 이후 총독부의 전기회사 통합계획
에 따라 조선 남부의 전기회사가 남선전기로 통합되었다가 광복 이후 한국전력이 되었다.

다이코 전기의 사장 오쿠라 다케노스케小倉武之助

128마력이다. 흥해의 현황은 수요 호수 272호, 착탈식 등 511등, 10촉 (환산) 422등, 동력 10기 36마력이다. 그리고 1933년 11월부터 지점을 폐지하고 다이코 전기 대구지점의 직할로 오늘에 이르고 있다.

– 역대 지점장: 이와이 쇼지, 야마모토 구니타로, 쓰바키 이노스케椿猪之助, 아마노 고로天野五郎, 이케다 겐池田謙

• 교에이 자동차주식회사 포항출장소

포항을 중심으로 하는 자동차 교통에 대해서는 앞서 서술한 바와 같으나, 교에이共榮의 전신인 한문양행은 우리 포항에서 태어나 포항에서 성장한 회사다. 그러나 이러한 교통기관이 소자본으로 경영하기 어려워진 시대 상황에 따라 경북도 당국이 나서서 경북 전역의 자동차 업자들을 한 몸으로 만듦으로써 교에이 자동차주식회사가 탄생했고, 기존의 한문양행은 포항출장소 업무를 맡게 되었다. 이후 교에이는 경북도 당국과 절연하고 조선철도자동차주식회사朝鐵에 전부를 양도했으나 포항출장소는 아무런 영향 없이 현재 20여 대의 차량으로 대구–

포항, 포항-구룡포, 포항-영덕 그리고 강원도까지 노선을 운행하며 동해안 유일의 교통기관으로서 주민에게 편의를 제공하고 있다. 한문양행의 전통을 간직한 포항출장소의 극진한 승객 서비스는 다른 노선에서는 찾아볼 수 없다.

• 하야시카네 출장소

1000만 원의 대자본을 보유하여 어업 왕국을 세운 하야시카네林兼는 설명이 필요 없는, 세상이 다 알고 있는 대어업가다. 출장소의 역할은 어획기에 출장원이 주재하면서 수산물 매매를 수행하는 곳으로 이용될 뿐이다.

• 강구주조 포항공장

- 위치: 쇼온초(광복 후 대흥동) 622의 3번지
- 창업: 1935년 3월
- 자본금: 1000원

문명기가 경영하는 강구江口주조에서 생산되는 이름난 소주 '신선神仙'의 분공장으로서 부지 500평, 공장사무소 등 건물 161평이며, '신선'의 양조량은 700석이다. 판로는 영덕, 울산, 부산, 울진의 각 부군府郡과 울릉도다.

2. 생산 단체

• 경상북도수산회

경상북도수산회는 오래전 병합 이전의 대한제국 시대에 기원을 두고 있다. 당시 일본인 통어단通漁團이 연합조합이라는 조직을 결성했는데, 외국영해수산조합법이 선포되자 명칭을 조선해수산조합으로 바꾸고 부산에 본부를, 연안 요충지에 지부 또는 출장소를 두었다. 또한 일본인 어업자의 편익을 위해 약간의 순라선을 배치하는 등 수산업 발전에 공헌했다. 그러나 병합 후, 즉 1912년 어업령과 수산조합규칙이 실시됨과 동시에 세 번째 명칭인 조선수산회로 바꾼 후 각 도에 지부를 두고 출장소를 추가했다. 이로써 업무를 넓히고 보충하면서 개혁을 도모하고 반도 수산업의 개선과 발달에 기여하여 일본과 조선 어업자의 공존공영에 노력했다. 이를 위해 어업자가 조난을 당하면 구제하고, 위기 시에는 좋은 대책을 마련해주고, 곤경에 빠지면 건져주며施藥救油, 분란을 조정하고, 어업인 출원을 대변하는 우편물을 취급할 뿐만 아니라 어업자의 이주 장려에도 힘을 기울여 큰 실적을 거두고 있다. 이후 해를 거듭할수록 어업자가 증가함에 따라 어장의 황폐가 극심하다는 점을 고려하여 당국은 1923년 1월 13일 새로운 조선수산회령을 선포하고 4월 1일부터 실시하도록 했는데, 이때 수산조합 수산회 지부가 도수산회로 개편되었다. 이러한 취지에 맞추어 같은 해 3월 조선수산

조합 경상북도 지부장은 경상북도수산회의 설립 발기인으로 나서 새 법령新令에 따른 회원 유자격자 3분의 2 이상의 동의를 얻어 4월 1일인가 신청한 당일로 승인을 받음으로써 경상북도수산회가 창설되었다.

이 수산회는 앞서 설명한 바와 같이 어업자의 공존공영에 기여함은 물론 수산업 진흥을 위한 각종 시설을 갖추고, 어업자의 요구사항을 수시로 당국에 건의하여 실현될 수 있도록 노력하는 등 수산업자에게는 꼭 필요한 역할을 수행하고 있다. 그 밖에도 1) 건의 요망 2) 회원 구제사업 3) 강연 강습 4) 지도 장려 5) 조사 및 시험 6) 수산 선전 7) 품평회와 공진회 출품 8) 어장 정리 9) 수산업 발달에 관한 주요 사항을 발굴하는 등의 사업을 벌이고 있다.

이러한 사업 수행을 위해 수산회는 각 부서를 정하여 불만이 없도록 하는 데 최선을 다하고 있다. 설립 이후 업계 여론을 대표하여 당국에 무려 53건의 건의를 올려 대부분 그대로 실현되었다. 나아가 회원에 대한 구제 사업을 보면, 창립 이후 1933년까지 구제 건수는 2730건, 소요된 금액은 1만6800여 원이며, 강습회 개최는 9회(연일수 210일, 강습 종료자 1만7864명), 어선 선장의 강습 8회(배출한 강습 종료자 1만3115명), 기타 어선갑판장·기관사·수산품 가공에 관한 강습 개최가 10여 회에 이르고 있다. 지도 장려사업으로는 정어리 유망 어구 보조를 비롯하여 자건煮乾 정어리 제조 개선, 김海苔의 시멘트床 양식 확장, 미역 제법 개선, 연어 인공부화, 청어알 방류, 오징어 어구柔漁具 배포 등 다양한 지도와 장려를 전개하여 나름의 실적을 거두고 있다. 이와 동시에 각종 조사 및 실험 등의 연구를 실시하여 수산업계의 발달·조장·촉진해야 할 점에 대해서도 소홀히 하거나 간과하지 않고 있다. 특히 영일만을 중심으로 한 정치 어장은 그 수가 많고 서로 붙어 있어 어획기마다 매년 위치 문제로 분쟁이 발생하며, 때로는 법을 위반하여 처벌을 받는 불상사도 일어나고 있다. 이렇듯 어장의 밀집 현상은 조업에 불편을 끼칠 뿐만 아니라 경제성도 떨어지기 때문에 당국과 협의하여 현지 조사를 실시한 뒤 대모 대부망과 각 망 설치 장소를 16~10곳으로 제한한 것은 대서특필해 마땅한 수산회의 공적일 것이다. 이때가 1924년이었는데 이후로는 분쟁도 없고 어업 이익도 증진되어 해당 업자들은 수산회의 덕분으로 여기고 있다. 그리고 영일만을 중심으로 연안 일대 50여 해리(92.6킬로미터)의 어장 개발 역시 수산회의 활약에 달려 있는데, 수산회의 꾸준한 노력이 구석구석 닿지 않는 곳이 없음에 비추어 볼 때 이 중책도 잘 추진하여 10여만 어민의 기대에 반드시 부응할 것으로 믿어 의심치 않는다.

- 현 임원

  회장: 나카타니 다케사부로, 부회장: 도가와 야사부로, 문명기, 평의원: 가토 아사고로加藤浅五郎, 이일우, 1명 결원, 특별의원 관선: 나카타니 다케사부로, 난바 데루오難波照治, 특별의원 민선: 문명기, 1명 결원, 위원: 세토 고이치, 다나카 미쓰구, 이치하라 시게노부市原重信, 의원: 11명

- 현 직원

  주사: 사사키 와이치佐々木和一, 기사 겸 서기: 김수한金壽翰 외 촉탁 7명, 현재 회원: 1684명

• 영일수리조합

형산강 주변에는 수백 정보의 농경지가 있지만 큰비가 내리면 하루아침에 강물이 범람하여 농경지가 잠겨버린다. 그래서 콩 농사의 경우 2년 연속 수확하지 못하는 불행을 겪기도 했다. 벼농사도 마찬가지

348

로 수해가 지속되면서 이 일대에서 농사를 짓고 살던 이들이 해가 갈수록 떠나버리는 모습을 목격하게 된다. 영농의 선각자 오쓰카 쇼지로는 이를 구제하기 위해 1913년 12월 24일 총독부에 진정서를 제출하여 조사원을 파견해줄 것을 간청했다. 그가 조사를 요구한 근본적인 목적은 이 일대에 화근이 되는 형산강의 물줄기에 대한 수리관개 사업을 통해 배수로를 확보함으로써 범람의 참화를 막기 위한 것이었다. 대체로 영일수리조합 조직의 기원이 여기에 있었다.

그가 청원한 다음 해인 1914년 2월 28일 미쓰이三井 기사, 가메이龜井 기수 일행 7명이 포항을 방문하여 즉각 조사에 들어갔고, 4월 3일까지 2개월이라는 오랜 시간을 들여 이 일대를 상세히 조사했다. 그 결과 오쓰카의 정확한 선견지명대로, 수리관개 사업에 가장 적합한 토지 성질임이 확인되었다. 이에 경북도 당국의 의향을 물어 9월 8일 조사 서류를 갖춘 뒤 관·민 그리고 지주와 유지들이 군청에 모여 회의를 열었다. 오쓰카는 열성적으로 수리사업에 대해 설명했으나 회의 참석자 가운데 사업을 이해하는 자가 아무도 없었고, 사업이 막막하여 지원할 수 없다거나 공사 규모가 너무 크다며 앞날을 걱정하는 등 결말을 짓지 못했다. 밤을 새워가며 군청 서무주임 다니무라 소마타谷村宗馬太[8]를 설득한 결과 미약하지만 가능성이 있다고 여겨 9월 21일 임시 인가를 신청했다. 그러나 요건을 갖추지 못한 부분이 많아 경북도 사무관 미야타 다카시宮田隆가 11월 10일 자필로 작성하여 총독부에 올렸는데, 1915년에 접어들도록 인가에 관해서는 답답하리만큼 무

8 다니무라 소마타는 일본 교토부 소속이었으나 1911년 3월 21일자로 경상북도 군서기로 임명, 영일군청으로 부임했다. 1914년 8월 23일 밤 영일군에 배부된 조선총독부 전신 암호를 자택에 보관해두었다가 도난당해 그해 10월 6일 주의 태만으로 견책을 받기도 했다. 1915년 6월 4일 총독부 군서기에서 도서기로 발령받았다가 1924년 1월 30일자로 인천남공립상업학교 교유敎諭로 임명되었다.

소식이었다. 인가가 지연되자 인심이 크게 요동치기 시작했고 유언비어까지 나돌아 계획 입안자들은 자기 일을 살필 여유조차 없이 고심했다. 이 소식을 전해 들은 경북도 제1부장 이리자와 시게마로入澤重麿[9]가 포항을 방문하여 사업의 전망이 결코 비관할 정도는 아니라고 관계자들에게 피력함으로써 민심이 가라앉기는 했으나, 새로운 사업의 어려움은 적지 않았다.

마침내 4월 6일, 대망의 인가 승인을 받아 그달 18일에 영일군청에서 제1회 발기인회를 개최했다. 그간의 경과 보고와 장래의 시설 방침을 정하고, 발기인 가운데 상임위원으로는 오쓰카 쇼지로, 나카타니 다케사부로, 후쿠시마 이헤이, 기타가키 마타지로, 니시지마 지로西島次郎 5명을 세웠다. 그리고 오쓰카를 총대로 임명함으로써 9월 3일 드디어 조합이 창립되었다. 공사의 실측 과정에서 일부 공사 변경이 불가피해지자 착공이 연기되기도 했으나, 경북도와 영일군 당국의 지원과 오쓰카 총대의 불굴의 노력으로 1916년 2월 12일 인가를 얻어냈다. 2월 18일에는 조합회의에서 임원을 선출함으로써 드디어 완전한 공공법인으로 영일수리조합이 탄생하게 되었다. 당시의 임원은 다음과 같다.

- 조합장: 오쓰카 쇼지로, 부조합장: 최병한崔柄翰
- 조합회의원: 도미요시 마쓰지로富吉松次郎, 와타나베 야지로渡邊矢次郎, 후쿠시마 이헤이, 마스다 미쓰지松田三津次, 니시지마 지로, 오가미 젠

---

9 이리자와 시게마로는 관동도독부 사무관 겸 참사관으로 근무하다가 1911년 8월 2일자로 조선총독부 농상공부 수산과 서기관으로 발령받았다. 이후 1913년 2월 14일 경상남도 내무부장, 1914년 8월 11일 경상북도 내무부장, 1915년 5월 1일 경상북도 제1부장으로 임명되었으며, 1916년 11월 15일 경기도 제1부장을 거쳐 1923년 9월 1일 6개의 민간철도(사철)를 통합하여 출범한 조선철도회사 사장으로 임명되었다. 이후 와병으로 도쿄 자택에서 요양하던 중 1928년 5월 13일 사망했다.

베에大上善兵衛, 나카타니 다케사부로, 기타가키 마타지로, 후쿠시마 겐기치, 아키다 요네사부로秋田米三郎, 다카다 마사오高田政雄, 이케가와 데이키池川貞記, 허호일許浩一, 오일봉吳日鵬, 안영환安永煥, 조형흠趙瑩欽, 정문규鄭文圭, 김요숙金了淑, 오덕노吳德魯

직원은 토목기사 네즈 스테조根津捨三[10] 외 서기, 기수를 합한 11명으로 영일수리조합의 조직이 정비되었다. 수리공사가 끝난 뒤의 수혜지역은 논 430정보(129만 평), 밭과 잡종지 736정보(220.8만 평)이다. 당시 정황으로 볼 때 이것은 대사업인 동시에 조선에서 일본인의 손으로 운영된 최초의 수리사업이었다. 오쓰카의 선견지명은 경탄할 만하다.

1916년 3월 9일 드디어 기공식이 거행되었다. 모인 관민과 관계자는 수백 명이었으며, 이날의 성대한 의식은 포항이 시작된 이래 처음이었다고 한다. 특히 이날을 위해 지어진 노래가 있는데, 추억하기 위해서라도 그 가사를 소개하기로 한다.

옛날 동쪽의 신이 계셨네, 사적史蹟에 이름 높은 영일의
평야에 일어난 수리사업, 공사비 총액 20만 원
조합인 수가 1500, 관민이 일치단결한 대사업
수혜구역은 1400정보, 조만간 이익의 증가액은
매년 쌀보리 합쳐 5만 석, 형산강의 물길을 이용하여
최신 학문의 이치를 응용하여, 이제부터는 자유자재로 물을 가감

---

10 네즈 스테조는 원문에 영일수리조합의 직원이라고 표기되어 있으나, 1928년 3월 7일 『매일신보』 식산은행 인사발령(3월 6일자) 기사에 따르면 부산지점에서 본점 근무지로 이동하고 있다. 아마도 식산은행 소속으로서 영일수리조합에 파견 근무를 한 것으로 보인다.

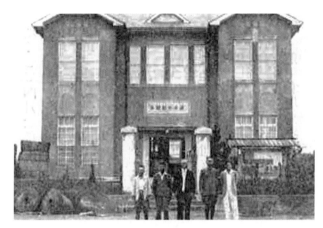

영일수리조합

헤아려보면 남은 3개월, 눈길이 닿는 곳 모든 밭에서

모 심는 소녀가 힘차게 부르는 모내기 노래田植歌, 5풍風 10우雨의 선물

을 얻어

가을 추수의 사슴이 울 때는, 즐겁구나 황금빛 벼의 파도

지금은 1000대 걸쳐 8000대 걸쳐, 마무리도 흔들림 없는 기공식

모두 함께 모두 함께 축하하자, 만만세

이 가사가 어떠한 가락으로 불렸는지는 알 수 없다. 또한 이 가사
가 경북 동해안 1400정보(420만 평)의 경지를 살려낸 기쁨을 충분히
담아낸 것인지도 알 수 없다. 시나 노래로 형태를 잘 이루었는지 여부
도 논할 것은 아니다. 그러나 이 가사를 통해 무한한 환희를 순수하
게 표현하고 있다는 점에서는 시와 노래를 초월하는 상쾌함을 맛볼
수 있다. 이것으로 당시의 상황을 규명할 만하다. 그 공사비는 다음과
같다.

- 총공사비: 12만670원 90전
- 내역: 토목공사비 2만4563원, 후세코지伏越[11]비 1만473원, 교량비
  3221원, 수로교비 760원, 분수갑문분水閘門비 1598원, 괘통掛樋비
  480원, 암거暗渠비 1만550원, 지선분수비문扉門비 3064원, 배수토
  관비 4550원, 농공비瀧工費 384원, 잡공사 473원, 기계 구입비 4만
  4120원, 기타 2만5472원

 이상의 설계공사비로 공사에 착수한 영일수리조합의 완공일은
6월 중순 예정이었으나, 7월 21일에 좌안에서 양수揚水하고 25일 우안
에서 통수通水하여 8월 5일 준공식을 거행하게 되었다.

 이후 오쓰카가 포항을 떠나게 되어 1917년 2월 후쿠시마 이헤이
가 제2대 조합장으로 취임했고, 다음 해인 1918년 7월 사임하자 나카
타니 다케사부로가 3대 조합장으로 취임했다.

 나카타니가 취임할 당시는 유럽 전쟁의 여파로 호경기였다고 할 수
있는데, 우리 일본에서도 전무후무한 쌀값 폭등이 있었다. 다행히 영
일수리조합도 아무 사고 없이 보냈으나 조합원이 늘어나 관개용수의
양이 증가하는 바람에 구식 기계로는 수요를 충당할 수 없게 되었고,
조합은 자금을 모으지 못해 아무 일도 할 수 없었다. 기존의 기계로
계속 양수한다면 수리조합의 목적에 제대로 부응하지 못하는 것으로,
조합원 중에 농사를 지을 수 없는 자가 생겨나는 결과에 봉착할 게
뻔했다. 1927년 조합을 유지하기 어려울 만큼 운영 중단 상태에 이르
자 나카타니 조합장은 경북도 당국과 총독부에 실정을 호소하기로 뜻
을 세웠다. 영일수리조합을 되살리려면 보조금 지원이 필요하다며 밤

---

11 후세코지伏越란 용수시설이나 배수시설에서 수로가 하천과 교차할 경우 이를 분리하
여 하천 밑으로 통과시키는 공법을 말한다.

*경북도지사 스도 모토

낮 없이 주요 지위에 있는 관계자를 찾아다니며 설득한 끝에 총독부로부터 조합장의 독자적인 행위를 묵인하겠다는 언질을 받아냈다. 이때가 1927년 말이다. 나카타니는 총독부의 양해라는 선물을 안고 경북도로 내려와 경북도지사 스도 모토須藤素[12]에게 이 사실을 전했다. 감격한 그는 나카타니의 노고에 감사를 표하며 보조 지령을 기다릴 필요 없이 조합장이 직접 양수기 교체를 추진하는 것으로 결정하고, 내무부장 후루하시 다쿠시로古橋卓四郎[13]에게 지시했으나 부장은 이를 수용하지 않았다. 도지사가 조정하려 해도 내무부장은 고집스럽게 모르겠다는 태도로 일관하면서 스도 지사에게 반항적인 태도까지 보인 것이다. 나카타니는 이제 자기 한 몸만 희생하면 될 일이라고 각오하

12 스도 모토(1883년생)는 후쿠시마현 출신으로 조선총독부 사무관, 총독관방 토목과장 등을 지낸 후 1926년 경상북도지사로 임명받았다. 1929년에는 경상남도지사로 전임했다가 1933년에는 일본 와카마쓰 시장에 취임했다. 시장 퇴임 후에는 조선무연탄주식회사 감사를 맡았다.
13 후루하시 다쿠시로(1883년생)는 아이치현 출신으로 조선총독부 사무관, 경찰관 강습소장, 충청남도 내무부장, 경상북도 내무부장, 강원도 내무부장을 거쳐 함경북도지사를 지냈다.

고, 내년도 예산은 금년 4월 이후에 논할 부분이지만 금년 모내기철이 되기 전에 양수기를 교체하지 않으면 1400정보(420만 평) 경지 중 3분의 1도 모내기를 할 수 없음을 내무부장에게 알렸다. 그는 조합원이 그런 비통한 상황에 처했는데 가만히 있는 건 비참한 일이며, 당국이 법규상 이를 허용하지 못한다면 조합장인 자신이 책임지고 결행할 수밖에 없다고 했다. 결국 지사와 내무부장과 헤어진 직후 그는 1928년도의 모내기에 맞춰 주문 절차를 밟아 양수기계의 갱신에 나섰다. 이와 같은 결단은 예상보다 좋은 결과를 이끌어냈다. 원래 하루 경비가 120원에 13명이 담당하던 작업을 불과 3명의 인원과 하루 경비 25원으로, 게다가 양수량은 무려 2배에 달하는 성과를 거두었다. 그해는 전국이 가뭄 피해로 인해 대흉작이었으나 영일수리의 수혜 구역은 다행히도 새 기계를 배치한 덕분에 평균 작황을 넘어 반反당 4두斗[14]의 증대를 얻게 되었다. 이에 조합의 빚 69만5779원 중 13만7326원을 상환하고 55만 여원의 잔액이 남아 있으나 그에 대한 상환은 낙관적이다.

수리조합 수혜 지역의 벼수확水稻 **성적표**(단위: 석)

연도	경작 면적	수확량	반당 수량	연도	경작 면적	수확량	반당 수량
설립 전	430	5,590	1.30	1926	9,358	22,102	2.36
1917	6,300	12,600	2.00	1927	9,049	19,298	-
1918	6,992	14,642	2.23	1928	9,459	23,778	2.515
1919	7,620	17,808	2.34	1929	9,770	28,944	2.96
1920	8,325	18,375	2.21	1930	9,912	32,415	3.27

---

14 쌀의 경우 10승=1두, 1승=2kg 정도, 1두는 20kg 정도에 해당하므로 증대된 4두는 약 80kg 정도라고 할 수 있다.

1921	8,377	19,235	2.30	1931	9,852	30,677	3.11
1922	8,810	20,524	2.32	1932	9,726	32,372	3.33
1923	9,254	33,206	2.47	1933	9,998	33,167	3.22
1924	9,292	21,500	2.32	1934	10,088	28,224	2.80
1925	9,455	12,068	1.28				

- 현 임원

조합장: 나카타니 다케사부로, 의원: 기타가키 마타지로, 박용득朴鏞得, 아키다 고메타로, 이종복李鐘馥, 최병환崔柄煥, 최병기崔柄基, 정태용鄭泰鎔, 김두하, 서정석, 쿠니에다 겐지國枝憲治, 마스다 히데조增田秀藏, 쓰지무라 에이사부로辻村英三郎, 조합원 1722명

- 직원

이사: 메하라 세키스케目原碩介, 서기: 도네 사쿠이치刀根作市, 최병주崔柄珠, 정석봉鄭錫鳳, 기수: 사사모토 요조篠本要三, 오후지 후쿠이치大藤複一

• 영일어업조합

포항에 처음 어업자 단체가 결성된 것은 1912년이다. 이 단체는 현재 법규에 의해 조직된 어업조합과는 아무 관련이 없으나 영일어업조합의 전신이라 할 수 있을 만큼 체계가 잡힌 단체였다. 당시 영일만을 중심으로 각 분야의 어업자들은 어떠한 통제도 받지 않고 동업자끼리 먹고 먹히는 난잡한 경쟁을 벌이는 등 어업의 진흥이나 발전은 안중에도 없이 당장의 이해에만 치중했다. 이 폐단을 근절하려면 어업인 단체를 조직해야 한다는 논의가 이루어졌고, 이에 1912년 10월경 우메모토 쇼타로, 마스노 구마오, 사사키 에쓰조, 오카모토 리하치 등이 주도하여 실행에 나섰다. 발기인 중 마스노 구마오가 중심 업무를 담

영일어업조합

당하여 11월 1일 다음과 같은 취지서에 규약을 첨부하여 포항과 인근
어업자에게 발송했다.

영일만 면허어업협회 설립 취지서

이르기를 형제간에 다툼이 있더라도 외부로부터 받는 매욕罵辱은 함께
막아낸다 했으며, 또한 이르기를 손가락 하나하나를 서로 번갈아 치는
것은 열손가락을 모아 단번에 치는 것을 이기지 못한다고 했다. 이처럼
우리 영일만 청어 어업면허권 향유자는 어업계의 형제라고 할 수 있다.
이에 상호간에 양보하며 친분을 쌓은 지 오래되었으며, 이 귀중한 권리
보유에 노력하는 것 외에 거칠고 무자비한 불법업자를 징계하고 몰아냄
은 당면한 급선무가 아닐 수 없음이라. 이 어장의 정리整理와 어업의 개
선, 발달을 도모함에 공동의 이익을 증진시키는 사업은 열 손가락을 꼽

아도 다 셀 수 없다. 이에 그 목적을 관철하여 피안彼岸에 도달하기 위해서는 같은 배를 탄 손님들이 서로 경계하고 서로 인도하지 않으면 불가능하다. 이에 단체가 필요한 것이며, 우리가 본 협회를 설립하려는 사유도 오직 여기에 있다고 본다. 부디 면허어업권을 향유한 여러분이 그 뜻을 혜량하여 별지 첨부한 서류를 꼼꼼히 읽고 생각하여 올바르게 이끌어주시기를 삼가 바라는伏望 바다.

1912년 11월 1일 발기자 지識

이 취지서를 배부한 날 저녁 7시 나카지마 여관에 모여 8시 반부터 협의를 시작했다. 협회 조직을 만장일치로 결정하고 규약을 심의함으로써 영일만면허어업협회가 설립되었다. 그리고 11월 21일 다시 나카지마 여관에 모여 임원 선거를 한 결과 마스노 구마오, 오카모토 리하치가 이사로 선임되었고 사사키 에쓰조, 고토 가쓰요시後藤勝吉가 감사로, 마스노 이사가 업무 전반을 처리하기로 했다. 진용을 갖추고 드디어 협회원의 복리 증진을 위한 활동에 나서게 된 어업협회의 주된 사업은 두 가지로, 금융을 위한 어업 공제漁業講 설립과 공동 구입이다. 초창기 시대에 최대한 질서를 유지하여 포항의 수산업을 오늘에 이르게 한 협회의 공적은 실로 잊히지 않을 것이다.

영일만 내의 어업은 영일만 외 각 지역에서 오는 통어선이 800여 척을 헤아릴 정도로 점차 발달하여, 최고의 어장이라는 이름에 걸맞은 성황을 보였다. 게다가 일본 현지의 이주어업자도 증가하고 있었으므로 질서 있는 발달의 기틀을 잡는 일을 서두르지 않을 수 없었다. 다행히도 당시 당국에서는 어업조합규칙을 마련, 조선 전 해안지역의 수산업 진흥을 꾀함으로써, 포항에서도 그 필요성을 통감하고 앞서 소개한 협회원을 중심으로 오카모토 리하치 외 17명이 조합 설립

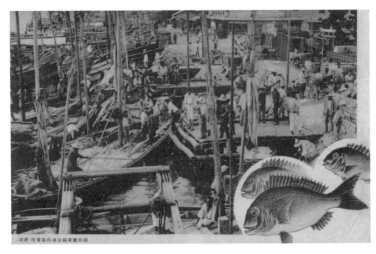

*(포항)영일어업조합 공동판매소라 표기된 그림엽서로, 포항상공회에서 제작한 것이다.
사진 형태로 보아 1930년대 후반으로 추정된다.

에 나섰다. 1914년 10월 13일, 영일만 내 일대 6개면(동해, 오천, 대송大
松,[15] 연일, 형산, 흥해)을 통틀어 이 구역 안에 거주하는 모든 일본인과
조선인 어업자가 가입한다는 뜻을 모아 같은 해 12월 8일에 인가를
얻었다.

• 어업조합의 공적

어업조합이 설립되었으나 당시 일반인 중에서는 그 취지를 이해하
는 자가 적었다. 목적이 무엇인지 잘 모르는 자들은 조합비에 대한 부
담을 느끼고 가입을 기피하기도 했다. 그러나 점차 연간 시행사업에
따른 이윤이 크다는 사실을 깨닫기 시작했고, 특히 1917년 자망과 거

---

15 원문에서는 '대저大杵'로 되어 있으나 대송의 오기로 보아 바로잡았다.

휘라망 어업제도를 실시하면서부터는 그 혜택에 대해 더욱 감사하게 생각했다. 어업조합의 가입자가 점차 늘어나 1922년 말에는 일본인 48명, 조선인 724명을 헤아리게 되었고, 어업권의 행사가 확대될수록 개인 이익이 증대되자 1928년 말 가입자는 1018명에 달했다. 게다가 그동안 불량 조합원이나 특권자, 이른바 하오리 어부의 중간 착취 같은 폐해로 하층 조합원에게 이익이 배분되지 못한다는 불만이 잇따르자 1931년 일대 개혁을 단행했다. 한편 1932년부터는 청어만을 노리는 투기적 어업의 미몽에서 벗어나도록 하기 위해 천혜의 풍부한 어족에 기초한 각종 소규모 어업을 장려했다. 이렇듯 피폐한 어촌 진흥에 노력한 결과 1934년의 어획 수익은 168만2279원이라는 대단한 성과를 거두었으며, 783명의 조합원을 포용하기에 이르렀다. 특히 최근에는 당국의 방침에 따른 자경自警 운동에 최선을 다하고자 각자 담당 부락을 정하여 목적을 달성하기 위해 애쓰고 있다.

마지막으로 한마디 덧붙일 것은, 지난 1917년부터 어장 정리와 통제의 필요를 느끼던 중 1920년에 이를 단행한 사건이다. 다시금 조합장에 당선된 나카타니 다케사부로는 어족의 남획으로 어장이 크게 황폐해졌음을 통감하고 그에 대한 통제 방안을 마련하여 상부에 진정했다. 결국 1920년 8월에 인가를 받아 다음과 같은 정리 통제를 단행하게 되었다.

1) 종래의 어장 200개를 116개로 한다.
2) 자유어업을 허가어업으로 한다.
3) 무제한인 어선 수를 500척으로 한정하되 조합원은 290척, 일반 어업인은 90척, 경남의 입어자는 120척으로 한다.
4) 어망의 길이와 폭에 제한을 가한다.

영일어업조합이사 세토 고이치

5) 망수를 65통統으로 하고 1통의 부표줄浮子繩 길이는 200심尋[16]을 초
과할 수 없다.

이상의 정리 활동은 어족의 번식을 조성하고 업자 간의 분란을 없
애는 데 큰 효과를 거둔 만큼 오늘날 만내 어업을 이룩한 뚜렷한 공적
이라 할 수 있다.

- 역대 조합장
나카타니 다케사부로, 마스노 구마오, 나카타니 다케사부로, 후쿠시
마 이헤이, 오카모토 리하치, 후쿠시마 이헤이, 박윤여朴允余, 하마다
이와

- 현 직원

---

16 심尋(히로)은 길이를 나타내는 일본의 단위로, 끈이나 수심의 길이를 잴 때 사용된다.
1심은 통상 6척으로 1,818미터로, 당시 200히로는 약 360미터에 해당한다.

이사: 세토 고이치, 서무 겸 사업주임 노즈 우이치野津宇一, 기수: 아베 다카요시阿部高好, 주재원: 양우용梁祐鎔, 아사노 케이조朝野敬三, 나가사 키 마사루長崎正, 신일생申一生, 오카모토 가즈오岡本一男, 재무계 주임: 마쓰자키 마사유키松崎政行, 서기: 스미요시 이치타로住吉市太郎, 이석진 李石振, 주재원: 서주식徐柱植, 박정옥朴正玉, 김상표金相, 조계糶系[17]: 구 리바야시 쇼베에栗林庄兵衛, 와다 사다노부和田貞信, 사업어선: 동강호東江 丸 선장, 쓰즈미 사쿠조堤作造, 기관장: 이무호李武昊, 대보출장소 주임: 마쓰우라 치하루松浦千春, 임시직원: 이응대李應大

• 영일군농회

1926년 3월 창립된 영일군농회는 영일군에서 농사에 관한 각종 사업을 수행하는 기관으로 조직되었다. 대개는 농사 정보를 비롯하여 농사에 관한 시설을 운영하는데 면작, 잠업, 축산, 닥나무와 제지, 각종 농사 강습회, 농사 간담회, 농사개량 간담회, 병충해 구제, 기타의 사업을 추진한다. 회장직은 군수가 담당하게 되어 있으며 회장 1, 부회장 1, 평의원 7, 간사 3, 서기 3, 기수 14, 의원 32, 특별의원 9, 회원 3만438명을 보유하고 있다.

• 신흥청어조합

영일만이 조선에서 독보적인 청어 어장이라는 사실은 앞서 서술한 바와 같지만, 청어의 가공은 1923년경부터 일본인에 의해 이루어졌다. 최근 수산물 가공이 발달하여 가공업자가 늘어나고 신흥 청어의 가공 수요도 상당히 증가했으나, 판매제품이 통일되지 않은데다 한탕을

---

17 조계糶系란 시기를 살펴 저장 미곡을 파는 업무를 말한다.

노리는 판매방식을 보여 소비지역 업자들의 상술에 휘둘리는 문제가
발생했다. 이에 따라 생산되는 제품의 품질관리와 출하물량의 통제가
요구되어 1934년 조합이 조직되었다.

조직한 지 얼마 되지 않아 앞으로의 성과가 기대되고 있지만, 창립
1년차인 1934년도에도 매우 양호한 성과를 보여 조합원 공동의 이익
증진에 기여했다. 특히 품질의 향상이나 판매의 통제에 관해 산지産地
검사를 실행하는 한편, 한 도시 한 상점 거래를 철칙으로 삼아 중간도
매상의 착취를 없애고 공정한 시가時價 유지에 노력했다. 그 결과 신흠
청어는 높이 평가되어 중요한 수산 가공품으로 발전할 전망이다.

 - 조합장: 다나카 미쓰구 이사: 이와자키 고이치로岩崎小一郎

14 장
공익 단체

1. 포항상공회

지난 1924년 탄생한 포항상공회는 나카타니 다케사부로 회장 이하 회원 90여 명으로 조직되었는데, 일반회원은 상공회로부터 얻는 이득이 없다는 인식 때문에 제대로 운영되지 못하다가 1926년 포항번영회라는 명칭으로 바뀌었다. 그러나 이 또한 유명무실한 상황이 지속되면서 자연 소멸의 상태에 빠졌다. 상공회가 아무런 활동도 펼치지 않자 상공업자 약 50명이 모여 상우회를 조직하고 연말과 추석 등의 판매 그리고 읍내 상공업자의 진흥과 복리 증진에 노력했으나, 상우회라는 특성상 상공회와는 영역이 다를 수밖에 없었다. 결국 시모무라 읍장은 상업회의소 기능을 갖춘 상공회를 설치하지 않으면 대외적으로 포항이 힘차게 발전하는 데 어려움이 있으며 포항항의 면목을 고려할 때 반드시 설치되어야 한다는 주장 아래, 1933년 2월 읍내 유지들을 불러 모아 상담회를 개최했다. 결국 모두의 의견이 설립으로 모아졌고 나카타니 다케사부로, 김두하, 오가미 도메조, 최병기, 다나카 미쓰구, 김동덕, 마쓰무라 쓰네이치松村常市, 김용주, 하마다 이와, 박윤여, 오카베 요이치, 윤이병, 세토 고이치, 야스이 다카오安井隆雄, 권태직, 와키무라 다쓰조, 모리쓰카 쇼사부로 17명을 발기인으로 하여 설립에 관한 일을 위촉했다. 몇 차례 발기인회를 거쳐 1933년 7월 25일 창립총회 자리에서 제반 심의와 의원 선거를 실시했고, 8월 10일 임원 선거와

*포항 동빈 하역장. 포항상공회에서 제작한 그림엽서.(1938. 7. 28 소인)
오른쪽 밑은 북천구 옆 세관. "경북어업조합연합회를 바라다"는 글귀가 쓰여 있다.

특별의원 추천을 마쳤다. 이후 몇 번의 차질을 빚었으나 포항상공회는 무사히 설립되었다. 상공회는 4개 부서로 나누어 활동하고 있으며, 그 목적과 업무는 다음과 같다.

1. 당 회는 지방의 개발을 도모함과 동시에 항상 경제계의 건전한 발달을 위해 다음 사업을 수행한다.

   1) 지방의 개선 발달에 필요한 각종 조사연구를 하여 그 의견을 행정청, 관계 관청에 개진한다.

   2) 상공·수산업 개선의 발달에 필요한 방안을 조사 발표하고 경제계 일반의 상황과 통계를 조사, 발표한다.

   3) 상공수산업자의 위촉으로 일반 상공·수산업의 사항을 조사 회답한다.

4) 관공서의 위촉이 있을 때는 상공·수산업에 관한 사항을 조사하여 그 자문에 응한다.

5) 관계인의 청구로 상공·수산업에 관한 분쟁을 중재한다.

6) 상공·수산업에 관한 중개와 알선을 한다.

7) 기타 상공·수산업의 개선 발달에 필요한 사업을 한다.

2. 상공·수산업 관계 사항으로서 시대적 추이와 경제 흐름에 적당하지 않은 것은 주저하지 않고 의견을 제시하기 바란다.

3. 당 회에는 관보 및 법령, 기타 경제에 관계된 각종 조사통계서를 비치하고 있으므로 수시 열람하기 바란다.

4. 당 회로부터 조사상 자료 제출을 의뢰받은 경우 최대한 신속하고 상세하게 회답하기 바란다.

5. 당 회는 상공업자의 원만한 발전을 도모하는 유일한 기관이므로 주저 없이 대대적으로 이용하여 여러분의 발전에 도움이 되기를 간절히 희망한다.

당시 의원과 특별의원은 다음과 같다.

- 특별의원

나카노 류이치仲野隆一(미쓰와 포항농장주/농학사), 하마다 이와(하마다 제빙소주/수산업), 이일우(수산업), 요시카와 젠타로吉川善太郎(식산은행 포항지점장), 권태직權泰稷(경상합동은행 포항지점장)

- 임원

회장: 나카타니 다케사부로, 부회장: 오가미 도메조, 김두하, 이사: 하라다 가즈오原田一雄, 강주석

- 의원

읍회의원: 오가미 도메조(잡화도매상), 도회부의장: 나카타니 다케사부로 (무역업), 도회의원/읍회의원: 김두하(수산업), 읍회의원/소방조두: 다나카 미쓰구(수산업), 읍회의원: 오카베 요이치(수산업), 철공업: 하라다 가즈오 (잡화상), 산림경영: 오우치 지로(장류 양조), 광산: 기타가키 마타지로(미 곡 판매), 읍회의원: 김동덕(수산업), 소방부조두: 고지야 한타로(찻집茶舖), 읍회의원: 강주석(수산업), 후루카와 모헤이(수로壽露 양조주), 읍회의원: 윤이병(수산업), 오시타 고마쓰大下幸松(기모노吳服상)

- 부속 위원

   상공부장: 나카노 류이치, 수산부장: 하마다 이와, 교통부장: 다나카 미쓰구, 경제부장: 요시카와 젠타로

당분간 읍사무소 내에 사무소를 두기로 하고, 후지무라 다쿠에이 藤村濯纓를 이사사무취급으로 위촉, 9월에는 최재원崔在源을 채용하여 후지무라와 함께 회의 업무를 맡겼다. 1935년 8월 임기 만료에 따라 다음 사람들이 의원으로 선발되어 포항의 상공 및 수산업계 진흥을 위해 노력하고 있다.

- 회장: 나카타니 다케사부로
- 부회장: 오가미 도메조, 김두하
- 이사: 하라다 가즈오, 강주석
- 명예회원: 시모무라 시게히데, 세토 고이치, 모리쓰카 쇼사부로
- 고문: 쇼분 기요토正分淸人, 오카모토 시로岡本四郎, 모리쓰카 쇼사부로, 세토 고이치, 난바 데루오, 시모무라 시게히데, 스미조노 니스케角園仁 助, 나카지마 사이지로中島才次郎
- 특별 평의원: 하마다 이와, 나카노 류이치, 이일우, 후루카와 젠타로,

권태직

- 각부 부장: (상공)오가미 도메조, (교통)다나카 미쓰구, (금융)오우치 지로, (수산)하마다 이와

- 의원: 나카타니 다케사부로, 오가미 도메조, 김두하, 다나카 미쓰구, 오카베 요이치, 하라다 가즈오, 오우치 지로, 기타가키 마타지로, 김동덕, 고지야 한타로, 강주석, 후루카와 모헤이, 윤이병, 오시타 고마쓰, 와키무라 다즈조, 후쿠시마 겐지, 가와바타 마고타로, 가와구치 고토에, 김용주, 이백원李栢源

각 부서별 업무는 다음과 같다.

부서	주요 업무
상공부	상공업 조직, 상공업 경영, 상품의 수급, 상호와 상표, 상공업 사용인, 상공업 교육, 물가 정책, 공설시장과 각종 산업조합, 상공업 통계, 상황과 거래 소개, 금융 거래, 상업 정책, 상업 도덕, 상습관, 공장 관리, 원료와 자료 임금, 노동 문제, 기타 상공업에 관한 모든 사항
수산부	수산업 조직, 수산업 경영, 어장 관리, 원료 효력과 자료, 가공 및 판매, 임금, 수산 교육, 수산 시험장, 수산 통계, 해양 조사, 관습과 도덕, 기타 수산에 관한 모든 사항
교통부	우편 전신과 전화, 도로와 교량, 항만과 수로, 잔교와 선량, 해운 연락 설비, 교통과 운수, 해류 운임, 운송과 계약, 항로와 선박, 교통 통계, 철도 정책, 해운조선, 항공 문제, 자동차 문제, 기타 교통 운수에 관한 사항 일체
경제부	조세 제도, 관세, 전매, 공채 유가증권, 은행과 신탁, 기타 금융기관, 거래소, 외국환, 저금, 보험, 재정금융 통계, 금융 정책, 투자, 무역, 기타 경제에 관한 모든 사항

*당시 신문 기사를 보면 지역경제 발전을 위해 상공회가 조직적이고도 체계적으로 인재를 육성하려 했음을 알 수 있다.(『매일신보』. 1935. 7. 10)

"상공실무강습 포항에서 개최, 종업원의 소질 향상을 위해 당지 상공회에서"

포항상공회에서는 오래전부터 일반 청소년에게 상공 지식을 보급하는 것을 계획해왔으며, 그 외에도 시내 종업원의 소질을 향상시키기 위해 아래 요강에 의해 상공실무강습회를 개최하는 데 다수의 참석을 환영한다고 한다.

– 요강

　·기간: 7월 15일~8월 3일, 강습시간: 오후 8~10시

　·강습생: 1. 상공회원과 동일 점포 종업원 2. 회원 이외에 회원이 소개한 자 3. 관공서 재직자

　·회비: 무료, 단 산반(주판) 등은 자기부담

　·회장: 포항금융조합 옥상(신청 기한: 7월 12일)

　·과목: 주산, 부기, 어음환론, 은행론, 상업문서, 조세의 개념, 관세창고론, 운수교통론, 통신 일반, 수산제품, 서민금융론, 산업조합론, 상업사례, 시사해설

뿐만 아니라 당시 '포항종합미술전람회'라는 제목의 단신 기사를 보면 포항상공회가 문화예술 분야도 후원했음을 알 수 있다.

"대구일보 주최 포항상공회 후원으로 개최되는 포항종합미술전람회는 지난 3일 개최 예정이었으나 준비 관계로 5, 6일로 연기되었는데 출품점수가 약 200점이었다."(『매일신보』. 1938. 11. 6)

2. 포항소방조

포항소방조가 설치된 계기는 1910년 봄 여천(지금의 식산은행 부근)에서 발생한 화재 때문이다. 당시 일본인회가 있기는 했지만 소방 설비가 없어서 여천의 화재는 그저 멍하니 바라보면서 손을 모아 빌 뿐이었다고 한다. 이 화재는 일본인이 포항에 이주한 이래 가장 큰 화재 사건으로 24채가 불에 탔으며 손해도 막대했다.

이 재해를 계기로 만들어진 포항소방조는 당시 '조組'의 형태를 갖추지 못한, 이른바 '양동이 소방'에서 벗어나지 못한 엉성한 조직이었다. 1913년 2월 처음으로 조직적인 소방조가 창설되었는데, 당시의 조두는 나카타니 다케사부로, 부조두는 요시다 도시조吉田俊藏, 소두는 모리 하치조森八藏, 난바 하루조難波春藏, 사토 세이이치佐藤清市 3명, 소방수 35명이었다. 이 소방조가 조직됨으로써 펌프 1대를 구입하여 만일의 사태를 대비할 수 있게 되었고, 이후 포항이 발전하면서 대형 건축물이 들어서자 소방조의 장비도 그에 맞추어 점차 확충되었다. 1920년에는 수동腕用펌프[1] 1대, 소방복法被(핫비)[2] 80벌, 경종대警鐘臺 1개소, 물펌프打込井戶[3] 2개소를 신설했다. 구역은 학산동까지 포괄하며 조두와 부조두 각 1명, 소두는 일본인 5명과 조선인 2명, 소방수는 일본인과 조선인을 합쳐 103명으로 구성했다. 11월에 펌프계장 이하 각 담당계를 정하고 1921년 11월 회계 겸용 수계를 설치하고 1924년

포항소방조두 다나카 미쓰구

5월에는 우차식羽車式[4] 18마력 가솔린 펌프 1대를 구비했다. 해를 거듭할수록 내용을 넓게 다지면서 오늘에 이르렀는데, 지금 현황은 다음과 같다.

가솔린 펌프 1대, 자동차 펌프 1대, 수동 펌프 2대, 소화전 46개소, 용수 탱크 19개소, 격납고 1동, 경종대 3개소, 소방정 1척.

---

1 당시 최신 소방 설비란 사각형의 수조와 압력분사 장치가 달린 펌프였다. 이것을 수레에 신고 화재현장으로 달려가, 한쪽에선 양동이로 수조에 물을 채우고 다른 한쪽에선 수조와 펌프에 연결된 긴 막대기를 양 끝에서 교차로 펌프질하면 다른 소방수가 수조에 연결된 호스로 화재를 진압하는 방식이다. 팔 힘으로 물을 끌어낸다고 하여 '우데腕'라는 용어를 붙였다.

2 법피法被(핫비)란 원래 일본의 축제 등에서 전통장인이 입는 옷차림을 뜻하는데, 이후 전문 장인이나 소방복으로도 사용되었다. 당시에는 검은색 바탕에 붉은 줄무늬가 있는 법피의 등판에 '消火'라는 한자가 새겨진 것이 소방복이었다.

3 당시에는 우물에서 물을 퍼 올리는 것이 일반적이었으나, 땅에 파이프를 박아 넣고 펌프에 마중물을 넣어 압력을 만들어 지하수를 끌어올리는 방식은 '우치꼬미우물打込ミ井戸'이라 표현한 것으로 보인다.

4 우차식羽車式 펌프란 우근차식羽根車式이라고도 하는 펌프의 일종으로, 비교적 소형이며 설치가 간단하다. 수도계량기 등에도 사용되듯이 선풍기 날개형 부품이 있어 비교적 빠르게 물을 이동시키는 장점을 지닌다.

- 역대 조두

초대: 나카타니 다케사부로, 2대: 요시다 슌조吉田俊藏, 3대: 미쓰나가 가시치光永嘉七, 4대: 무라타 야스이치, 5대: 노지리 쓰네지로野尻常次郎, 6대: 미야자키 진노스케宮崎甚之助, 8대: 다나카 미쓰구

- 현 간부와 담당계

조두: 다나카 미쓰구, 부조두 고지야 한타로糀谷半太郎

소두: 다카타 시치로高田七郎, 나카다 요하치中田與八, 도쿠야마 친조德山珍象, 다나카 다쿠마田中太熊, 기타니 후사요시木谷房芳, 오치아이 미노루落合稔, 정상오鄭相五

서무: 야마모토 시마요시山本島吉, 연계鳶係[5]: 이와타니 젠기치岩谷善吉, 가솔린 펌프: 시모고우리 쓰타에下郡傳, 소방정: 다나카 가쓰토시田中勝利, 자동차 펌프: 다부치 이치조田淵一藏, 2호 수도: 미요시 고로三好五郎, 3호 수도: 다다후지 다다오直藤唯男, 1호 펌프: 엔도 하치로遠藤八郎, 2호 펌프: 김소용金小用, 회계: 나카무라 마코토中村實

---

5 일본의 건설업 등의 분야에서 고층에서 작업하는 전문직을 연직鳶職이라 표현하는데, 여기서는 그 표현을 빌려 높은 건물의 소화를 맡는 조직을 연계鳶係라 표기한 듯하다.

3. 포항상우회

포항상우회는 1923년 가을 오가미 도메조 외 몇 명이 제안하여 조직된 포항 소매상인들의 모임으로, 회원의 친목 및 상거래 개선을 목적으로 하고 있다. 1926년 조직된 번영회가 이 상우회로 합병되었으나, 소매상인 본래의 목적에 적합하지 않은 번영회 규약이 있어 1930년부터는 번영회와 분리하여 옛 형태로 복귀했다. 그 주된 목적은 1) 회원 상호간의 친목 2) 연합 매출의 실시 3) 상거래의 개선 4) 점원의 양성·표창·격려 그리고 통제되고 질서 있는 활동으로 포항 발전을 위해 공헌하는 바가 적지 않다.

- 임원

  회장: 오가미 도메조, 부회장: 하라다 가즈오
- 평의원

  후루카와 모헤이, 오시타 고마쓰, 고지야 한타로, 가쿠다 세키고로角田關五郎, 마쓰바라 요시카즈松原義一, 강상오姜相五

4. 재향군인분회 포항분회

제국재향군인회 대구지부 포항분회는 1911년 8월 10일 창립되었다. 당시 회장은 기시마 쇼사부로憲大尉, 부장 요시다 도시조吉田俊藏(砲少尉), 아베 고타로阿部小太郎(砲曹長), 회계 고레나가 덴조是永傳藏(砲軍曹), 감사 오쿠하라 니사부로奧原仁三郎(步軍曹), 세키구치 로쿠고로關口六五郎(憲伍長)[6]로 당시의 회원에 관한 기록이 없으나 약 30명 정도였다고 한다. 1919년 독립 소요 당시에는 헌병대와 적극 협력하여 치안을 유지하여 포항 지방에서는 불상사가 없었다.[7] 이 모두가 재향군인의 활약에 따른 것이었다. 그 공로로 표창을 받아 분회 역사에 찬연한 광채가 더해졌다. 그 내용은 다음과 같다.

제국재향군인회 포항분회

위는 1919년 3월 각지에서 소요 사건이 발발했을 때 간부 이하 일치 협력하여 지방의 경무, 관헌, 기타를 원조하고 연일 경계에 임하여 (*무력

---

6 오장伍長이란 일본의 군대조직에서 5명 단위 대오 가운데 우두머리 병사를 뜻한다.
7 포항지역학연구회의 향토사학자 이상준 선생의 해석에 따르면 불상사가 없었다는 표현은 두 가지로 해석될 수 있다. 하나는 더 크게 번질 수 있는 것을 막았다는 뜻이고, 다른 하나는 무력충돌이 없었다는 뜻이다. 아울러 『나카타니 다케사부로 옹』이라는 책에는 포항에서의 봉기가 밀고에 의해 차단되자 일행이 탈출하여 축산에서 봉기한 것으로 기록되어 있으므로, 포항에서의 차단이 오히려 세력을 확대시킨 원인으로 작용했을 가능성도 있다.

충돌로 크게 번지지 않도록) 사전에 방지함에 회원의 노력이 현저하다고 인정하여 그 공로를 표창함

1919년 6월 25일

제국재향군인회장

원수元帥 육군대장 종從2위 훈勳1등 공功1급

백작伯爵 데라우치 마사타케寺內正毅

이후 가장 통제된 단체로서 군인 정신을 수양하는 데 노력하고 있으며 소란 사태를 잊지 않고 무술 기예의 연마에도 힘쓰고 있다. 현재 기본금 1500원, 총기 30정을 보유하고 있다.

- 역대 회장

　기시마 쇼사부로, 오카다 니기치岡田仁吉, 모모오 가쿠사부로百尾覺三郎,

　미카미 단지三上丹治, 모모오 가쿠사부로, 미카미 단지, 쓰루다 미노루,

　도조 마사오東城勝雄, 쓰루다 미노루, 후쿠시마 겐지

재향군인회 포항분회장 후쿠시마 겐지

- 현재의 임원

회장: 후쿠시마 겐지

부장: 사토 헤이스케佐藤兵助

이사: (서무이사)이소베 가네테루磯部兼光, (회계이사)시마다 니사쿠島田仁作

감사: 야마모토 山本林壽, 구즈마키 쇼부葛卷昌武

평의원: 메하라 오스케目原碩介 외 14명

반장: (제1반장)나카타니 다쓰오中谷辰夫, (제2반장)후쿠시마 미하루福島美治, (제3반장)노즈 로쿠지로野津六次郎, (부반장)고야마 마사오小山正男, (제4반장)기요미즈 가즈오清水一男, (제5반장)후쿠이 다다요시福井忠吉, (부반장)요시자키 요시오吉崎義雄, (제6반장)요코노 요시타로橫野義太郎, (제7반장)사이토 이와타로齊藤岩太郎, (제8반장)마쓰다 가즈마松田一馬, (제9반장)무쓰오 겐이치로六尾健一郎, (부반장)사카이 요가케酒井與走, (제10반장)다케가와 시게가즈岳川重一, (부반장)도다카 이사오戶高勇, (홍해반장)이시카와 구마히데石川熊秀, (청하반장)기노시타 요시히라木下嘉平

고문: 난바 데루오, 시모무라 시게히데, 기타가와 간사쿠, 나카노 류이치, 쓰루다 미노루, 나카타니 다케사부로, 다카후지 긴지孝藤吟爾

명예회원: 다나카 미쓰구, 기타가키 마타지로, 오가미 도메조, 기타가와 리하치, 하라다 가즈오, 오카베 요이치, 김두하, 요시카와 젠타로, 권태직, 정충원, 에모토 기이치, 쓰루 데쓰타로鶴鐵太郎, 후루카와 모헤이, 오우치 지로, 하마다 이와, 마쓰하라 리타로松原利太郎, 세토 고이치, 모리쓰카 쇼사부로, 와키무라 다쓰조

현재 회원: 175명

충혼비[8]

*지금의 미 해병 충령비
(1970~1980대까지 충혼비를 둘러싼 돌 울타리가
있었으나 지금은 철거된 상태)

8 당시 찍어둔 충혼비 사진이 없어서 스케치를 실은 것인지, 아니면 완공되지 않은 상태였기 때문인지는 명확하지 않다. 다만 3월 10일 육군기념일을 맞이하여 포항재향군인 분회가 충혼비에서 전몰용사의 위령제를 거행했다는 기사가 있다. 대구보병 제80연대에서 나카노 중좌中野中佐가 참석한 가운데 포항분회, 포항청년단, 소방조, 기타 각계 단체가 참여하에 성대한 의식을 거행했다는 내용으로 보아 1937년 3월 당시에는 충혼비가 존재했다.(『부산일보』, 1937. 3. 13)

이 충혼비는 현재 미 해병의 전사자를 위령하기 위한 충령비로 포항에 남아 있다. 총알을 상징하는 최상단부는 없어졌지만, 죽어서 혼이라도 일왕에게 충성하겠다는 내용이 새겨진 부분을 깎아낸 후 미 해병의 충령비로 재활용한 것이다. 위령의 의미가 있는 것이므로 이제라도 새로 만들어야 할 것이다. 기존의 충령비는 역사적 유물로 복원하여 별개의 표지판과 함께 역사 학습자료로 활용할 수 있을 것이다. 이를 없애버린다면 한일 양국의 보훈청이 협의하여 석재 속에 일본군의 유골이 존재하는지를 확인한 후 제거 절차를 밟는 것이 순리일 것이다. 일제강점기 당시 이와 유사한 충혼비, 충혼탑이 전국에 세워졌다. 현재로서는 존재 유무를 확인하기 어렵지만, 1918년 평양, 1928년 양양, 1932년 개성, 1932년 청주, 1937년 포항, 1939년 대구, 1940년 부산, 1941년 밀양에 건설을 계획했거나 건설되어 위령제를 거행했다는 내용이 당시 부산일보의 기사에서 확인되고 있다.

5. 국방의회

- 창립: 1934년 2월
- 회장: 나카노 류이치, 부회장 김두하, 쓰루다 미노루
- 이사: 후지무라 다쿠에이, 후루카와 가즈에古川主計
- 평의원: 정대표町総代 전원
- 고문: 난바 데루오, 스미조노 니스케, 시모무라 시게히데, 후쿠시마 겐지, 나카타니 다케사부로, 김두하
- 회원: 1200명

6. 적십자회

- 특별 사원: 2명, 2기 사원: 1명, 종신 사원: 42명, 정사원: 235명, 종 신 찬조원: 8명, 합계: 288명

7. 애국부인회[9]

- 유공장有功章 패용자: 8명, 특별 종신: 10명, 통상연부年賦: 218명, 통상 종신: 31명, 찬조원: 5명, 합계: 314인

*포항 각 지역의 부인회 활동

포항에 일본인 중심의 부인회만 있었던 것은 아니었다. 당시 포항읍내 중심부의 일본인들에 비해 상대적으로 빈곤했던 외곽 지역의 농어촌에서도 의식 있는 한국인 부인들이 농가소득 향상 등을 위해 활동했다.

"경북 흥해부인회의 회장 최백현 여사가 자기 소유의 토지 3만 보를 이 회에 제공하여 부인공동 경작을 장려할 계획이라는 소식은 앞서 보도한 바, 지난 1932년 12월 27일 회원 50여 명이 총출동하여 제1착으로 1반 가량 박하를 심었다고 하는데 이는 부인들의 야외노동을 천히 여기는 봉건적 사상을 깨트린 좋은 모범이라 하여 각 분야에 적지 않은 충격을 주었다 한다."("흥해부인회 공동으로 작업", 『동아일보』, 1933. 1. 1)

---

9 애국부인회는 일본의 여성 사회사업가인 오쿠무라 이오코奧村五百子가 1901년 2월 24일 창설한 부인단체다. 당초에는 일본 왕족 중심의 부상병 간호, 전사자 유족 보호, 상의군인 등의 구호를 목적으로 했으나 러일전쟁 직후 1905년에 일반인 부인으로 가입 대상을 확대하며 가입자 46만 명인 일본 최대의 여성단체로 성장했다. 1937년에는 311만 6046명까지 회원이 늘었으며, 1942년 대일본부인회로 흡수통합되었다.

"경북 영일군 대송면 동촌과 피동에서 지난 3월 각각 부인회를 조직했
는데 회원은 30여 명에 달한다고 하며, 논 300평을 각각 공동경작하고
절미 저축, 색복 장려 등을 철저 실행하여 농촌 진흥의 실효를 담아내고
있으며 앞으로 농한기에는 야학교도 설치할 계획이라 한다."("2개 부인회
활약 영일군 대송에", 『동아일보』, 1933. 8. 9)

8. 청년단

가. 경동慶東연합청년단

- 창립: 1931년 10월 24일
- 사무소: 포항

이 단체는 이름 그대로 경주와 강동을 비롯한 경북 요충지의 청년단, 즉 포항·구룡포·흥해·울릉도·감포 지역 청년단의 연합회다.

- 임원

    회장: 나카타니 다케사부로, 부회장: 결缺, 총무: 모리쓰카 쇼사부로, 이사: 마스노 다다시增野忠, 고야마 사다오小山定男, 나카다 시게히로中田重禮, 고문: (포항)스미조노 니스케, 시모무라 시게히데, 난바 데루오, (감포)오다 도메기치小田留吉, 야마자키 고이치山崎吾市, (울릉도)유라 오토지로由良乙次郎, 요자 도요지로余座豊次郎, 구와모토 구니지로桑本邦太郎, (구룡포)하시모토 젠기치橋本善吉, 도가와 야사부로十河彌三郎, (경주)미야나카 요시카즈宮中嘉一, 시바타 단쿠로紫田團九郎, (흥해)무라카미 구니타로村上邦太郎, 마쓰키 다니고松木谷吾

- 평의원

    (포항)야마자키 가즈에山崎主計, 마쓰다 이치우마松田一馬, (감포)무라이

마사키村井理生, 야마자키 사네타로山崎實太郎, 사토 쓰네오佐藤常雄, (울릉도)고니시 이와오小西岩雄, 오노 기쿠타로大野菊太郎, 우에노 마사오植野政雄, (구룡포)오스카 가메오大須賀龜雄, 하시모토 다케오橋本武夫, (경주)엔도 무쓰로遠藤六郎, 사토 다카시佐藤堯, (흥해)무라카미 요시오村上義雄, 마쓰키 지요키松木千代喜, 이치미야 다다요시一宮正四四

– 현 회원: 200명

나. 포항청년단

– 창립: 1924년 6월 4일
– 고문: 영일군수, 포항경찰서장, 포항읍장, 보통학교장, 소학교장, 군인분회장, 소방조장, 하마다 이와, 하라다 가즈오, 오가미 도메조, 오우치 지로, 오카베 요이치, 나카타니 다케사부로, 마스노 구마오, 후루카와 모헤이, 고지야 한타로, 모리쓰카 쇼사부로, 모리나가 다다조森永忠藏, 세토 고이치, 구즈마키 마사토시葛卷昌俊
– 현재 임원: (단장)마스노 다다시增野忠, (부단장)야마자키 가즈에山崎主計, 고야마 사다오小山定男, (간사)다케하라 산지竹原三二, 구스모토 도미오楠本富雄, 하세가와 도쿠오長谷川德雄, 니시무라 이사오西村勇
– 단원: 70명, 명예단원: 10명

*일제강점기 포항 여성청년 활동

당시 여성청년회의 활동을 보면 오늘날과 크게 다르지 않은 인상을 자아낸다. 또한 1930년대에 여성도 사격대회에 참가할 수 있었음을 알 수 있다.

"경북 포항여자청년회 창립 문제는 오랫동안 현안으로 있던 차에 지난

2일 발기총회를 마쳤는데, 그동안 모든 준비를 다해 지난 11일 오후 3시에 포항영일청년회관 내에서 백명도白命道 양의 사회로 창립총회를 개최했다. 회원 이름 확인과 경과보고를 마치고 임시의장으로 뽑힌 박일선朴日善 여사가 축전·축문을 낭독하고 선언·강령과 규약을 통과시켰다. 위원 선거를 마친 후 발기회에서 제출한 건의안에 대해 충분한 토의를 거쳐 다음과 같이 결의하고, 위원의 사무분장은 다음 위원회로 일임하고 6시에 폐회한 후 자리를 옮겨 간담회를 열고 7시에 산회했다.

- 결의 사항

• 여성운동 근본정신에 관한 건: (가) 여성 자신의 사회적 입지와 성적性的으로 경제적으로 해방을 목표로 하고 재래 전통적 인습과 미신을 타파한다.

• 여성 교양에 관한 건: (가) 자아 교양에 필요한 과학을 연마하며 문명[10]을 퇴치한다 (나) 계급의식을 촉진하며 단결적 훈련을 도모한다 (다) 일반 여성의 교양을 위하여 강연, 강습, 독서, 연구회 등을 자주 개최한다 (라) 간이도서실을 설치하여 일반 여성들에게 열람하도록 한다 (마) 부녀 야학을 설치한다.

• 도시·농촌 여성에 관한 건: (가) 도시 여성의 사치와 미신과 악풍과 허영심을 배제 구축하며 최선의 방향으로 전환케 한다 (나) 농촌 여성의 위생관념을 조장하며 과도한 노동의 폐해와 미신 악풍을 퇴치하고 건전한 정신과 체육을 양성한다.

• 사상단체에 관한 건: (가) 모든 새로운 사조와 과학을 연구하여 사상을 통일하며 사상단체를 조직한다.

- 기타 사항

---

10 여기에서 말하는 문명이란 당시 전통혼례의 육례 중 하나로, 신부 어머니의 성씨를 묻는 의식을 뜻하는 것으로 짐작된다.

- 본 회 임시사무소는 영일청년회관에 둠, 본회 회원 증원은 매 월례회
  에 입회 승인을 얻어야 한다.
- 위원 성명: 박일선 외 8명

  ("여성해방을 목표, 포항여자청년회 창립", 『동아일보』, 1926. 8. 16)

"포항재향군인분회 춘계사격대회는 5월 27일 해군기념일을 기해 용흥동
분회사격장에서 같은 날 오전 8시부터 시작, 이날 본 회원, 기타 내빈,
특히 부인 사수도 참가하여 (…) 이번 대회의 사수는 147명으로(…) 여성
입상자는 3명으로 1등 23점, 2등 13점, 3등 8점(1등 30점, 2등 28점, 3등
27점) 우승기는 흥해반, 2등상은 제8반(경찰), 3등상은 경찰旭町"

("여성도 총잡이 포항사격대회 우승기는 흥해반으로", 『부산일보』, 1933. 5. 30)

9. 영일군 체육협회 포항지부

- 창립: 1932년 7월 20일
- 목적: 청년사상의 선도, 국민보건의 진전
- 지부장: 시모무라 시게히데
- 고문: 나카타니 다케사부로, 스미조노 니스케, 김두하, 하마다 이와,
  요시카와 젠타로, 이일우, 후루카와 모헤이, 와키무라 다쓰조, 다나카
  미쓰구, 오가미 도메조, 권태직, 세토 고이치, 마쓰무라 쓰네이치, 김동
  덕, 기타가와 리하치, 나카노 류이치
- 평의원: 에모토 기이치, 기타무라 간사쿠, 모리쓰카 쇼사부로, 나카타
  니 기요후미中谷淸章, 김병수, 김용주, 다나카 마사노스케, 이케다 겐池田
  謙, 미야모토 세이나宮本淸七, 고지야 한타로, 쇼분 기요시正分淸, 가와무
  라 구라이치川村倉市, 오가미 데쓰오大上哲夫, 구즈마키 쇼부葛卷昌武, 강
  주석, 마쓰하라 시게가즈松原茂一, 시마타 니사쿠島田仁作, 세토 가쓰키瀬
  戸勝己, 나카무라 쇼이치中村正一, 나카무라 미노루中村稔
- 총무: 모리쓰카 쇼사부로
- 부장: (야구부장)나카무라 기요후미, (정구부장)미야모토 세이나, (서무
  부장)마쓰하라 시게가즈, (육상부장)김병수, (수영부장)야마즈미 초헤이山
  住長平, (탁구부장)윤기달, (궁술부장)무라타 야스이치, (유도부장)최원락,
  (검도부장)미조로기 료헤이溝呂木良平, (축구부장)이상갑

*다음 기사들을 보면 포항의 체육계는 일제강점기에도 상당히 왕성하게 활동한 것으로 보인다.

"포항체육협회 연중행사인 시민 대운동회가 6월 4일 일요일 남빈정 공설운동장에서 거행 예정인바 참가 선수는 송하松河 상점, 김두만 상점에 각각 5월 28일 오후 6시까지 신청할 것"
_『조선중앙일보』, 1933. 5. 29 (4면 4단)

"포항궁도회는 오는 5월 10일 울산군蔚山軍를 초빙하여 당지 도장에서 궁도시합대회를 개최하는데 참가선수는 약 50명에 이른다"
_『매일신보』, 1936. 5. 8(4면 10단)

"포항서 개최된 남조선축구대회는 8월 13, 14일 양일간 영일 소학교정에서 성황리 개최. 우승 월계관은 영덕팀으로"
_『매일신보』, 1938. 8. 18

"포항체육회 주최로 남조선 축구대회를 포항 동지중학교 구장에서 개최, 신청금은 500원이며 접수처는 포항체육회"
_『영남일보』, 1947. 7. 31

15 장
의치醫治·위생

1. 의료 기관

새로운 개척지에 거주한다고 해도 의식주와 함께 유념해야 할 것은 의료기관의 유무다. 게다가 인간으로서 건강을 희망하지 않는 자는 없다. 그러므로 먼저 그 백성을 감화시키는 좋은 처방은 의술의 보급이다. 일본은 대만 개발과 조선 통치에서도 역시 이 정책에 나선 것이다. 1908년 말 포항 최초로 쓰카하라塚原가 와서 개업했는데, 그는 면허를 지닌 의사가 아니었기 때문에 이후 치과의가 되기 위해 홀로 오사카에 건너갔으나 이후 소식이 끊어졌다. 당시에는 일본인의 교육기관이 없었기 때문에 그의 부인이 학업 연령에 이른 자녀들을 모아 작은 방에서 교육을 지도했다고 포항 초창기 시대 사람들은 기억하고 있다. 그 후 1916년 가가와현香川縣 사람인 가가와 슌조香川俊造와 미카미 히데오水上秀夫, 야마다 이치안山田一庵이 포항을 찾았으며, 1919년에는 우메다 구스케梅田九助가 포항에 들어와 각각 개업했다. 가가와, 야마다 두 사람이 떠난 후 1922년 에지마 히사요시江島久芳, 지금의 해오구장海吳區長인 오연수吳鍊洙가 포항에 들어온 때부터 포항의 의료기관이 서서히 정비되었다. 1922년부터 1926년 동안에 정화기鄭華基, 이노우에 히로아키井上浩明, 세이노 세이이치淸野誠一, 나카무라 지카라中村力,[1] 고토 도시조後藤利造 등이 포항에 들어와 개업했으나 모두 몇 년 후 포항을 떠났고 현재는 공의公醫 오연수, 윤기달尹起達, 손영학孫永學, 최병락崔

柄洛, 정화기, 미야모토 세이이치宮本淸一, 쓰지 데쓰지辻哲二 7명이 포항에서 의사로 일하고 있다.

오연수 씨는 1899년 출생의 의성군 사람으로 경성의전京城醫專[2] 출신이며, 갈수록 그 기술이 원숙해져 모두에게 큰 신뢰를 받고 있다. 포항의원을 경영하는 정鄭 씨 역시 경성의전 출신으로, 특히 내과 분야에 탁월하며 일반 환자를 받고 있다. 일광의원의 윤기달 씨도 경성의전 출신이다. 경주군 출신인 그는 포항과는 떼려야 뗄 수 없는 인연으로 그 수완이 대단하여 지금은 포항의사회의 중진이 되어 있다. 미야모토 의원의 미야모토 세이이치는 대단한 학구파 인물로, 대구의학강습소[3]를 졸업 후 몇 년간 도립대구의원에서 실무진으로 종사하다가 1931년 6월 포항에서 개업하게 되었다. 품성이 매우 온후하고 환자를 세심히 대하며 왕진에도 기민하여 일반 환자의 신뢰를 받고 있다. 내과와 외과 모두 뛰어난 그는 무엇보다도 침착한 태도로 환자들에게 호감을 얻고 있는데, 그가 진찰만 해도 고통이 치유되는 것 같다는 말까지 들리고 있다.

쓰지 의원의 쓰지 데쓰지는 1895년생이라고 하니 이제 막 의사로

---

1 나카무라 지카라는 청도군에서 공의로 활동하다가 1925년 12월 10일 포항 공의로 부임했다. 그가 부임 당시 도난을 당한 사건이 신문에 실렸다. 기사에 따르면, 그는 포항으로 오기 전 행낭 13개를 화차로 탁송했는데 화물이 도착한 날 밤 포항역에 절도범이 침입하여 행낭 13개 중 3개를 훔쳐 달아났다. 그 내용물은 양복, 서적, 기타 의복 등 400~500원어치로, 포항경찰서에서 형사대를 파견하여 수사를 진행했다.(『시대일보』, 1925. 12. 16) 1926년 무렵 쌀 10kg은 3원 20전(1912년 시점에는 1원 78전), 공무원 초임은 75엔, 가솔린 1리터 18전, 영화관 입장료 30전, 맥주 대병 1개 42전이었음을 감안할 때 그의 손실 금액은 공무원 월급 기준으로 반년 치 월급에 해당한다.
2 경성의전의 전신은 1899년 설립된 관립의학교로, 1916년 경성의학전문학교로 바뀌었고 1926년에 경성제국대학 의학부로 개편되었다. 『포항지』의 출간 시점으로 보면 경성의대가 맞지만 저자는 졸업 기준으로 설명한 것으로 보인다.
3 대구의학강습소는 1924년 경상북도령으로 사립강습소가 폐지된 후 개칭된 것으로, 이후 1933년 대구의학전문학교로 승격되었으며 오늘날 경북대학교 의과대학으로 이어졌다.

서의 인생을 출발한 셈이다. 오카야마岡山 의전[4] 출신이며 에히메현愛媛
県 우와지마宇和島에서 태어났다. 수완, 역량, 기술의 우수함은 새삼 논
할 바 없이 포항인의 신뢰를 모으고 있다.

공제共濟 의원은 손영학·최병락이 공동 경영하는데, 모두 영일군
출생이다. 손 씨는 도쿄의전,[5] 최씨는 경성의전 출신으로 인술仁術을
펼치고 있어 사람들로부터 존경과 신뢰를 받고 있다.

최초의 치과의로서 포항에 들어온 사람은 다카세 도이치高瀬藤一다.
그가 떠난 후 구즈마키 마사토시葛卷昌俊가 포항에 들어와 유일한 치과
의로 활약을 지속하고 있다.[6] 시가타 이치에이志方市衛 또한 입치사入齒
師[7]로서 치과의에 뒤지지 않는 실력을 보이고 있다.

산파와 간호부는 꽤 오래전에 포항에 들어왔다. 1914년 야마모토
이시山本イシ가 산파로 포항에 들어왔으며, 이후 1928년 6월에 엔도 렌
세이遠藤廉世, 1930년에 야마다 요시에山田ヨシエ, 1933년에 문영희文永姫
와 니노미야 요네二宮ヨネ 등 여러 명이 들어와 포항의 산파계는 비교적
다채롭다.

1930년 10월 엔도 렌세이에 의해 경동간호부회慶東看護婦會가 설립

---

4 오카야마의전은 1870년 오카야마현의 전신인 오카야마번 의학관에 기원을 두고 있
다. 1901년 오카야마의학전문학교로 바뀌었다가 1922년 오카야마의과대학으로 승격,
1949년 이후 오카야마대학 의학부로 개편되었다.
5 도쿄의전의 전신은 1916년 일본의과대학에 재학 중이던 450명이 학교와 의견 대립으
로 모두 자퇴하여 세운 도쿄의학강습소다. 이후 1918년 도쿄의학전문학교로 바뀌었고,
1952년 4년제인 지금의 도쿄의과대학으로 승격되었다.
6 『포항지』 저자는 의료계의 실정을 완전히 파악하지 못한 것으로 보인다. 1929년 조선
신문 9000호 축하 광고에 포항치과의원이 실려 있으며 원주院主는 모리우치 후미히라森内
文平, 의원 한창호韓昌鎬, 전화 219번이라고 소개되어 있다.(1926. 11. 11) 『포항지』 집필 당시
에 이 의원이 폐업된 상태일 수도 있으나, 다카세 도이치 이후 구즈마키 마사토시가 유일
한 치과의사로 활약하고 있다는 내용은 오류임이 분명하다.
7 입치사入齒師란 보철을 담당하는 치과 기공사의 일본식 표현이다.

되어 지방 인사들의 편의를 도모하고 있는데, 그 단가 요금표(단위: 원)
는 다음과 같다. 이외에 간호부 5명이 있으며 모두 병원에 근무하고
있다.[8]

구분	일반 병증	결핵	페스트	급성 폐증	콜레라
1급	180	250	400	230	350
2급	160	220		210	

포항에 도립의원 설립이 처음 요구된 시기는 1922~1923년경으로,
10년 하고도 3년이나 지나도록 실현되지 못하고 있다. 포항은 대체로
건강한 지역으로서 의원 건립에 크게 힘을 기울일 필요가 없었기 때
문일 수도 있다. 그러나 날이 갈수록 포항항은 발전하고 인구도 증가
하여 더 이상 도립의원 문제를 방치할 수 없게 되었다. 이미 기성회도
결성되어 있어 가까운 장래에 반드시 실현될 것이 명약관화하다.[9]

---

8 당시 신문의 신년광고에서 포항의우회浦項醫友會가 확인되고 있다.(1932. 1. 12) 이를 볼
때 포항에서 활동하는 의사들의 친목 모임이 있었던 것으로 보인다.
9 경상북도 내에서 포항을 포함하여 세 지역이 도립의원 설치를 신청했고, 설립비와 운영
비 예산 문제로 먼저 중요한 지역 한 곳에 설립하기로 하여 포항으로 결정되었으나 오랫
동안 지연되었다. "강원도 삼척과 경북 포항은 막대한 물자의 집산과 생산지로서 중요한
곳으로, 이후 1939년 민중 위생시설로 도립의원을 건설하고 있는데, 삼척은 10월, 포항은
연말 또는 1940년 1월경까지 완성될 전망이며, 이로써 전 조선의 도립의원 수는 43개소
가 된다."(『부산일보』, 1939. 8. 22)
처음에는 향도(송도) 해안에 도립의원을 짓기로 했으나 주민 전체가 반대하여 2년간 부지
문제로 난항을 겪었다. 1940년 2월 25일 전 포항경찰서장과 읍민 유지 40여 명이 포항읍
사무소에 모여 최종적으로 용흥동 연못甘谷池(감실못) 근처(포항역 서남쪽 계곡)에 설치하
기로 결정되었다. 그러나 부지가 습지인 데다 기초가 견고하지 못해 파손이 심해져, 광복
3년 후 중앙과 도에서 450만 원의 보조를 받아 최 원장이 보수공사를 실시했다.(『영남일
보』, 1949. 6. 15)

2. 위생[10]

화장장, 전염병원, 행려병자 수용소, 도축,[11] 오물 및 쓰레기 관리는 읍에서 실시하고 있다. 포항에서 최근의 출생자는 221명, 사망자는 128명을 헤아리며 도축 상황은 소 500마리, 돼지 40마리, 개 약간으로, 소 한 마리의 도축비는 2원, 개는 30전, 돼지는 70전이다.

하수구 설비는 전혀 착수하지 못한 상황이지만 조만간 시가지 정비가 정리되는 등 완성을 향해 차근차근 나아가고 있다.[12]

---

10 『경북대감』에 따르면 1934~1935년 영일군의 위생기관은 다음과 같다. 격리병사 2개, 의사 15명, 치과의사 2명, 의생 32명, 입치 영업자 2인, 종두種痘(천연두 예방을 위한 우두접종) 시술생 4명, 간호부 5명, 산파 8명, 약종상 155명, 제약업자 6명, 안마·침술·뜸술按鍼灸 34명.

11 당시 기사를 살펴보면 포항에 들어선 도축장은 통조림 공장과 관계가 있다. "형산면 용흥동에 종래 설치되었던 포항읍의 도우장屠牛場은 이번에 모 방면 대상으로 소, 돼지의 염장 통조림의 대량 제조 필요성에 따라 이번에 대규모의 도살장을 건설하여 이제부터는 사업 다망하게 되어 남선전기는 마사츠산을 횡단 직행하여 송전 설비를 하게 되어 지난 9월 24일 완성했는데, 지금까지 용흥동의 도살장이라면 3개라도 들어섰을 뒷산이 일시에 제조생산 공장으로 탄생하게 된 것도 포항 발전의 현상이라 해야 할 것"(『부산일보』, 1938. 10. 2) "모 방면 대상"이란 군납 식량을 의미하는 것으로 보인다.

12 하수구 설비가 안 되었다는 곳은 일본인들의 상업지구인 혼초(지금의 상원동 일대)와 나카초(지금의 중앙동 일대)를 가리키는 듯하다. 이후 3년 뒤에 이 두 지역에 하수구 시설이 완성되었기 때문이다. "도시의 생명은 하수의 완전함으로부터다. 현재의 도시는 모름지기 하수구 시설의 완전함을 도모해야 할 것이나 포항의 하수구 시설은 말도 안 되게 불충분하다. 겨우 하수구라 불릴 만한 곳은 혼초 일대와 나카초 일대의 것뿐이다. 그 외에는 있다 해도 유명무실할 뿐이다. 전염병의 발호가 심한 이때 이렇게 위생시설이 불충분하므로 일반 읍민은 생명의 위협을 받는 바가 크다고 한다."(『동아일보』, 1937. 10. 12)

16장
위안·휴식

1. 오락

가. 공원

읍사무소에 인접한 약 5000평의 지역에 포항개발의 일인자 나카타니의 수상壽像이 있다. 공원으로 조성된 지 얼마 안 되어 자연의 풍치를 느끼기는 어렵지만 앞으로는 포항의 중앙공원으로 자리 잡아 읍민들이 산책을 즐기는 포항항의 명승지가 될 것이다.

나. 해수욕장

향도 일대의 푸른 소나무가 있는 흰 모래사장은 광활하고 윤택하기가 수 리里, 동해의 푸른 파도碧波가 밀려오는 곳이다. 향도는 형산강 우안右岸의 경승지로서 이 모래 지대를 무성한 솔숲으로 만든 사람은 오우치 지로다. 히가시하마(동빈)의 다리를 건너 향도에 도착하면 녹색 짙은 소나무 숲이 나타나고, 이 숲을 지나면 눈앞에 포항해수욕장이 펼쳐진다. 맑은 물과 아름다운 모래, 게다가 바닷물은 멀리까지 얕아 밀물과 썰물의 차이도 거의 없다. 과거에는 이 천혜의 해수욕장을 돌보지 않아 버려지다시피 방치되었으나 1930년 시모무라 읍장의 노력으로 개장하게 되었다. 해변에 각종 시설을 설치한 조선 제일의 해수욕장으로서, 경북도는 물론 서울에서 오는 피서객도 상당하다. 연간 2만 명의 입장객을 헤아리는 포항에서 가장 성황을 이루는 곳이다.

향도해수욕장

6월 20일부터 8월 말¹까지 개장하며, 포항읍 당국은 수많은 단체를 맞이하여 최선을 다해 환대하고 있다.²

다. 극장

영일좌迎日座가 전소³되어 현재는 가건축 시설에서 영업하고 있지만

---

1 "무더위로 성황했던 포항 향도해수욕장이 가을색이 농후한 8월 31일자로 폐장식을 행했으나, 진하의 해변에서 흰모래와 푸른 소나무를 둘러싼 금파은파金波銀波를 친구로 해변을 걷는 것은 오히려 지금부터라고 하니, 유보객遊步客은 끊이지 않고 상당하다."(『부산일보』, 1939. 9)

2 1926년 10월 3일 오전 8시부터 포항 향도해수욕장에서는 모험비행대회, 즉 에어쇼가 개최되었다. 영일군청, 경찰, 면분회, 소방조 등의 후원으로 공인나고야비행학교의 비행사들이 참가했으며, 이날은 향도해변으로 갈 수 있도록 임시 도항장을 해도동에 설치했다. 입장료는 대인 30전, 소인은 15전(도선료 포함)이었다.(『부산일보』, 1926. 10. 1 기사 참고)

3 당시 신문기사를 보면 영일좌는 연극이나 영화 관람을 비롯하여 연주회, 시민대회, 정견 발표장 등 다양한 행사 공간으로 활용되었음을 알 수 있다. 신문기사에 따르면 (『부산일보』, 1934. 5. 28) 영일좌 화재는 1934년 5월 26일 발생했다. 그날은 가와바타 야스나리의 소설을 원작으로 한 영화 「사랑의 꽃 피는 이즈의 무희伊豆の踊子」 그리고 「동양의 어머니東洋の母」가 상영될 예정이었는데 「이즈의 무희」 영화 필름을 영사기에 걸자 전열 과도로 필름에 불이 붙었고, 천장으로 불이 옮겨 붙어 관람객 150여 명(다른 보도에서는 300여 명)이 탈출하는 소동이 벌어졌다. 화재는 밤 9시 반에 진화되었다.

조만간 유지들이 서로 상의하여 신축하기로 했다.[4]

*영일좌 화재 당시 상영중이던 두 편의 영화, 「이즈의 무희」와 「동양의 어머니」

*포항극장 신축 개관(1936. 7)

---

4 영일좌 화재 이후 2년 만에 야마노우치 햐쿠타로山ノ內百太郎에 의해 포항극장이 새로 들어섰다. 1936년 3월 3일 혼초 일화산업 뒤편 광장에 약 120평 2층 규모의 최신식 건물이다.(『부산일보』, 1936. 3. 7 기사 참고) 그해 7월에는 낙성을 기념하여 대가부키 공연이 있었다.

2. 여관·요리점

가. 여관

여관의 필요성을 특히 통감한 시기는 초창기 개척의 시대였다. 그러나 당시에는 내륙을 여행하는 자가 적어 이를 경영하려는 자가 없었다. 따라서 여행자는 조선을 여행할 때 어쩔 수 없이 마늘 향 강한 자극적인 음식을 참고 견디든지, 아니면 앞서 들어와 거주하고 있는 사람들에게 의지하는 수밖에 없었다. 포항에 처음 생긴 여관은 에도야江戶家[5]였다. 에도야의 주업은 요리점이며 부업으로 여관을 겸하는 식이었으므로, 최초의 여관은 지금의 하시모토橋本 여관이다. 그리고 나카다仲田가 경영하는 지금의 고야마小山 여관 앞에 나카지마中島 여관, 후지와라藤原 여관 등이 연이어 문을 열었다. 현재 포항에는 고야마 여관, 하시모토 여관, 후지와라 여관, 다테베建部 여관, 마쓰야松屋 여관, 마쓰노야松乃家, 오기노야荻乃家의 7채軒가 있으며, 그 밖에 수십 채의 조선 여관이 있다.

하시모토 여관은 하시모토 마쓰시게橋本松繁가 경영하고 있는데, 1910년 10월 12일 개업한 포항 여관 창업자 중 최고참이다. 2층 건축으로 12개의 객실客間을 갖추고 있으며 여름이든 겨울이든 안락한 공

---

5 원문에는 에도야의 한자가 '江戶家'로 되어 있으나 이후의 문맥으로 보아 동일한 발음인 '江戶屋'의 오기로 보인다.

*마쓰야 여관(1929)

간이다. 부인은 손님을 응대할 때 대충하거나 적당히 하는 경우가 없어 손님들이 감탄할 만큼 인기를 얻고 있다.

고야마 여관은 역전거리, 즉 다이쇼초에 있다. 관청 등의 지정 여관으로서, 고야마 소우小山ソゥ가 경영하고 있다. 건물은 '포항의 현관'이라 할 정도는 아니지만 위풍당당하여 보기에 좋다. 손님 수준도 일류급이며 여종업원의 태도에도 기품이 넘친다. 모든 객실은 상급이면서도 숙박료는 저렴하고, 주인의 배려와 친절로 왕성히 번창하고 있다.

다테베 여관은 1934년(소화 9년) 5월 개업했으며 다테베 사키建部ザキ가 경영한다. 최신식 건축에 만점 서비스로 손님을 끌어들여, 고호古豪[6] 고야마 여관을 추월할 기세로 번창하고 있다. 새 건물의 모든 비품을 새것으로 교체했을 뿐만 아니라 위치가 시내 중앙이어서 여행자에

6 '신예新鋭'와 대립 개념으로 사용되는 일본식 표현으로, 오래된 경험을 지닌 강자라는 뜻이다.

게 편리하다. 최근에는 문자 그대로 천객千客[7]이다.

이외에 후지와라, 마쓰야, 마쓰노야, 오기노야 모두 대중 지향의 여관으로서 부담 없이 머물 수 있는 편안함이 있다.

나. 요리점

"배 밑바닥의 나무판자 한 장이 빠지면 곧바로 지옥 바닥"이라는 극단적인 상황에서 생활하는 어부들의 거리는 돈 씀씀이가 거칠다. 그러나 "오늘만 있고 내일은 모른다"는 바다의 자손으로서는 과도한 게 아닐 수 있다. 게다가 청어의 최고 성어기에는 밤낮 없이 과격한 노동을 하는 사람들이니 요리점에서 위안과 휴식을 추구하는 것도 어쩔 수 없는 것이다. 이러한 이유로 1907년경부터 포항에 요리점이 들어서게 되었다. 처음 문을 연 곳은 호소카와細川 아무개가 시작한 영일관迎日館인데 얼마 지나지 않아 폐점했고, 그다음 개업한 요리점이 에도야다. 1908년경부터 여관과 요리점을 함께 운영하여 꽤 번창했다. 1908년 말부터 2년 동안 포항의 인구가 비약적으로 늘었지만 그중에서도 많은 사람이 몰린 곳은 요리점이다. 1909년 일본인 인구 200여 명이던 시대에 예기, 창기, 작부만 48명이었다고 하니 대단한 활력이다. 지금에 비해 그때는 미인이 많았는데, 그중에서도 에도야의 만류萬龍[8] 등은 벳빙別嬪[9]일 뿐만 아니라 각종 기예에도 능숙하여 자시키座敷[10]에 부를 수 없었다고 한다. 다양한 분야에서 변천을 보이고 있지만

---

7 '많은 손님'이라는 일본식 표현이다.

8 원문에서 말하는 에도야의 만류萬龍는 '포항의 만류'라는 애칭을 지녔던 것으로 보인다. 동시대에 일본 제1의 미인으로 1908년 일본 예기 가운데 100대 미인을 뽑는 투표에서 9만 표를 획득하며 1위를 차지한 만류萬龍(1894. 7~1935. 2)는 도쿄백화점과 그림엽서의 모델로도 활동했다. 그녀는 지금의 아이돌과 같은 존재로 일본에서만 활동한 것으로 알려져 있다.

*1909년경 전성기를 구가했던
에도야의 만류

*일본 화류계의
아이콘이었던 만류

화류계는 당시에 비해 그다지 늘어나거나 발전하지 않았다. 현재 일본
인이 경영하는 곳이 6채, 조선인이 경영하는 5채로 총 11채가 있다.

• 메이게쓰루明月樓

일본인이 경영하는 요리점 중에서 가장 오래된 곳으로, 포항 초창
기 시대인 1911년 12월 14일 개업했으므로 벌써 25년이 된다. 선대先
代는 작고하고 2대인 이와타 소토메오岩田外海雄가 경영하고 있지만 실
권은 모친이 쥐고 있다. 몇 년 전 과감하게 새 건물을 지어 안팎으로
새 단장했는데 2층 24평, 1층 38평 외에 단층 33평, 객실 5칸으로 어
떠한 연회라도 받을 수 있다. 빈손으로 포항에 들어와 각고의 노력으
로 오늘의 기반을 쌓기까지 열심히 내조한 외유내강의 모친이 있는데,

---

9 벳빙別嬪이란 빼어난 미인 또는 기품을 지닌 여인이라는 뜻인데, 창기의 의미도 있다.
10 자시키座敷란 다다미가 깔려 있는 방을 뜻하기도 하지만, 술자리에서 손님 옆에 앉아
술시중을 들다가 잠자리까지 하는 것을 뜻하기도 한다. 여기서는 후자의 뜻에 가깝다.

그녀는 손님이 흡족할 수 있도록 지극 정성을 다하여 대부분의 손님들은 메이게쓰루에 대만족한다.

• 기라쿠喜樂

기라쿠라 하면 포항을 모르는 사람조차 "아, 기라쿠!"라며 끄덕일 정도로 유명하다. 실제 포항을 찾아와 잠깐이라도 기라쿠에서 놀아본 사람은 중요한 용무나 포항이라는 지명은 잊을지라도 기라쿠라는 이름은 불로 새긴 도장처럼 잊지 못한다고 한다. 1926년 7월 2일 개업하여 모리시마 마쓰에森島松惠가 경영하고 있다. 마쓰에 또한 색다른 애교를 지닌 존재다. 그녀는 어떤 손님에게도 애교나 인사치레를 하지 않으나 그 모습 그 자체가 애교라 할 수 있다. 5척 3촌 24관, 빵빵한 북처럼 부푼 배太鼓腹를 내밀고 앉으면 이미 양미만취凉味萬醉의 애교가 넘쳐난다. 객실 21개 외에 온돌 3실, 대연회장은 100다다미百畳라고 하므로 포항으로서는 일류의 장소라 할 것이다.

• 지토세루千歲樓

1932년 2월 9일 개업하여 시모조 하나下條ハナ가 경영하고 있다. 구룡포에 지점을 두고 있을 만큼 성장하여 탄탄한 기반을 이루고 있다. 대연회는 관심을 두지 않고 차분한 4.5다다미四畳半[11] 공간으로 조성하여, 수수함을 선호하는 손님에게는 없어서는 안 될 요리점이다. 바닷가의 요정 치고는 요리도 각별하다. 서울, 부산 등에서 온 사람들한테도 찬사를 받고 있다.

---

[11] 다다미 4장과 반장을 겹치지 않게 연이어 배치하면 정방형을 이루는데, 일본의 대표적인 방 크기라 할 수 있다. 일본의 다실도 같은 크기다. 다다미는 종류에 따라 크기도 다르지만, 대체로 한 장은 90×180cm이며, 4.5다다미는 270×270, 즉 2.7㎡ 정도 크기다.

• 마루만丸萬

1929년 9월 7일 개업했으며, 경영자는 다소 특이한 인물인 아라오 도쿠이치로荒尾德一郞다. 그는 정열과 힘이 넘치는 인물로, 한 관이나 되는 봉을 어깨에 얹기도 했고 생선 장수의 차를 끈 적도 있다. 어느 날 우두머리인 우메모토梅本가 손님과 함께한 자리에서 "어디에서 손님이 오더라도 편안하게 추천할 만한 요리점이 포항에도 있었으면 좋겠다"라고 말하자, 그는 누구에게도 소개할 수 있는 요리점 운영을 자신이 추진해보겠다는 말을 했다고 한다. 일단 자리를 잡으면 3년이든 5년이든 움직이지 않을 배포가 있고 힘도 있는 그가 꼭 해보고 싶은 단 하나의 염원은 거지들의 두목이 되는 것이라 한다. 과연 아라오 군의 희망이 실현될지는 알 수 없다. 2층 건물로 단단하게 지어져 마음이 불안한 손님들이 찾는다.

• 메리켄정メリケン亭

구리바야시 후시栗林フシ가 객실 12개로 운영하고 있으며, 이곳도 수수한 느낌을 좋아하는 손님을 대상으로 하고 있다.

• 기쿠스이菊翠[12]

1930년 9월 3일 개업했고 야마다 유후山田ユフ가 운영하고 있다. 객실은 11개며 차분한 분위기로, 화려한 것을 꺼려하는 손님 대상이다.

이외에 영일관, 달성관, 옥수정, 해월루, 태평관이라는 곳이 있다.[13]

---

12 원문에는 '菊水'라고 표기되어 있으나, 경상북도 포항 시가도市街道의 광고에는 '菊翠'로 되어 있다. 같은 발음으로 인한 오기로 보아 바로잡았다.

*광복 전 영일만 전경을 파노라마로 찍어 두 장으로 만든 그림엽서로,
당시 가장 번화한 모습을 보여준다.
(자료: 일본 국제일본문화센터 조선 그림엽서 데이터베이스)

13 1918년 당시 부산일보의 박스기사에 해당하는 '포항홍필浦項紅筆'(9월 4일자)에 따르면
유흥음식점인 지토세루의 이우야로楡冶郞, 쓰쿠젠의 비파 연주에 능숙한 고로쿠小六, 세츠
도루節同樓의 명기 마사기쿠政菊 등이 여름휴가를 얻어 벳부 온천으로 보양휴가를 갔다는
내용이 있다. 또한 이 밖에도 아사히야朝日家, 쓰키루月樓, 도키와정常盤亭, 달성관達城館 등의
요정이 있다고 소개되어 있는 것으로 보아, 포항의 유흥업은 오래전부터 호황을 누린 듯
하다.

포항의 꽃(1)

 (明月) 와라코笑子

 (喜樂) 우타노스케歌之助

 (喜樂) 하나초花蝶

 (明月) 미쓰로三郎

 (喜樂) 마쓰야松彌

 (喜樂) 야나나八七[14]

 (明月) 돈보とんぼ

 (喜樂) 후쿠스케福助

 (喜樂) 시게키繁喜

 (明月) 스미레すみれ

 (明月) 하쓰네初音

 (喜樂) 후미코二三子

 (明月) 요시도よし奴

 (明月) 와카요시若吉

 (喜樂) 마사코正子

---

14 1935년 『부산일보』의 조선총독부 시정 25주년 기념 특집기사인 "약진 조선의 전망" 중 포항 편을 보면
『포항지』 서두에 소개된 '경북수산 고우타小唄'의 작자가 '야나나八七'로 소개되어 있다.

포항의 꽃(2)

 (丸萬) 고초小蝶

 (丸萬) 미노리豊

 (菊翠) 잇기쿠一菊

 (千歲) 차라코茶良子

 (丸萬) 미사오みさを

 (菊翠) 하루코春子

 (千歲) 김필金弼

 (丸萬) 야치요八千代

 (菊翠) 와카초若蝶

 (千歲) 도시도年奴

 (丸萬) 마루丸

 (菊翠) 우타마루歌丸

 (千歲) 스즈마루鈴丸

 (丸萬) 치요마루千代丸

 (菊翠) 스즈메雀

17 장
명승구적과 전설

조선의 옛 수도로서 수많은 유적과 유물을 지닌 경주는 우리 포항에서 서북으로 약 6리 정도 떨어져 있으며, 철도나 자동차 편으로는 한 시간 만에 도달한다. 경주의 관광객은 보통 대구나 울산으로 여행 경로를 잡곤 하지만, 서일본에서 우리 포항으로 들어오는 사람 또는 동해안을 타고 이동하여 포항에 내린 사람들은 모두 중부선 또는 자동차 편으로 경주를 구경한다.

　고도古都 경주는 진한辰韓의 6촌村에서 발흥한 신라의 왕도王都다. 여기에서는 이 고도에 관한 사실史實적인 서술보다는 현존하는 주요 유적유물遺蹟遺物과 그에 따른 전설을 소개함으로써 고도 경주의 유람에 이바지하기로 한다.

1. 경주 고적의 관람 일정과 순서

경주는 신라 천년의 옛 도시답게 이 지역을 중심으로 약 4, 5리 사이에는 무수한 유물과 유적이 있다. 최대한 서둘러 주요 장소를 구경만 할 경우라면 반나절이라도 좋고, 하루 정도면 대부분의 장소를 둘러볼 수 있으나, 오래된 옛 도시의 향기를 맡는 기분을 제대로 맛보려면 3일에서 1주일은 필요하다. 옛 기와라도 주워 느긋하게 옛날을 떠올리면서 돌아다닌다면 나무 한 그루, 풀 한 포기, 한 줌의 흙에서도 이곳만의 색다른 맛과 향기를 느낄 수 있다. 지금 이 지역의 보존회에서 유람객巡遊者을 위해 특별히 제작한 관람 안내표에는 다음과 같이 기록되어 있다.

다음 표는 불국사 방면은 기차, 기타 방면은 인력거 이용을 전제로 한 계획표이므로 도보로 이동하는 자는 그 거리를 살펴 취사선택하기를 바란다. 다만 자동차의 경우 경주 부근은 약 2시간이면 한 바퀴 돌 수 있다.

반나절 일정(제1안)	
포석정 터와 삼체석불	경주에서 남쪽으로 약 1리里 20정町.[1] 도중에 봉황대, 황남리 고분군, 효자리비, 흥륜사지, 천경림, 문천, 남산성지, 창림사지 등을 멀리서 볼 수 있음

나정	포석정 터에서 뒤돌아 북쪽으로 약 10정(1.09킬로미터). 오릉 나정에서 서북 약 8정(872.7m) 근처에 숭덕전, 알영정지 있음
계림	오릉에서 동북쪽으로 약 15정(1.64킬로미터). 도중 재매정지, 향교를 멀리서 볼 수 있음
첨성대	계림에서 북쪽으로 약 2정(218미터). 도중 내물왕릉, 황남리 토성지 등을 멀리서 볼 수 있음
월성	첨성대에서 동남쪽으로 약 5정(545미터). 안쪽에 숭신전, 석빙고 있음
안압지	석빙고에서 동북쪽으로 약 2정(218미터). 도중 천주사지, 임해전지를 멀리서 볼 수 있음
분황사 석탑	안압지에서 동북쪽으로 약 10정(1.09킬로미터). 도중 낭산, 황룡사지, 명활산성지, 진평왕릉 등을 멀리서 볼 수 있음
경주 분관	분황사에서 서쪽으로 약 25정(2.73킬로미터). 도중 알천, 소금강산, 헌덕왕릉, 탈해왕릉, 표암, 백율사 등을 멀리서 볼 수 있음
반나절 일정(제2안)	
경주 분관	불국사로부터 곧바로 대구로 출발할 계획이라면 먼저 경주 분관을 관람한 후 불국사로 향하는 것이 편리함
분황사 석탑	분관에서 동쪽으로 약 25정(2.73킬로미터). 도중 황남리 고분군, 백율사, 표암, 탈해왕릉, 알천, 소금강산 등을 멀리서 볼 수 있음
안압지	분황사에서 서남쪽으로 약 10정(1.09킬로미터). 도중 명활산성, 낭산, 황룡사지, 진평왕릉, 남산성지 등을 멀리서 볼 수 있음
월성	안압지에서 서남쪽으로 약 2정(218미터) 내에 석빙고, 숭신전 있음. 도중 임해전지 천주사지를 멀리서 볼 수 있음
첨성대	석빙고에서 서북쪽으로 약 5정(545미터)
계림	첨성대에서 남쪽으로 2정(218미터)
오릉	계림에서 서남쪽으로 약 15정(1.64킬로미터). 도중 황남리 토성지, 내물왕릉, 향교, 재매정지, 문천, 천경림, 남산성지 등을 멀리서 볼 수 있음
무열왕릉	오릉에서 서북쪽으로 약 1리 10정(5.02킬로미터). 도중 흥륜사, 효자리비, 황남리 고분군, 서악서원, 김양 묘, 진흥왕릉,[2] 진지왕릉, 헌안왕릉 등을 멀리서 볼 수 있음

하루 일정	
불국사	불국사역에서 동북쪽으로 약 33정(3.6킬로미터). 도중 황남리 고분군, 계림, 첨성대, 월성, 안압지, 남산성지, 소금강산, 백율사, 분황사 석탑, 낭산, 사천왕사지, 망덕사지, 신문왕릉, 성덕왕릉(이상 경주역에서), 마동석탑(이상 불국사역에서)을 멀리서 볼 수 있음
석굴암	불국사에서 언덕길 쪽으로 약 22정(2.4킬로미터). 도중 영지, 치술령, 경주평야, 동해안 등을 멀리서 볼 수 있음
하루 일정(제2안)	
불국사	
석굴암	
계림	경주역에서 동남쪽으로 약 10정(1.09킬로미터). 도중 미추왕릉, 숭혜전, 황남리 토성지 등을 멀리서 볼 수 있음
첨성대	
반월 및 석빙고	
안압지	
황룡사지	
분황사 석탑	
경주 분관	
하루 일정(제3안)	
경주 분관	
백율사 및 사면불석	분관에서 동북쪽으로 약 28정(3.05킬로미터). 도중 집경전지, 읍성표, 알천, 독산, 논호수, 소금강산 고분군 등을 멀리서 볼 수 있음
표암 및 탈해왕릉	백율사에서 동남쪽으로 약 7정(763미터)
분황사 석탑	표암에서 동남쪽으로 약 15정(1.64킬로미터). 도중 북천석제, 헌덕왕릉 등을 멀리서 볼 수 있음
안압지	
월성 및 석빙고	
첨성대	
계림	
오릉	

나정	
포석정지 및 삼체석불	
김유신묘	포석정지에서 서북쪽으로 약 1리 20정(6.1킬로미터). 경주에서 서북쪽으로 약 17정(1.85킬로미터)
무열왕릉	김유신 묘에서 서남쪽으로 약 25정(2.73킬로미터). 도중 서악 고분군, 금산제, 서악 산성지, 서악서원, 김양 묘 등을 멀리서 볼 수 있음
경주 들어오는 길에 멀리서라도 보아야만 하는 장소	
(1) 포항에서 들어올 때	북형산성지, 안강현지, 나원리석탑, 금장대지, 서악 고분군
(2) 대구에서 들어올 때	부운대지, 부산성지, 작성지, 금척리 고분군
(3) 울산에서 들어올 때	치술령, 관문사지와 부근 고분군, 입실리사지, 괘릉, 영지
(4) 언양에서 들어올 때	인박령, 천룡사지, 독룡과 삼릉, 곤원사지

가. 6촌 이야기

경주는 경상북도의 동남쪽 구석에 있다. 명활산明活山을 동쪽으로, 선도산仙桃山을 서쪽으로 두고 있으며, 남북으로는 금오산金鰲山, 금강산金剛山이 솟아 있는데, 두 산의 계곡이 합쳐진 곳에서 물이 형성되어 경주를 중심으로 약 4리(15.71킬로미터) 반경의 원형권 안에서 서천西川, 모심천牟深川, 문천蚊川(혹은 남천), 북천北川(혹은 동천 혹은 알천閼川이라고 함)이 되어 흐른다. 물은 흐르면서 점점 폭이 넓어지다가 경주 근처에서 합류하여 주류인 서천을 이룬다. 영일만을 향해 흐르는 곳곳에서 모모연牟母淵, 굴연堀淵, 온삼연溫三淵 등으로 이름을 바꾸다가 4리(15.71킬로미터)가 되는 지점에서 형산兄山, 제산弟山의 협곡을 만나면 형산강兄山江으로 이름이 바뀐다. 이 경주평야의 물이 하나의 물줄기인

---

1 일본의 1리는 3,927.3미터, 1정은 109.09미터로 환산된다. 따라서 1리 20정은 3,927.3 + (109.09×20)=6,109.1미터. 즉 6.1킬로미터 정도의 거리다.

2 원문에는 직흥直興으로 되어 있으나 진흥眞興의 오기로 보아 바로잡았다.

형산강을 이루어 형산과 제산 사이를 통과한 뒤 영일만에 이르는 모습은 우리³ 일본의 나라평야와 야마토강과 닮은 점이 있다. 땅을 바라다보면 넓은 옥토이자 요충지로 일찍이 문화가 개화할 만한 특성을 지니고 있다. 옛 기록古書에 따르면 옛날 백성들은 난을 피해 이 지방에 흩어져 살면서 6촌을 이루었다고 한다. 이것이 진한辰韓의 6부部라고 전해지고 있는데, 1) 알천閼川의 양산촌楊山村 2) 돌산突山의 고허촌高墟村 3) 취산觜山의 진지촌珍支村 4) 무산茂山의 대수촌大樹村 5) 금산金山의 가리촌加利村 6) 명활산明活山의 고야촌高耶村으로 나뉘어 경주 경계 안쪽에 자리하고 있었다. 그런데 한漢의 선제宣帝(지절地節) 원년에 6촌의 촌장들이 알천의 벌판河原에서 대회를 열었다. 무엇을 위한 대회였는지는 알 수 없으나, 그때 서광이 비치며 양산 기슭에 있는 나정羅井으로부터 신동神童이 나타나 촌장들 앞으로 다가왔다. 촌장들은 그 앞에 엎드리며 이 신동이야말로 우리 6촌의 우두머리長가 될 자라며 기뻐했다. 이 신동이 바로 신라의 시조인 혁거세赫居世로, 박朴을 성姓으로 하는 신라 제1대의 왕이다. 비범한 이 신동은 13세에 왕위에 올랐고, 표류하다가 정착한漂着 왜인倭人으로 짐작되는 신하 호공瓠公을 통해 백성을 다독임으로써 처음으로 국호를 신라新羅로 정했다고 한다. 이때는 우리 일본의 조상 스이닌왕垂仁天皇⁴의 통치 시대御宇다.

신라는 건국 이래 대대로 명군名君을 모시고 해가 갈수록 융성했다. 진한辰韓과 변한弁韓의 부족들이 연달아 항복하여 파사왕婆娑王의 대에 이르러 더욱 그 위력을 발휘하자 백성은 왕의 영토가 평안하고 태평함安泰을 기뻐했다. 그 후 29대인 무열왕武烈王에 이르러 백제를 멸

---

3 내선일체를 주장하면서도 저자는 은연중에 '우리'라는 말을 사용하며 차별시하고 있다.
4 원문에는 숭인崇仁으로 표기되어 있으나, 혁거세가 13세가 되던 해는 기원전 56년이며 일왕의 계보를 보면 스이닌왕垂仁天皇(BC 29~BC 71)의 치세에 해당하므로 바로잡았다.

하고 그의 아들 문무왕文武王에 이르러 고구려를 타파함으로써 처음으로 반도 통일을 완성하게 되었다. 이후 해와 달이 갈수록 국운이 융성해져 이른바 신라 문화의 황금시대를 맞이했으며, 고승과 대학자名僧名儒를 배출했다. 그러나 이윽고 나라의 운세가 쇠퇴하여 56대 경순왕敬順王의 시대에 고려가 일어나자 결국 박혁거세로부터 56대 992년의 신라 왕조는 멸망했다. 그 후 특기할 만한 것 없이 조선 시대까지 약 1000년의 세월이 흘렀다. 단지 그 사이에 분로쿠文祿의 역役*분로쿠文祿'는 임진왜란을, '역役'은 전쟁을 의미 당시 기요마사淸正의 부장 사이토斎藤, 다치모토立本, 사카가와坂川, 사이조采女 등 500여 명이 경주성에서 5000의 민군과 싸웠으나 이기지 못하고 울산성으로 떠났다는 사실史實이 있을 뿐이다.

나. 불국사佛國寺

경주 구경은 불국사호텔에서 하룻밤 묵고 다음 날 아침 일찍 토함산 위에서 동해의 일출을 바라본 후 순차적으로 관람 일정을 따르는 방식이 가장 좋다고 생각한다. 불국사호텔의 고요한 밤은 왠지 산의 이슬을 불러들여 몸에 촉촉이 스며들게 하는 느낌이 있다. 게다가 호텔은 마음을 편안하고 넉넉하게 해준다. 서비스 또한 시내에 있는 여느 여관과는 수준이 완전히 다르다. 여행으로 지쳤을 때 호텔에서의 술은 특히 좋다. 여름철의 맥주 또한 각별한 맛이다.

불국사는 토함산의 기슭에 있다. 법흥왕法興王 시대[5]에 창건되었다고 하니 지금으로부터 1400여 년 전에 만들어진 절이다. 건물은 임

---

5 『포항지』 원문에는 눌지왕訥祗王 시대로 되어 있으나 법흥왕 22년(535) 창건으로부터 1935년이 정확히 1400년 전임을 알고 있음에 비추어 저자의 착각이라 판단하여 바로 잡았다.

불국사

진왜란 당시 병화兵火에 휩싸여 대부분 소실되었고 지금의 건물은 약 300여 년 전에 옛 건축을 참고하여 중건된 것이다. 총문總門은 자하문紫霞門이라 불리며 그 앞에 만들어진 돌계단의 두 다리, 즉 청운교靑雲橋와 백운교白雲橋는 시대의 명장 김대성金大城의 작품이라고 한다. 그 형태와 수법의 교묘함은 한참을 멈추어 서서 바라보게 하는 미술의 정수로서, 새삼스레 신라의 독특한 문화 흔적을 머릿속에 그려보게 한다.

이 절에서 특히 눈을 끄는 것은 다보탑多寶塔과 석가탑釋迦塔 그리고 지난해 도쿄로 유출되었다가 소유자인 나가오 긴야長尾欽弥의 후덕으로 불국사에 다시 봉납된 사리탑舍利塔이다.[6] 다보탑은 형태가 유사한 다른 사리탑보다 탁월한 것으로, 아마도 통일신라 시대의 대표적인

6 이 사리탑에 대한 자세한 경과와 설명은 최근 경주문화원에서 발행된 『일제강점기 그들의 경주 우리의 경주』(최부식, 274~275쪽)을 참고.

작품임에 의심의 여지가 없다. 그것의 높이는 약 4간間, 4면에 8단의 석계石階를 두고 첫 번째 층에 사각형方形의 중심기둥이 있으며, 네 귀퉁이에 세워진 네모진矩形 기둥 위에는 3층의 탑신이 올라 있는데 각각 8각角의 평판平板에 자리 잡고 그 위에 다소 큼직한 옥개屋蓋가 있다. 모두 화강암으로 만들어졌지만 천고千古의 비바람을 맞으면서 창연한 목탑과 같은 부드러운 맛柔味를 띠고 있는 것은 말로 표현하기 힘든 멋이다. 아름다운 경사를 지닌 상륜相輪[7]은 절묘하면서 아름다운 조화를 지니고 있어 그 시대의 특수한 맛에 녹아드는데, 보는 이로 하여금 황홀함에 빠져들게 만든다.

석가탑은 다보탑의 서쪽 편에 세워져 있어 양자가 마주 보며 있다. 일명 무영탑無影塔라고도 불린다. 꼭대기에 보주寶珠와 노반露盤[8]을 얹어 놓은 탑신塔身은 높이 약 27척으로, 네 귀퉁이에는 기둥을 세우고 전체軒는 5층으로 만들어 지탱하고 있다. 이 탑은 다보탑보다 기법이 간결하지만 규모는 무척 웅대하며 우미경쾌優美輕快한 특질을 발산하기에 다보탑과 더불어 통일신라 시대의 탑파塔婆[9]의 교초翹楚[10]라고 할 수 있을 것이다.

이들 신라 시대의 작품은 예술성이 가장 원숙했던 경덕왕景德王 때의 작품으로, 모두 김대성에 의해 완성되었다고 전해지고 있다. 이러한 작품들을 접한 뒤에 대웅전으로 들어가면 그곳에는 전혀 어울리지 않고 저급하게 보이는 불상이 안치되어 있다. 조선 시대의 것과 비교해보면, 아무리 시대의 차이가 있다고는 해도 이렇게나 다를까 하는 느낌

---

7 불탑의 꼭대기에 있는 노반, 구륜, 수연, 보주 등으로 이루어진 장식물.
8 탑의 꼭대기에 있는 네모난 모양의 지붕.
9 탑파塔婆란 고대 인도에서 불사리佛舍利 등을 안치하여 봉양, 보은하고자 만든 그릇 형태의 구조물 또는 탑 자체를 뜻하기도 한다.
10 월등히 뛰어나다는 뜻으로 '군계일학'과 같은 의미.

을 지울 수 없다.

다. 석굴암石窟庵

불국사 뒤쪽에서 토함산으로 오르는 고개를 넘어 동해의 푸른 파
도를 바라보면서 산속으로 조금 내려가면 석굴암이 있다. 원래의 석굴
암은 석불사石佛寺로서 불국사와 마찬가지로 경덕왕 때에 창건된 것이
다. 좌우 길이徑 22척 6촌, 전후 길이는 21척 7촌 2푼, 입구 넓이 11척
1촌 5푼, 측벽의 깊이는 약 9척, 입구의 가로는 21척 3촌, 세로는 11척
4촌, 정면에는 넓이 12척 9촌의 입구가 설치되어 있다. 내부의 요벽腰
壁에는 격협간格挾間[11]을 만들고 그 위의 벽을 15구역으로 분리하여 후
면 중앙에는 11면관음의 입상을 양각하고 그 좌우에는 다섯 몸체의

석굴암 앞 정원

---

11 격협간格挾間이란 불단 등의 받침대를 고정하기 위한 기단부로, 다양한 무늬를 새겨
장식되어 있으며 아상我相, 안상眼象이라고도 불린다.

*일본 국보로 지정된 칸신지 금당

*칸신지 금당의 본존 여의륜관음상

나한상과 두 몸체의 보살상이 조각되어 있다. 굴의 중앙 석련대石蓮臺 위에는 길이 6장丈의 본존불本尊佛이 안치되어 있다.

석굴 안에 새겨진 불상들은 누가 형이고 누가 아우라 할 수 없을 만큼 우열을 가리기 힘든 일품逸品이다. 입구의 사천왕四天王[12]은 그 웅장함에 저절로 머리가 숙여진다. 고우닌기弘仁期의 명작이라는 칸신지 觀心寺[13]의 그것[14]에 견줄 만한 작품으로 이야기되고 있는데, 가슴에서 허리로 흐르는 힘찬 곡선과 방담放贍한 옷주름衣文의 기법, 전신의 균형 등 무엇 하나 결점을 지적할 곳이 없다. 본존의 표정에 드러난 단아함과 자태의 장중함은 글이나 말로 다룰 수 있는 것이 아니다. 옷 주름 기법이 유려한 12면관음은 경건하고 온아한 보살의 모습, 팔을 붙잡고 노호하는 모습, 또는 눈을 감은 채瞑目 우주의 깊이를 찾는 듯한 모습 등 정치한 교묘함으로 인해 한번 굴 안에 발을 들이는 순간 신라 시대 최고의 예술에 도취되지 않을 수 없다. 『삼국유사』에 따르면 이 작품 역시 김대성의 손에 완성되었다고 한다.

굴을 나와 자그마한 암자僧庵에 도착하면 산등성 너머로 무어라 표현하기 힘든 옥빛碧味의 감포甘浦 바다가 바라다보인다. 옛날 임나任那 에서 온 일본 무사가 몰래 신라의 국보인 명종名鐘를 훔쳐 일본으로 가져가려고 감포 바다에 배를 띄웠는데 홀연히 폭풍이 일더니 종을 실은 배가 바다 밑으로 가라앉았다고 한다. 그래서 지금도 바람이 부는 날에는 앞바다에서 그 명종의 소리를 들을 수 있다고 한다.

이와 같은 명작을 남긴 거장 김대성에게도 재미있는 전설이 있다.

---

12 사천왕四天王이란 제석천帝釋天 아래 불교 세계를 보호하는 신으로, 동방을 수호하는 지국천持國天, 남방의 증장천增長天, 서방의 광목천廣目天, 북방의 다문천多聞天이다.
13 일본의 칸신지觀心寺는 고우닌 6년(815년)에 일본 진언종의 개조開祖로 알려진 홍법대사 弘法大師 구카이空海가 창건한 사찰로, 금당의 본존으로는 여의륜관음상이 안치되어 있다.
14 칸신지의 본존인 여의륜관음상을 뜻하는 것으로 보인다.

김대성은 원래 모량리牟梁里의 가난한 여인貧女의 아들로 태어났으나 바로 요절했다. 그 후 신의 은덕으로 재상 김문량金文良의 아내 뱃속에 머물렀다가 원래의 이름 대성大城라는 두 글자가 새겨진 금간金簡을 가지고 태어났다고 한다. 한 시대의 명장이 된 그는 언제나 두 분 생모生母에게 효도하고 부양하는 데 게으르지 않았다고 한다.

라. 괘릉掛陵과 무열왕릉武烈王陵

괘릉은 규모가 크다는 점에서 경주의 많은 능 가운데 손에 꼽힌다. 울산으로 가는 도로에서 가까운 외동면 괘릉리에 있으며, 속칭 문무왕릉이라고 하지만 누구의 묘인지는 명확하지 않다. 토만두土饅頭[15]의 선線이나 주위의 12지支를 새긴 속석束石,[16] 능 앞 멀찍한 곳에 세운

괘릉

---

15 토만두土饅頭란 흙을 만두처럼 둥글게 쌓아올린 묘로서, 토분을 뜻함.
16 속석束石이란 기단의 측면에 놓이는 짧은 기둥 모양의 석재.

태종무열왕릉 비귀부碑龜趺

문무文武 석인石人 등의 작품은 당나라 양식이라고도 하나 기우웅호氣宇雄豪[17]하며, 특히 능에서 열 걸음 정도 지점에 자리한 2쌍의 돌사자는 웅휘雄輝의 극치를 보이는 기법으로 괴려瑰麗[18]한 기상을 나타내고 있다. 대체로 신라 시대 능묘의 전형이라 해야 할 것이다.

태종 무열왕릉은 경주에서 서쪽으로 약 20정, 서악역西岳驛 앞에서 서북쪽으로 약 5정 거리에 있다. 문무왕 초년에 만들어진 것으로 원구圓丘 형태의 고분 테두리는 약 50간 정도다. 다소 떨어진 곳의 받침돌臺石 위에 화강암의 귀부龜趺[19]가 있다. 거북의 길이는 약 11척, 넓이는 약 8척, 등의 중앙부에는 비문을 새긴 비석의 몸체碑身가 있었음을

---

17 기우웅호氣宇雄豪란 마음가짐이나 발상 등이 뛰어나고 힘차며 훌륭하다는 뜻으로, 비슷한 말로는 기우헌앙器宇軒昂, 기우장대氣宇長大 등이 있다.
18 괴려瑰麗란 유례 없이 아름답다는 뜻.
19 귀(구)부龜趺란 거북이의 형태를 한 비석의 받침돌.

말해주는 흔적이 있다. 등갑의 귀갑문龜甲文, 그 테두리의 비운문飛雲文, 머리부터 턱 아래頷下로 걸쳐진 보상화문寶相華文 등은 정교함의 극치를 이루고 있다. 용머리螭首는 넓이 약 5척, 높이 3척 6여 촌, 여섯 마리의 용이 서로 등진 채 엎드려 웅크린蟠居 모양이 윤곽을 이루는데 안팎의 용이 뒷발을 들어 구슬球을 받든 형상이다. 중간에 전액篆額[20]이 있다. '태종무열대왕지비太宗武烈大王之碑'의 여덟 글자가 2열로 양각되어 있는데, 신라의 대학자名儒 김인문金仁問이 썼다고 한다.

무열왕은 본디 김춘추金春秋라고 하여 선덕왕善德王을 모시고 있었는데, 당시 일본 조정(조메이왕舒明天皇[21]의 치세)은 신라의 향배가 일정치 않다고 분노하여 다카무쿠노 구로마로高向玄理[22]라는 자를 파견하여 그 성의를 나타내도록 했다. 신라왕은 칙명을 받들어 즉위 17년 12월 김춘추를 인질로써 구로마로와 함께 일본으로 보냈다. 춘추는 일본에 있으면서 온전히 나라의 상태를 살펴본 후 귀국한 뒤에 한 시대의 덕망을 얻어 왕위에 즉위했다. 그 후 당나라와 연합하여 백제를 병합하고 드디어 반도 통일의 기초를 구축하게 되었다.

마. 김유신金庾信의 묘

김유신 묘는 경주의 서쪽으로 약 반 리 정도 떨어진 장소에 있다.

---

20 전액篆額이란 석비 등의 상부에 전서로 새겨놓은 제자題字.

21 조메이왕舒明天皇은 일본의 34대 왕(재위 629~641)으로서 견당사를 파견하고 백제궁을 건설했다고 알려지고 있다. 일본의 일부 연구자들에 따르면『일본서기』의 일왕의 계보는 창작 가능성이 많으며, 34대 조메이왕부터 37대 사이메이왕齊明天皇까지는 신라의 김유신과 김춘추의 가계도를 조합한 것이라는 주장도 있다. 조메이왕의 이름은 김유신의 부친인 서현舒玄(서명각간舒明角干), 모친인 만명萬明의 이름을 합친 것, 즉 서舒와 명明를 합한 것이라며 조메이왕과 김춘추가 동일인이거나 형제일 가능성도 언급하고 있다.

22 『일본서기』에 따르면 다카무쿠노 구로마로는 일본 아스카 시대의 학자로, 견수사遣隋使로 중국에 가서 32년간(수·당 시기) 지낸 후 조메이 12년에 귀국, 다이카 개신大化改新(645년) 1년 후 신라에 파견되었다고 한다.

김유신의 묘

송화산 중턱이라 이 주변은 특히 소나무가 무성하며 고도 경주가 한 눈에 펼쳐지는 곳으로, 조망이 풍부하고 조용한 곳幽境이다. 묘는 24개 의 속석으로 둥근 묘를 감싸며 각각의 방위에 따라 12지신상이 세워 져 있다. 그 웅경함과 정치함 또한 그 시대의 걸작 중 하나다.

　유신은 김해 가락金海駕洛 수로왕首露王 32세손 서현舒玄의 아들로서 모친은 흘종訖宗의 딸 만명萬明이다. 어느 날 밤 두 사람이 상서로운 꿈 을 꾼 후 낳은 자식이 유신이다. 한 스님이 유신을 마주하고는 "이 아 이는 반드시 장군이 될 상이며 지극히 존귀한 사람이다"라고 했는데 과연 17세가 되자 국경에서 고구려와 백제의 군사를 격파했고, 석굴암 이나 인박산咽薄山에 머물면서 심신을 수련하여 신라의 대장군으로서 공성과 야전에서 몇 번이나 공을 세웠고, 무열왕과 문무왕을 보좌하 여 드디어 반도 통일의 위업을 완성한 위인이다. 이 김유신에 대한 일 화는 『삼국유사』나 『삼국사기』 등에 전해지고 있는데, 여기에서는 그의 젊은 시절에 관한 유신다운 로맨스를 발췌하여 서술해본다.

　개국공開國公이라는 칭호까지 받은 신라 최고의 공신 김유신이 아직 김왕손金王孫이라 불리던 시절의 일이다. 백마白馬에 은 안장銀鞍를 갖춘 귀공자인 왕손은 당시 화류계 거리를 종종 출입하며 젊은 기생들의 피를 끓어오르게 했다. 그중에서도 서문 안의 기생 천관天官과는 사모하고 사랑하는 사이로, 젊은 귀공자와 기생의 사랑 이야기는 도읍지 안에 화제를 불러일으켰다. 두 사람은 자신들의 만남을 아무도 모를 것이라 생각했지만 일찌감치 모친인 만명의 귀에까지 들어가 있었다. 천청天晴 신라의 명신이요, 후세에도 이름이 전해질 우리 아들이 어찌된 것인가 하고 모친 만명은 비탄을 금치 못했다. 하루는 그를 가까이 불러 눈물로 훈책訓責했다. 원래부터 현명한 왕손이다. 미혹의 구름은 한순간에 걷혔다. 그는 단연 모친에게 맹세한 이후로 수양에 힘쓸 뿐 게으름이 없었다.

　화창하게 맑은 어느 봄날 그는 친한 친구의 초대에 응하여 꽃놀이를 즐긴 뒤 애마에 올랐다. 저녁 달빛을 밟으며 최근 애송하는 시를 흥얼거리면서 집으로 돌아가는데, 갑자기 말이 큰 소리를 내며 걸음을 멈추었다. 유신이 문득 정신을 차리자, 그곳은 다시는 오지 않겠다고 굳게 맹세한 천관의 집 앞이었다. 그는 머리를 치켜세우더니 날듯이 말 위에서 내려 핏발선 눈동자로 애마를 쏘아보았다.

　"나도 모르는 새에 또 다시 죄를 짓게 만든다면…"하며 말을 마치기도 전에 허리에 찬 검이 뽑혀졌다. 그는 불타오르는 분노로 큰칼太刀을 위로 들어올려 눈 깜짝할 사이에 애마의 머리를 베어버렸다. 붉은 피가 사방으로 흩어졌고 달빛 아래 검게 빛나는 핏물 위로 말이 땅을 울리며 쓰러졌다. 이 소리에 놀라 천관이 뛰어나왔다. 꿈속에서도 잊지 못하던 유신이 있었다. "오, 보고 싶었던 우리 왕자님…" 자기도 모르게 소리치며 가까이 다가갔으나 피투성이의 유신은 한마디도 하지 않았다. 8일 동안 비추던 봄의 달은 서산 끝자락에 걸쳐져 있고 말없이 서 있는 두 사람의 그림자는 길어지고 있을 뿐이다. 유신은 "무슨 일을 하려고, 그곳은 왜?"라는 한마디를 던지고 그녀를 등진 채 총총히 떠났다. 멍한 표정으로 쫓아가려던 천관이 유신이 있던 곳을 바라보니, 그곳에는 낯익은 말이 피투성이가 되어 쓰러져 있고 흐릿한 달빛이 주변을 비추고 있었다. 뜻밖의 사태에 그녀는 그저 망연히 서 있었다. 이미 실신한 것이다. 불어오는 밤바람에 정신을 차린 그녀는 쓰러진 말 앞에 쪼그려 앉아 눈물이 마를 때까지 울고 또 울기만 했다. 냉혹한 현실을 깨달은 그녀 천관은 즉시 1장이나 되는 검은 머리카락을 자르고 비구니가 되어 암자에 들었다. 그러나 그것도 잠시, 그녀는 결국 죽음의 여행을 서둘렀다. 이름 없는 묘에 피어난 야생화와 같은 그녀의 일생을 가련히 여긴 유신은 그 암자 터에 절을 지었다. 절 이름은 그녀의 이름을 따서 천관사天官寺라 지었다. 지금도 오릉의 동쪽에 그 터가 남아 있다. 고려의 시인 이공승李公升[23]이 지은 시가 있다.

寺號天官昔[24]有緣사호천관석유연
천관이란 절 이름에 옛 사연이 있는데,

忽聞經始一悽然홀문경시일처연
홀연 새로 짓는다는 말을 들으니 처연하구나.

多情公子遊花下다정공자유화하

23 이공승李公升(1099~1183)은 고려 중기의 문신으로, 태조 때의 공신인 이희능李希能의 6대손이다.
24 원문에는 '共'으로 표기되어 있으나 다른 출전에는 '昔'으로 소개되고 있으며, 문맥상 '옛'이라는 의미가 합당하여 '昔'으로 바로잡았다.

다정한 공자는 꽃 아래서 노닐고,

含怨佳人泣馬前함원가인읍마전

한 맺힌 가인은 말 앞에서 우는구나.

紅[25]鬣有情還識路홍렵유정환식로

적토마도 정을 알아 아는 길로 돌아왔는데

蒼頭何罪譏加鞭창두하죄만가편

말 몰던 늙은이는 무슨 죄로 채찍질하며 속이는가.

唯餘一曲歌詞妙유여일곡가사묘

오직 한 곡조의 가사만 묘하게도

蟾兎同居萬古傳섬토동면만고전

두꺼비와 토끼가 함께 산다는 전설만 만고에 전하네.

계림

---

25 원문에는 '江'으로 되어 있으나 '말의 붉은 갈기' 또는 '머리가 베어진 말'의 의미로 볼 때 '紅'이 어울리며, 다른 출전에도 '紅'으로 소개된 것이 많아 바로잡았다.

바. 계림鷄林

경주 동남쪽으로 약 반리 떨어진 교리에 있다. 처음에는 시림始林이라고 불렸으나 신라 제4대 탈해왕脫解王 9년 3월 어느 날 밤, 금성金城의 서쪽에 있는 시림에서 닭 울음소리가 들렸다. 왕은 이를 이상하게 생각하여 다음 날 아침 대보大輔 호공瓠公과 함께 이곳을 찾아가자 숲속에 눈부시게 빛나는 금색의 작은 궤小櫃가 걸려 있고 그 밑에 백계白鷄가 울고 있었다. 왕이 직접 궤를 열어보자 그 안에는 기품 어린 웬 사내아이가 콜콜 잠들어 있었다. 왕은 크게 기뻐하며 즉시 궁중으로 안고 돌아와 키웠다. 이 아이는 이름이 없었으므로 사람들은 '알지閼智'라고 불렀다. 알지란 '아기'라는 호칭이다. 알지는 총명하게 자랐고, 왕에게는 대를 이을 아들嗣子이 없었으므로 알지를 태자로 삼았다. 금궤에서 나왔다고 하여 김金을 성으로 하고 닭이 울었던 시림은 계림이라는 이름으로 바꾼 뒤, 그 명칭을 국호로 삼았다. 계림은 지금 이러한 전설을 간직한 숲이 되었다. 보잘것없는 작은 비액碑額이 있고 그 속에는 아름다운 비신碑身이 세워져 있지만 방문하는 사람도 드물고 주변은 황폐한 채로 남아 있다.

사. 월성月城과 석빙고石氷庫

계림에서 서쪽 언덕을 오르면 월성 터가 있다. 반월 형태의 평탄한 언덕으로, 주변은 석재 바닥으로 둘러싸여 있다. 남쪽은 시냇물을 사이에 두고 남산성과 마주하며, 북으로는 명활산을 맞이하고, 서쪽으로는 선도산성을 두어 천연의 요새로 자리하고 있다. 이곳은 원래 대보 호공의 주택이었으나 탈해왕이 책략으로 얻었다고 한다. 신라 5대 파사婆娑왕26 22년에 축성한 것이라고 한다. 내부에는 석씨昔氏의 시조 석탈해왕을 기리는 숭신전崇信殿이 있다.

월성지

석빙고는 이 평탄한 언덕의 중앙에 있다. 넓이 6간, 안쪽 길이 9간, 높이 3간 정도의 화강암을 첩첩이 쌓아 올려 만들었다. 『삼국사기』에 "지증왕智證王 6년 겨울 11월 처음 하명下命이 있어 얼음 저장을 관리…"라는 기록이 있다. 입구의 석판에는 "崇禎紀元後再辛酉[27]秋八月移基改築"이라고 적혀 있는데, 조선 시대 영조英祖[28] 때 새긴 것이다.

숭신전은 앞서 말한 바와 같이 석탈해왕을 기린 것이다. 이 초혼각招魂閣은 1906년(명치 39)에 건축되었는데, 1912년에는 무력 총독으

---

26 원문에는 사파왕娑婆王으로 표기되어 있으나, 파사이사금(재위 80~112)의 오기로 보아 바로잡았다.

27 이 글은 "숭정 기원 이후 두 번째 신유년 가을 8월에 이곳으로 옮겨 고쳤다"는 뜻이다. 석빙고 왼쪽 비문에 영조 14년(1738)에 당시의 부윤 조명겸이 목조 빙고를 석조로 축조했다는 글이 있다. 그렇다면 숭정崇禎(1628~1644) 연호 이후 두 번째 신유년은 1741년이므로, 석조로 지은 뒤 4년 후 현재 자리로 옮긴 것으로 보인다.

28 원문에는 '영종英宗'으로 표기되어 있으나 '영조'로 바로잡았다.

석빙고

로 유명한 고故 데라우치寺內 대장이 이곳에 들러 제문을 읽고 왕의
영풍英風를 대대적으로 찬미했다고 한다. 석씨의 시조인 석탈해왕에게
도 역시 재미있는 사화史話가 전해지고 있다.

왜국의 동쪽 1000리 다파나국多婆那國[29](요시다 박사에 따르면 다지
마국但馬の国이라고 하나, 다른 사람은 규슈의 다마나玉名[30]라고도 한다)의
왕이 여국女國 왕의 여자를 취하여 왕비로 삼았다. 왕비는 임신 7년을
거쳐 큰 알을 낳았는데 왕은 불길하다며 버리라고 했다. 왕비는 모성
때문에 왕의 말에 따르지 못하고 알을 비단帛에 감싸 상자 안에 많은
보물과 함께 넣어 바다로 흘려보냈다. 상자는 며칠이 지나 금관국金官

---

29 『가락국기』에는 완하국玩夏國, 『삼국사기』에는 다파나국, 『삼국유사』에서는 용성국龍
城國이라 되어 있다. 한편 석탈해 설화는 캄차카 반도에서 넘어온 세력을 나타낸다는 일
부 주장도 있다.
30 다마나玉名는 일본 규슈의 구마모토현 북서부의 중심도시.

國의 해변에 닿았다.('김해金海'라고도 한다) 그 나라 사람이 이것을 괴이하게 여겨 다시 바다에 떠내려 보냈다. 상자는 파도와 파도 사이로 흔들리면서 진한의 아진포阿珍浦[31]에 닿았다. 마침 해변에 있던 노파가 상자를 끌어당겨 열어보자 그곳에는 아름답고 건장한 사내아이가 콜콜 잠들어 있었다. 노파는 하늘이 준 선물이라 기뻐하며 소중하게 길렀다. 세월이 흐르자 아이는 기품 있고 힘이 세며 인정이 많은 사람으로 자랐다. 키는 9척에 달하며 지략이 비범한데다 노파에 대한 효도와 봉양에 게으름이 없었다. "너는 아무래도 보통 사람들과는 골상이 다르다. 틀림없이 훌륭한 사람이 될 것이니 본격적으로 공부하거라." 어느 날 노파는 탈해를 이렇게 일깨웠다. 노파의 말에 감동한 그는 열심히 공부한 끝에 남해왕南解王으로부터 재능을 인정받아 활약하다가 대보에 올랐다. 나아가 유리왕琉璃王이 붕어하자 신라 제4대의 왕으로 추대되어 즉위했다.

신라와 일본 사이에 밀접한 관계가 있었다는 부분에 대해 지금 여기에 소개할 만한 것은 없지만, 탈해왕이 바로 도요타마히코豊玉彦[32]의 외손 이나히노미코토稻氷命[33]가 아닐까 하는 설도 있다. 이는 둘째 치고, 왕이 왜인인 호공을 대보로 삼아 정권을 일임했다는 점이나 왜국과 우호를 맺은 것, 표류하다 도착한 장소가 지금의 양남면 나아리羅兒里인 점 등을 볼 때 왕이 일본인이었을 것이라는 설도 있다. 지금으로

31 아진포阿珍浦는 경주시 양남면 나아리의 노아천 하구로 추정된다. 과거에는 전설적인 지명으로 여겨졌으나 조선 헌종 때 바위언덕에 세운 석탈해왕탄강유허비각이 1985년 지역 주민들에 의해 발견되었고, 북쪽 마을은 아이를 키운다는 뜻을 지닌 장아리長兒里로 불렸던 것을 볼 때 이 지역이 아진포일 가능성이 있다.
32 도요타마히코豊玉彦는 『일본서기』에서는 가타쓰미도요타마히코海神豊玉彦로 표기되고 있다.
33 이나히노미코토稻氷命는 일본 신화에 등장하는 고분 시대의 일본 왕족으로, 『국사대사전』(6)에서는 진무왕의 형이라 되어 있다.

첨성대

부터 90년 전 나아리의 소박한 송림 속에 비碑[34]를 세워 그 유래를 기록해두고 있다.

아. 첨성대瞻星臺

신라 제27대 선덕여왕 시대에 창건된 동양 최고最古의 천문대다. 사각형의 지복석地覆石 위에 화강암을 원통형으로 쌓아 올린 다음 이중의 정항井桁[35]을 두고 남쪽 면으로 사각형의 창을 뚫었다. 높이 29여척, 밑지름 17여 척, 꼭대기의 넓이는 8척 5촌, 석층石層은 27단으로 이

---

34 이 비석은 조선 헌종(1827~1849) 때인 1845년 석씨 문중에서 조선 정부의 지원으로 건립한 '석탈해왕탄강유허비각'을 말하는 것으로 보인다.

35 정항井桁이란 우물 상부를 '井'자 형태로 만든 테두리.

루어져 있다. 분황사의 탑도 이 시대에 만들어진 것으로, 당시 이 화려한 신라의 도읍은 주변 일대에 조성된 궁내원지宮內苑池를 중심으로 동으로, 북으로, 서로, 남으로 번성했다. 전성기에 도읍지 안의 가구는 17만8936호, 마을의 수町數는 1360개를 헤아렸다고 한다. 멸망할 즈음 꽉 채워져 있던 이 도읍지는 흉포한 고려군과 몽골군의 침략으로 황폐화되어 동쪽과 서쪽에 남겨진 것은 이 첨성대와 분황사의 탑뿐이었다. 낮에는 하늘에 떠가는 구름을 다그치며 마음을 달랬으나 밤이 찾아오면 두 사람[36]은 폐허에 잠겨 견딜 수 없었다. 두 사람은 '밤이 아니야 밤이 아니야'라고 신호하여 알리면서 동쪽과 서쪽에서 안압지 근처까지 서로 걸어왔던 옛일을 추억했다고 한다. 지금 분황사탑이 연못이 있는 서남쪽으로, 첨성대는 동북쪽으로 기울어져 있는 것은 바로 그 때문이라고 한다.

자. 분황사芬皇寺의 탑

분황사는 경주 교외의 감포 가는 길에 있다. 이 절에는 유명한 탑이 있다. 선덕왕 3년 당나라에서 석재를 들여오고 200명의 석공을 초빙하여 만들고 명장 석오원昔五源이 감수한 것이라고 한다. 첨성대와 함께 조선 반도 최고最古의 유구遺構일 것이다. 탑은 사각형의 단상에 세워져 있는데 첫째 층의 탑신은 사방 21척 5촌이며 2층, 3층으로 갈수록 그 크기와 높이를 점차 줄임으로써 안정감을 보이게 되어 있다. 원래 벽돌博 모양의 소안산小安山 석재로 쌓아 9층을 이루고 있었다고 『동경잡기東京雜記』 등에 기록되어 있지만 세키노關野 박사에 따르면 "그 형태를 볼 때 결코 9층탑의 권형權衡이 아니다. 당초부터 3층이나

---

36 '두 사람'이란 첨성대와 분황사탑을 의인화한 것으로 보인다.

분황사석탑

5층이었을 것으로 생각한다"고 말하고 있다.[37] 지난해 고쳐 지을 때 이 탑에서 작은 함이 발견되었는데 그 속에서 옥류玉類, 금구金具, 가위鋏, 침통針筒, 방울鈴, 고전古錢 등 10여 점이 나와 현재 경주 분관에 보존되어 있다.

---

[37] 석굴암을 비롯한 경주의 유물과 같은 유례가 일본에는 없으므로 그들로서는 9층 석탑은 상상도 할 수 없었을 것이다. 따라서 최대 5층이었을 것이라는 언급은 헛소리가 아닐 수 없다. 무열왕릉의 귀부龜趺만 하더라도 발견 전까지는 상상할 수 없는 예술작품으로서, 분황사 석탑이 과연 세키노 박사의 말대로 위로 올라갈수록 좁아지는 형태였을지, 표주박 형태로 상부가 팽창되었다가 축소되는 형태였을지는 알 수 없는 일이므로 옛 기록을 우선하여 받아들이는 태도가 타당하다.

차. 안압지雁鴨池

분황사로부터 황룡사皇龍寺 유적을 보고 밭두렁 길을 건너 울산 가는 길로 나오면 안압지의 영역이다. "문무왕이 궁내에 연못을 만들고 돌을 쌓아 산으로 삼아 무산巫山 12봉을 상상하여 화분을 심고 진기한 새珍鳥를 키웠다. 그 서쪽에 임해전臨海殿이 있으며…"라고 『여지승람輿地勝覺』에 쓰여 있는데, 황폐해진 지금과는 전혀 달랐을 당시의 성대함을 떠올리면 특히 감개무량하다. 연못은 둘레가 3~4정丁, 지금 여름 풀이 무성한 상태를 과거의 모습이라 생각할 수도 있지만 연못 물가에는 이끼 낀 주춧돌이 여기저기 있고 연못 안의 섬中島으로 걸쳐져 있던 다리의 터洑도 그대로 남아 있다. 임해전은 어디일까? 주변은 깔끔히 경작지가 되어 있지만 그 속에는 옛 기와 등이 조금씩 흩어져 있어 과거의 모습을 돌아보게 한다.

안압지

카. 영지影池의 전설

불국사역의 남쪽 구릉 사이에 있는 연못이 바로 영지다. 기이하게 나타난 그 시詩와 같은 전설이 이 연못을 둘러싸고 있는데, 신라 35대 경덕왕景德王 때에 탄생한 것이다.

왕은 불국사의 석가탑과 다보탑을 건립할 때 당나라[38]에서 뛰어난 명장을 초빙했다. 망치질 한 번 한 번에 장인의 흔적이 선명하게 생겨났다. 명장은 조국의 이름을 걸고 열심히 일하여 드디어 저 훌륭한 석가탑과 다보탑을 완성한 것이다. 자신의 사명을 완수한 그는 그곳에 매여 있던 마음이 가벼워진 동시에 지금까지 잊고 있던 젊은 아내를 떠올리고 서둘러 산기슭으로 향했다.

젊은 아내! 그녀의 이름은 아사녀阿斯女라 한다. 그녀는 신라로 건너간 남편을 기다렸으나 아무 소식도 없자 그의 안부가 걱정스러운 나머지 바다 넘고 산을 넘어 이역만리 신라의 도읍지까지 찾아왔다. 하지만 엄중한 나랏일에 여자는 부정不淨하다 하여 입산이 허락되지 않았다. 언젠가 공사가 완성되면 탑의 그림자가 연못의 수면에 비추게 될 테니 그때까지 산기슭에서 기다리라는 말뿐이었다.

그녀는 그 말에 따라 탑의 그림자가 비추기를 기다렸다. 그러나 몇 년이 지나도 그림자는 보이지 않았고, 결국 환상 속에서 탑의 그림자를 남편의 모습으로 착각하여 스스로 연못에 몸을 던졌다고 한다. 이윽고 석장石匠이 공사를 마치고 하산했으나 사랑하는 아내는 이미 저세상 사람이라는 말을 듣고 실신했다가 깨어나서는 비탄에 젖었다. 그후로 비가 오나 바람이 부나 그는 아내가 몸을 던진 연못 주변을 몽유병자처럼 떠돌았다. 그러던 어느 날 저녁 연못가의 나무에서 사랑하는

---

38 원문에서는 당나라에서 온 명장이라고 밝히고 있으나, 석가탑과 다보탑을 지은 석공은 김대성의 요청으로 백제에서 온 아사달阿斯達이다.

아내의 모습을 또렷이 보았다. 그는 미치도록 기뻐하며 가까이 다가갔다. 그러나 그것은 아내가 아닌 돌로 만든 등신대였다. 그 모습이 부처 모습으로 바뀌자 깜짝 놀란 그는 꿈에서 깨어났다. 그때부터 그는 그 부처의 모습을 떠올리면서 정성을 다해 돌을 다듬어나가기 시작했다. '영지'라는 이름은 이 전설에서 생겨난 것으로, 그때 조각된 석불은 지금까지 남아서 연못 동쪽에서 불어오는 솔바람마저 슬프게 만든다.

경주의 전설을 다 쓰려면 꽤 두꺼운 책 한 권 분량이 되겠기에 이쯤에서 이야기를 마치겠으나, 만파식적萬波息笛, 논호수論虎藪, 오릉五陵, 나정蘿井 등에 남겨진 전설은 내버려두기 어렵다. 또한 신라 왕조 천년의 역사를 거슬러 올라가는 포석정鮑石亭에 얽힌 신라 말의 슬픈 이야기도 눈물 없이는 이야기할 수 없다. 또한 저 진열관陳列館의 명종名鐘[39]에 감춰진 전설까지, 쓰기 시작하면 끝이 없을 만큼 경주는 전설의 도읍지다.

---

39 명종名鐘이란 성덕대왕 신종에 얽힌 이야기를 말하는 것으로 보인다.

2. 포항 주변

가. 구적

• 고인돌군dolmen群

창주면滄州面 강사리江沙里에서 동쪽으로 약 1.5리*한국 기준으로 약 15리 거리에 있는 대보리大甫里까지 띄엄띄엄 흩어져 있다. 농경을 위해 파괴되기도 했지만 현재 40개는 완전한 상태다. 총독부의 조사에 따르면 조선 남부에서는 대표적인 고인돌군으로, 석기 시대부터 이 지역에 주민이 거주하고 있었음을 말해주는 유일한 증거다.

• 해봉사적海蓬寺蹟

창주면 강사리 제3구第三區에 있다. 원래는 불국사의 별원別院이었지만 지금은 황폐해져 명월암明月庵이라는 작은 암자가 있을 뿐이다.

• 목장 유적牧場蹟

창주면에 있다. 조선 시대 초기 군마軍馬의 사육장으로서, 순치順治 을미년乙未年에 조성되어 북목北牧이라 불렸으며, 울산의 사육장은 남목이라 불렸다. 매년 남목의 감목관牧官이 북목을 순시하고 말 세 마리를 정부에 헌상했다.

*강사리 최대 지석묘(1926년에 촬영된 조선총독부 유리건판 사진)

• 고석암古石庵

장기면 평동리平洞里에 있다. 고려 태조왕 때 동쪽으로 1000여 리
되는 곳에 서광瑞光이 있음을 인지하고 왕이 사자使者에게 조사해보라
고 하자, 과연 그곳에는 기이한 바위가 솟아올라九出 있었다. 이를 기이
하게 여겨 그 바위 위에 작은 암자를 건립한 것이 바로 고석암이다.

*일제강점기 당시의 고석암[40] 엽서

---

40 고석암 엽서 사진은 무라타 수월당村田秀月堂에서 발행된 것이며, 다음과 같은 설명이
있다. "조선 경상북도 장기군 고석암. 군청에서 1여 리 떨어진 평동리平洞里에 있다. 고려
태조 왕건 때 궁중에서 동방 1000여 리에 해당하는 곳에 서광이 비쳤다는 것을 인지하
여 사자를 보내 조사시켰더니 과연 기묘한 바위에 1개의 불상이 있음을 확인하고 그 위
에 소각小閣 하나를 축조했다."

• 석남사적石南寺蹟

장기면 평동리[41]에 있다. 신라 시대에 창건되었다고 하는데 지금은 그 흔적만 조금 남아 있다.

• 소봉대小峰臺

장기면 계원리溪院里에 있다. 고려 시대에 봉수대烽臺로 지어진 것으로, 높이 500척, 둘레 300척이었는데 지금은 등대가 설치되어 있다.

이외에도 연일면 형양공滎陽公의 기단祀壇, 정설곡鄭雪谷의 유허지遺墟趾, 문충공文忠公의 선지각選趾閣, 오어사吾魚寺 만장암萬丈岩 등이 주요 구적으로 알려져 있다.[42]

나. 전설

• 오어사吾魚寺

오천면烏川面 항사동恒沙洞에 운제산雲梯山이 있고, 그 산 남쪽 기슭에 오어사라는 고찰이 있다. 신라 진평왕眞平王 시대에 당나라에서 돌아온 신지식의 고승 원효대사元曉大師가 친구인 혜공대사惠空大師와 함께 이 땅을 찾아와 절을 세워開山 포교하고자 잠시 체류했다. 무료함을

---

41 평동리는 현재 장기면 괴정리 지역이다.

42 일제강점기에 포항 지역의 많은 문화재급 유물이 출토되거나 발견되었다는 취재 보도가 있지만 사진 자료는 확인할 수 없고, 보고되거나 압수된 유물들의 향방도 알 수 없는 상황이다. 예컨대 당시 포항경찰서에서 도굴범 일당을 체포했다는 보도가 있는데, 주요 내용으로는 신광면 흥곡동에 거주하는 자들이 영일군 신광면 냉수동에서 기계면 현내동으로 통하는 등외도로의 오른쪽으로 몇 정보 떨어진 계곡에 매장된 고려 시대 토기와 순금 반지 등의 귀금속을 도굴하여 몇 년 동안 직업적으로 팔고 있었다는 것이다. 현장에서 압수한 것은 고려 토기로 만든 골호骨壺를 비롯하여 순금으로 만든 귀금속 등이었다.(『조선신문』, 1929. 12. 30 참고)

느낀 두 고승은 어리석은 대중에게는 심원한 불법의 이치佛理보다는 법력과 현술眩術이 더 효과적일 것이라 생각하여, 계곡 사이에서 놀고 있는 물고기를 잡아 먹은 다음 원래대로 되살리기로 시합했다. 두 사람의 도심道心과 법력은 우열을 가릴 수 없었는데, 그들이 먹은 찌꺼기를 물속에 넣자 다시 원래의 물고기가 되어 맑은 물속을 헤엄치는 것이었다. 둘은 더 팔팔한 것이 자기의 물고기吾魚라고 하며 함께 상류로 올라가 이를 시험했다. 보는 자들이 크게 감동하여 절을 세우고 오어사라 이름을 붙였다고 한다.

• 일월지日月池

옛날 신라 아달라왕阿達羅王 때의 일이다. 동해 바닷가에 연오랑延烏郞[43]과 세오녀細烏女라는 젊은 부부가 있었다. 어느 날 남편인 연오랑은 모래섬으로 다가오는 옥조玉藻를 채취하려다 자기도 모르게 발을 헛디뎌 파도에 휩쓸렸는데 왜국의 어느 섬에 표착하여 그 섬의 왕이 되었다. 아내인 세오녀는 밤낮으로 모래섬에 서서 사랑하는 남편의 이름을 불렀지만 돌아온 대답은 암초를 때리는 파도와 친구를 부르는 물새들 소리뿐이었다. 견딜 수 없는 슬픔에 젖어 하염없이 눈물만 흘리던 그녀는 결국 뜻을 굳히고 바다 건너 남편이 있는 섬으로 찾아갔고, 왕비가 되었다. 그로부터 신라에서는 해와 달이 빛을 잃어 온 나라에 큰 소란이 일어났다.

"연오랑, 세오녀 두 사람은 일월日月의 정수精입니다. 지금 천지가 어두워진 것은 두 사람이 왜국으로 건너갔기 때문입니다. 반드시 그 두 사람을 불러 돌아오게 해야만 합니다."

---

43 원문에서는 영오랑迎烏郞으로 기록하고 있으나, 『삼국유사』의 기록에 따라 연오랑延烏郞으로 바로잡았다.

일월지

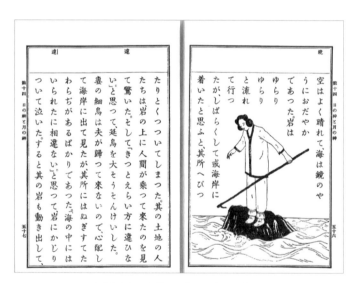

空はよく晴れて、海は鏡のやうにおだやかであった。岩はゆらりゆらりと流れて行つたが、しばらくして或海岸に着いたと思ふと其所へびつ

たりとくっついてしまった。其の土地の人たちは岩の上に人間が乗って來たのを見て驚いた。そして「きつとえらい方に違ひない。」と思って、延烏を大そうけいいした。

妻の細烏は夫が歸って來ないので、心配して海岸に出て見たが、其所にはぬぎすてたわらぢがあるばかりであった。「海の中にはいられたに相違ない。」と思って岩にかじりついて泣いたずると其の岩も動き出して、

*일제강점기 교과서(보통학교 국어독본 권8)에는
연오랑·세오녀와 관련한 일월신 이야기가 수록되어 있다.

조정의 사려 깊은 신하는 이렇게 아뢰었다. 왕은 즉시 사신을 파견하여 두 사람을 영접해 오도록 했다. 그런데 연오랑은 그 사자에게 이렇게 말했다.

"우리가 이 땅에 온 것은 천명天命으로서 어쩔 수가 없소. 다시 신라로 돌아가는 것은 불가능하므로 부디 세오녀가 짠 비단絹을 가지고 돌아가 하늘에 제사를 드리시오. 그러면 다시 해와 달이 빛을 뿌릴 것이오."

사신은 할 수 없이 돌아와 그 뜻을 왕에게 복명復命했고, 천신에게 비단을 바쳐 제를 올리자 과연 세상이 다시 밝아졌다고 한다. 이후 제단이 있었던 곳이 일월지日月池라고 불리게 되었고, 그 지방은 영일迎日이라 불리게 되었다고 한다.

• 효자동孝子洞

효자동에는 7명의 형제가 있었다. 효자 중의 효자로 알려진 이들은 어느 한 명도 부모의 뜻을 거스르지 않았다. 그런데 웬일인지 부모가 따로 떨어져 살게 되어 부친은 상도上島에 머물고 있었다. 모친은 남편을 만나기 위해 밤마다 형산강을 헤엄쳐 건넜다. 이를 알게 된 7명의 형제는 일곱 기둥의 큰 돌大石이 되어 모친이 강을 건널 수 있도록 비석교飛石橋를 만들었다고 한다.

• 보경사寶鏡寺

영일군의 명승으로 알려진 보경사는 경북의 금강金剛이라 불리는 송라면 내연산의 기슭에 있다. 이 절은 신라 성덕왕 때 창건되었으며 보경사라 불리게 된 전설이 있다. 때는 후한後漢인 영평永平 10년,[44] 범승梵僧인 마등摩騰, 법란法蘭[45]이 서역에서 불경과 불상을 받들고 중국

보경사 비하대飛下臺

으로 들어와 불법을 전하였다. 그때 12면경面鏡과 8면경을 가져왔는데 낙양中華 옹문雍門 바깥에 백마사白馬寺[46]를 세운 다음 그곳에 12면경을 묻었다. 마등과 법란은 제자[47] 일조日照에게 "동국 조선국에 해가 떠오르는 곳 끝자락의 남산南山 아래에 깊이가 100척에 이르는 깊은 연못

---

44 영평永平은 후한 명제明帝(서기 58~75)의 연호로 영평 10년은 서기 67년이다.

45 마등摩騰, 법란法蘭은 후한 영평 10년(서기 67) 당시 방대한 불경을 42장으로 요약한 '불설사십이장경음독구결佛說四十二章經音讀口訣'을 공동 번역한 가섭마등迦葉摩騰과 법란法蘭를 지칭하는 것으로 보인다.

46 『위서魏書』에 따르면 마등과 법란이 백마에 불경을 싣고 오자 한 명제가 탄복하여 절을 세우도록 했는데, 백마에 경전을 싣고 온 노고를 명기하여 백마사라 불렸다고 한다. 하남성 낙양시에서 2킬로미터 떨어진 곳에 자리한 백마사는 마등, 법란이 입국한 지 1년 뒤인 후한 영평 11년(서기 68)에 창건되었으며, 중국 최고最古 사찰 중 하나로 손꼽힌다.

47 원문에는 '제자弟賓'로 표기되어 있으나, 이는 일본어 발음이 같은 '제자弟子'의 오기로 보아 바로잡았다.

보경사 관음폭포

深潭이 있으니, 동국東國의 명당이다. 이곳의 물을 채운 후 거울을 묻고
법당을 창건하면 천년이 지나도 무너지지 않을 것千秋不壤이다"라며 지
시했다. 절의 이름은 여기에서 유래되었다고 한다.

• 안존봉

연일 남쪽으로 반리쯤 떨어진 곳에 있다. 옛날 서북쪽에서 작은
산이 떠오르더니 슬금슬금 읍내로 들어와 지나가려고 하는데 빨래하
고 있던 소녀가 "어머나, 산이 떠서 온다!"고 소리치자 산이 화가 나서
그 장소에 주저앉아 버렸다. 안존봉이라는 명칭은 여기에서 유래되었
다고 한다.

이외에 장기면長鬐面 독산獨山[48]과 국구암國救岩[49]의 기이한 이야기,
대송면大松面의 옛 읍인 남성리南城里 그리고 정몽주鄭夢周의 옛 거주지

에 있는 오천서원烏川書院에 얽힌 전설도 흥미롭다.

48 독산은 장기면 현내들 한가운데 홀로 솟아나 고산孤山 또는 고암산孤岩山으로 불린다. 전해지는 전설에 따르면, 독산은 신라 때 영천의 마고할멈이 옮겨다놓은 것이다. 어느 날 장기 지역에 태풍이 닥쳐 농작물 피해가 극심했다. 굶주린 백성이 뿔뿔이 흩어지는 것을 본 마고할멈은 현내들을 보호하기 위해 영천의 산 하나를 둘러메고 와서 장기천 하구에 두었는데, 그것이 바로 독산이다. 그 후 영천에서는 독산이 영천의 산이라며 매년 장기현 감에게 산세를 받아 갔는데, 흉년에도 받으러 오자 한 관리가 꾀를 내어 '이제 저 산은 필요 없으니 산을 가져가든지, 산이 깔고 앉아 있는 땅값을 내든지 택일하라'고 하자 영천 세리가 할 말을 잊은 채 돌아갔다고 한다.(자료: 영일군사)

49 국구암은 장기면 임중리 임중못 계곡에 있으며 국굴암, 국승암으로도 불리는 석굴이다. 임진왜란 때 마마라는 한 도승이 이곳에서 수도를 하고 있는데, 석굴의 천장에서 흰쌀이 한 알씩 떨어졌다. 하루 동안 모으면 한 명의 끼니를 해결할 수 있는 분량이었다. 어느 날 절친한 친구가 찾아오자 양식이 부족할 것을 걱정하여 쌀 구멍을 넓히면 많이 쏟아질 것이라 여겨 지팡이로 구멍을 파서 넓혔다. 그러나 더 이상 쌀이 아니라 물이 떨어지기 시작했다고 한다.(자료: 『영일군사』)

18장
포항 상공업자 안내

1. 하마다 이와

하마다 이와는 후쿠이현 출신이다. 1914년 12월 조선에 들어와 동해면에서 청어 어업에 종사하면서 최신식 어로 기법으로 크게 성공하여지금은 동해안에서 하마다 어업 왕국을 건설 중이다. 그가 소유한 어장은 영일만에 20개, 강구 연안에 8개, 감포 연안에 2개, 총 30개로연 수입 약 20만 원의 어획 실적을 거두고 있다. 그 외에도 기름 분야油部와 제빙 분야製氷部도 경영하고 있다. 하루 제빙량은 10톤으로, 1년에 2500톤을 제빙하고 있다. 다른 사람을 위해 묵묵히 실천하고 늘업계의 쇄신을 위해 노력할 뿐 게으름을 모른다. 지난 해 영일만의 어업자들이 상의하여 그의 송덕비를 건립했으나, 그것만으로 그의 모든것을 소개하기는 충분치 않다. 공직 분야에는 얼굴을 내밀지 않는 반면 본인의 주업인 어업 분야에서는 늘 앞장서 지도하며 이끌었다. 현재는 영일어업조합장이라는 중요 직책을 맡고 있다. 뿐만 아니라 포항에서 그가 간여하지 않은 사업은 거의 없다 할 만큼 포항에서는 영향력을 지닌 인물이다.

2. 미쓰와 포항농장[1]

- 위치: 영일군 동해면과 오천면
- 창업: 1918년 2월
- 면적: 약 60만 평(200정보)

1914년 유럽 전쟁이 시작되어 포도주 수입이 어려워지자 당시 총독 데라우치 대장이 마루미야 상점 주인인 미쓰와 젠베에三輪善兵衛에게 조선에서 포도 재배를 권유한 것이 이 농장을 창업하게 된 계기다. 마루미야 상점은 즉시 수원의 시험장에 재배지 조사를 의뢰한 결과 1917년 이곳이 최적지로 확정되었다. 같은 해 10월 국유지를 사들여 개간하고 포도나무를 재배하여 비로소 포도주 양조에 돌입했다. 제품의 질이 꽤 우수하여 외국산에 비해 전혀 손색이 없었기 때문에 각 지역에서 인기를 얻게 되었다. 현재 연간 생산은 생포도주 800석, 브랜디 100석, 감미포도주 500석이지만 현재 농장 현황으로 보아 포도 수확 35만 관, 생포도주 2000석, 감미포도주 1000석, 브랜디 500석,

---

1 1929년 시인 이육사는 대구형무소에서 출옥하여 집안 어르신이 있는 포항에서 요양 생활을 했다. 이때 미쓰와 포항 포도원은 레드와인과 화이트와인을 활발히 생산하던 때였다. 이육사가 '자오선' 동인 활동을 하면서 1939년에 발표한 「청포도」라는 시의 배경은 이곳일 가능성이 있다.(시에서 "푸른 바다"란 동해면 앞바다를, "이 마을 전설"은 연오랑·세오녀의 일월지 전설을 뜻하지 않았을까 상상해본다.)

샴페인과 셰리 100석을 예정하고 있다. 그리고 현재 제품으로 판매되고 있는 것으로는 클라레(식탁용 적포도주), 화이트와인(식탁용 백포도주), 스위트화이트와인(감미 백포도주), 스위트 레드와인(감미 적포도주), 브랜디(올드), 브랜디, 포켓브랜디(올드), 포켓브랜디 등이다. 장장場長은 이 업계의 권위자인 나카노 류이치仲野隆一, 직원 15명, 연간 조선인 채용 인부는 3만2000명에 달하고 있다.

*미쓰와 포항포도원에서 생산된 포도주의 명성에 대해 당시 일본 현지 언론사가 보도한 기사가 있어 일부 내용을 소개한다.(『오사카아사히신문』, 1931. 6. 25)

"남조선南鮮의 순성純性 포도주, 미쓰와 농원의 국산품"

일본에서 만드는 포도주에는 두 종류가 있다. 하나는 원료인 포도 재배부터 주조에 이르기까지 순수한 국산이고, 다른 하나는 프랑스 등지로부터 포도를 수입하여 양조한 것이다. 전자는 '미쓰와기나데쓰規那鉄 포도주'나 '오쿠로大黑 포도주'가 대표적이며, 후자는 (…) 지금은 '조선 경북'으로 정정할 필요가 있다. 가와우치야마토河內大和의 포도도 유명하지만 경북의 것은 주조를 목적으로 재배되는 묘목과 넝쿨지주대로 만든 최우량종으로, 도쿄의 마루미야 상점이 몇 년 전부터 조선 경북도 포항의 현지 상황에 착안하여 창설한 대 포도원은 오늘날 반도의 모범 농원으로 유명하다. 이 상점의 나카노 류이치가 관리경영을 맡아 재배 면적 200정보(60만 평) 중 60정보(18만 평)에 다양한 종류의 포도를 재배하고 있다. 작년(1930년)에 수확한 포도는 5만 관, 포도주(미쓰와 포도주)는 1000석, 브랜디는 100석을 생산하고 있다. 품질의 수준으로 말하자면, 매우 고급에 속하는 생포도로 만들어 프랑스의 최상품에 뒤지지 않으며 향이 좋고 산뜻하고 (이하 생략)

미쓰와 포항농장 포도원

미쓰와 포항농장 제품

*1930년 당시의 미쓰와 포항농장의 포도주 신문광고

"조선포항미쓰와농장 포도원산 우수 자양품"이라는 설명과 함께 스위트화이트 와인과
스위트레드 와인 그림이 그려져 있다. 본점은 도쿄 마루미야 상점이고 조선 총판격의 점포는
부산의 복영상회라고 소개되어 있으며, 포항은 포도 생산지로서 최고의 지역으로서
유럽산 포도주에 비해 전혀 손색이 없다는 내용이다.(『조선신문』, 1930. 12. 13)

*포항미쓰와 농원의 브랜디 제품 구성과 설명서

*브랜디 상자와 병의 뒷면

*코르크를 붙인 브랜디 마개와 양은 뚜껑

456

3. 포항의 영업별 상공업자 일람

주종 영업	겸업	영업점 위치	업체	업자	전화
인쇄업 요식업	인쇄업		나카초	계문사啓文社	배기창裵基昌	106
		문방구		합동인쇄소	김응곤金應坤	117
		제본	다이쇼초	문화당文化堂	황징규黃澄奎	178
	음식점	잡화	히가시하마초	우키후네浮船식당	후루야이소마쓰古家磯松	
			아사히초		장복수張福壽	
			미나미하마초		정상도鄭尙道	
		여관	역 앞		이만도李滿道	
신발상 (고무보트)	고무화 도소매	잡화	혼초		구상성具尙成	
	신발상		나카초		다카사카 기소지高坂喜三次	273
					야마다山田 신발점	144
시계상 토목 건축 청부업	시계상	축음기, 귀금속	나카초		시마다 니사쿠島田仁作	223
		금세공, 당구	사치초		나카가와 세이지로中川政治郎	
	토목 건축 청부업		나카초		이와타니 젠기치岩谷善吉	271

				기쿠수이菊翠	야마다 유후 山田ユフ	12
요식업 여관	요리	연회 요리	하나초	기라쿠喜樂	모리시마 요시카즈森島喜一	54
				지토세루千歲樓	시모조 하나 下條ハナ	301
			나카초	메이게쓰明月	이와타 마스조 岩田益造	141
			사치초	마루만丸萬	아라오 도쿠이치 로荒尾德一郎	145
			하나초	영일관迎日館	정계식鄭啓植	
			나카초	태평관太平館	전상천全相天	
			히가시 하마초	한성관漢城館	강후출姜後出	
			하나초	메리켄정 メリケン亭	구리바야시 쇼베에栗林庄兵衛	203
	여관		다이쇼초	고야마小山 여관	고야마 마사오 小山正男	103
			아사히초	경북여관	박태양朴泰陽	
철물상 가구상 해산물상 어묵상	양품 가구	하숙	혼초		다테베 도쿠노스 케建部德之助	143
	해산물 중매	사쿠라보시, 대구포	가와구치초		우라하마 아키요시浦濱秋吉	
	해산물 위탁 판매	수산물 가공	히가시 하마초		경북수산 주식회사	58, 59
	해산물 도매	어업, 석유, 신흠 청어 제조	히가시 하마초	삼일三一상회	김용주金龍周	31
	해산물 중매	정미업	미나미 하마초		강주석姜疇錫	200

	해류물산 무역	정미, 운송	나카초	김동金東상점	김동덕金東德	173, 107
	해산물 중매	운송, 여관	히가시 하마초		나경준羅敬俊	
		염선어 위탁	가와구치초		엔도 다다오 遠藤唯男	161
		운송	나카초	마루스ㅅㅈ 운송부	박내수朴乃壽	263
			역 앞		김상순金祥舜	
			사카에초		반만순潘萬順	
철물상 가구상 해산물상 어묵상	선어 매매	발동선 운반	가와구치초		가미노 간이치 神野完一	
	해산물 중매	어묵 제조		아즈마야東屋 상점	엔도 하치로 遠藤八郎	137
		수산물 가공, 어묵 제조			오쿠보 도라이치 大久保虎市	247
	어묵 제조	제빙	아사히초		오치아이 미노루落合 稔	125
			혼초		구로다 미쓰조 黑田光藏	250
			히가시 하마초		쓰지이 쓰네기치 辻井常吉	215
서랍장 箪笥 대서업 (변호사)	장롱 제조	관짝棺板	아사히초		최제용崔濟庸	
		지물 도소매	혼초	포항지물상점	김두만金斗萬	279

서랍장 箪笥 대서업 (변호사)	대서업		다이쇼초		사토 헤이스케 佐藤兵助	248
					와타나베 나니 渡邊七二	254
					구즈마키 마사토시葛卷昌俊	
			혼초		가와가미 히로미쓰川上裕鐸	
	변호사		다이쇼초		야지마 도모타로 矢島友太郎	174
조선업	조선업	어업			후루모토 요네이 치古本米一	146
			가와구치초		하마다 노보루 濱田登	
					무라카미 요리마쓰村上與利松	235
무진업	무진업		아사히초		포항무진 주식회사	118
운송업 (해륙, 자동차, 우차)	해륙 운송	창고업, 해상화재 보험 대리	히가시 하마초		포항운수 주식회사	256, 13, 264
		창고, 통관업, 운송화재 보험			주식회사 오후쿠회조점 大福回漕店	19, 258
	운송업	객마차	사카에초		다무라 리하치田 村利八	252
	승합 자동차업		다이쇼초		주식회사 교에이 자동차부 共榮自動車部	9
			혼초	야마자키山崎 자동차부	야마자키 쓰네조 山崎常藏	169

				포항약국 浦項藥局	쓰치야 다로 土屋太郎	17
약상 과자상 (명차)	약제사		아사히초			
	약종상		나카초	영일당迎日堂	나카무라 미노루 中村稔	244
				다이쇼도大正堂	이나다 간마쓰 稻田勘松	166
			가와구치초		우메모토 가메지로 梅本龜次郎	270
	의생醫生		다이쇼초		최병렬崔秉烈	
			아사히초		강성재姜性在	
			미나미 하마초		김연열金延烈	
	과자상		나카초	슈게츠도秀月堂	야마나카 산시로 山中三四郎	25
	명차	과자			고지야 한타로 糀谷伴太郎	168
문방구상	문구류	서적, 인장, 조각	혼초	다이요도 太陽堂	무라타 쇼고 村田正午	213
곡물상 기모노상	정미	곡물 도소매	아사히초	여천余川 정미소	강창구李昌久	209
			미나미 하마초	나카타니中谷 정미소	나카타니 다쓰오 中谷辰夫	26
		제탄製炭 판매	다이쇼초		기타가키 마타지 로北恒又次郎	164
					가와구치 고토에 川口琴惠	157
			혼초		정응삼鄭應三	
			다이쇼초		장택석張澤石	

	곡물상		아사히초	봉래蓬萊상점	김용규金容奎	
					김수원金水原	
			역 앞		시모고우리 쓰타에下郡 傳	239
	기모노 원단 양품	잡화	나카초		오시타 고마쓰 大下幸松	124
			아사히초		다나카 요하치 田中與八	204
전기업 철공 (기계, 주물)	전기 공급	공사 청부업	사카에초		다이코大興 전기 포항지점	114
	철공 및 철재	철물, 석탄, 코크스	아사히초		다니가와하라 스테마츠谷川原捨松	55
	기계점	전기 공사	혼초		미즈가미 구고로 水上久五郎	130
	농구점	기계, 철공	사카에초	이시가와石川 농구점	이시가와 겐지 石川憲治	163
	철공업	주조	히가시 하마초		가와이川井 형제철공소	248
유업	석유상			무쓰오六尾 석유점	무쓰오 겐이치로 六尾健一郎	4
목재상 잡화상 (가빠 capa)	목재상	조선, 건축재료 일체	사치초		와키자카 시오요 시脇坂鹽吉	5
			나카초		야마모토 구마기치山本熊吉	149
			혼초		이소베 가네테루 礒部兼光	110
		화재보험 대리	아사히초		오야마 모모지 尾山百次	243

목재상 잡화상 (가빠 capa)	잡화	유류, 철공, 선어구	가와구치초		하라다 가즈오 原田一雄	56
		철물	혼초		니시 지카지 西千賀治	126
	양품, 양화	문방구, 서적		세키야關屋	마쓰하라 시게가즈松原茂一	210
		기성양복	나카초		우오야마 가메사부로魚山龜三郎	
					니시모토 이스케 西本伊助	
			아사히초		다나카 유타카 田中 豊	18
			혼초		야마나카 이사부로山中伊三郎	202
	잡화	목욕탕	아사히초		요시자키 마스조 吉崎增藏	
		주류 판매	사카에초		김환식金丸植	
		철물	가와구치초	구라야	다나카 다쿠마 田中太熊	47
	잡화 도매선船	선어구 船漁具	혼초		요시노 안지로 美野安次郎	158
			나카초		요시하타 에이타로吉畑榮太郎	165
	어업용 가빠	고무화	가와구치초		가토 도모타로 加藤友次郎	57
은행업 금융업	은행업		아사히초		조선식산은행 포항지점	27
			혼초		경상합동은행 포항지점	111
	일본생명 보험 취급점		사카에초		이백원李栢源	

은행업 금융업	금융업		다이쇼초		기타가와 리하치 北川利八	147
					간노 이치로 菅野市郎	211
			사카에초		와키무라 다쓰조 脇村辰藏	36
		일본생명 보험 취급점	혼초		박영희朴榮熙	
	누룩 제조업		사카에초		영일누룩제조 주식회사	177
술 간장 된장류 식료품 자전거	양조업		메이지초	미쓰와 포항농장	나카노 류이치 仲野隆一	303
			아사히초		포항양조 주식회사	133
			다이쇼초		후루카와 모헤이古川茂平	6
			히가시 하마초		주식회사 후쿠시마상점	15
	주류 판매	식료품, 잡화	나카초		후쿠시마상점 판매부	28
	평양 소주	잡화	혼초		주인서朱麟瑞	221
	양조업	농림農林	메이지초		오우치 지로 大内治郎	105
			다이쇼초		이와사키 야타로 岩崎彌太郎	104
			미나미 하마초		도리야마 지아키 鳥山千秋	24
	주류 판매	식료품, 철물, 잡화, 화장품, 도기	나카초	송하松河상점	하영수河永水	
				대송大松상점	강상문姜相文	53

술 간장 된장류 식료품 자전거	식료품	철물, 공구	아사히초	바쓰텐야 パッテン屋	다케스에 후지조 武末藤藏	216
			나카초		가야시마 모헤이 萱嶋茂平	142
		잡화	혼초	조슈야上州屋	쓰노다 지츠고로 角田實五郎	269
			나카초		야마자키 에이시치山崎永七	266
	자전거점		혼초		나카무라 히코조 中村彦藏	30
			나카초		박도근朴道根	
비료상	비료 당분	곡물	혼초	나카타니中谷 본점	나카타니 다케사 부로中谷竹三郎	22, 14
		어망, 잡화			오가미 도메조 大上留造	20, 260
	비료 제조	수산물 가공	미나미 하마초		다나카 미쓰구 田中貢	175, 32
	비료, 소금	곡물	나카초		도쿠야마 와카지 로德山若次郎	50
수산물	수산업	수산물 가공, 곡물	사카에초		김두하金斗河	279
		제빙			하마다 이와 濱田惟和	123
		어업자금 대부	히가시 하마초		경북어업 주식회사	42
					이일우李一雨	
			가와구치초		오카베 요이치 岡部與一	218
			미나미 하마초		윤이병尹離柄	138
			도키와초		이희철李熙喆	236

		혼초		최병기崔柄基	
수산물	수산업	다이쇼초		박윤여朴允余	
		히가시하마초		요시모토 노부가쓰吉本信勝	225
				쓰보모토 사이이치坪本才市	52
				후쿠스미 요시가쓰福住義勝	234
				아라타 겐기치新田源吉	259
		사카에초		아카이 야타로赤井彌太郎	232
		다이쇼초		가와바타 마고타로川端孫太郎	156
	수산물 가공 무역상	가와구치초		마스노 구마오增野熊雄	113
				마쓰무라 쓰네이치松村常市	238
	발동선 운반	히가시하마초		이칠갑李七甲	
잡업				이시쿠로 후사사부로石黑角三郎	51
	싱거 미싱 대리점	다이쇼초		최복식崔福植	
	비단 포목상	혼초	다마야마야玉山屋	손규상孫圭祥	
	기모노 분해세탁 洗張	하숙	사카에초	미요시야三好屋	미요시 고로三好五郎	

	그물류 노끈, 가마니		히가시 하마초	산이치三一 상회	도쿠에 요시노스케 德江吉之助	268
잡업	부산일보 지국	태평화재보 험일본 대리	사카에초		야부노우치 가메타로 薮內龜太郎	224
	소면 제조	잡화	미나미 하마초		박기섭朴琪燮	
	실업가		사카에초		양우용梁祐鏞	
	비단 포목상		혼초		김응조金應祚	

감사의 말씀

책 편찬에 널리 강호의 배려를 받았습니다. 더욱이 아래의 분들은 출판에 절대적인 찬조를 주셨기에 방명芳名을 기록하여 삼가 감사의 뜻을 전합니다.

찬조자 방명(순서 없음)

『포항지』발간 찬조자 방명	찬조자 직함
나카타니 다케사부로中谷竹三郎	경상북도도회 부의장
하마다 이와濱田惟和	영일어업조합장
포항읍	
영일군청	
포항경찰서	
포항세무서	
조선식산은행 포항지점	
다나카 미쓰구田中貢	포항소방조두
포항기자단	
영일금융조합	
포항금융조합	
오가미 도메조大上留藏	실업가
오카베 요이치岡部與一	

경상합동은행 포항지점	
가쓰야 요시카즈勝谷義一	경북수산 시험장
와키무라 다쓰조脇村辰藏	포항무진회사 사장
재향군인회 포항분회	
후쿠시마 겐지福島憲治	재향군인 포항분회장
요시모토 노부가쓰吉本信勝	포항읍회 의원
포항공립보통학교	
포항공립심상고등소학교	
다이코전기주식회사 포항지점	
경북수산회	
하라다 가즈오原田一雄	포항읍회 의원
나카노 류이치中野隆一	미쓰와 농장장
우치야마 기사쿠內山儀作	실업가
경북수산주식회사	
영일수리조합	
영일어업조합	
오우치 지로大內次郎	실업가
기타가키 마타지로北垣又次郎	
포항우편국	
포항역	
문명기文明琦	경상북도도회 의원
김두하金斗河	
쓰루다 미노루鶴田稔	농업창고장
대부망조합	
신흥청어조합	
아라타 겐기치新田源吉	실업가
포항미곡검사소	
가와바타 겐타로川端源太郎	실업가

경주군청	
조선어업주식회사 포항출장소	
경북어업주식회사	
윤이병尹离炳	
최병기崔柄基	
스가와라 이치로菅原市郎	
김동덕金東德	포항읍회 의원
기타가와 리하치北川利八	
오카베 요이치岡部與一	
후쿠스미 요시가츠福住義勝	
아카이 야타로赤井彌太郎	
구즈마키 마사토시葛卷昌俊	포항학교조합 의원
가와가미 유에키川上裕澤	
쓰보모토 사이이치坪本才一	
나카지마 우키요시中島浮吉	실업가

이하 개별 전면광고

광고주	광고 내용
윤이병	청어 대부정치어업 허가, 정어리 건착어업 제2구기, 선저예망 허가어업, 조선수산회의원·영일어업조합의원·포항읍회의원·경상북도수산회의원, 경북포항 전화 138번
무라타 다이요도 서점	각 인장·조각, 서적·잡지·학용품·문구, 전기기구·마쓰다 램프 도매, 조화·화환 장식품, 오사카아사히신문판매소, 조선 경북 포항 혼초, 전화 213번, 이체振替 부산3739번 포항우편국 사서함6호

포항무진 주식회사	창립 1923년 9월 창립 이래 급부금 200만 원, 자본금 10만 원, 계약액 100만 원, 대표이사 사장 와키무라 다쓰조, 전무 우메다 구스케, 상임감사 후쿠시마 미하루, 지배인 와키무라 호스케, 경상북도 포항(전화 118번)
경북수산 주식회사	사장 하마다 이와, 전무 요시모토 노부가쓰, 포항 히가시하마초, 전화 58, 59번
영일누룩제조 주식회사	사장 하시모토 젠기치, 포항읍, 전화 177번
마루산어업 주식회사	사장 후쿠시마 겐지, 전무 쓰보모토 사이이치, 포항 히가시하마초, 전화 52번
합자회사 구로다 상점	수산품 가공, 어묵 전문, 포항읍 전화 250번
시마다島田 시계점	각종 시계상, 귀금속상, 포항읍 전화 223번
조선어업합자회사 포항출장소	주임 니시무라 겐이치, 영일군 동해면 대동배동, 전화 대보 4번

제 2 부
또 다른 포항의 발자취

1 장
**일제강점기 초기에
소개된 포항**

1. 『경북요람』

*경술국치로부터 불과 몇 개월이 지나지 않은 시점에 조선총독부가 실시한 통계로, 대구를 중심으로 경상북도 각 군의 상황이 자세히 파악되고 있다. 1910년 『경북요람』(대구일보, 1910. 10)에 '포항'이라는 지명은 아직 나타나지 않으며, 현재 포항시의 행정구역에 해당하는 4개 군에 대해서는 주요 통계만 간략히 소개되어 있다.

경상북도 각군 경지면적 비교표(단위:정) *1909년 또는 1910년 상반기 기준 통계로 추정

	논	밭	합계
청하	950.4	869.0	1819.4
연일	982.8	475.0	1457.8
흥해	2794.3	1792.3	4586.6
장기	1549.3	996.1	2545.4

경상북도 각군 미곡(쌀)수확량 비교표

군명	수확 범위
청하	1만 석 이상 5만 석 이하
연일	1000석 이상 2000석 이하
흥해	1만 석 이상 5만 석 이하
장기	1만 석 이상 5만 석 이하

475

경상북도 각군 맥류(보리)수확량 비교표

군명	-	수확 범위
청하		1만 석 이상 5만 석 이하
연일		1만 석 이상 5만 석 이하
흥해		1만 석 이상 5만 석 이하
장기		1만 석 이상 5만 석 이하

경상북도 각군 대두(콩) 반별反別 수확량 비교표

	작황 면적(町反)	수확량(석)	1반당反步 평균 수확량 (石, 斗, 斤, 合)
청하	4,632	4,167	8, 9, 9
연일	4,587	3,784	8, 2, 5
흥해	1,365	7,381	5, 4, 0, 7
장기	9,920	4,960	5, 0, 0

*1정반町反 = 반反과 같은 의미. 1정町=10반反(약 300평), 반보反步=반反과 같은 의미

2. 『경북산업지』

*1920년에 발간된 『경북산업지』(조선일보사, 1920. 12)는 경상북도의 모든 산업 분야를 상세히 기술한 자료(총 389쪽 분량)로, 경북 지역의 근대경제사 연구에 유용하다. 이 책에서 포항을 다룬 내용은 다음과 같다.

가. 경상북도의 산업도시

부富가 있는 곳에는 반드시 사람이 모여든다. 예로부터 경상북도는 조선 남부의 보고라 불리며 풍부한 물자로는 조선을 통틀어 으뜸이었다. 여기에 신정新政*조선총독부 시정을 의미 이후 시의적절한 시설로써 경상북도는 여러 산업 분야에서 장족의 발전을 이루고 있으며, 곳곳에 산업도시가 건설되어 매우 훌륭하게 융성 번영하고 있다. 즉 자인·경산·하양 등의 대평야에 경산이 태어나고, 낙동 대분지의 생산과 소화를 담당하는 수운과 철도의 연계선상에 왜관이 있으며, 상주·예천 등 경남 부원지富源地의 입구咽喉라 할 수 있는 김천이 번영하고, 상주평야의 중앙에는 상주가 있으며, 오지를 소통하는 지점으로 안동이 건설되고, 기름진 들판沃野이 모이는 곳에 경주가 있으며, 육지와 바다의 연결 지점인 포항은 대구평야의 물자를 삼키고 내뱉으며呑吐, 사통팔달 교통의 중심지점에 대구가 있어 이 모든 도시를 통할하고 있음이 그러한 이치다.

• 포항

포항은 대구를 기점으로 하양, 영천, 경주 등의 기름진 평야를 관통하는 조선중앙철도의 종점이자, 이러한 경상북도 굴지의 지역들을 통과하는 경제도로의 종점이다. 뿐만 아니라 강원도에서 영덕, 청하 등을 거쳐 해륙의 물자가 운반되는 해안도로의 연결 지점에 위치하고 있다. 형산강 하류가 바다로 흘러드는 영일만은 저 멀리 오키隱岐, 이즈모出雲의 각 지방과도 상대하고 있다. 먼 옛날부터 포항은 일본 본토와 왕래가 빈번했으며 이즈모 민족과 밀접한 관계를 맺기도 했다. 이는 거의 틀림없는 사실로, 우리의 진구왕후神功王后가 신라를 정벌할 당시 이 땅을 상륙지로 삼았다는 전설이 남아 있는 중요 지역이다. 그러나 세월의 흐름에 따라 중세 이후에는 완전히 단절된 채 근대에 이르게 되었다가, 1894년경에 이르러 처음으로 이 땅을 시찰한 일본인이 있었다. 풍부한 해륙의 물산을 목격하고 영주永住 계획을 세웠으나 교통의 불편과 여러 방해되는 사정으로 중단할 수밖에 없었다. 1902년 유력한 토지 경영자, 기타 무역상 등이 들어와 토지 개발에 노력한 결과 드디어 포항 발전의 기초를 세웠으며, 1904년 이후 일본인의 왕래가 빈번해지면서 점차 발전하여 오늘의 융성을 이루었다. 현재 일본인은 430호, 인구 1696명, 조선인 801호, 인구 3052명, 외국인 4호, 인구 16명으로 합계 1235호에 인구 4764명이다. 일본인 거주자는 경상북도에서 2위*대구가 1위를 차지하며 관공소는 영일군청, 포항경찰서, 포항우편국, 대구지방법원 포항출장소, 세관감시소, 학교조합 사무소, 면사무소가 세워져 있다. 교육기관으로는 심상고등소학교, 공립보통학교, 금융기관으로는 조선식산은행 지점, 금융조합 등이 설치되어 있다.

포항은 대구에서 철길로 50여 마일(80.47킬로미터),[1] 육로는 20여 리(78.55킬로미터), 부산에서는 뱃길로 93해리(172.24킬로미터), 원산에서는 225해리(416.7킬로미터) 지점에 있다. 조선의 동해에서는 유일한 항만으로서 교통이 자유롭고, 바다에는 무한한 어족자원이 있으며, 육지로는 형산강 연안의 옥토를 거느린 자연적 상업지로서, 뭇 사람들에게 동해안의 보고로 인식되고 있다. 그 경제권으로는 영덕, 영해, 청하, 흥해, 장기, 경주 그리고 청송과 영천 일부를 포함하고 있다. 그러나 항만에는 설비가 부족하고, 간선도로 외에는 이들 도시와 연결된 도로가 미비하기 때문에 상업적으로 아쉬움이 많은 편이다. 현재 항구 건설을 전제로 한 형산강 도수제導水堤가 국고 보조의 지방비 사업으로 착수되어 육상 교통도 점차 개척되고 있는데, 완공 무렵에는 활발한 상거래가 이루어져 대구에 버금가는 상업지가 될 것이다. 지금까지 포항에 들고 나는 모든 화물은 기선을 통해 부산, 원산 등을 경유했지만 조선중앙철도가 준공되어 부산과의 왕래는 뜸해진 대신 대구와 더욱 밀접한 상거래를 보이고 있다. 최근 1년간의 이출입 화물 총액은 약 1300만 원으로, 들여온 주요 품목은 면포·마포·견포, 연초, 설탕, 식염, 목재, 가마니繩叺류, 철물金物, 염장 건어물, 기타 식량 잡화로 구성된다. 내보낸 주요 품목은 해산물을 중심으로 곡물, 소가죽, 종이 등이다. 들여온 품목 중 면포류, 제화 및 잡화, 가마니, 목재, 철물 등은 부산(해로)과 대구(육로)에서 오는 것이며, 해산물 가운데 조선인이 좋아하는 명태는 북쪽의 강원, 함남, 함북의 연안에서 들여와 지역경제권에서 소화된다. 내보내는 품목 중 해산물은 부산을 거쳐 일본 본토 및 중국 지방으로 운송되고, 소가죽 및 골동품骨董品은 일본으로, 종이는 부산을 거쳐 만주 등지로 향한다. 포항은 중요한 상업항일 뿐만 아니라 경상북도 연해에서 가장 비중 있는 어항으로서, 수산물은 육산

---

1 당시에는 대구와의 거리가 정확히 파악되지 못한 듯하다. 이후 자료에는 포항-대구 간 거리가 63마일(101.39킬로미터)로 소개되고 있다.

물과 함께 포항 번영의 기초를 이루고 있다. 지난 1919년의 어획 실적은 영일만 근처에서만 약 400만 원에 달하는데, 그중 청어 잡이가 약 200만 원을 차지하고 있다. 청어는 부산이나 대구를 거쳐 서울, 개성, 평양 등의 시장으로 이송될 뿐만 아니라 부조, 경주 등의 시장에서 소화되는 양도 상당하다. 그 밖의 수산물은 활어를 냉동 통조림하여 일본으로 보내거나 가공해서 부산으로 보내고 있다.

육상 교통으로는 조선중앙철도가 있으며, 자동차 편은 대구 간 1일 2회 왕복, 영덕 간 2회 왕복 운영되고 있다. 해상 교통으로는 조선우선회사 연해항로 및 부산-울릉도 간 정기 기선이 기항하는 곳이며, 어업 성수기에는 부산과의 기선 왕래가 끊이지 않고 있다.

나. 경상북도의 수산
• 경북 연해의 어항

경상북도 연안은 어느 진津 어느 포浦든 어촌 아닌 곳이 없고, 어느 곳이든 조선인 어업자의 어가가 형성되어 있어 많은 배들이 드나들기에 좋다. 기상 악화 시에 배가 피신할 만한 곳은 감포, 구룡포, 포항, 강구, 축산, 도동 6개 항이다. 이들 어항은 훌륭한 어장과도 가깝기 때문에 어획기가 되면 항구는 일본이나 다른 지역에서 모여든 어선들로 나란히 채워져 숲을 이룬다.

• 구룡포

영일군 창주면에 위치한 곳으로, 만의 입구는 300간(545.4미터), 수심 20척 내외다. 항구 안쪽은 감포보다 넓지만 주변이 산으로 둘러싸여 있어 해안이 매우 좁다. 비바람이 세찰 때는 파도가 침범하여 감포와 마찬가지로 방파제가 축조될 예정이다. 감포와 더불어 고등어 잡이가 가장 활발한데, 봄가을의 성어기에는 약 1500척의 어선과 70~80척의 수송선이 집합하는 성황을 이룬다. 해안에는 일본수산주식회사, 하야시켄구미林兼組 등의 출장소, 마쓰이松井, 나카노中野 등의 통조림 제조공장, 기타 점포들이 들어서 있으며, 현재 인구는 336호, 1583명 정도다. 순사 주재소와 우편소 등이 있고, 조선우선朝鮮郵船의 부산·포항선 기항지가 되고 있다.

• 포항

영일군 포항면에 위치하고 있으며, 조선 최대의 청어 어업장인 영일만에 접한 경상북도 제일의 항구이자 굴지의 도회지일 뿐만 아니라 조선 동해안의 요충지다. 어선의 대부분은 영일만으로 이어지는 형산강 북하구에 정박하지만, 멀리까지 수심이 낮기 때문에 흘수가 큰 어획물 운반선은 정박이 곤란하다. 따라서 많은 선박이 두호동 지역 앞에 정박한다. 청어의 연간 어획량은 영일만과 근해를 합쳐 약 200만 원에 달하며, 모두 포항으로 집산된다. 항구에는 조선우선회사의 정기항 그리고 성어기에 청어 운반선이 입항한다. 포항은 조선중앙철도의 종점으로 육상 운반에도 편리하다. 현재 인구는 일본인과 조선인을 합하여 1709호, 인구 6596명을 헤아린다.(상세한 내용은 '경상북도의 산업도시' 항목을 참조)

2장
조선총독부 자료에
소개된 포항

포항[1]

경상북도 동부 연안에 있는 좋은 항구로, 국철國鐵인 경부선이 통과하는 대구에서 동쪽으로 약 63여 마일(101.39킬로미터) 거리에 있으며 조철朝鐵인 동해중부선의 기점이다.[2]

총독부의 명령항로로서 다롄 및 홋카이도 두 정기노선을 가지고 있으며, 부산-포항, 부산-울릉도, 부산-원산, 웅기-오사카 4개 노선을 지닌 물자의 집산지다.

읍내에는 포항면사무소, 영일군청, 우편국, 경찰서, 지방법원 출장소, 도립 수산시험장, 물산진열관, 보통학교, 소학교, 학교조합, 어업조합, 수산회, 금융조합, 식산·경상합동 양 은행지점, 어시장, 병원, 소방조 등이 있다. 또한 자동차 편은 물론 전화, 전등, 수도 설비도 갖춰져

---

1 『朝鮮の都邑』, 조선총독부, 1932, 29~30쪽.

2 1928년 7월 조선철도 경동선이 조선총독부에 의해 국유화되었으며, 이후 원산에서 부산으로 이어지는 동해선이 계획되어 동해북부선, 동해중부선, 동해남부선으로 나뉘어 착공되었다. 광복 직전까지 동해북부선(원산-양양)과 동해남부선(포항-부산), 삼척선(묵호-삼척)은 완료되었으나 포항-삼척 구간은 일부 교각 공사만 남겨진 채 오늘에 이르고 있다. 당시에는 포항역에서 학산역(지금의 롯데백화점)까지의 구간은 있었으나 포항역에서 북쪽으로 두 개의 역사(흥해역, 청하역), 네 개의 터널(작은굴, 큰굴, 벌래재터널, 고현리 터널) 다섯 군데의 교량·교각(초곡천, 곡강천, 소동천, 서정리천, 청하천)까지는 완공되지 못한 것으로 보인다.

있다. 인구는 조선인 7810여 명, 일본인 2180여 명, 중국인 60여 명이다.

최근에는 죽림산과 향도(지금의 송도)해수욕장, 다소 떨어진 곳에는 일월지와 옥계, 보경사의 폭포 등 유람지가 있다.

토산물은 포도주, 브랜디와 수산물 가공품(통조림류, 어묵, 사쿠라보시, 청어와 고등어의 훈제 등), 양갱 등이 있다.

*성곡천

*소동천

*서정천

*청하 까치고개 터널

*일제강점기(1940년대)의 동해중부선의 건설 흔적이 지금도 남아 있다.
청하 까치고개 터널은 6·25전쟁 당시 북한군의 야전병원으로 활용되었다고 한다.
(사진: 포항지역학연구회 이재원)

3 장
특집기사에 소개된
구룡포

반도 유수有數의 대어항, 구룡포의 웅장한 발자취
동해의 파도 바람에 속도를 맞추어 진흥하는 힘찬 약진을 보라[1]

경북 영일군 동단에 위치한, 군청 소재지인 포항에서 약 7리*한국 기준 약 70리 되는 지점. 북동과 남쪽으로는 저 무진장한 바다의 보고인 드넓은 동해와 면하고 있으며, 지금 조선 반도의 유수한 천혜의 어항으로 널리 그 이름을 떨치고 있는 곳. 수산업은 물론 조만간 육지에서도 다양한 시설이 계획되고 있어, 우가키宇垣 총독이 제창한 자력갱생, 농촌진흥 강화가 철저히 강조되고 있는 곳. 오늘날 우리 구룡포야말로 바다와 육지가 서로 어울려 오직 진흥의 길을 향하여 힘찬 발걸음을 내디디니, 글자 그대로 자력갱생의 길을 향한 비약의 경쾌한 행진곡을 연주하면서 어획기에는 동해의 파도 바람에 깃발을 나부낀다. 오, 웅장하구나. 우리 구룡포여! 이곳에서 우리 조선민보사는 약진과 진흥을 위한 좌담회를 열어 오늘날의 대 구룡포를 이루기까지 선구자의 고심담을 듣고, 이를 통해 앞으로 나아가야 할 길에 대한 좋은 방안을 마련해보고자 한다.

---

1 『조선민보』, 1935. 8. 15.

구룡포는 물고기漁의 거리, 그 현황을 말한다. 어황 여하가 사활을 결정

구룡포의 대화 주제

- 구룡포항의 현황

  가) 바다의 구룡포 나) 육지의 구룡포

- 이 지방 발전의 발자취, 25년간의 추억 항구 수축

- 지방의 중요 문제 논의

  가) 선양장 설치 나) 항만 청결 방책 다) 매립지 처분 라) 각종 공업시 설 마) 책문세력 문제 바) 시장 이전 문제 사) 도로개수 문제

- 출석자(착석순)

  (전 학교조합관리자)가야노 요지로萱野與四郎, (소학교장)히노하라 마사시 日野原精,[2] (향군분회장)마쓰모토 도모타로松本友太郎, (주조회사 지배인)성 영도成永道, (여관업)성학윤成鶴潤, (창주면장)박영호朴永浩,[3] (금조이사)이 종인李鐘仁, (학조의원)사이토 기이치斎藤規一, (보통학교장)스미이 야스모 리住井保盛,[4] (경부보)오우기 사이치로扇佐一郎,[5] (우편소장)하토리 다케자

---

2 히노하라 마사시는 1934년 9월 29일 경북공립소학교장으로 발령받아 부임했으며, 1937년 3월 31일 상주공립심상고등소학교장으로 자리를 옮겼다. 그는 1935년 9월 구룡 포에서 개최된 영일군교육회 정기총회에서 '본교 교육 실제화의 근본정신과 그의 구체'라 는 제목으로 연구 결과를 발표했다. 이날 장기에서는 손임조孫壬柞가 참가하여 '농가 갱생 에 즉한 나의 아동교육'이라는 제목의 보고서를 발표하고 있다.(『매일신보』, 9. 27)

3 박영호 면장은 1934년 4월 1일 면 폐합 당시 봉산면장직에서 물러났으나, 창주면장 김 재하金載河의 사임으로 인해 신임 창주면장으로 임명되었다. 3월 29일 면의원 4명, 농촌진 흥조합장 13명이 모여 박영호 면장의 총사퇴를 요구하기로 했는데, 포항경찰서는 이들을 선동 혐의로 검거했다.

4 스미이 야스모리는 1926년 3월 31일 선산소학교에서 용궁소학교 훈도로 전임, 1929년 3월 31일 다시 건천소학교 훈도, 구룡포보통학교 교장으로 발령되었다가, 1939년 3월 31일 포항공립심상고등소학교 교장으로 영전했다.

5 오우기 사이치로는 이후 1939년 3월 성주경찰서장으로 영전했다.

에몬服部茂佐衛門, (소방조소두)장장석張長石, (공의公醫)신하규申夏奎, (어업
조합장)도가와 야사부로十河弥三郎, (어조의원)이시하라 사카에石原栄, (민
보지국장)사카노 소토기치坂野外吉, (본사 사회자)에토衛藤 지배인, (필기
자)이상조李相祚 기자

에토 먼저 구룡포의 현재 상황에 대해 박 면장께 이야기를 듣겠다.

박 면장 조선인, 일본인 모두 합해 1200호 정도가 되는데 그중 200호는
일본인이다. 직업은 지역의 특성상 어업이 많으며, 다음으로는 상업, 농
업 순으로, 농업은 거의 없는 것과 마찬가지다. 주민의 생활 상태는 그
리 좋은 편이 아니다. 군이 이야기하자면 조선인은 일반적으로 생활수
준이 낮은 편으로, 비참하게 살아가는 이들도 있다. 다행히 1935년부
터는 멸치와 고등어가 풍어였기 때문에 어민을 비롯한 일반 상공업자
와 농가의 생활난이 다소 완화되었다. 이 상태가 계속된다면 구룡포는
날이 갈수록 비약의 길로 나아가리라 군게 믿고 있다. 이 지방은 무엇
보다도 풍어냐 아니냐에 경기가 좌우된다.

호안 공사와 경편 철도 건설

에토 바다의 구룡포에 관해 이야기를 진행하고 싶다.

도가와[6] 옛날부터 연안의 주민들은 무진장한 보고인 저 바다를 상대로
어업을 생활의 기본으로 삼아왔는데, 이후 바다와 육지가 상호 연동되
면서 현저한 발전을 이루자 주민 수도 점점 늘어나 안주할 수 있는 땅
이 되었고, 지방민들도 열성으로 노력하여 1926년 제1기 축항공사가
완성됨으로써 이제야 겨우 어항으로서의 면목을 유지할 수 있게 되었
다. 그리고 1931년 경북도 당국의 빈민구제 사업으로 시행된 제2기 축
항공사가 지난 해 완공되어, 생각지도 못한 복음福音과 같은 혜택을 입

게 되었다. 대체로 바다의 설비는 정비되었
다 할 수 있겠으나, 호안 공사라는 큰 문제
가 남아 있다. 어선이 계류를 할 수 없어
어획물을 실어내리기 어려울 뿐만 아니라
생선을 처리할 장소조차 없어 어민의 불이
익과 불편함이 막대하다. 구룡포는 이 호
안 공사를 당면한 문제로 삼아 시행하는
일이 가장 시급하다고 생각한다. 이 호안
공사의 준공이야말로 구룡포 수산업의 진

도가와 야사부로

흥에 엄청난 영향을 끼칠 것이라 믿고 있다. 아울러 구룡포 육지와 연
관해서는, 최근 도로망이 보급되어 트럭 왕래가 빈번해지고는 있지만
동해중부선이 광궤로 바뀌었다면 철거된 노후 레일을 이용해서라도
포항-구룡포 간 철도를 부설해주었으면 좋겠다. 이것은 나의 이상에
불과하기는 하나, 가까운 장래에 지방 산업을 개발하는 데 필요불가결
한 것이 아닐까 싶다.

---

6 이때로부터 4년 뒤, 도가와 야사부로의 공로 송덕비 건립에 관한 신문 보도가 있다.
'구룡포 도가와 야사부로 옹 공로 송덕비 건설을 위해 조만간 석재 기타 도착'이라는 제
목으로 다음과 같이 보도하고 있다. "구룡포 항만 개척자로서 널리 그 이름이 알려져 있
는 구룡포 전 도회의원인 도가와 야사부로는 구룡포 발전을 위해 다년간 여러 공직에서
공헌해왔다. 특히 어업조합이 1922년 탄생할 때부터 18년간 어업조합장을 맡아 수산계
의 개발 진전에 헌신적 노력을 다했다. 오늘의 번화한 구룡포를 이루어낸 그의 막대한 공
적을 영원히 후세에 전하기 위해 어업계에서 만장일치로 공로 송덕비를 세우기로 결정한
바, 가까운 시일 안에 석재가 도착할 것이며 비문은 포항어업조합 이사 세토 가즈요시瀨
戶一由가 입안 집필하고 있다. 장소는 어업조합 정원 아니면 신사 정원으로 결정될 터, 아
울러 하시모토 젠기치橋本善吉 옹에 대해서도 공적을 인정하여 나란히 시민으로부터 공적
비를 세우게 되었다."(『부산일보』, 1939. 6. 20)

*구룡포에 건립된 도가와 야사부로의 송덕비[7](과거와 현재)

원양어업은 호조, 그 장래를 기대

에토 원양어업에 관한 말씀을 사이토 씨에게 부탁한다.

사이토 본래 이 사업을 생각하게 된 것은 여름 무더위의 어업을 정복하기 위한 것이었는데, 다행히 재작년(1933) 하야시켄林兼 측에서 서캄차카[8]로 간다는 말을 듣고, 당 지에서는 본인과 가야노菅野 두 사람이 갔

---

7 지역 주민들이 과거 구룡포 신사 자리에 도가와 야사부로의 송덕비를 세웠는데, 현재 비문이 시멘트로 훼손되어 있어 보기에 흉하다. 이 송덕비는 구룡포라는 도시 발전의 발자취의 하나로, 친일 논쟁과는 구분하여 다루어야 할 사안이다. 시멘트로 훼손된 부분을 복원할 필요가 있다고 본다. 다른 방법으로는, 도시 곳곳에 남겨져 있는 일제강점기 시절의 이러한 유물들을 한 곳에 통합하여 역사 교육의 현장으로 활용하는 방안도 고려할 수 있을 것이다.

8 서캄차카 지역은 러시아 극동연방관구의 캄차카 반도와 사할린 사이에 놓인 해역으로, 오호츠크해를 의미한다.

다. 연초(1933)에는 상당히 풍어였지만 시세가 싸서 그리 재미를 볼 만한 것도 없었으나 다음 해(1934)에는 단가가 올라가 전년의 적자를 메울 수 있었고, 금년(1935)에는 10척 정도의 대단한 실적을 거둬 모두 기뻐하는 상황이다. 특히 좋았던 것은 이익이 많은 것보다도 구룡포에서 동서 캄차카로 출입하는 10척 모두 열 손가락에 드는 성과를 올리고 있다는 점으로, 무척 힘이 난다. 다만 어두운 그림자를 드리우는 문제 하나가 있다. 다름이 아니라 농림성에서 일본 본토 어민들의 이주를 위해 더 이상 조선에서는 갈 수 없도록 한다는 말이 들리는데, 큰 기대에 어긋나는 것이 아닐까 걱정스럽다. 어쨌든 우리는 지금 이대로 매진해 나갈 수 있도록 모든 노력을 다할 각오다.

근해 어업은 고등어와 멸치가 유망

에토 이시하라 씨에게 근해 어업에 관한 말씀을 부탁한다.

이시하라 구룡포 연안은 주로 9월부터 12월까지의 어획량으로 수산업자들의 운명이 좌우된다 해도 과언이 아니다. 최근에는 고등어의 건착망이 성행하면서 어획기의 총 어획 수입이 300만 원에 달하고 있다. 또 4월 하순부터 7, 8월까지는 고등어 연망과 멸치를 주로 잡고 있으며, 1935년 현재 시점에도 풍어 상태가 유지되고 있지만 앞으로도 점차 진전을 이룰 것이라 믿고 있다.

이시하라

수산 교육은 지역의 특색이 필요

에토 이 지방의 학교에서는 수산 분야 교육을 실시하고 있는가?

앞줄 오른쪽부터 사이토, 도가와, 이시하라, 가야노, 하토리.
중간 오른쪽부터 성학윤, 신 공의, 성영도, 장장석, 스미이, 이시하라.
뒷줄 오른쪽부터 오우기, 사카노, 마쓰모토, 박 면장, 이 기자

스미이 직업과가 있어서 조금 가르치고 있기는 하나 보통학교에서는 농
업을 중심으로 이루어지고 있다. 수산 쪽은 직원도 지식이 적어서 그
저 '미린보시みりんぼし[9]'를 가르치는 정도로, 거의 이루어지지 않고 있다.
히노하라 저희 쪽에서도 대단한 것을 가르치고는 있지 않지만 직업과
에서는 되도록 지역 특색에 맞추어 수산 중심으로 가르치고 있다. 최
근 농촌에서 다각형 농법을 부르짖고 있듯이 어촌에서도 수산품 가공
을 각 가정의 부업으로 장려하고 있는데, 이것을 공동으로 판매한다면
지방산업 개발에도 상당히 기여할 수 있을 것으로 예상되어 앞으로
설비를 충실히 궁리해나갈 생각이다.

어획물의 판로는 교토, 오사카, 고베를 중심으로
에토 구룡포의 어획물 판로는 어느 쪽을 추구하고 있는가?

---

9 미린보시みりんぼし란 건어의 일종으로, '사쿠라보시'라고도 부른다. 생선에 소금을 쳐서
건조하는 방식이 대표적이나, 생선을 펼쳐 간장이나 설탕, 미림 등을 섞은 소스에 적신
후 건조하거나 미림을 넣지 않는 방식도 있다.

구룡포어업조합 고등어의 공판시장

이시하라 어획기에 좌우되기는 하지만 대부분 교토, 오사카, 고베로 보내고 있으며, 그 외에는 규슈, 시고쿠, 주고쿠 지방에서도 크게 환영받고 있다. 가격이 저렴한 멸치와 고등어는 일반 대중을 대상으로 판매되므로 풍어 시에는 상당한 값으로 이출移出[10]된다. 아울러 최근에는 군수품의 원료로 이용되는 멸치기름 제조량도 증가함에 따라 깻묵締粕의 무역도 활발해져서 우리로서는 든든함을 느끼고 있다.

25년 전 구룡포, 그림자 하나 없는 일개 한촌寒村, 단지 경이로운 가치 있을 뿐

에토 그러면 육지와 같이 커다란 진전을 이루기까지 지난 25년간의 추억담을 가야노 씨께서 들려주시길 바란다.

가야노 나는 1883년에 처음 조선으로 건너와 경남의 마키노시마牧島,[11] 또는 욕지도를 근거지로 하고 여러 지방을 다니며 어업에 종사했다.

---

10 조선에서 일본으로 물류가 이동하는 것이므로 수출·수입이라 표현할 수도 있으나, 당시에는 국내 지역 간의 이동으로 보아 이출·이입이라는 용어를 사용하고 있다.
11 마키노시마牧島는 지금의 부산 영도를 말한다.

하토리

세월이 흘러 1909년, 구룡포로 고기를 잡으러 왔을 때 후쿠이현에서 온 일본 배가 삼치를 잡는 것을 보았다. 이후 다시 여러 연안을 돌다가 다음 해인 1910년 이곳을 영주할 땅으로 결정했다. 당시에는 일정한 집을 갖추고 생활하기보다는 작은 초가집을 처소로 삼았고, 상인들도 노점 형태로 어획기에만 영업을 했기 때문에 꽤 위험천만한 상태였다. 나는 목숨 아까운 줄 모르고 숱한 고생을 하기도 했다. 그 당시에는 사람이 사는 곳이라 할 수 없었는데, 오늘날 구룡포를 바라보면 만감이 교차하며 가슴이 벅차올라 뭐라 말해야 할지 모르겠다.

에토 당시의 통신기관에 관해 하토리 씨께 말씀을 부탁한다.

하토리 우편소의 연혁사에 따르면 가야노 씨 등이 오셨을 때는 통신기관이라 할 만한 것은 없었고, 우편 1통 75전으로 장기에 있는 우편취급소까지 가야 했다. 구룡포우편소는 1913년 설치된 후 매년 진보 발전을 거두어 오늘에 이르고 있다.

이면도로 완성, 가와이河井·다카다高田의 공적이 큼

에토 오늘의 대 구룡포를 이루기까지 고심이 많았겠지만 축항 공사의 경과에 관해 이야기를 부탁한다.

도가와 가가와, 야마구치, 나가사키 각 현에서 조금씩 구룡포를 근거지로 삼아 출어하기 시작하자 어선이 폭증하고 어획물도 증가했다. 그래서 최소한 방파제만큼은 있었으면 좋겠다고 생각하여 하야시켄과 일본수산日本水産으로부터 3000원을 기부받고, 나머지 금액을 모아서 총공사비 4300원으로 공사에 착수했다. 서울(경성)의 오하시구미大橋組가 작업을 맡아 현재의 축항 돌제기부突提基部 근처부터 32간間의 방파제가 1917년 8월에 준공되었으나, 그해 12월 폭풍우에 통째로 파도에 휩쓸려버리고 말았다. 1918년 축항기성회를 조직하여 재차 기성회장으로 뽑혀 후타바야시 아이노스케二林愛之助, 나카노 겐타로中野健太郎 등과 함께 대구나 서울로 달려가곤 했다. 조선민보사의 전 사장인 가와이 아사오河井朝雄[12]의 적극적인 협조 아래 도지사, 하다秦 내무부장, 신임 경찰부장의 특별후원을 받아 총공사비 35만1000원(국비 보조 13만 원, 도지방비 보조 12만 원, 현지 구룡포 부담 11만 원)으로 1922년 제1기 공사에 착수하여 1926년 완성한 것이다. 당시 영일군수 다카다 간고高田官吾는 "이면도로 없는 항만은 발전하지 못한다"고 제창하여 포항-구룡포 간 도로를 냈고, 군수가 현지에서 3000원 기부하기로 한 것을 도회의원 가와이 조선민보 사장이 회의장에서 적극 도와주어 기부금을 한 푼도 내지 않고 1922년 오늘의 훌륭한 도로가 만들어진 것이다. 그런 점에서 조선민보사의 큰 도움이 있었기에 구룡포가 발전할 수 있었다.

하토리 그 후 점차 발전을 이루었는데, 항구가 협소해지자 경북도 당국에 청원하여 1931년 8월 3개년 계획으로 총공사비 58만4000원의 예산을 들여 제2기 축항 공사에 착수, 총연장 250간의 방파제가 만들어진 것이다.

---

12 가와이 아사오河井朝雄는 오이타현 출신으로, 1904년 조선으로 건너왔고 이후 조선민보사 사장을 지냈다. 1923년 9월 23일 대구신문협회 설립총회의 사회를 맡는 등 큰 역할을 했고, 협회 사무국을 조선민보사 내에 설치하는 한편 1924년 2월 14일에는 대구상업회의소 회장에 취임하기도 했다. 경상북도 평의회 의원을 지내다가 1931년 12월 19일 뇌일혈로 향년 53세에 사망했다.

조선造船 철공소와 선양장船揚場이 필요

에토 다음은 이 지방이 당면한 주요 문제에 관해 여러분의 의견이나 희망사항을 듣고자 한다. 먼저 선양장에 대한 계획은 없는가?

도가와 선양장으로는 지금의 사빈이 가장 이상적인 위치라 생각한다.

이시하라 이 지역에 선양장이 없다는 것은 수산업의 진흥에 지장을 주는 것이다. 예를 들자면 당연히 구룡포에서 인양해야 할 어획물이 부산이나 시모노세키로 가고 있는 점이다.

하토리 선양장과 함께 조선 철공소를 설치하는 것도 당면한 문제라 생각한다.

이시하라 그것은 당연하다. 우리 업자들이 항상 바라고 있는 것이다. 현재 철공소가 있기는 하지만 시설이 좋지 않아 지금은 휴업 중인데, 어획기가 되면 업자들의 곤란한 점이 한둘이 아니다. 어떻게든 확실한 기술자를 불러 경영을 정상화하지 않으면 업자의 이익뿐만 아니라 어업 진흥의 측면에서도 이익을 창출할 수 없을 것이라 생각한다.

어항의 청결 문제, 업자의 도리로써 철저하게 청소하길 희망

에토 어항의 청결 문제에 관해 고견을 듣고 싶다. 듣자 하니 모처럼 구룡포를 방문한 피서객이 멸치기름을 짜고 남은 깻묵의 악취를 견디다 못해 감포로 도피한 일이 있다고 한다.

도가와 그것은 현지에서도 종종 언급되는 문제긴 하지만 방금 들은 이야기는 우스갯소리라 생각한다. 청결을 유지하기 위해 경찰 당국에서도 고군분투하고 있지만 지방의 특산물인 만큼 틈새가 없을 수는 없다. 물론 그대로 방치할 수는 없으므로 웬만큼 청소를 하고 있으나, 지금 가능한 방법이라면 위생 감독자를 두어 철저히 관리하면 어떨까 생각하고 있다.

하토리 이것은 재정이 허락된다면 즉시 실행 가능한 부분이므로 관련 제도를 만들어 하루빨리 시행해야 할 것이다.

오우기 위생적 견지에서라도 그 악취는 좋지 않으며 우리도 고통을 느끼고 있는 참이다. 대체로 오물을 처리하는 설비가 없는 곳에 멸치기름 공장이 4, 5개나 만들어졌기 때문이 아닐까 생각한다. 최근에는 특히 냄새가 심해서 어느 정도 생산을 줄이는 곳도 있지만, 너무 간섭하면 업자는 곧바로 '산업 핍박'이라는 식으로 말하므로 위생 문제만 생각할 수도 없다. 앞서 도가와 씨가 이야기한 것처럼 인부를 써서 청소토록 하면 어떨까 싶다. 머지않아 총독부에서 오물청소 규칙이 마련되면 대구를 비롯한 읍 소재지나 해안지에도 적용될 것이니, 그때는 확실한 방책을 적용할 수 있을 것으로 보인다.

사카노 지금으로서는 어쩔 수 없지만 해당 업자의 마땅한 도리로서 청소 정도는 해주었으면 한다.

매립지 문제

에토 매립지의 처분은 어떻게 되어가고 있는가?

도가와 약 6000평 정도 되는데 아직 세무서의 수속이 어렵다고 하여 그대로인 상태다. 이것을 조속히 처분하지 않으면 항구의 번영이 지연될까 우려된다.

에토 이 씨, 금융조합에서는 매립지 등 융자하지 않는가?

이(종인) 조합 방침상 개인이 아니면 대부할 수 없게 되어 있다. 금리는 최저 7푼 5리에서 최고 1할 2~3푼까지다.

하토리 실은 매립지 문제로 곤란하던 참이다. 우리 생각은 적당한 시세가 있으면 누구에게든 매각해서 건축물을 세워 항구를 번영시키려는 것인데, 꽤 시간이 지나도록 경북도에서는 아무 말이 없다. 도 예산이 있다면 상응하는 가격에 처분할 수 있겠지만, 언제 이루어질지 알 수 없으니 곤란한 상태다.

고등어와 멸치를 이용, 통조림 공장을 유치하라

에토 수산업 진흥을 위한 보조 수단으로, 수산공업 분야의 계획은 없는가?

성학윤 다행히 구룡포는 고등어와 멸치가 풍성하기 때문에 이를 이용한 통조림 공장을 들이면 유망할 것으로 생각한다. 현재 고등어 등은 염간한 것을 타지에 팔고 있으나 금액은 미미한 수준이다. 특히 최근 소식에 따르면 멸치 통조림은 남양 방면으로 많이 수출되고 있고, 고등어 통조림은 만주를 비롯하여 먼 호만豪灣[13]에서도 매년 몇 십만 상자의 주문이 들어오고 있다고 한다. 그런데 이를 수용할 회사가 없어서 현재 부산의 조선수산에서 급하게 이곳의 고등어를 활용할 수 있는 공장을 차리려 알아보고 있는데, 매립지가 비싸서 진전이 안 되고 있다고 한다. 이러한 일은 지방민들의 희생이 다소 따르더라도 미래의 대 구룡포를 건설하는 차원에서 어느 정도는 양보해야 할 것으로 보인다.

구룡포, 감포 산업도로

에토 도로 문제에 관해 의견은 없습니까?

박 면장 현재 구룡포-포항 간 3등도로(1일 자동차 5회 왕복), 구룡포-대보 등외도로(자동차 1일 2회 왕복)가 있는데, 이 등외도로를 최소한 3등도로까지라도 승격시켜줬으면 한다. 또 구룡포-감포 도로는 방어진-

---

13 호만豪灣은 캐나다 밴쿠버 서북쪽의 하우사운드Howe Sound 지역을 가리키는 것으로 보인다.

울산 또는 멀리 부산으로 통하는 동해안의 중요 산업도로임에도 불구하고 오늘날까지 개통하지 못해 유감이다. 우리 면에서도 1934년부터 기성회를 조직하여 이를 실현코자 매진하고 있지만 대부분 부역에 소요되는 것으로, 최소한 5000원 정도의 예산을 도 당국에 요구하고 있다. 이것은 경지 매입비 또는 암석 파괴에 필요한 것이다. 도의 예산만 통과되면 개통하는 것도 먼 장래는 아니다. (동해안선을 잇는 산업도로로 불가피한 구룡포-감포 간 도로 촉진 문제에 관한 박 면장의 발언에 이어서 '주간동력 요망의 건'과 '시장 이전 문제'에 관한 의견 교환이 있었다.)

에토 오랜 시간 여러 의미 있는 이야기를 나눈 데 감사드린다. 이 좌담회가 이 지방의 발전을 위해 도움이 된다면 다행한 일이라 생각한다. 그러면 이것으로 폐회하겠다.

龍浦市街圖

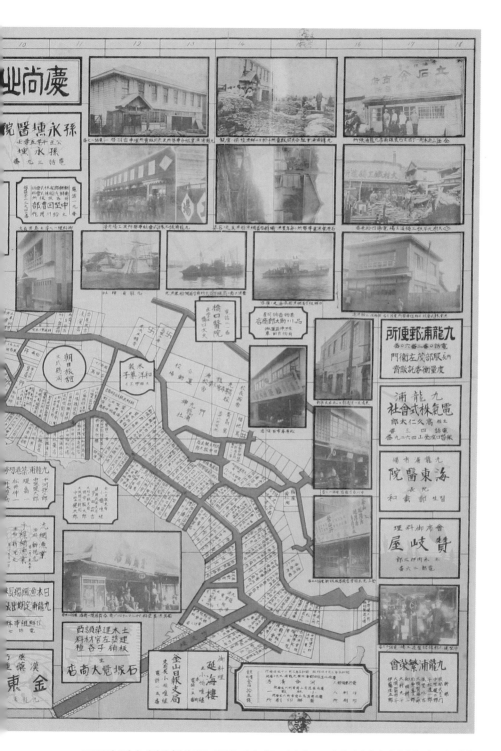

*1930년 5월에 제작된 '경상북도 구룡포 시가도'로, 시각적으로 당시 시가지의 발전상을 엿볼 수 있다.

4장
특집기사에 소개된
포항

1. 약진 포항의 전망 1[1]

일약 동해안의 주요 항, 대 포항 건설에 매진, 신흥 포항의 정세

동해안의 진보와 발달로 약진의 열쇠를 거머쥔 신흥 포항은 이제 경북의 포항에서 벗어나 조선 동해안의 주요 무역항商港으로 향하고 있다. 지금으로부터 25~26년 전까지만 해도 영일만의 한 모서리에 자리한 인적 드문 어촌에 지나지 않았으나 이후 장족의 진전으로 오늘에 이르렀다. 그동안 당국의 위대한 지도와 후원에 힘입은 바 크며 현지 유지들이 보여준 헌신적인 화합, 협조, 희생과 노력의 눈물겨운 결정結晶이라 해도 지나친 말이 아니다. 그리고 앞으로 나아가는 동안 발생할 문제 역시 긴요하다 할 수 있다. 이를테면 동해안 철도 신설, 중부선 광궤 개축, 포항항 축설築設, 항만 정리, 우역牛疫 검사소 설치, 법원지청 설치, 병원 설립, 여학교

躍進 朝鮮の展望
始政二十五周年記念
(35)
北慶 卷の項浦
(一)

---

1 『부산일보』, '조선총독부 시정 25주년 기념 약진 조선의 전망', 浦項の卷一, 1935. 10. 9.

포항의 전경

설립, 비행장 건설 등 어느 하나 중대하고 긴급하지 않은 것이 없다.
그 밖에 군사적 관점에서도 중요한 지역임은 당국의 활동으로도 쉽게
살필 수 있다. 이 중요한 사명이 우리 포항 시민의 양 어깨에 달려 있
으며, 유지들의 헌신적인 노력이 뒷받침되어야 함은 말할 것도 없다. 다
행히도 여러 해 동안 바라 마지않던 수산공진회가 10월 11일부터 대
대적으로 개최[2]되기에 이르렀고, 동해선 철도공사를 위한 조사반이 청
하 지역에서 활동을 시작했고, 포항 축항도 예산에 편입되었으므로 이
제 의회의 협조와 찬성만 남았을 뿐이다. 즉 약진, 약진 또 약진하면
그동안 포항의 현안으로 소원해온 대 포항 건설의 그날이 멀지 않다.
게다가 포항의 현재 인구는 일본인 650호 2500명, 조선인 2600호 1만
1500명, 중화민국인 30호 50명으로 증가했으며 날이 갈수록 인구가
증가하고 있다.

---

2 이 공진회는 10일 동안 진행되었는데 입장객 누적 인원은 대인 2만1497명, 소인
5384명, 단체 9802명, 무료입장 2만2959명으로 합계 5만9642명이다. 1933년 기준 포항
읍 인구가 1만4050명이고 인근 영일군의 인구가 16만2944명이었음을 고려할 때 대성황
을 이루었음을 알 수 있다.

나카타니 수상 사진

포항 발전에 신명을 바친 초창기의 은인 나카타니 옹

포항을 이야기하려면 먼저 나카타니 다케사부로 옹에 대해서 이야기해야 한다. 당연한 일이지만 나카타니의 인물 됨됨이는 새삼 말할 필요도 없다. 오히려 어리석다고까지 이야기되고 있는 포항의 나카타니는 이제 조선 전체로서도 중요한 인물이 되어 있다. 어떤 분야에서든 그가 세운 공덕이 널리 알려져 있기 때문이다. 한마디로 말해 그는 공공과 사회에 평생 헌신한 사람이라 할 수 있다. 현재 포항상공회장, 영일수리조합장, 경북도회의 부의장, 경북수산회장, 조선수산회 의원뿐만 아니라 약 100개의 직함을 지니고 있었는데, 회사 사장은 물론 기타 단체의 수뇌부에 이름을 올리지 않은 곳이 없다. 그는 후진에게 물려주겠다며 모든 공적 활동에서 내려올 뜻을 몇 번이나 나타냈으나 그때마다 강권을 이기지 못해 수락하고 있다.[3] 현재 약진 포항에 닥친 중요한 문제가 셀 수 없이 산적해 있는 상황에서 이를 정리하기 위해 침식寢食을 잊고 책임감 있게 활동하는 모습을 대할 때 어느 누가 감사의 눈물을 흘리지 않겠는가. 이러한 중에 주식회사 나카타니 다케사부로 상점[4]은 경북 동해안 일류 대상점으로 두각을 나타내어 자제인 세이조淸章가 지배인으로서 12~13명의 점원을 지도하고 있다. 각종 화학 비료, 석탄, 질소, 콩깻묵, 어비료 등은 상점의 주요 취급 품목이다. 가게의 신용은 미쓰이三井를 배경으로 반석의 무게를 지니고 있는데다 점원들도 성실히 근무하고 있는 등 이 모든 노력이 하나가 되어 나카타니가中谷家를 번창시키고 있다.

실업계의 역군 다나카 미쓰구, 소방조 조두복組頭服이 어울림

포항 남빈의 서양식 건축물인 다나카 미쓰구의 상점은 형산강의 운하와 트럭을 활용하여 비료, 연료, 어류, 곡물 등 무엇이든 취급하고 있다. 실업계의 선구자답게 일단 장사에 나서면 기민한 면모를 보이는 그는 가가와현 아야우타군綾歌郡 사람으로, 1907년경 부산으로 들어왔다가 포항으로 이주했으니 포항에서는 가장 고목古

다나카 미쓰구

木이다. 공무건 지방의 일이건 얼굴을 비추지 않는 곳이 없는 포항소방
조의 조두組頭로서 10년, 이른바 천보전조天保錢組[5]다. 용감한 백 수십
명의 조원들을 일사분란하게 통제하는 데는 중간 간부의 기여도 크겠
지만 무엇보다도 그러한 수단과 역량을 결집시킨 그의 역량 덕분이라
할 수 있다. 특히 오늘날 포항소방조의 완비는 선진 일본에 비하면 부
족한 점이 적지 않지만, 다나카 조장의 헌신적인 노력의 결과라 해도
과찬이 아닐 것이다. 관련 업무 외에도 경북신흥청어조합장, 포항운수
회사 이사, 포항양조회사 이사, 포항금융조합평의원, 기타 수산 분야
의 임원을 역임하고 있는 등 포항 실업계의 제1인자다.

신흥 포항을 짊어진 분골쇄신하는 인물, 시모무라 시게히데 읍장

장래의 포항부浦項府[6]를 목표로 약진, 또 약진하는 신흥 포항의 모
든 과업을 짊어진 시모무라 시게히데 읍장은 앞서 포항경찰서장에 선
발되었다가 포항읍장으로 자리를 옮긴 인물로, 한결같은 강직함에서
옛 무사의 흔적을 엿볼 수 있다. 읍장 초기에는 무뚝뚝한 면도 있었지
만 지금은 꽤 세련되어 대체로 원만하며, 직무에 관해서는 몸을 사리
지 않고 노력하는 점이 인상적이다. 여러 해 숙원사업인 수산진흥공진
회를 항구 포항에서 개최하기에 이른 지금, 협찬회장을 맡고 있는 그
는 제반 시설을 돌보는 데 불철주야 바쁘다. 그가 읍장으로 취임한 이
래 많은 공을 쌓았다는 사실은 모두가 인정하는 바로서 새삼 언급할

---

5 이 기사에는 '天寶錢組'로 표기되어 있으나, 발음이 같은 '天保錢組'의 오기로 보인다. 천
보전조란 당시 일본 육군대학교의 과정을 수료한 장교를 일컫는 속칭으로, 졸업생 휘장이
100문짜리인 천문전, 즉 천보통보天保通寶와 비슷해서 유래된 말이다. 그만큼 우수한 인재
라는 뜻을 지닌다.
6 포항읍이 포항부浦項府로 승격한 시기는 광복 이후인 1949년 8월 14일이다. 포항부는
다시 하루 만인 8월 15일 포항시로 명칭이 바뀌게 된다.

포항읍사무소

필요도 없다. 그가 행복하기를 기원한다.

운과 배포로, 용궁으로 돌아간 히라타 군

큰 파도건 작은 파도건 일단 항해에 나서면 남자의 배포로 바다에 맞서 입은 양복이 누더기가 되기도 여러 번, 갈매기와 눈 맞추며 신예호新銳丸의 조종 키를 쥔 신신구미進新組의 용감한 사내, 강구항의 히라타 마사이치平田政一 군은 히로시마현 태생으로 어업에 뜻을 품고 조선으로 건너온 강구 초창기 인물 중 한 명이다. 어업가 중의 어업가로 선망을 받던 그는 경북 발동수조망 신예호의 경영자였다. 자신의 이익을 위해 현지 시장을 쥐고 흔들 뿐만 아니라 의기양양하게 대해로 나가 소금물과 벗하며 어로 개척에 공헌했다. 그는 이것을 사업의 하나로 삼아 "청어가 왔구나, 대구도 잡힐 거야, 고등어도 있다"며 널리 알려주면 각종 어선이 출동했다. 이것은 "혼자만 돈을 벌면 무엇 하나, 다른 사람도 함께 돈을 벌어야 한다"던 주장을 실행에 옮긴 것으로, 그의 성격을 알 수 있다. 3일 밤낮 동해를 헤엄쳐 돌아다닐 만큼 용맹한 인명구조 활동으로 지사로부터 표창을 받아 '용궁에서 돌아온 히라타 군'으로도 유명하고, 4년 연속 배포 있게 의협심을 발휘한 남자로도 유명하지만, 1919년 대홍수에 휩쓸려 사망했다.

호국정신에 불타오른 위인, 문명기

문명기는 영덕 사람으로 '문명文明의 그릇器' 또는 '문명文明의 기인奇人'이라 알려져 있는데, 어느 쪽으로 보아도 특이한 사람이다. 그의 행동에 '나'는 없고 다만 국가 공익만을 앞세운다는 면에서 인물의 위대함이 입증된다. 따라서 총독부 시정 25주년을 맞이하여 공로자로 표창과 은전을 받은 것은 당연한 일이다. 그의 공적으로는 과거 국가와 왕실에 감격하여 일찍이

문명기

보국의 일념으로 조선 민중의 정신을 지도했고, 늘 국방 사상의 고취에 진력했다. 만주사변 이후 제국의 비상시국을 맞이해서는 국방의 강화를 통감, 군용 비행기 헌납 활동에 솔선하여 10만 원의 사재를 헌납 자금으로 기부했다. 그 여세를 타고 군용기 헌납을 추진[7]하는 데 조선

---

7 문명기의 이와 같은 적극적인 활동은 다른 조선인들에게도 반강제적인 동참 압력으로 작용했다. 그가 비행기를 헌납(보국73)한 1935년 4월 7일부터 조선부읍민직원호(보국923)를 헌납한 1942년 7월까지 약 7년간 경북호(1, 2호), 전남호(1, 2, 3호), 황해호, 황해2호, 함북호, 함남호, 충남호, 평북관리호, 부산호, 제1·제2경남지성회호, 평남호(1, 2, 3호), 충북호, 경남사천군호, 전조선부읍면직원호 등 총 27대를 헌납했는데, 이는 조선 주민을 비롯하여 기업, 단체, 공직자 등의 모금 동원으로 이루어진 것이다.

동포들을 규합하고자 사사로움을 잊은 채 한가한 날이 없을 만큼 동분서주 활동해왔다. 이렇듯 민심의 고무와 사기 앙양을 통해 조선 반도 대중의 귀감이 되었을 뿐만 아니라 산업 개발, 교통 개선, 교육 사업과 지역 교화 등에 매진한 공적이 특히 위대하다. 그 밖에 자선 사업으로 강구의 수해와 기근, 콜레라 방역, 영덕 기근 구제회장으로 활동한 공적도 크다.

수산 개량 발달에 경북수산회의 활동

경북 수산의 총본산 역할을 맡고 있는 경북수산회는 1923년 4월 1일 포항에서 설립되었다. 항상 수산업의 개척, 개량, 발달을 목표로 헌신적인 노력을 다하고 있다. 특히 영일만의 생명이라 할 수 있는 청어 어업의 쇠퇴로 인해 청어알의 방류, 부화 작업, 판로 조사, 선장과 기관사의 강습회, 어촌 진흥 조성 등의 사업을 완벽히 수행하면서 그 공적을 쌓아 올리고 있다. 회장은 나카타니 다케사부로가 맡고 있으며, 사사키 도모가즈佐々木知一가 이사를 맡아 업무에 동분서주하고 있다. 현재 수산업자들은 경북수산회의 중요성을 깨달아 신뢰하고 있으며, 사업의 혜택과 이익을 받고 있다.

갱생으로 소생, 장기어업조합과 와타나베 조합장

장기어업조합이 불량 어업조합에서 우량 어업조합으로 소생한 것은 누구의 덕인가. 물론 몇 년간 지속된 불어不漁가 해소되었기 때문이겠으나, 원래 호어好漁의 뒤에는 불어가 있고, 불어의 뒤에는 호어가 있게 마련이다. 그런데 과거의 인습에 젖어 좋은 일이 생기기를 앉아서 기다리기만 하는 태도는 오늘날 허용되지 않는다. 이를 타파하기 위해선 조합원 자체의 자각과 결심이 있어야만 한다. 이에 현재의 이사 신

장기어업조합 양포항 전경

응식申應植은 업무에 착수하면서부터 오직 갱생의 대책에 몰두하여, 군의 지도에 철저히 따르는 한편 스스로 어부가 되어 어촌 진흥을 위해 뛰었다. 그 결과 오늘날 연안을 돌아다니는 노유부녀老幼婦女 가운데 누구도 구걸하는 자가 없을 만큼 그의 공로는 크다. 이로써 농촌의 진흥과 갱생에도 큰 공적을 보이고 있다. 노력하는 자는 흥하고 태만한 자는 망한다는 옛사람의 격언에 따른 장기 연안민의 궐기가 하늘에 통했는지 3년 동안 겨울 청어, 여름 갈치, 멸치로 연중 내내 행복을 맛보고 있다. 조합장 와타베 시치헤이渡部七兵衛는 미에현 사람으로 일찍이 장기 신창리新蒼里에서 지예저인망을 경영한 이곳의 최고 성공자다. 부산 남빈에 마루주丸十 상점을 열어 융성하게 번영하고 있다.

강구의 중진 하마다 도시오, 통통한 아랫배로 도우미

강구항의 발전에 한 몸을 바쳐 밤낮없이 동분서주하는 하마다 도시오濱田錄男는 조선 동해에서 부상하고 있는 하마다 3인방 가운데 한 명이다. 도야마현 사투리로 이른 아침부터 해변에서 어부들을 지도하는 모습은 배 한 척을 가진 선장쯤으로 보이지만 결코 그렇지 않다. 그는 강구의 중진으로서 공사公私에 걸쳐 목소리를 내지 않는 곳이 없을 정도다. 두터운 도량을 지닌 그는 수백 명의 거친 남자들을 턱으로 부리기도 하지만 남에게 부탁을 받으면 소소한 부부싸움 중재라도 거절하지 않는다. 현재 강구학교조합 관리자, 강구번영회장, 영덕전기회사 사장, 경북수산회사 전무를 맡고 있다. 그의 헌신적 노력은 오직 강구의 미래뿐만 아니라 경북 동해 북부의 밝고 희망찬 미래를 위한 계기가 될 것이다.

남자라면 방어 잡이다, 가시이香椎 어업부의 후지요시

남자라면 무엇보다 방어 그물大敷 한번 던져보고 싶은 게 인지상정이지만, 아무리 돈이 많아도 그만한 배포가 있어야 한다. "2만 원, 3만 원의 자본을 집어넣고 바다의 때가 오면 파도치는 걱정은 뒤에 두고 나가서 밤잠을 설치는 유쾌한 맛이 있다. 목숨을 걸고 출어한 어부와 어망이 무사하고, 대방어의 표식이 올라오는 그 순간의 맛을 보통 사람들은 모를 거야. 그럴 때는 2배 정도의 어가魚價로 경매되기 때문에 대부에 한번 손을 대기 시작하면 다른 건 못할 거야." 이렇듯 대범한 기상을 보이는 자가 누군가 하면, 검은 조류가 활약하는 영일만 미가곶*현 호미곶에서 그리 멀지 않은 동해면 구만동九萬洞에 위치한 부산 가시이어업부 구만출장소의 주임 후지요시 야스노리藤吉保範다. 나이 아직 28세의 서생書生이다. 그러나 늘 수십여 명의 거친 어부를 턱끝으로 부리며 어기마다 물량을 부산으로 보내는 책임을 완수한다. 그런 뒤에 이 청년은 다시 거제도, 오도, 조선 북부로 돌아다니는데 동업자들로부터 큰 사업을 잘도 꾸려나간다는 칭찬을 받고 있다. 무엇보다도 조선 방어 잡이의 왕, 가시이 겐타로香椎源太郎만큼이나 영일만의 방어 잡이도 대규모다. 1개 구역에 3만 원이라는 자본을 투자하는데,

방어가 알아서 스스로 이 구역으로 들어오도록 만드는 것이다. 매년 초가을부터 12월 중순까지 약 5만 원 내외의 수입은 그리 드문 일도 아니다. 잔잔한 날 포항에서 발동선을 타고 양양한 대해로 약 1시간쯤 나가면 이 어장을 만날 수 있는데 그곳에서 방어 잡이를 구경하는 것도 포항 유람의 즐거움 중 하나다.

10만 원의 포항전기, 지금은 전기 왕국 다이코 전기가 되어 찬란히 빛난다

포항 사카에초에 자리한 다이코 전기주식회사 포항출장소는 1922년 4월 창립된 포항전기주식회사를 매입, 1923년 4월 1일 첫 송전 당시 33킬로와트 발전기에 1800등燈을 송전했다. 그러나 오늘날 전력은 포항 발전의 필수품으로서 포항, 흥해, 연일 세 지역에 약 4000등을 송전하고 있으며, 주간동력 39대, 156마력을 보내고 있다. 비약적인 발전 기운이 넘치는 포항 또는 동해안으로서는 수천 등의 공급이 필요한 상황이다. 이에 다이코 전기도 그에 대비해야 한다. 지금은 경주발전소의 송전을 폐쇄하고 10월 1일부터 청도의 대발전소에

약 1만 킬로와트로 경북 일대를 비추는 다이코 전기 청도대발전소 일부

서 송전하기 위해 거의 전시戰時 상황으로 대대적 공사를 진행 중이므로, 10월 11일부터 개최되는 경북수산공진회 때는 찬란한 광채를 펼치게 될 것이다. 이 회사의 사장은 전기를 생명으로 여기는 오쿠라 다케노스케小倉武之助이며, 포항출장소장은 고야마 사다오小山定男다. 고야마는 28세의 젊은 청년으로, 포항소학교 졸업 후 이 회사에 들어가 열정적인 활동을 보임으로써 사장의 신임을 얻어 현재의 자리에 서게 되었다. 또 항상 젊은이의 표상으로서 다이코 전기의 번창과 더불어 자신의 능력을 제대로 발휘하고 있다.

서비스 만점의 인기, 동해를 대표하는 다테베 여관

집에 있는 것처럼 편안함과 느긋함을 주는 숙소에 묵는 것이야말로 여행의 피로를 풀어주는 일이다. 이러한 점에 착안한 다테베 도쿠노스케建部德之助는 포항 혼초 거리에서도 눈에 띄는 위치에서 자신의 최대 장점을 발휘하여 대중적인 여관을 경영하고 있다. 여행객의 입장이 되어 서비스에 정성을 다하면 결국 손님이 손님을 부르게 마련이

다테베 여관 일부

다. '여관이라면 다테베'라고 할 만큼 큰 인기를 누리고 있다. 이와 같은 번영은 건물 증축으로 이어져, 이번 봄에 서양식과 일본식을 절충한 3층 건물을 새로 지으면서 기존 설비를 개조하여, 2층과 3층 규모에 건물 면적 118평, 객실은 대소 28실을 갖추어 신흥 포항에 어울리는 모양새다. 특히 다가오는 수산공진회 때문에 벌써 각지에서 예약객이 몰리고 있어 6명의 여성 직원들이 모두 정신없이 바쁘다. 이 여관은 수산과, 산림과, 철도, 경찰관서 등의 지정여관인 데다 여러 가지 특별조건도 갖추고 있다. 향기로운 목재 향기 가득한 3층 실내에서 포항 시내를 내다볼 수도 있고, 영일만의 흰 모래와 푸른 소나무 또는 앞바다를 드나드는 배를 바라볼 수 있다면 그 누가 만족하지 않겠는가? 꼭 한 번은 다테베 여관으로.

동해를 대표하는 청주, 명주 수로壽露와 마루모의 간장

후루카와 모헤이는 27년 전에 이미 포항의 약진을 예견하여 히주備中[8]의 도지杜氏[9]와 함께 조선으로 건너와 포항 다이쇼초에 자리를 잡았다. 네거리에 눈에 띄는 2층 건물과 뒤쪽으로 5개 동의 310평짜리 술 창고, 150여 평의 간장 창고를 보유하고 있어 주목된다. 이 후루카와 상점은 동해를 대표하는 양조장으로서, 다름 아닌 명주 '수로壽露'의 본산이자 '마루모 간장'의 산지다. 주인은 장사壯士와 싸워도 이길 만큼 건장하고, 후계자인 가즈에主計는 일찌감치 총지배인으로 활동하고 있다. 또한 형제가 인화人和로써 한 몸이 되어 가업에 힘쓰는 훌륭한 모범을 보여 사람들의 신망을 모으고 있다. 한편 명주는 날이 갈수

---

8 히주備中는 현 일본 오카야마현 서부 지역의 옛 지명. 술로 유명한 곳이다.
9 도지杜氏란 술을 빚는 명인 또는 그 집단. 때로는 양조기술 등을 총괄하는 우두머리를 일컫기도 한다.

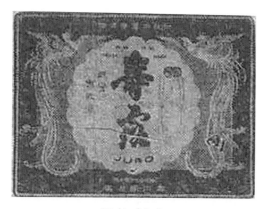

명주 '수로'의 상표

록 판매가 증가하여 지금은 경북도의 동해안은 물론 울릉도, 강원도, 멀리 조선 북부까지 진출하고 있다. 조만간 조선 북부의 수도인 나진에 지점을 개설하기로 하는 등 빠른 번영을 보이고 있다.

조선 바다의 수산왕, 하마다 이와의 공덕

조선에서 어업을 크게 일으킨 하마다 이와는 도야마현 사람으로, 엄격한 부친의 성격을 물려받았다. 1910년대 초반 약간의 여비만 품에 지닌 채 조선으로 건너온 그는 포항에서 발길을 멈추었다. 영일만에서 청어 어업자가 유망하다는 데 착안하여 조업이 불가능한 상태로 방치되어 있던 동해면 미가갑 米ヶ岬 주변에 자리를 잡았다. 먼저 어망을 개선하고 합리적인 조업에 힘써 대성의 발판을 마련한 뒤, 대부망 어로에 뛰어들어 치밀한 두뇌 회전과 성실한 노력으로 일본

하마다 이와

*1943년 2월 21일자 포항수산물출하조합의 조합장 하마다 이와가
서명 날인한 5000원 출자증권. 당시 하마다의 경북수산회사가
포항수산물출하조합으로 바뀐 것인지, 아니면 별개의 회사인지는 확인할 수 없다.

과 칭다오淸島로 활어를 보내는 사업까지 차곡차곡 이루어냈다. 오늘날 그는 조선의 수산왕이라는 일인자의 명성을 동해에 떨치고 있을 뿐만 아니라 요즘 주창되고 있는 어업 진흥, 자력갱생을 수년 전부터 몸소 실천해온 공로와 공덕으로, 포항 가와구치초의 영일어업조합 주변에 공덕비[10]가 세워져 있다. 수산 분야의 일인자인 그는 현재 포항의 각종 단체, 회사, 조합의 장으로 활동하고 있다.

판매를 통제하는 경북수산회사

포항 동빈 매립지에 자리하고 있는 경북수산회사는 자본금 25만 원, 사장 하마다 이와, 지배인 후루모토 노부가쓰古本信勝다. 경북어조연합회의 위탁 판매로 청어 판매를 전업으로 하며 통조림 제조업에도

---

10 그의 공덕비에 관한 내용과 사진은 이 책 앞부분의 화보를 참조.

진출해 있다. 이 수산회사의 청어 판매수익은 매년 50만 원이 넘는다. 청어의 어획량은 매년 감소하고 있는데 그 취급액이 증가하는 이유는 무엇일까? 그것은 이 회사가 조직된 본래의 취지, 즉 판매 통제의 실천에 따른 결실이다. 이러한 종류의 위탁 판매는 경북 외에 다른 시와 도에는 없는 방식이다. 즉 최초의 시도인 만큼 그 성공 여부가 끼칠 영향은 상당히 크다. 다행히 경북에서 잡히는 청어 대부분 그리고 강원도나 원산의 청어도 이곳으로 집중되고 있는 등 양호한 성적을 보이고 있으며, 남쪽의 구룡포와 감포에서도 청어가 포항으로 역송逆送되고 있다. 이전까지는 청어를 부산으로 보냈으나 지금은 포항으로 집중됨에 따라 조선의 수산업자들이 포항으로 집결하는 상황이다. 후루모토[11] 지배인은 이 지역 특색에 맞게 조직을 운영하는 부분을 고심하고 있는데, 이는 평범한 사람으로서는 어려운 일이다. 회사의 입장에서 야무지게 일하면서 돈도 벌어야 하는 중매인이지만, 그에 머물지 않고 다리 건너 반대편도 들여다봐야 한다. 즉 양복과 작업복을 번갈아 걸쳐 입고 양쪽의 문제를 봉합해야 한다. 상인과 중매인의 입장에서 어업자를 만족시켜야 하는 동시에 회사의 영리를 확보해야 하므로 고심이 적지 않을 것이다.

미래가 밝은 제2대 나가타, 명실공히 기대

산과 바다의 보고를 양쪽에 둔 채 잠자고 있던 경북 동해의 영덕이 드디어 약진하기 시작하는 이때, 거리에 눈에 띄는 일류 점포가 있다. 선대 나가타 고즈치永田甲鎚의 후계자로서 아직 수염도 기르지 못한 30여 세의 나가타 고소쿠永田孝直는 밝은 미래가 기대되는 인물이

---

11 원문에는 요시모토吉本로 표기되어 있으나, 후루모토 노부가쓰가 주요 인물로 소개되고 있으므로 오기로 보아 바로잡았다.

다. 야마구치현에서 태어나 영덕에서 자란 그는 성품이 온후하며, 마음먹은 것은 신중하고 과감하게 실천하면서도 장사에서는 기민하게 기회를 포착하는 영덕의 큰 상인으로 알려져 있다. 현재 곡식 운송뿐만 아니라 잡화, 연료 등 각종 해륙 물산을 취급하여 세를 확장하고 있는데, 바다에서 오지로 밤낮없이 빈번히 운행되는 트럭이 이를 입증한다. 영덕전기회사 이사, 영덕주조회사, 영덕누룩제조회사의 요직을 맡고 있는 한편 영덕소방조의 조두로도 활약하고 있다. 그의 돋보이는 재능 덕분에 날로 관민의 신뢰가 쌓이고 있으니 제2대 나가타의 이름은 떠오르는 태양과 같은 기세를 나타내고 있다.

청어망의 통제를 위해 회사의 초석을 다지고 있는 경북어업

영일만 청어 어업이 쇠퇴하고 있다는 소식과 함께 140개 청어 정치어장에서 비명을 외치던 때, 이 상황을 구제하려면 대동단결하여 구역을 통제하는 수밖에 없다는 결단이 요구되던 바로 그때 경북어업회사가 창립되었다. 1927년 당시 시대의 요구이자 목숨이 걸린 일임을 통찰한 이들이 동업자로 나서 유지들을 모아 회사를 세웠고, 청어기가 시작되기 전에 어장을 합리적으로 통제하기 시작했다. 이 업무의 성공 여부에 수산업계의 운명이 달려 있던 와중에 다행히 융성한 결과로써 타사의 추격을 어렵게 만들었음은 모두 축하할 일이다. 경북어업회사는 자본금 15만 원에 2000주, 사장은 나카타니 다케사부로, 전무는 하마다 이와, 지배인은 후루마키 구니노스케古牧國之助로, 적재적소에 배치되어 있다. 그리고 만내 15개의 우수 어장과 기선저예망 2통을 보유하고 있어 그 전망이 매우 밝다. 주식을 사려는 자가 있어도 쉽사리 구하지 못하는 상황이며, 50원이던 시가는 벌써 65원으로 올라 매기每期 1할 5푼을 배당하고 있다.

경북 특산품, 한 껍질 벗겨 교토·오사카 식단을 장식, 경북신흠청어조합

"미가키 닦아 에헤라디야, 제대로 말려야 진짜 청어의 색깔과 맛, 그 것 색과 맛, 갈매기 귀엽네, 아니 아니 물고기 소식" 이것은 「경북수산 고우타」에서 신흠 청어(미가키니싱)를 선전하는 노랫말이다. 몇 년 전까 지도 어장이 2, 3개뿐이다가 최근 크나큰 발전을 보았는데, 그 과정에 서 중간거래상의 착취에 휘둘리기도 했다. 이로 인해 당국의 권유와 업 자들이 인식을 함께해 1934년 경북신흠청어제조조합이 결성되었고, 다 나카 미쓰구 조합장과 이와사키 고이치로岩崎小一郎 이사가 그 임무를 맡아 전념했다. 매우 위험했던 올해 초반에도 시기의 완급을 조절하여 적절히 대응한 결과 뜻밖의 좋은 성적을 거뒀다. 뿐만 아니라 제품의 향상, 판매의 통제를 위해 산지에서 검사를 실시하는 한편, 일도일점一 都一店 주의의 거래 원칙을 내세워 중간업자의 수수료를 없애고 공정한 시가를 유지했다. 유례가 없는 흉어기를 만나 70여 원이라는 비싼 값 으로 원료를 받았으나 좋은 성과를 거두게 된 것은 조합원 간의 화합 과 협조 덕분이며 관계자의 수완과 역량에 힘입은 바가 적지 않다. 이 성과는 앞으로 사업 수행에 중요한 의미를 지니는 것으로, 난산을 거듭 하던 신흠 청어가 오늘날의 성과를 이룬 것은 일개 업자의 기쁨이라기 보다는 청어라는 특산물을 보유한 경북 모든 어업자의 축복이다. 현 조 합원은 포항 김용주, 김두하, 다나카 미쓰구, 정용수, 김동덕, 이우진, 이 영우, 다나카 추사부로, 즈치다타 쓰네요시辻形常吉, 강주석, 박정립朴正 立, 대구의 마스다 히데조增田秀三, 강구의 이치하라 시게노부市原重信, 하 마다 도시오, 청진의 야스무라 쇼타로安村庄太郎 등이다.

수산계에서 비약하는 조선어업회사

시모노세키시 호소에초細江町에 본점을 둔 자본금 10만 원의 조선

어업 합자회사는 현재 도쿠다 히라이치德田平市가 경영하고 있으며, 일찌감치 1911년부터 강원도 성진成津에서 방어 대부왕으로 알려진 가쿠와구미角輪組의 뒤를 잇고 있다. 영일만에서 조선 북부로 향하는 대부분의 대부망 어업은 이 회사가 운영하고 있다. 그 밖에 영일만 청어 어장의 본고장인 동해면 정천동靜川洞 바다에서 뭇 사람들에게 부러움을 사는 양어장을 운영하고 있는데, 이 역시 규모가 있다. 겨울부터 여름, 봄부터 가을까지 연중 대량 어획을 위해 사업 합리화를 도모하고 하층 노동자의 요구에도 귀를 기울이고 있다. 이러한 업무를 직접 담당하고 있는 조선해 주임인 니시무라 겐이치西村源一는 과묵하고 행실이 바르며, 솔직 신중하면서도 큰일에 과감할 뿐만 아니라 태만하지 않은 인격자다. 이 사람을 얻은 것이 바로 오늘날 조선어업회사가 융성하게 된 배경이라 말할 수 있다.

포항의 일류 요정 기라쿠, 여주인의 활동

예로부터 포항 사교계에서 우뚝 서있는 요정 기라쿠는 언제나 번

성진 어정의 대빙어 잡이 굉경(3500마리 어획, 1마리당 평균 5킬로그램)

창하고 있다. 포항의 큰 연회라면 당연 기라쿠로 정할 만큼 시설이 잘 갖춰져 있다. 특히 현재 여주인(마담)은 남자도 못 당할 활동가로서 오늘날 기라쿠의 번성에는 내조의 공이 적지 않다. 봄에는 본관 큰방에서, 여름에는 향도(송도)의 별관에서, 가을은 신관 2층에서, 겨울은 안쪽 구석에서 맛보는 사계절의 재미가 있다. 「경북수산 고우타」의 작자인 야나나八七도 기라쿠의 인텔리 게이샤로서 권좌를 차지하고 있다. 아울러 신라 천년의 고도인 경주에서도 지점을 내주기를 바란다는 현지 유지들의 요청이 있어 조만간 선보이고자 준비 중이라고 한다. 그러고 보면 바다의 손님과 육지의 단골, 양쪽으로 영업을 확대하는 셈이다. 주인 모리시마 기이치森島喜一는 온후한 오사카 사람으로, 자신을 낮추는 인물이다. 현재 포항요리점 조합장을 맡고 있다.

무려 20여만 원, 영일만의 보물찾기, 피조개의 조합

겐잔兼山[12]은 도사土佐의 바다에 조개를 뿌려 키움으로써 천하의 명물로 만들었다. 경북수산회의 회장 나카타니 다케사부로는 지금으로부터 10년 전, 자신의 고향 아와지淡路가 피조개赤貝의 명산지라는 데 착안하여 같은 종류의 조개를 영일만에 방류하여 키우기 시작했다. 당시 일확천금을 꿈꾸던 많은 어업자들은 유치한 웃음거리로 여길 뿐 관심을 보이지 않았다. 이후 1933년 8월 여수의 시나가와 아사이치品川淺一가 시험적으로 채집해보더니 유망하다고 판단하여 같은 해 조개잡이배 9척을 동원하여 약 8만 원의 소득을 올렸다. 이듬해인 1934년에는 14척으로 21만 원, 1935년에는 25척으로 30만 원을 돌파

---

12 노나카 겐잔野中兼山(1615~1663)은 일본 에도 시대의 정치가이자 도사번의 번주였다. 그는 각종 산업을 진흥했는데, 특히 바다의 조개가 멸절되지 않도록 남획을 막았다는 이야기가 전해지고 있다.

할 기세다. 1934년에 조합을 조직하여 포항피조개조합이라 이름 짓고, 이사는 사사키 도모가즈佐々木知一, 평의원은 우라하마 아키요시浦浜秋吉, 하야다 주로早田十郎, 문봉의文鳳儀, 고문은 시나가와 아사이치品川淺一, 이케우치 히사오池內久夫 등이다. 어획기에 축배를 들 때는 느긋하지만, 일단 바다에 나서면 전쟁터에 나선 사무라이처럼 조개 잡이를 주업으로 삼고자 하는 일념으로 돌진한다. 벌이가 괜찮은 지금은 통제도 허가도 없이 조개를 줍기만 하면 돈을 벌 수 있기 때문에 이만큼 즐거운 사업이 없다. 이 조개는 도쿄, 오사카, 고베, 교토와 만주로 보내지고 있다. 그 지역들도 조개가 많은 곳이지만 이것이야말로 영일만의 보물찾기인 것이다.

도내 제1위 포항양조회사, 지리적 장점으로 점차 약진

1928년 4월 3일 창립한 포항양조주식회사의 자본금은 5만 원이며, 사장은 나카타니 다케사부로다. 점차 실적이 쌓이자 영일시장에 지점을 내고 신흥 포항의 시내를 본거지로 하여 영일 평야 일대를 판매 지역으로 삼고 있다. 이러한 지리적 이점을 지닌 이 회사는 현재 도내 1위의 성적으로, 번영의 길을 걷고 있다. 1935년의 양조 실적은 탁주 5500석, 약주 300석, 소주 수십 석이다. 창립 초기의 생산량에 비교하면 발전의 정도를 짐작할 수 있다. 아울러 이번 회기의 배당액은 1할 5푼이지만 회사의 내적 충실 그리고 고객에게 균등한 이익 배분을 기본으로 삼고 있어 판매자들도 매우 만족하고 있다. 또 자타가 공인하는 좋은 품질로써 상당한 분량을 일본 본토에 판매하고 있다.

2. 약진 포항의 전망 2

**일본 제국 양조계의 자랑, 포항 미쓰와 농장, 조
선 산품의 이름 드높여, 수입양주를 압도**

　미쓰와 포항농장은 도쿄 미쓰와 비누
가게와 마루미야 상점의 운영주 미쓰와
젠베에三輪善兵衛가 경영하고 있다. 포항에
서 남쪽으로 약 2리 떨어진 곳에 동해면
과 오천면을 끼고 있는 대평원으로, 면적
은 약 75만 평(250정보)이며 1918년 2월에
개장했다. 서양의 100여 종에 달하는 포
도를 시험 재배하여 우량품 20여 종을 채
취했으며, 지금은 연간 생포도주 1000석,
브랜디 100여 석, 감미포도주 500석 이상
을 생산하여 저장하고 있다. 앞으로의 목
표는 포도 수확량 연간 35만 관, 생포도
주 2000석, 감미포도주 1000석, 브랜디
500석, 샴페인과 젤리 약 200석이다.

　현재 제품으로는 식탁용 레드 생포도
주, 식탁용 화이트 생포도주, 감미화이트·

미쓰와 포도농장 일부

감미레드, 브랜디, 포켓브랜디가 있다. 해마다 바람, 더위, 병충해의 피해가 생길까 고심하고 있지만 1935년은 기온이 적절하여 농장도 대풍년이라 한다. 그 제품은 몇 년이 지나야 현해탄을 넘을 수 있다. 그동안 농장 암실에 저장되어 여느 주류와는 다른 품질을 지니게 된다. 포항농장장은 미쓰와가 사랑하는 사위인 농학사 나카노 류이치仲野隆一로, 그는 최대의 노력을 바쳐 품질을 향상시킴으로써 당국으로부터 납품 주문을 받고 있다. 기존의 약용 포도주는 대부분 외국산으로 매년 105만 원 이상을 주고 수입했으나 미쓰와의 연구와 희생 덕분에 오늘날 이를 대체할 수 있게 되었다. 이 사실은 미쓰와 농장뿐만 아니라 우리 일본, 특히 조선 산지인 포항의 자랑이라 할 것이다. 농촌 진흥과 생활 개선이 주창되고 있는 지금, 한 집에 한 그루씩 미쓰와 농장 특선의 포도 품종을 재배하는 우리 영일군 또한 그야말로 로노老農[13]가 거주하는 곳이다. 이미 상당한 성과와 자본으로 모범을 보이고 있다.

---

13 로노란 농서로 재래농학을 연구하여 자신의 경험과 함께 수준 높은 농업기술을 지닌 일본 메이지 시대의 농업지도자를 말한다.

이러한 발상을 제안한 나카노 류이치도 뛰어난 인물로, 그의 관록에 대해서는 과장할 필요가 없다. 온후하고 겸양을 지닌 그는 위아래 사람들로부터 두터운 신망을 얻고 있으며, 현재 일월소학교 관리자, 포항 국방의회장, 기타 중요한 자리를 맡고 있다. 다음 번 도회의원으로 추천해야 한다는 의견도 들리는 제2대 포항의 원로 기대주다.

바다의 비상 국난, 어촌 진흥운동은 한 발 먼저 실행, 전 조선 제1의 영일어업조합

영일어업조합의 구역인 영일만 일대는 예로부터 청어의 명산지로, 가장 풍어기였던 1919년에서 1920년으로 넘어가는 시기의 생산액은 200만 원이 넘었다. 당시 연안 어민은 자본어업인 청어 정치어장을 소유했든 안 했든 대부분 소규모의 자망 또는 거휘라망으로 조업하면서 어부들을 고용하는 등 성황이었다. 영일만의 어민들은 자기 사업 외에는 어업 지식이 부족한 데다, 불과 2, 3개월의 시기가 풍어냐 흉어냐에 따라 성공 여부가 갈리는 투기적 분위기가 만연하자 업자들의 도산이 속출했다. 뿐만 아니라 1930년경에는 연이은 흉어로 인해 치명타를 입은 어촌은 전멸 위기에 처하기도 했다. 한류와 난류가 교차하는 천혜의 바다를 보유한 경북도 동해안은 어족이 풍부하기 때문

송도에서 바라본 영일어업조합 전경

에 청어 잡이에만 의지할 필요가 없다. 이에 따라 피폐한 어촌을 살리기 위해 1931년도부터 부락 단위로 어민상조회라는 단체를 조성하여 조합 시설을 마련토록 하는 등 어촌 진흥에 매진했다. 그리고 1932년 이후 비상시국에 처하자 자력갱생 운동에 기대지 않고 영일어업조합이 추진하는 진흥 운동에 발맞춰, 1933년 8월 어민상조회가 어촌진흥회로 개편되었다. 보통 부녀자의 노동을 천시하는 풍습 때문에 집 안에 칩거하는 여성이 많았는데 이는 어촌 진흥에 합치되지 않는 바였다. 이에 어민상조회는 이러한 오랜 악습을 버리고 근로정신을 고취시키기 위해 각종 부업을 장려하고 합리적인 어업 경제 지도에 힘썼다. 1934년에는 당국의 방침에 따라 부락 단위로 어촌부인회를 조직, 어촌진흥회와 연계하여 어촌의 발전에 매진하고 있다. 현재 조합 소속 단체는 모두 19개, 간부 185명, 회원 1509명을 헤아리고 있다. 그리고 자력갱생 방안의 실행 방법으로 다음과 같은 조항을 마련했다.

1) 어업자금 대부와 다각적 어업의 장려, 2) 수산 제품 장려와 잉여 노동력의 활용, 3) 위탁 판매와 어업자금 대부금 회수, 4) 저축 권장, 5) 공동 구입과 어업 지도

지도 당국이 강조한 이러한 조항들을 적극 실천하여 하나씩 결실을 이룸으로써 다른 조합에게 모범을 보였으며, 나아가 조선 전체에서도 가장 선진적인 운영을 하고 있다. 이에 영일어업조합이 우리 포항에 있다는 것만으로도 든든한 힘이 되고 있다. 영일어업조합은 1914년 12월 창립조합원 820명, 조합장 하마다 이와, 이사 세토 고이치, 감사 3명, 의원 16명, 직원 17명이다.

지금은 포항의 중진, 공평한 논자 오카베 요이치

포항 가와구치초의 오카베 요이치岡部
与一는 오카야마현 아사구치군浅口郡 구로
자키무라黒崎村 사람으로, 1908년경 당시
통감부 기사 하야시 고마오林駒雄의 강연
에서 해외사업이 유망하다는 말을 듣고
불과 19세에 현해탄을 건넜다. 당시 포항
에는 일본인 가옥이 드물었기 때문에 우
선 히가시하마초의 후쿠시마 본가에 몸을
의탁하고 두호동에서 청어 어업을 경영했

오카베 요이치

다. 다행히도 잘 들어맞는 어로 방책으로 사업을 확대했으며, 가와구
치초에 건물을 지어 이전했다. 당시에는 '청어망의 요이치'라 불렸으나
지금은 포항의 유일무이한 인물 오카베가 되어 있다. 덕망을 갖추어
신의가 두터운 그는 포항읍회 의원, 어업조합 간사, 경북수산회 의원,
금융조합 평의원, 조선 제3구 기선저예망조합 부조합장, 경북어업회사
이사, 포항상공회 의원, 포항청년단 고문, 가와구치초 부총대 등 다양
한 공직을 맡고 있다. 이로써 그의 넓은 인간관계를 충분히 알 수 있
는데, 그는 어느 한쪽에 치우치지 않는 공평한 논자로서 포항의 제2세
대 중진이다.

강구어업조합, 새로운 이사 황 씨의 기대

경북 북부의 중심지에 위치한 강구어업조합은 어업자들에게 지침
을 제시하고 개척 사업과 복지 증진에 매진하고 있으며, 그 성과가 나
날이 향상하며 도내 어업조합 중 우수한 지위를 차지하고 있다. 특히
어업자뿐만 아니라 마을을 위해 하나부터 열까지 뒷받침하는 활동을

강구항 입구 일부

펼치고 있어, 이 조합의 이사는 마을의 촌장과 같은 대우를 받고 있다. 전 하세가와長谷川 이사의 뒤를 이은 황영계黃英季는 앞서 선산善山 군수를 지낸 인물로, 관직에서 20여 년 일했기 때문에 경험이 풍부하고 공사公私 구분이 확실하다. 그는 매사에 판단이 빠르며 시골에서 왔지만 제대로 말할 줄 아는 사람이다. 후임 이사 선정에 인물난을 겪던 강구로서는 보물을 찾은 셈이다.

황 씨는 말하기를 "시골 군수를 맡고 있을 때는 도 당국에서 동해안 지역에 너무 많은 돈을 주는 게 아니냐며 따지기도 했다. 토목과장 등과도 싸우다시피 했다. 그런데 이제 생각해보니 정반대다 싶을 만큼 돈은 적은데 돈을 투입하면 성과는 크다. 이제부터는 일일이 찾아다니면서 부탁해야 할 것이다. 업무가 광범위한 군수보다는 사업 본위의 어업조합 이사가 더 흥미 있다. 아무쪼록 각계의 후원을 바란다."

마루산 어업회사

포항 히가시하마초의 마루산 어업회사는 1917년 3월 후쿠시마福

島, 이소야磯谷, 아라타新田 세 명의 공동 경영으로 시작했다. 1930년 5월에 이르러서는 '마루산구미丸三組', 즉 후쿠시마, 쓰보모토, 이소야 세 명이 자본금 10만 원으로 현 회사를 설립하여 대부, 청어망, 선어 운반을 취급하고 있다. 이소야는 부산, 시모노세키에 걸쳐 오래전부터 단단히 기초를 다져온 '마루산의 할배'로 알려져 있다. 올해 70여 세의 그는 젊은이들을 턱으로 부린다. 그가 "지금 청어는 홋카이도 쪽에서 이동하고 있다" "방어는 지금 울릉도 바다를 내려가고 있다"고 말하면 거의 틀림이 없다. 쓰보모토는 온후하고 정직한 사람이다. 현재 포항학교조합 의원이며 담배 하나 피우는 동안 부망敷網의 계획을 세운다고 할 만큼 어업통이다. 전무인 지배인은 마쓰이 하마가즈松井浜一로, 민첩하게 사장 후쿠시마 겐지福島憲治를 보조하며 근성 있게 마루산구미를 받쳐주고 있다.

사운社運 승천, 신뢰 두터운 포항무진회사

창립 이후 24기의 결산을 맞고 있는 포항무진주식회사는 그동안 번창하여 현재 동해 요충지인 포항, 흥해, 영덕, 영해, 경주, 안강, 감포, 구룡포, 영천에 확고한 기반을 다지고 있다. 우가키 총독이 주창하고 있는 자력갱생에 적합한 서민 금융기관으로서 남다른 사명을 지니고 있으며, 각 계층으로부터 없어서는 안 될 무진이라는 사업 성과를 드러냄으로써 보배로 여겨지고 있다. 동해안이 포항무진회사를 잃는다면 경제의 암흑화, 재정 파탄이 발생할 게 틀림없다. 그 중대한 책임과 임무를 양 어깨에 짊어진 포항무진은 현재 욱일승천의 기세로 찬란한 빛을 발하고 있으며, 이는 모두에게 축하받을 일이다. 이 회사는 자본금 10만 원, 현재 을종乙種 2000원회를 시작으로 갑 1000원회, 을 1000원회, 갑 500원회, 을 500원회, 갑 300원회, 을 300원회를 이루

포항무진회사 사옥

어 총 38조組이며, 계약액은 95만5000원에 달하고 있다. 이로써 그 실적을 알 수 있다. 현재 구성원은 다음과 같으며, 모두 지방 유력의 인물들이다.

사장 와키무라 다쓰조, 전무 우메다 구스케, 이사 후루카와 모헤이, 이사 기타가와 리하치, 이사 야부노우치 가메타로薮內龜太郎, 상임감사 후쿠시마 미하루福島美治, 감사 오야마 모모지尾山百治, 감사 다나카 추사부로, 지배인 와키무라 호스케.

감포 초창기의 고후쿠호 '오다한小田半', 발동수조發動手繰로 정진

포항어업조합 주변에 사무소를 둔 고후쿠호幸福丸의 오다 한타로小田半太郎는 가가와현 오카와大川군 오다무라小田村에서 태어나 일찌감치 조선 바다에 진출한 인물이다. 포항에서는 2~3년 정도 되었으나 감포의 초창기 사람으로 '고후쿠호의 오다한'이라 불렸다. 그는 양포개척 조합을 세운 뒤 곧이어 양포제빙회사를 창립하는 등 큰 사업에 나섰다. 본래 지역 특색은 조화될 수 없다는 말처럼 성공하지는 못했다. 사업이 평탄하게 진전되었다면 '동해안의 신'이라고 불리지는 못했을 것이다. 그는 담력이 있고 결단도 빠르다. 신흥 포항 항구로 거처를 옮긴 후 발동기선 저예망 어업에 전념했고, 이번에는 24톤의 발동기선을 새로 건조하여 해안국의 검사까지 마치는 등 전력을 정비하여 매일 출어 중이다. 아직 성과가 양호하지는 않지만 권토중래하여 다시금 오다의 솜씨를 발휘할 날이 멀지 않았다.

동해 일류의 거상豪商, 오가미 상점

포항 혼초의 모던한 점포에서는 많은 점원들이 트럭과 마차에 화물을 싣고 내리느라 정신이 없다. 그야말로 포항에서 가장 부유한 상점으로, 이출입 도매상인 합자회사 마루쿠라丸倉 오가미 하타조大上畠造 상점이다. 그는 야마구치현 사람으로 어려서부터 상업에 종사했으며, 메이지 시대 말기에 포항으로 이주하여 포항의 발전을 전망했다. 상거래 운도 좋아서 오늘날과 같은 번영을 이루었으나, 그의 이야기를 들어보면 그동안 고생이 만만치 않았다. 이 상점의 영업 종목은 스탠다드 대리점, 대동성냥燐寸 회사, 쌍록双鹿 대특약점, 사쿠라 맥주 경북 대리점, 남양조주회사, 복록소주福祿燒酒 대리점, 일본주조日本酒造 수소주壽燒酒 특약점, 고베 야스모토神戸安本 상점, 적옥赤玉 물엿水飴 특약점, 시오미 사탕塩見飴 특약점, 일본정당日本精糖 특약점과 맥분 일본청주제분 특약점, 석탄, 유류 기타, 지요다千代田 생명상호회사와 메이지明治 화재보험의 각 대리점 등 일일이 열거할 수 없을 만큼 폭넓다. 또한 포항읍회 의원, 포항상우회장 등의 공직을 맡고 있다. 그리고 최근 오사카이노大阪飯野 기선 포항대리점, 센카이구미鮮海組 회조부의 조합장을 맡은 것은 아직 세상에 알려지지 않은 사실이다. 그는 몇 년 전부터 포항항의 도약을 낙관해왔으며, 누구보다도 두뇌가 뛰어나다. 항상 올바르고 좋은 이야기를 하지만, 조금 단결하는 아량을 보여준다면 금상첨화일 것이다.

칼맛과 서비스 만점, 마루만의 번영, 러일전쟁의 용사 아라오 군

마루만의 주인 아라오

포항 사치초의 마루만은 카페, 식당, 요리, 회식 무엇이 됐든 누구나 근심 없이 즐거운 시간을 보낼 수 있는 곳으로, '여러분의 마루만'으로 큰 인기를 끌고 있다. 최근 하카다에서 온 미녀들도 많아 낮에는 회식, 밤에는 연회로 번창하고 있다. 이곳의 주인장은 한마디로 특이하다. 어떤 일이든 부탁을 받으면 안 된다고 하지 않는다. 사가현에서 태어난 이 활기찬 남자는 그만큼 손해 보는 경우도 있지만 문제라고 생각하지 않는다. 포항의 3대 호걸이라 불리던 우메모토가 죽은 뒤 미망인이 친척에게 버림받았을 때 그를 집으로 들여 대접하는 등 인정이 각박해지는 요즘 세상에 미담을 남겼다. 아라오는 과거에 자신이 은혜를 입었던 그의 남편을 생각하면 그쯤은 당연하다고 태연히 말하는 남자다. 그런가 하면 한잔 마시고 강연 단상에 올라 지난 3월 10일 아침 봉천회전奉天會戰에서 러일전쟁의 승부가 결정되었다고 사가현 사투리로 연설할 때는 혼자서 봉천을 점령한 듯이 기염을 토하기도 했다. 매우 순진한 듯하면서도 육군 보병 군조軍曹의 기질을 풍길 때도 있어 인간미가 있다.

영일누룩회사

포항 사카에초에 있는 영일누룩 주식회사는 1929년 8월에 창립했으며, 자본금 5만 원이다. 주주는 영일 군내에서 활동하는 조선의 주조업자들로 조직되었다. 당국의 권유와 영업자들의 요구에 의해 설립된 이 회사는 여러 지역에서 누룩이 빚어지던 것을 한데 모음으로써 합리적으로 통제하고 있다. 현재는 헌신적인 연구로 인해 우량품을 생산하기에 이르렀으며, 이것을 사용하는 영일군의 양조가들 역시 품질 좋은 양조를 얻을 것으로 보인다. 이 회사는 연 40만 원, 6만 원의 사업 예산을 세우고 있다. 현재 임원으로 사장 하시모토 젠기치, 전무 김두하, 이사 마쓰모토 다니고松本谷吾, 김동덕, 이형우李馨雨, 강생민姜生敏, 감사 소네 고이치, 이은우李殷雨 등이 뽑혔는데 모두 업계에서 쟁쟁한 사람들이다.

명주 야마노가와, 후쿠시마 상점의 '긴조吟釀'

명주 야마노가와山能川는 포항 히가시하마초의 주식회사 후쿠시마 상점에서 양조한 것이다. 선대 후쿠시마 이헤이는 과거 1907년 서양을 여행한 후 조만간 조선의 주조계가 발전할 것이라 전망하고 포항에서 창업, 오늘날의 기초를 닦았다. 지난 해 그가 영면한 후 아들인 겐지憲治가 사업을 이어받아 고객이 선호하는 맛을 깊이 연구하고 개선하기 위해 술도가의 장인인 도지杜氏 중에서 본격적으로 개발하고 있는 사람을 초빙하여 도움을 얻기도 했다. 올해 봄에는 마산에서 개최된 조선주류품평회에 초청을 받아 입상함으로써 그 이름을 드높이는 한편 동해 지역을 장악한 채 기존의 우량품으로 평가되던 외래 수입품을 쫓아낼 정도다. 포항 시내를 비롯한 동해안 일대에서 유통되는 각종 주류의 품질이 단기간에 향상된 것도 명주 야마노가와의 영향이

명주 '야마노가와' 상표

다. 이처럼 대중에게 찬사를 받고 있는 야마노가와를 애호하는 사람이 늘어나자 양조는 히가시하마초에서, 판매는 나카초와 아사히초(현 여천동 지역)의 경계지점에 위치한 후쿠시마점에서 하고 있다. 경영은 둘째인 미하루美治가 맡고 있는데, 현대적인 그의 거래방식이 대중에게 큰 인기를 얻고 있다. 최고의 학부를 수료하고 현재 업계에서 당당하게 파도를 타고 있는 겐지는 포항재향군인분회장과 읍회 의원을 맡고 있다. 미하루는 포항무진회사의 상임감사로 활동하고 있어 봄가을로 풍족한 형세다.

우량 조합으로 재탄생, 영일수리조합

1916년 창립된 영일수리조합은 조선에서 가장 저조한 수리조합으로서 조합원은 물론 관할 관청조차 포기할 뻔했다. 초대 조합장 오쓰카 쇼지로, 제2대 후쿠시마 이헤이, 3대에 이르러 현 나카타니 다케사부로가 난국을 해결하고자 일생의 사업으로 매진했다. 이러한 노력에 대해 무모하다는 비난과 함께 포기하는 편이 현명하다는 말도 있었으나, 나카타니는 그런 소리에는 귀 기울이지 않고 무려 18년간 5기에 걸쳐 밤낮으로 고심한 끝에 오늘날 불량조합에서 우량조합으로 전환시켰다. 그동안 관청의 절대적인 지도와 동정도 있었고 이사 메하라 오스케日原碩介 등의 헌신적인 활동과 노력도 있었으나, 이 모든 것은 나카타니 조합장 덕분이다. 1916년 창설 당시의 수혜 면적은 불과 129만 평(430정보)으로 사람들은 1반反(10아르)에 20원 내외로 팔아치웠지만 현재는 300만 평(1000여 정보)으로 확대되었으며 1반에 100원이 넘어도 파는 사람 없이 보유하고 있어 조합 토지가 높게 평가되고 있다. 아울러 좌우 두 곳에 양수기를 갖추고 도쿄에서 특별 제작한 100마력짜리 중유기관 2대와 저수지 그리고 보충 설비까지 정비하여 구역 내에 상당한 면적을 개척한 것은 올해의 풍요와 함께 축하와 찬사를 바칠 일이다.

일본인과 조선인의 신용이 두터운 김두하, 포항의 중심인물

경상북도 도회 의원을 2기 연속으로 맡고 있으며 포항 사카에초에서 수산과 곡물상을 경영하는 김두하는 성품이 온후하고 원만하면서도 명석한 인격자다. 사업으로는 곡물상, 청어망, 대부 정어리 건착, 트럭업, 깻묵誹粕 그 밖의 여러 분야에서 활동하고 있다. (*원문의 일부가 훼손됨) 일본인인 나카타니와 마찬가지로 인식되고 있다. 즉 도회 의원, 경북수산회 의원, 포항운수주식회사 이사, 포항읍회 의원, 포항금융조합 평의원, 영일수리조합 총대 등 크고 작은 직함이 많다. 사업은 대체로 탄탄하며 각각의 거래 상태도 원활하여 신뢰를 얻고 있을 뿐만 아니라 일본인과 조선인 사이의 연결고리가 되는 중진이다. 현재 포항의 중심인물이며 아직 42세로서 장래에 꼭 필요한 인사다.

청하만의 마쓰오카 가메요시

청하만을 이야기하려면 먼저 청하의 마쓰오카 가메요시松岡亀吉를 알아야 한다. 그는 가가와현 오가와군 오다무라 출신으로, 아직 일본인의 발길이 드물던 1912년에 뜻을 품고 조선으로 건너와 청하만에서 청어 어업에 나섰다. 그의 헌신적인 연구 덕분에 영일만 바깥에서도 청어가 잡힌다고 한다. 또한 지예망, 권현망을 이용하는 앞바다 어업과 멸치, 해삼을 연구하여 성공했다. 지금은 시모노세키, 부산에서 '청하 마루가메丸亀의 이리코(해삼)'라 하면 1등 우량품으로 취급되고 있다. 어업자답게 짧게 깎은 머리에 두터운 배포를 지니고 있으며 큰일을 좋아한다. 청하소방조장, 청하어업조합장으로 활동하다가 자리를 후진에게 물려주고 지금은 청하만 축항 기성회장을 맡아 청하 발전을 위해 헌신적으로 노력하고 있다.

여명黎明의 강구항에 비약하는 이치하라 상점

점차 밝아지고 있는 강구항 매립지로 동해 연안을 다니는 크고 작은 선박들이 끊임없이 드나들고 있다. 그 선박들의 화물을 거의 대부분 취급하고 있는 여명 강구의 대형 해운업자는 이치하라 시게노부市原重信다. 이치하라는 효고현兵庫県 아와지淡路 사람으로, 1912년경 조선으로 건너와 하야시켄 상점에서 일하다가 1923년 퇴사 후 강구항에서 수산업, 해운, 유류 판매를 하기 시작했다. 기회 포착에 능한 그는 동해안을 대표하는 상인이라 할 만하다. 성격은 온후하고 담대하면서도 겸양과 배포를 지니고 있으며, 위아래로 신임이 두텁다. 앞서 언급했듯 그는 상업선망을 가지고 있을 뿐만 아니라 농업 분야에도 관심을 기울이고 있다. 특히 최근에는 진벽식眞壁式[14] 저온低溫 만능화력 건조기의 조선 발매처로서 국가적으로도 의의 있는 활동을 하고 있다.

이치하라 상점 앞 근경

기타 메이지생명, 도쿄화재 대리점 등에도 관여하며 10여 명의 점원과 수십 명의 피고용자들 또한 열심히 일하고 있다. 부인은 사방팔방으로 바쁜 그의 뒤에서 사무 정리를 도맡아 정리하면서 돕고 있다. 그 남편에 그 부인이다. 또한 최근에는 강구소방조두로서 그리고 여명 강구의 다양한 공직을 맡아 항상 헌신하고 있다. 그만큼 바쁜 몸이지만 여차하면 대구, 부산, 서울로 날듯이 행차한다.

수산업의 지침이 되는 경북수산시험장

경북수산시험장은 1923년 포항 가와구치초에 설립되었다. 초대 장장場長으로는 도가시 쓰네富樫恒, 2대는 아오다青田, 현재는 도 수산주임 가토加藤 기사가 취임했으나, 가토 장장의 부재로 인해 가쓰타니勝谷가 주임이 되어 대부분을 관리하고 있다. 주 업무는 어로 활동의 조사 연구이며, 제조 및 양식에서도 직원들이 일치단결하여 직무에 열중하고 있다. 10월 10일부터 개최되는 경북수산공진회에서도 본 시험장은

14 진벽식이란 일본의 건축기법에서 벽에 기둥이 노출되는 형태를 말한다.

포항에서 개최된 수산공진회장 모습

대부분 회의장으로 이용되는 등 수산업 발전에 약간의 공헌을 하고 있다.

농사의 개척에 생명을 거는 니카 산업회사

포항항의 입구에서 형산강의 평야를 양 날개로 감싸 안으면서 농사 경영의 진을 확장하는 한편, 대송과 오천의 완만한 방풍防風과 물고기를 유인하여 포항의 풍치를 조성한 조림 경영자는 누구인가. 주식회사 니카日華 산업회사다. 이 회사는 1919년 오쓰카 농장을 인수하여 황폐한 논밭과 바닷가 땅을 개척, 개량하여 지금은 400여 정의 비옥한 밭美田과 30만 평(100여 정보)의 조림을 거의 완수했다. 오늘날의 성황은 이사 겸 지배인인 구니에다 겐지国枝憲治와 부인 역할을 맡은 요시무라 신조吉村真三 등이 각고의 노력을 묵묵히 실천한 덕분이라 해도 틀린 말이 아니다. 노동 계급의 의식이 변화하여 자칫하면 소작 쟁의로 번질 수 있는 상황에서도 이 회사에는 한 명의 불평분자도 없이 회사 중심이다. 이는 조용히 움직이는 사람들을 보아도 쉽게 관찰된다. 회사의 본점은 오사카시大阪市 히가시구東區 히고초備後町에 있는 대일본방적회사로, 부사장인 오테라 겐고小寺源吾가 이끌고 있으며 임원들도 재계에서 쟁쟁한 인물들이다. 강조하면 게이오慶應 계통의 출자로서 공증 자본금 100만 원, 현금 40만 원의 대기업으로, 탄탄한 반석의 기초를 닦아 조선의 농사 개발에 공헌하고 있다. 포항농장 지배인 구니에다는 전북과 충남으로도 약진 중이라고 한다.

시골에 거주하면서 주민을 상대할 때는 괴로운 점도 꽤 있으나 사원들이 단결하여 일을 잘하고 있으며, 주민들과도 친하게 지내고 있다. 꽃이 피어야 열매를 맺는 것처럼 서로 사이좋게 도우면서 경작과 조림에 즐겁게 임할 뿐이라고 한다.

존재감 있는 청년, 나카지마 군의 활약

나카지마 모모쿠라中島百藏는 오이타현大分県 나카즈中津 출신으로, 포항 초창기의 인물이다. 당시 '포항의 나카지마'라 하면 누구랄 것 없이 좋아하는 인기 있는 남자였다. 그는 포항이 경북의 요충지가 될 것이라는 탁견을 가지고 대형 호텔을 건설하여 이곳에 드나드는 인사들을 사로잡겠다는 목표를 세웠다. 다이쇼초 고야마小山 여관을 건설할 때 그는 남성미 넘치던 41세 무렵이었는데, 하늘의 뜻을 피하지 못하고 42세에 갑작스럽게 죽음을 맞았다. 그때만 해도 장남 준기치淳吉는 사리분별이 부족한 젊은 나이였지만 부친의 성격을 물려받은데다 인상과 골격에 장차 대성할 기미가 있었다. 나카지마 군의 갑작스런 죽음으로 재정적 위기를 벗어날 방책에 대해 고심하던 준기치 군은 현재의 가와구치초로 이전했다. 가와구치초로 이전할 당시에는 막막했겠지만 20여 세 나이에 가업을 되살리고 모친을 부양하는 데 매진하고 있다. '하늘은 스스로 돕는 자를 돕는 법'이듯이 지금은 발동수조 어업, 대부 어업, 청어 어망, 선어 운반업을 경영하며 차곡차곡 성과를 쌓고 있다. 뿐만 아니라 그의 뒤에는 항상 든든한 후원의 기운이 넘치고 있는데, 다음 학교의원 선거에 그를 추천하려는 분위기다. 다이이치텐유호第1天祐丸의 선주로서 포항에서 존재감을 보이고 있는 이 청년은 장차 누구도 무시할 수 없는 남자가 될 것이다.

마루로쿠 운송점

동해안에서 가장 오랜 역사를 지니고 있으며 동해 운송계의 대부인 주식회사 오후쿠 회조점의 마루로쿠 운송점은 포항 히가시하마초에 자리 잡고 있다. 창고 여러 개가 줄줄이 들어서고 있는 호안 앞에는 운송 선박의 출입이 끊이지 않고 해변에는 부려놓은 짐이 쌓여 있는데, 포항항의 개발과 관리를 맡고 있는 주임 히로오카 다쿠미廣岡卓爾의 비범한 재능 덕에 날로 번창하고 있다. 영업 분야는 조선우편, 조선기선의 대리점, 조선운송 계산가맹점, 세관화물 취급점과 도쿄해상, 니폰日本 해상, 도요東洋 해상, 타이보쿠大北 해상, 후소扶桑 해상 등 각 화재보험회사 대리점을 맡고 있다. 본점은 포항 히가시하마초에 있으며, 포항 역전출장소, 학산 집하소, 나카초 집하소를 두고 있다. 모든 사무 담당자는 친절하고 정중하며 신속 안전을 목표로 일사분란하게 활동하고 있다. 총재격인 히로오카는 신중, 과감, 과묵하며 배포 있는 사람으로, 완고하게 보이지만 나름의 매력을 지녔다.

포항 재계의 동맥, 금요회의 활약

포항금요회는 식산은행 포항지점, 경상합동은행 포항지점, 포항금융조합, 영일금융조합, 포항무진주식회사로 조직되어 있다. 모두 포항에 있는 동해 재계의 동맥으로서 재계에 기여하는 바가 크다. 각기 특수한 업무 기능을 발휘하여 지방 금융기관의 사명을 수행하고 있으며, 발전의 원동력이 되고 있다.

대중 지향의 이시미야石見屋

강구항에는 배에서 내린 사람이든 오지에서 온 사람이든 휴 하고 안도의 숨을 내쉬며 하룻밤 머물기에 좋은 여관이 있다. 료타 헤이지 椋太平治는 세키슈石洲[15] 출신으로 1914년 조선으로 건너와 1926년 강구의 발전 전망을 보고 여관업에 나섰다. '손님의 마음을 마음으로'라는 모토를 내세워 늘 마음에서 우러난 서비스를 제공하여 인기가 있으며, 언제나 여행객으로 가득하다. 경찰협회지부, 대구지방법원, 토목과, 산업과 등의 지정여관으로 상류층을 상대하면서도 일반 손님도 받고 있다. 1934년 신축한 2층 객실 전면에서는 오십천이 내다보이며, 때로는 남부 조선의 북쪽 항로인 바다를 조망할 수 있는 천혜의 절경만으로도 확실히 하룻밤 묵을 만하다.

신용 제일의 하라다 상점

포항항의 입구에 대형 점포를 차려놓고 신용 제일, 박리다매 방침으로 운영하고 있으며, 사업 발전에 따라 각종 기름 및 철공소 설비를 갖추어 해안 경제에 호응하고 있다. 주인 하라다 가즈오는 오카야마현 사람으로 1917년 조선으로 건너와 현재 장소에서 잡화상을 열어 오늘에 이르렀다. 성품이 온후하며 상거래에 능숙하고, 사람을 차별하지 않는 호쾌한 면모가 있다. 현 포항학교조합 의원, 가와구치초의 총대

---

15 일본 시마네현에 속해 있는 지방의 이름.

를 맡고 있다.

영덕전기회사

경북 동해 북부를 대낮처럼 밝히는 문명의 세계를 실현하고 있는 영덕전기주식회사는 강구항 해변에 있으며, 자본금은 10만 원, 사장은 하마다 도시오다. 지난 해 겨울 개편을 통해 충실한 내용과 외부적 개선에 노력하여 한 걸음 한 걸음씩 굳히며 구역을 확장시키고 있다. 문명광산이나 일본광업 등으로 송전하여 전기 혜택을 제공하고 있는 한편, 강원도 울진 북남과 영일군 북부, 청주로 확장할 계획을 세우는 등 날로 사세를 넓히고 있다. 현재 임원은 다음과 같다. 사장 하마다 도시오, 전무 정영균鄭榮均, 이사 아오키 가쓰靑木勝, 나가타 다카나오永田孝直, 도쿠히로 구니히사德弘国久, 감사 오구리 겐지로小栗兼次郎, 마스다 가메기치增田龜吉, 야부노우치 가메타로薮內龜太郎.

공의公醫 오연수

포항 아사히초에 위치한 해오海吳 병원은 웅장한 서양식 건축물에 의무실과 이상적인 입원실을 갖추고 있다. 원장 오연수吳鍊洙는 경성의전 출신으로, 포항에서 개업하여 공공의료 활동에 임하고 있다. 환자에게는 세심하고 정중하며 기술도 원숙하여 매일 환자가 끊이지 않을 만큼 인기가 높다. 내과, 외과, 부인과는 그가 특기로 하는 분야다.

온후하고 원만한 사람, 포항무진회사 와키무라 사장

포항무진회사 사장 와키무라 다쓰조는 야마구치현 사람으로 일찍이 조선 개발에 뜻을 품고 부산, 대구에서 활동하다 영덕군에 자리를 잡았다. 이곳에서 금융업을 시작하여 성공을 거두었으며, 몇 년 전 포항으로 이전하여 포항과 영덕 양쪽에서 사업 발전을 도모하고 있다. 현재는 첫째가는 동해안 재벌로 선망의 대상이다. 포항무진회사 사장, 포항양조조합 이사, 영덕주조회사 사장, 영덕누룩회사 전무, 센카이구미 회조부 평의원을 맡고 있다.

그는 항상 "원만주의는 안 되며 쓸모없다"고 말한다. 자기만의 주의나 방침이 없으면 안 된다는 것을 상당히 돌려서 말한 것으로, 우선 상대의 의견이나 희망하는 것을 잘 듣고 나서 최선의 것에 한정시키는 태도로써 그의 사람됨을 판단할 수 있다.

수조망의 개척자, 요시노호의 가와바타 군

기선저예망 어업의 요시노吉野호의 주인 가와바타 마고타로川端孫太郎는 후쿠이현 태생으로, 수조망의 본고장인 지역인 만큼 어릴 때부터 바다와 친밀해서 어업 분야에서는 차근차근 실력을 쌓은 사람이다. 1919년 조선에 온 그는 황해도에서 경찰관으로 복무하다가 1924년 사직, 포항으로 이전했다. 영일만 바다의 수조망 어업에 대한 발전 가능성을 보고 다양한 연구 조사를 벌였다. 창업 당시에 수조망이라는 것이 있기는 했지만 생산이 여의치 않자 지도관의 독려는커녕 귀찮아하는 시선마저 있어 그해에는 사업 면허를 포기하기도 했다. 하지만 그는 뜻한 바가 있어 직접 뱃머리에 올라 어부들의 조업을 지휘했으며, 앞바다에서 고기떼를 찾는 데 성공하여 처음으로 수조망에 눈을 뜨게 되었다. 그는 용기백배하여 포항구미浦項組의 편선片船을 인수하여 어장 개척과 능률 증진에 매진했다. 이렇게 해서 가와바타 군은 수조 업계 분야의 은인이 되었다. 남들과 같은 방식으로 출어해도 요시노호의 어획이 많은 이유는 그의 탁월한 전략과 지도 때문이다. 현재 포항 학교조합 의원으로 선발되었으며, 1935년 봄 학교기금으로 1000원을 투척하는 의리와 용기를 보이자 읍회 재선거에 그를 추천하기 위해 벌써부터 이곳저곳에서 후원이 넘쳐난다.

비약의 포항항으로 운송진을 확장, 포항운수회사

포항항의 비약적 발전으로 매년 배로 늘어나는 화물을 다루고 있는 포항운수 주식회사(1931년 2월 창립, 자본금 10만 원)의 사장은 나카타니 다케사부로, 전무는 김용주, 지배인은 모리 노스키森野好다. 실적이 커질수록 외부의 신뢰 역시 높아지고 있다. 지금은 포항 화폐의 절반이 이 회사에서 유통되고 있다 해도 과언이 아니다. 현재 오사카상선, 시마타니기선, 조선기선의 각 대리점과 조선운송 포항대행, 연안발동기선 취급점과 오사카 해상화재, 데이코쿠 해상화재, 미쓰비시 해상화재보험회사 대리점을 경영하고 있으며, 회조부와 운송부 2과를 두어 반석과 같은 실적을 쌓고 있다.

신진 비약하는 가네야 회조점

포항 히가시하마초에 영업소를 둔 부산 가네야ヵネヤ 회조점 포항대리점인 합자회사 가네야 회조점은 현 시대의 총아로서 마루로쿠 그리고 마루호 양대 업체 사이에서 눈길을 끌고 있다. 바다의 트럭이라 불리는 속도 빠른 거선으로 현실에 대처하는 가네야의 경쾌한 방식은 시대의 요구에 부응하는 것으로, 대중의 인기와 후원을 끌고 있다. 항로는 부산-성진 간과 연안 각 항구를 본거지로 하고 있다. 포항대리점 주임은 니시무라西村로 아직 25세의 청년이지만 전면에 나서는 그의 실력은 감탄할 만하며, 가네야를 위해서는 다행이라고 할 수 있다.

교에이 자동차주식회사

1928년 창립, 자본금 32만 원(전액 납입), 사장은 조선철도계의 도조 마사히라東條正平, 지배인은 현 대구부회 의원인 오노 히데유小野英勇다. 영업노선은 대구를 중심으로 경북 일대 1600킬로미터에 달하는데, 현재 경북 동해안은 배편 외에는 교에이 연해 한 개 노선뿐이다. 그 사명이 중대한 만큼 항상 영리보다는 봉사적인 자세로 매진하여 감동케 하는 바가 있다. 현재 경북 연안선은 평해까지 진출해 있으며, 울진까지 연결되어 있다. 한편 장기에서 남쪽으로 양포-감포 간, 감포-양남 간 도로 개척의 효시인 교에이선이 허가된다면 경북 모든 연안이 연결되는 것이다. 이 개통은 경남, 경북, 강원도와 조선 동해의 절반을 잇는, 즉 큰 세력권으로 뭉쳐大同集積 교통 합리화를 이루는 정신에 입각한 사명을 수행하는 것으로서 한낱 여행자뿐만 아니라 국가 사회적으로 축하할 일이다.

대중 지향의 메리켄정

포항 아사히초에서 요리부와 식당을 경영하고 있는 메리켄정メリケン亭은 최근 확실하게 개선되었다. 모든 예기藝妓는 일본인으로 고용했고 사업 발전에 따라 전남 거문도에 지점을 두어 어장의 유망처럼 바다 손님들을 끌어 모으고 있다. 선원들도 한 번쯤은 "메리켄으로!" 할 정도로 인기가 높아지고 있다. 식당 또한 훌륭하다는 평가를 받고 있는데, 생활 개선을 부르짖는 요즘 메리켄의 도시락은 먹어볼 만한 것이다.

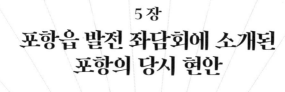

5 장
포항읍 발전 좌담회에 소개된
포항의 당시 현안

경북도에서 화물 출입이 가장 많은 큰 항구呑吐港

포항의 장래는 발전 가능성이 매우 크다

축항 문제는 시간을 다투는 급선무(연재 1회, 1938. 8. 11)[1]

- 일시: 1938년 7월 30일(오후 1시 반)

- 장소: 읍사무소 회의실

- 출석자(무순)

현지 측: (도회의원)나카타니 다케사부로中谷竹三郎, (상공회장)오가미 도메조大上留造, (도회의원)김용주金龍周, (식은지점장)호리 간이치堀寬一, (우편국장)우치야마다 기요시內山田季吉, (군수)가와노 군조河野軍三, (경찰서장)다테이시 모토키館石基, (어업가)오카베 요이치岡部與一, (미쓰와 농장장/도회의원)나카노 류이치仲野隆一, (읍장)소다曾田鳶一郎, (경찰서 고등형사)다케우치竹內範, (합은지점장)권태직權泰稷, (어업가)김두하金斗河, (소방조장)다나카 미쓰구田中貢, (어업가)윤리병尹離丙, (어업이사)세토 고이치瀨戶甲一, (군내무과장)기타야마 마사시北山正志, (세관출장소장)오노大野, (미창米倉지점장)히로오카 다쿠지廣岡卓爾, (영일소학교장 대리)이토伊藤, (소학교 훈도)하라다 호시노原田 星野

---

1 『조선민보』, 1938. 8. 11~9. 2(총 10회분)

본사 측: (본사장)가와이河井, (편집국장)스나다砂田, (지국장)다나카 마사노스케田中正之助, (기자)나가키長木

가와이 사장 뜨거운 여름이고 바쁜 와중에도 많이 출석해주신 점, 주최자로서 진심으로 감사드린다. 포항만의 포항이 아니라 경북, 아니 조선의 항구 포항으로서 최근 비약적으로 발달하고 있음을 모두 기쁘게 생각하고 있을 것이다. 따라서 뻗어가는 포항으로서 반드시 실행해야 할 계획과 사업은 셀 수 없이 많겠지만, 현 시점에서 긴급한 현안이라 할 축항 문제를 비롯하여 경주-포항 간 광궤 개량 촉진, 동해안 유일의 대 상업항 실현 등 하루라도 소홀히 할 수 없는 많은 문제가 있다고 보아 본 '포항읍발전좌담회'를 개최하게 되었다. 애향심 깊은 출석자 여러분의 고견을 들음으로써 우리 신문계 본래의 사명을 다하고자 하는바, 서로 협력함으로써 순망치한의 관계에 있는 양쪽의 번영을 도모하고자 한다. 여러분께서는 허심탄회하게 의견을 토로하여 본 좌담회가 의미 있게 마무리되기를 기대한다. 사회를 스나다 편집국장에게 넘기면서 본인의 인사는 간단하게나마 이로써 갈음하고자 한다.

스나다 그러면 바로 좌담회로 들어가겠다. 먼저 포항의 일반 읍세와 현안에 관해 소다 읍장이 설명해주시기 바란다.

소다 읍장 오늘 공사다망함에도 불구하고 친히 이곳을 방문하여 포항의 모든 분야에 대해 이야기를 듣고 신문 보국保國의 역할을 하겠다는 점에 대해 조선민보의 가와이 사장에게 심심한 경의와 감사를 표한다. 아시는 바와 같이 포항은 지금 대약진의 길 위에 있으며 조만간 중앙선 개통을 앞두고 있다. 경주-포항 간 광궤 개량 등으로 장차 포항은 일개 어항에서 벗어나 오지의 물자가 집산되는 대 상업항, 탄토항吞吐港으로 기약되고 있는 만큼 축항 건설은 그 무엇과도 바꿀 수 없는 가장 시급한 사안이라 할 수 있다. 그 밖에 빠르게 실현해야 할 문제도 많으므로 이번 기회에 평소 생각하던 것을 기탄없이 이야기할 수 있게 해준 귀사의 협력에 감사한다. 상세한 내용은 출석한 여러분이 각자 말씀드릴 것이므로, 저는 포항의 개황에 관하여 잠깐 말씀드리겠다. 포항읍은 경북 영일군의 동부에 자리하며 동해 영일만에 접하고 있는데, 해안선 연장은 4킬로미터이며 북서부 일대는 작은 언덕이 기복을 이룬 채 형산면에 접하고 있다. 남쪽으로는 형산강 지류에 의해 형산면, 대송면 2개 면과 접해 있으며 시가지는 반월 형태를 이루고 있다. 바다는 대 어장으로 널리 알려져 있다. 현재 3200여 호, 1만 5000여 명의 인구를 품고 있어, 30년 전 작은 어항에 불과하던 포항과 비교하면 비정상적이라 할 만큼 발전했다. 이는 오직 많은 선배 유력자들의 노력으로 인한 선물로, 깊이 감사하고 있다. 이제까지 크게 성장해온 포항을 지금부터는 우리의 노력으로 더욱 성장시켜 은혜로운 환경을 만들어야 한다고 생각한다.

당면한 중대 안건은 열 손가락을 다 꼽아도 부족할 정도지만 그중 두세 가지를 이야기하자면, 첫째 토목·교통 분야에서 촌각을 다투는 중요 사안은 대 축항 시설을 갖추는 것이다. 육로 철도 운수의 편리성이 증대되어 내륙과 해안 간 연결이 긴밀해진바 오지의 물자가 중앙선 등으로 포항에 집산될 때 상업항으로서 발전할 것은 정해진 사실이다. 이에 관해 당국에 요청과 진정을 몇 번이나 했다. 현재 항만의 축항 상황을 보면 형산강을 활용하는 방식으로 1921년에 공사비 13만 5000원을 들여 방파제 좌안 300간, 우안 80간을 완공했으며, 제2기 공사로서 총공사비 24만 원을 투입하여 좌안 방파제 연장 720척, 폭 18척의 공사를 3개년 계속사업으로 1929년에 완공했다. 또한 오랫동안 소망하던 형산강 개수공사도 빈민구제 사업으로 공사비 186만 원

*포항읍발전좌담회 1년 후의 포항 시내 전경(『동아일보』, 1939. 11. 19)

을 투입하여 1934년에 마무리함으로써 그간 항구 포항의 발전상은 현저하다 하겠다. 한편 출입 화물은 매년 증가 추세를 보이고 있어 현재의 항구 상태로는 원활하게 수용할 수 없을 뿐만 아니라 기존 도수제로는 배와 부두의 연계가 완전치 못한 상태다. 포항의 발전을 위해 대축항 건설은 매우 중대한 사안인 만큼 무슨 일이 있어도 하루빨리 실현해야 하며, 이런저런 기회가 있을 때마다 직접 요구하고 진정하는 중이다. 그리고 대 축항과 맞물리도록 포항 간 광궤 개량공사도 중앙선의 완전 개통과 동시에 완전 개통될 수 있도록 최대한 노력하고 있다. 위생 분야에서는 하수구와 측구側溝의 설비 및 개량 등 뻗어가는 포항으로서는 개선할 시설들이 많다. 나아가 통신 분야 또한 도시의 팽창과 발전에 맞춰 전화·통신 설비를 확충하고 정비해야 하며, 산업 분야에서는 상권 확장, 공장의 신설과 유치, 수산 가공품의 증산 등 상공·수산에 관한 부분을 금융계의 상황과 함께 진지하게 고려해야 하는데, 이에 대해서는 점차 개선해나갈 생각이다. 의료 위생 분야에서도 동해안 지역은 의약 및 의료기관이나 위생 시설의 혜택을 제대로 받지 못하고 있는데, 이 점을 감안하여 도립의원을 부디 포항에 건설해주기를 소망하고 있다. 아울러 체력 향상, 건강 증진이 요구되는 오늘날 운동경기장 시설과 운동기구에 대한 요구도 있어 현재 여러 각도로 고민하고 있다. 오락기관의 설치도 포항이 바라는 것 중 하나로서, 항구의 거리답게 화류거리나 오락장이 필요하다는 입장이며 이 또한 미래의 대 포항을 위해 성사되어야 할 일이다. 교육기관도 초등교육기관을 충실히 하되 중등 전문학교 설치는 약진하는 포항의 현실을 감안할 때 반드시 필요하기 때문에 신중히 고려하고 있다. 그 밖에 개선과 발달을 필요로 하는 공공 분야가 많으나 다음 기회로 넘기도록 하겠다.

포항의 대 축항은 경북 전체의 문제, 300만 도민이 다함께 노력(연재 2회, 1938. 8. 12)

스나다 현안이 많으므로 순차적으로 진행하겠다. 제일 먼저 토목·교통부터 시작하겠다. 포항은 동해안 유일의 상업항으로서 대 축항 정비 요청이 높은데, 이에 관해 오랫동안 도회에서 활약하고 있는 나카타니 씨가 말씀해주셨으면 한다.

나카타니 병치레로 인해 말은 할 수 있지만 활동력이 감퇴하여 스스로는 실격자라 생각하나, 한마디 말씀을 드리겠다. 각 도와 비교해볼 때 우리 경북의 축항 문제는 말도 되지 않는 상황이다. 조선 전체를 둘러봐도 가까운 경남의 부산·마산, 전남에는 여수·목포·군산·장항, 그 밖에 인천, 해주, 진남포, 청진, 나진, 웅기에 이르기까지 바다와 닿은 지역에는 상업항이 많이 있는데 경북은 어항만 존재할 뿐이다. 동해안선의 연장과 함께 중앙선 공사가 진행되는 동안 어떻게든 대 축항을 계획하여 중앙선과 연계된 혜택이 넘치도록 해야 한다. 그리고 오지 물자를 포항으로 집산케 하여 경북 유일의 상업항으로 우뚝 서도록 해야 한다. 이것은 포항만의 번영이 아니라 경북 전체의 발전이기도 하며 조선의 약진을 이루는 것이다. 또한 동해중부선의 광궤 개량도 지난 해 대구와 포항이 서로 제휴하여 어디부터 착공할

나카타니

지 협의한 결과 포항이 신사적으로 대구에 양보했고, 결국 대구부터 진행하여 과반 개통된 대구-영천 간, 영천-경주-포항 간으로 공사를 하게 되었다. 이러한 포항의 친절을 대구 분들은 잘 알고 계시리라 생각한다. 그러나 기대하던 경주-포항 간 공사가 시국 문제로 연기될 지경에 이른 것은 포항으로서는 큰 타격이므로 대구분들은 당시 포항 측이 발휘한 호혜를 헤아려 포항까지 개량이 이어지도록 최선을 다해주시기를 바란다.

스나다 축항은 어느 정도 규모인가? 오가미 씨?

오가미 아시다시피 대 축항을 전제로 도비 36만 원이 책정된 2개년 계속사업으로, 수심 4미터로 준설하고 좌안에 콘크리트 안벽 연장 330미터를 축조하여 500톤급의 배 4척을 계류할 수 있도록 공사 중이다. 현재는 잔여 공사 중으로 이 축항 공사가 완성되면 500톤급 선박을 안벽에 붙일 수 있는데 발전하는 포항의 장래를 생각할 때 이 정도로는 다소 마음이 쓰인다. 현재에도 1000톤, 2000톤의 오사카상선과 조선우선 그리고 조곡기선의 3000톤이 댈 수 있는 상태지만 선복船腹에 실린 화물을 부선艀船으로 하역하고 있는 실정이다. 따라서 현재의 정도로는 안심할 수 없다. 적어도 2000, 3000톤급의 선박이 자

유롭게 안벽에 붙일 수 있도록 하는 것이 급선무다. 그러려면 아무래도 대 축항이 필요하다. 최근의 이출입액 통계에 따르면 연간 1200만 원이지만, 대 축항이 완성된다면 내륙 수송이 더욱 원활해질 테니 현재 수치의 몇 배 또는 수십 배로 늘어날 수 있으며, 무역 확대는 이제까지의 경험으로 단언할 수 있다. 가령 55만 톤의 하역 능력으로 55만 톤을 수용할 수 있다면 1톤에 1원만 절감한다 해도 55만 원이나 되고, 축항의 공사비가 1000만 원이라 해도 55만 원의 이익으로 지불하면 공사비는 별 게 아니다.

이것은 계산상 그렇다는 것이나, 이 축항 공사는 지방 사업이 아닌 경북도 및 국가사업으로 추진해도 채산성이 있다고 생각한다. 충남도가 400~500만 원을 투입하여 장항의 축항을 검토 중인 사실이 그 참고자료다. 근처에 군산이라는 좋은 항구가 있으니 조성하지 않아도 그만이지만, 도의 체면상 도내 생산품의 이출을 도모하는 차원에서 축항하는 것이니, 경북에게는 좋은 참고라고 생각한다. 경북은 달리 상업항이 없으므로 포항을 계속 키워나가는 수밖에 없으며, 이러한 포항의 이용가치를 제대로 인식하면 견해를 넓힐 수 있다. 즉 포항만의 포항으로 생각하기보다는 경북의 포항으로 키워나간다면 반드시 훌륭한 결과를 이룰 것이다. 경북도 전체의 축항으로서 모든 도민이 자각하여 일치된 뜻을 모아 실현해 나가기를 열망하지 않을 수 없다.

스나다 다니谷 토목과장 당시에 임항臨港 철도를 부설하여 1만 톤급의 거선을 옆에 붙일 수 있도록 하자는 복안이 있었다. 이에 대한 가와노 군수의 생각은 어떠한가?

가와노 군수 이곳에 온 지 3개월이 못 되어 사정에는 어둡지만, 포항 축항 문제에 대해서는 도 당국에서도 열의를 가지고 있는 것으로 보고 있다. 총독부에 있을 때에도 여러 차례 토목과장에게 들은 바가 있지

만, 총독부 관계자들 또한 그 필요성을 인
정하고 있다. 시국 문제로 다소 연기될지
도 모르나 끈기 있게 요청하는 등 목적 달
성을 위해 노력함으로써 실현 시기를 앞당
겨야 한다. 경북도는 대부분 상업항의 혜
택을 받지 못하고 있는데 포항, 대구는 물
론 경북의 발전을 위해 근거리 항구를 채
택할 필요가 있다. 그러자면 포항 외에는
없으므로 거리상 유리한 포항을 이용하여

가와노

뻗어나가는 것이 타당하며, 그것이 포항이 살아날 수 있는 길이 아닐
까 생각한다. 경남에서는 와타나베渡邊 지사 시대에 대 교량을 건설했
다. 그것은 경남 북부, 경북 남부의 물자를 마산과 부산으로 집중시키
기 위해 만들어진 것으로, 대구 상권도 거창 근처까지 뻗어가고 있으
나 앞으로는 바뀔 것으로 생각한다. 이 축항 문제는 포항뿐만 아니라
경북도 전체의 문제로서 이제부터 함께 매진할 필요를 절감하고 있다.
현지 포항에서는 이에 대해 열심히 노력하고 있는바 나도 그 꼬리에
붙어 움직일 생각이다.

스나다 요컨대 끈기 있게 모두 한 몸이 되어 목적을 이루기 위해 노력해
야 한다는 것으로, 우리도 가능한 한 협력하여 이 문제에 대응해 나가
겠다. 다음은 철도 문제로 넘어가겠다. 히로오카 씨께 부탁한다.

안포安浦 도로의 개통, 시급한刻下 최대의 급선무(연재 3회, 1938. 8. 13)

히로오카 철도 수송에 대해 이야기하자면, 중앙선에서부터 포항까지
광궤 개량이 완성될 경우 그동안 안동, 예천, 함창에서 금천으로 향하
던 경북선 물자가 직접 영천을 거쳐 경주, 포항으로 향하게 된다. 그리

고 포항까지 광궤 개량이 이루어지면 수송력이 확대되어 멋진 약진을 기대할 수 있다. 중앙선으로 화물을 수송하면 단 1킬로미터라도 단축되어 운임도 저렴해지므로 경제적인데다 이출되는 오지의 곡물량 또한 지금보다 3배, 5배가 되기 마련이다. 현재는 해상 하역으로 중계비가 들지만 대 축항이 완공되면 곧바로 이출할 수 있으므로 그에 따른 낭비도 줄고 편리해진다. 게다가 동해안선의 연장까지 고려하면 청년 포항의 앞날은 창창한 새 기운으로 넘쳐날 것이다.

나카타니 동해안선의 연장, 포항-목포 간 포목선浦木線의 시급한 신설 등 경제 산업선 문제가 많이 고려되고 있는데 경주-포항 간 광궤 개량 철도 문제는 긴급하고도 당면한 중요 문제다. 이에 대해 포항으로서는 최대의 노력을 기울이며 노심초사하고 있다. 비상시인 오늘날 해야 할 것이 많으나 축항과 광궤 개량공사를 함께 실현하기에는 크나큰 난관이 있을 것이며, 포항 현지로서는 당연하고 좋은 일이라도 이것저것 모두 요청하는 건 다소 무리가 될 수 있다. 두 문제를 묶지 않고 별개로 생각하여 순차적으로 실현하는 것도 오늘의 정세에서는 하나의 방책이라 생각한다. 한꺼번에 서둘러 당국에 요청한다면 오히려 실현 곤란을 초래할 수도 있다고 본다.

스나다 경주-포항 간의 광궤 개량공사를 하루빨리 시행하자는 이야기였다. 다음은 도로, 시가지 계획 문제로 들어간다. 안동에서는 몇 번이나 안동-포항 간 도로를 빨리 개통하자고 촉구했는데, 이에 대한 포항 측의 입장은 어떠한지 다나카 씨에게 듣고 싶다.

다나카 미쓰구 안포도로의 문제는 각 연선沿線 지역이 기성회를 만들어 경북도에 진정한 적이 있다. 포항으로서도 반드시 필요한 도로이며 오지의 물자를 반출해야 하므로 경북도에 빠른 건설을 촉구하고 있는 상태다. 현재 입암까지는 개통되었지만 입암 이후로는 공작물 제거, 암석 절단 등의 공사가 지지부진하여 곤란을 겪고 있다. 그러나 1938년 안에는 청송군의 도평道坪까지 개통될 예정이다. 안동 측은 길안吉安부터 청송군의 안덕安德까지 약 7, 8리가 매우 난공사여서 막대한 경비가 들기 때문에 임도林道로 쓰이는 길을 이용하여 천지泉旨에서 청송군의 화륙和陸과 도평을 잇는 단거리를 택하는 쪽이 유리하다고 생각하고 있으며, 포항에서도 그렇게 생각하고 있다. 중앙선이 만들어지면 이 선과 나란히 오지의 물자를 포항으로 실어 나를 수 있기 때문에 탄토항으로서 포항의 발전은 시간문제라 생각한다.

다나카

김두하 요컨대 지금의 안포도로를 순탄하게 실현해주기를 바란다. 읍내의 경제도로는 몇 개나 되지만 동해의 도로는 진행 중이므로 이 문제는 나카노 씨에게 부탁드린다.

김두하

나카노 도구, 대보, 구룡포를 잇는 도로 가운데 구룡포-대보 간은 지난해(1937)에 만들어졌고, 대보-도구 구간은 몇 년간 경북도의 보조를 받아 도구 지역에서 공사를 시작했는데 1리 정도의 난공사 구간을 제외한 나머지 구간은 대부분 완성되었다. 이 1리 정도의 공사가 끝나면 구룡포까지 갈 수 있는 도로가 완성되므로 수산 분야에서도 크게 기대하고 있다.

나카타니 안포도로는 1938년 중 청송군까지 길이 통하게 되어 있으므로 의성 지역으로도 부탁하고 싶다.

가와이 사장 의성은 청송 도로가 완공된 다음에 이루어진다고 한다.

시가지 계획 확립, 장차 큰 발전에 대비(연재 4회, 1938. 8. 17)

기타야마 한동안 안동에 있었는데, 지금은 상황이 어떻게 변했는지는 잘 모르지만 10년쯤 전에 포항에 있을 때부터 안동 간 도로에 관해서는 관심이 많았다. 안동에 4년 가까이 있다 보니 안포도로가 급속히 진전을 이루어 포항과 확실히 손을 잡았고, 안동군 내 도로는 작년(1937) 6월까지 대체로 토목공사가 되어 있었으나 아시다시피 수해를 입어 대부분 유실되었다. 안덕면 지역에서 기성회를 조성하여 재추진하려 했으나 구간이 길어서 경비 문제가 따르고, 군의 주요 지역은 안덕면 내부를 통과하게 되어 있는데 안덕면에서 기부금을 걷고 있지만 제대로 공사가 진척되지 못하고 있다. 중앙선 철도로 오지 물자가 포항으로 운반되고 있는 지금, 이 도로는 대구-안동선과 함께 중요한 산업경제도로일 뿐만 아니라 오지 개발이라는 의미도 지닌다. 약 4킬로미터의 임도는 현재 건설 중이므로 나머지 6킬로미터가 남아 있다. 유천면의 노력으로 산기슭까지는 임도가 착수되어 있으므로 이제부터는 경북도의 보조를 받아 진행하려고 한다. 구룡포-감포의 해안선은 장기갑의 개량과 나머지 공사를 서두를 필요가 있다. 요컨대 해안선 중에는 난공사도 있지만 해안선이나 임도, 산업도로와 관련하여 마을길을 내는 문제도 절실하다.

스나다 과거 눈부신 발전을 이룬 포항이지만 앞으로 더욱 많은 혜택이 주어지는 환경으로 새롭게 팽창 진전될 것으로 보인다. 이에 관해 시가지 계획령이라는 것도 고려되고 있는 듯한데 읍장의 생각은 어떠한가?

소다 읍장 과거 읍내의 발전 과정을 돌아보면 오늘날 도로나 선로의 정비나 항만 확충은 2000년, 3000년 미래의 포항을 그리면서 모든 면에서 신중히 검토해야 하며, 그러한 대 포항을 고려하여 대응하는 전략을 수립해야 한다고 본다. 현재의 행정구획을 말씀드리자면 포항읍은 포항동, 학산동, 두호동으로 나뉘어 있다. 1895년 군제郡制 당시에는 연일군 북면, 흥해군 동상면에 속해 있었으나 1914년 행정구역의 통폐합으로 북면과 동상면 일부가 포항면으로 개칭되었으며, 이어서 1917년 면제 시행에 따라 포항, 학

소다

산, 두호의 3동만을 포항면으로 하고 나머지는 형산면이라는 새로운 면으로 편제되었다. 이후 1931년 4월 1일 지방제도 개정으로 현재의 포항읍이 된 것인데, 시가지 계획에 대해서는 선제적으로 행정구획을 확장할 필요가 있고 넓은 지역을 범위로 여러 계획을 세우고 있다. 이러한 차원에서 도시의 보건위생상 하수의 개선을 하루속히 시행해야 하므로 당국의 절대적인 협력이 요구된다. 또한 수도 및 하천에 관해서는 읍의 재정만으로는 부족하기 때문에 지방채를 발행해야 할지 초조한 실정이다. 우리로서는 기회가 있을 때마다 이러한 열의를 피력하며 시가지 계획을 서두르고 있다. 이에 대한 각계의 지원과 조력을 부탁하는 바이며 5000 읍민의 보건과 포항의 발전에 비추어 되도록 빠른 시기에 어떻게든 실현하고자 한다. 이에 관한 구체적 조사는 아직 아무것도 되어 있지 않은 상황이다.

스나다 이와 관련하여 향도의 활용에 대해서는 여러 방법이 있을 것 같은데, 김용주 씨의 생각은 어떠한가?

김용주 포항의 시가지 계획은 몇 년 전부터 부르짖어온 것인데 실제적인 기본조사는 아직 못하고 있는 모양이다. 이 향도해수욕장은 형산

강을 사이에 두고 동남쪽 수백 정보를 차지하고 있으며 섬 내부에는 울창한 송림이 조성되어 있는데, 동쪽으로는 영일만에 접하고 서남쪽으로는 형산강에 감싸인 삼각 구조를 이루고 있다. 동쪽 바닷가에는 흰 모래밭이 펼쳐져 있고 멀리까지 수심이 얕아서 바닷물은 언제나 맑디맑고淸澄 고즈넉하기 때문에 해수욕장으로 매우 적합한 피서지라 할 수 있다. 또한 동해안 유일의 해수욕장으로서 선망의 대상이 되고 있다. 1930년에 수천 원을 투입하여 매년 증가하는 피서객을 위한 휴게소, 해수욕장 설비를 완비했다.

행정구역의 확장, 촌각을 다투는 최대 급선무, 공설운동장 설치도 시급(연재 5회, 1939. 8. 18)

김용주 이 송정동의 향도는 모래밭 2만4000, 해면 6만의 총면적에 탈의장 3개, 다이빙대 3개, 욕조 2개, 크고 작은 유희장 6개의 시설이 있으며 전화는 1대를 갖추고 있다. 이 밖에 새로 낸 매점이 있다. 요즈음처럼 무더운 여름이면 각 지역에서 찾아오는 해수욕객으로 붐비고 있다. 이처럼 넓은 토지를 안고 있는 만큼 향도에 대해서는 적절한 용도로 사용하고 싶다. 개인적인 견해를 말하자면, 건너편에 호안을 만들지 않으면 하역이나 배의 접안이 불가능하므로 먼저 동빈의 하천을 정비하여 호안을 만들고 그곳에 하역장을 만들어 이 향도 일대에 공장을 유치하고, 주택을 건설하여 일종의 대형 공장주택지로 만들어야 한다고 생각한다. 이것은 사견으로서 구체적으로 계획을 세운 것은 없고, 읍의 발전을 위해 행정구역의 확장이 하루빨리 이루어지기를 바란다.

스나다 앞서 포항의 보건위생에 대해 잠깐 이야기가 나왔지만, 이와 관련하여 포항에도 운동장 하나쯤은 있었으면 하는 욕심이 든다. 호시노 씨, 하라다 씨는 어떻게 생각하는가?

하라다 이에 관해 자세한 건 모르지만, 최근 체력 증진이나 건강 향상이 특히 강조되고 있는데 직원들이 이용할 운동장조차 없다는 것은 매우 한심한 일이다.

호시노 교육계에서 일을 하는 나 역시 동감한다. 읍 당국을 비롯해 각계에서도 여러 가지를 고려하고 있겠지만, 그 필요성은 충분히 통감하고 있다.

김용주 현재 포항역 뒤쪽으로 2, 3만 평의 광대한 무논水田이 있는데 택지로 쓸 수 있는 것이므로 지형이나 거리를 고려할 때 운동장으로 안성맞춤이라는 견해도 있다.

나카타니 이런저런 이야기가 나왔지만, 요컨대 읍의 행정구역을 확장하지 않으면 아무것도 못할 것이라는 점이 근본 문제다. 확장이 필요하다는 점은 과거 사실의 증명과 가까운 장래의 발전에 비추어 보더라도 명확하므로 포항으로서는 하루빨리 서둘러야 할 문제다.

가와노 행정구역 확장은 현재 연구 중인데, 향도는 물론 확장구역과 떼놓을 수 없는 관계에 있다.

스나다 다음은 통신, 환, 저금 문제로 들어가겠다. 최근 도시의 대단한 발전 팽창에 따라 전신·전화의 개조를 비롯해 개선을 요하는 점이 수없이 많은데, 이에 대해 우편국장이 말씀해주시기 바란다.

우치야마다 통신기관이라는 것은 지금 문제가 되고 있는 철도, 축항 등과 밀접한 관계이므로 병행하는 것이 당연하다. 이 부분에 대해서는 늘 여러모로 생각하고 있는데, 전신은 1937년 12월 말 경북의 지형과 전신 선로 부분으로 볼 때 대구와 포항이 가장 집중하기 적합하다고 하여 대체로 전신 설비는 완비되어 있다. 전화는 기존의 불편한 기계 구조를 폐지하여 복식으로 부탁한다고 상공회에도 이야기했으며, 상공회는 읍이 희망하는 장소를 체신당국에 요청했는데 중앙에서도 이

점을 고려 중이라고 한다. 전신은 대체로 평균 발신 4만5000통, 착신 5만5000통, 중계신 2만7000통에 이르며, 전화 가입자는 260여 명이고 통화 도수는 133만, 호출 도수는 3400, 시외통화 도수는 4만4000, 기타 라디오 가입자는 260여 명이다. 이는 1937년 현황으로 모두 갈수록 증가하는 추세다.

통화 구역을 강원도까지 확장(연재 6회, 1938. 8. 19)

우치야마다 또한 통화 구역의 확장은 조선이든 일본 현지든 현재 포항과는 직접 관계가 없지만, 강원도나 함경남도의 어업이 최근 눈부시게 발전하고 있어 강원도 강릉까지 통화 구역에 넣었으면 한다. 그리고 강릉, 삼천포, 원산까지 통화 구역 확장이 필요하다. 일본 지역과의 통화도 어업 거래가 많은 오사카, 시모노세키, 후쿠오카, 몬지와 직통전화가 반드시 필요하다. 1936년 12월 말 현재 각종 저금과 환, 우편 실적을 말하자면, 먼저 본국의 우편저금은 입금계좌가 4만7817개에 금액 16만3548원 30전이며, 지출계좌가 5404개에 금액 15만580.70원이다. 가와구치 우편소는 입금계좌가 9133개에 금액 4만6549원, 지출계좌가 2294개에 금액 4만2067원으로, 입금계좌 합계는 5만6950개에 금액 21만97.30원, 지출계좌 합계는 7698개에 금액 19만2647.70원이다. 어음 발행振替 저금은 본국의 경우 입금계좌가 1만4656개에 금액 87만9380.27원, 지출계좌는 3057개에 금액 29만5325.74원, 가와구치 우편소는 입금계좌 1268개에 금액 5만3864원, 지출계좌 148개에 금액 8300원으로, 입금계좌 합계는 1만5924개에 금액 93만3244.27원, 지출계좌 합계는 3205개에 금액 30만3625.74원이다. 우편환은 모두 입금계좌 1만5907개에 금액 60만7258.45원, 지출계좌는 1만6617개에 금액 82만7771.30원이다. 포항우편국의 통상우편은 인수 150만

건, 배달 153만 건, 특수우편 인수 3만
5000건, 배달 5만 건, 소포 인수 4000건,
배달 10만2000건으로 갈수록 실적이 큰
폭으로 증가하고 있다.

소다 읍장 이러한 형세라서 우편국의 증개
축을 서둘러야 하며, 본인도 현재 이 부분
을 구체화하기 위해 여러 방면으로 노력하
고 있다.

다테이시 서장

스나다 다음은 위생 문제로 넘어가보겠다.

포항에 도립병원을 설치하는 것은 수년 전부터의 현안인데 현재 어떻
게 되고 있는가? 위생 전반에 관해 서장이 이야기해주기 바란다.

다테이시 서장 위생 상태는 상당히 양호하다. 나쁜 곳은 없다. 장티푸스,
이질赤痢 등 전염병의 발생이 매우 적다. 동해안 지역은 지금까지 의료
기관이나 위생 시설이 제대로 갖춰지지 않아서 혜택을 못 받는 상황
으로, 포항에 도립병원을 설치하는 문제는 당면한 긴급 사안으로 논의
되고 있으니 조속히 실현해야 한다. 지난 해 3월 말 현재 전염병 발생
사망률은 장티푸스 발생 2, 사망 1, 이질 발생 11, 사망 1, 디프테리아
없음, 천연두痘瘡 없음, 뇌척수막염 발생 2, 사망 없음, 성홍열 발생 1,
사망 없음, 파라티푸스 없음, 종합 발생자 16명 중 사망자 2명이라는
통계다. 그러나 포항에는 호흡기병이 매우 많다.

히로오카 하수下水의 물을 뿌리기 때문이 아닐까?

다나카 미쓰구 실제 호흡기병이 많다. 이것은 분명히 더러운 하수 물을
함부로 뿌리기 때문으로, 이것이 건조된 후 먼지塵埃로 바뀌어서 이러
한 결과가 초래되는 것이 아닌지?

다테이시 서장 그렇다. 또한 포항에는 전염병이 강한 만성 결막염Trachom

이 많아, 본인도 조사해보았으나 원인은 불명확하다.

오가미 실제 여기 사람들은 대부분 천식喘息과 폐병이 혼합된 것 같은 병을 앓았는데 수도 시설이 만들어진 뒤로는 이러한 증상이 없어졌다. 이런 점에서 수도 시설은 포항 1만5000 읍민의 보건위생에 크게 공헌하고 있다.

나카노 알려진 바와 같이 도내에서 대구, 김천, 안동에는 있는데 동해안 유일의 항구인 포항만 제외되어 있는 것이 유감이다. 일반인 사이에서 해안 쪽에는 왜 도립병원 하나 들이지 못하는가 하는 불신이 생기는 것도 새삼스럽지 않으나, 산간 쪽에만 있고 해안 지역은 지금껏 완전한 의료기관의 혜택을 입지 못하고 있음은 유감이다. 앞으로 경주-포항 간 광궤가 이루어지고, 중앙선 개통으로 강원도와 기차 연락이 가능해지고, 안포도로나 축항까지 완성될 예정인데다 일본 본토에서도 일대 공장지로서 크게 주목하고 있는 상황이므로 교육 시설과 더불어 위생 시설은 포항에 필수적인 것이다. 도 당국의 예산에 있기는 하지만 여러 관계로 인해 시행이 지지부진한 상태로, 포항의 우리로서는 도로, 철도, 축항 문제와 함께 하루빨리 기대하는 목적을 관철했으면 한다. 병원도 시대의 변화에 따라 다양한 진료과목을 갖춘 종합병원이 되었으면 한다. 현재 포항 사람들이 하나가 되어 열심히 방법을 찾고 있으므로 이 문제는 착착 진척되어 조만간 구체화될 것이다. 도립병원의 포항 설립은 포항만의 문제가 아니며 관련된 부분이 매우 많다는 점을 양해 바라며, 어떠한 지원이라도 부탁드린다.

금융계 매년 팽창, 읍의 약진을 반영(연재 7회, 1938. 8. 20)

스나다 다음은 포항의 금융·경제 현황에 관해 식은지점장께 이야기를 부탁드린다.

호리 그러면 은행 창구에서 본 포항의 경제 상황을 작년 통계와 비교하여 말씀드리겠다. 작년 중 현금 출입액은 1억2226만1000원으로, 5년 전인 1932년의 3540만7000원에 비하면 약 3배 반이고, 10년 전인 1927년의 2867만3000원에 비하면 4배 반으로 크게 증가했다. 지난 1937년 중 예·저금은 2121만5000원으로 1932년 556만 원, 1927년 445만2000원에 비하면 매우 약진한 결과를 보이고 있다. 한편 작년의 총 대출은 1584만9000원으로, 1932년의 491만6000원, 1927년의 406만3000원에 비하면 성장하는 포항 경제를 여실히 반영하고 있다. 그리고 작년 포항에서 지불된 환지급액과 송금 취급액, 즉 포항에서 빠져나간 금액이 어느 정도인가 하면 773만2000원으로, 내역은 어음 지불이 459만 원, 송금 취급이 314만2000원이다. 1932년에는 260만6000원으로 어음 지불이 154만1000원, 송금 취급이 106만5000원이었으며, 10년 전인 1927년에는 231만5000원으로 어음 지불이 138만1000원, 송금 취급이 93만 4000원이었다. 이와 반대로 작년 포항으로의 환취급액과 송금 취급액, 즉 들어온 돈이 어느 정도인가 하면 1268만8000원으로, 내역은 어음 취급이 743만3000원, 지불 송금이 525만5000원이다. 한편 5년 전 1932년에 614만 원에서 어음 취급이 408만9000원, 지불 송금이 205만1000원이었고, 10년 전인 1927년에는 296만6000원 가운데 어음 취급이 135만7000원, 지불 송금이 160만9000원이었다. 이로써 5년 전, 10년 전에 비해 무려 4배, 5배나 증가되어 격세지감을 느낀다. 그 수치가 포항의 경제가 눈부시게 약진하고 있음을 말해주고 있다.

스나다 이에 대해 경상대동은행 지점장인 권 씨는 어떠한 의견인가?

권태직 상세한 수치는 지금 없으나 포항에 오래 있었으므로 대략적인 사항을 이야기하면, 매년 금전 출납이 없는 예금 및 대출이 늘어나고 있다. 우리 은행은 10년 전보다 대출이 3배 정도 증가하고 예금은 2배 정도 증가했다. 미곡 쪽은 근처에서 들어오는 돈이 늘어나고 있다. 대체적으로 포항의 경제력은 도시가 팽창 발전함에 따라 매년 현저하게 충실해지고 있다.

소다 읍장 금융기관으로서는 이 식산은행과 경상합동은행 지점 외에 포항금융조합, 영일금융조합, 포항무진회사, 포항토지주식회사가 포항에 있다. 포항금융조합은 자본금 4만8725원, 납입자본금 2만9161원, 적립금 2만4330원, 예금 45만9950원, 대출금 37만4267원이고, 영일금융조합은 자본금 2만7610원, 납입자본금 1만7610원, 적립금 2만3960원, 예금 18만9354원, 대출금 30만8194원이고, 포항무진회사는 자본금 10만 원, 납입자본금 2만5000원, 적립금 3만1920원, 예금 2816원, 대출금 3만619원이고, 포항토지주식회사는 자본금 5만 원, 납입자본금 1만2500원, 적립금 250원, 대출금 1만3210원으로 나타나 있다. 이는 1936년 12월 말 현재의 통계로서 모두 양호한 업적을 올리고 있다. 다음으로 전당포質屋도 같은 해 12월 말 현재 일본인 영업자 3명, 저당入質 2528건, 반환受拂 2185건, 조선인 영업자는 6명으로 저당 4982건, 반환 3787건이라 통계에 나타나고 있다.

포항항의 무역액, 매년 팽창일로를 걷다(연재 8회, 1938. 8. 21)

스나다 세관 분야에서 본 경제 현황에 관해 오노 씨께서 말씀해주시기 바란다.

오노(포항세관출장소장) 무역에서는 포항항이 개항장이 아니어서 대 일본(내지) 무역만 취급하고 있으며 관제 외에는 취급이 허용되지 않고 있다. 지금으로부터 10년쯤 전에는 무역액이 경남의 여수와 비슷한 수준이었는데 이후 여수는 항만 설비 등이 완성되어 큰 발전을 거둔 반면 포항은 그에 미치지 못하고 있다. 지금 포항의 무역액은 여수의 절반 수준으로, 이출입액 합계는 1937년과 비슷한 642만 원이다. 주된 이출 품목은 곡물인데 작년 현미 이출액은 290만9000여 원, 정미 9만 5900여 원 등 총 367만2000여 원을 기록하고 있다. 이입은 대단한 정도는 아니지만 대부분 소맥분, 전분류, 시멘트, 철재, 비료 등으로 작년의 이입 총액은 275만2000여 원이다. 앞으로 세관 관련 개혁을 추진할 생각이지만, 수치 조사가 곤란하여 다소 힘이 빠지고 있다. 앞서 이야기한 것처럼 대외 지역은 취급하지 못하고 있는데 외지 취급이 가능했으면 한다. 현재 만주, 북중국 쪽으로 수산물을 보내려 해도 부산이나 안동에서 관련 절차를 밟아야만 수송이 가능한 상태로, 그 출하량은 정확치 않지만 포항에서 직접 수송하는 절차를 거친다면 시간이 단축되어 매우 편리해질 것이다. 하지만 실현은 어려울 것 같다. 다음 통계를 보면서 좀더 상세하게 설명하겠다.

포항항의 10년간 무역액 비교(단위: 원)

연도	이출	이입
1927	385,662	255,999
1928	779,748	278,587
1929	1,205,263	509,477
1930	638,960	1,042,778
1931	2,546,131	909,100
1932	2,779,417	1,162,890
1933	2,456,399	1,648,297
1934	5,018,247	1,494,421
1935	3,980,877	1,816,700
1936	5,312,951	2,169,520

1937	6,672,267	2,752,843

각 항의 10년간 이출 무역액 비교(단위: 원)

연도	포항	마산	여수
1927	641,661	8,768,956	884,070
1928	1,058,315	11,682,066	1,666,376
1929	1,714,740	11,110,489	2,795,586
1930	1,681,730	7,309,180	2,909,617
1931	3,455,234	9,389,658	2,430,688
1932	3,942,314	8,855,904	7,568,814
1933	4,104,689	83,774,461	11,331,967
1934	6,512,666	11,995,855	15,723,334
1935	5,779,577	14,349,047	18,831,018
1936	7,482,471	17,556,583	17,433,802
1937	6,425,115	불명	불명

작년 포항항의 무역 상황에 대해 이야기하겠다. 먼저 이출 화물의 상황을 보면 이출 무역액은 667만2267원으로 1936년의 531만2951원에 비해 164만684원, 즉 30퍼센트가 넘는 큰 감소를 보였다. 이 30퍼센트 정도의 감소는 그리 걱정할 만한 것은 아니다. 그 원인은 7월 7일 노구교盧溝橋에서 북지北支사변[2]이 돌발하여 전면적으로 지나支那사변[3]으로 번지면서 일본군 수송을 위해 화물칸이 부족해진 데 따른 것이다. 1937년산 쌀의 풍작 이출이 완전 두절된 상황은 어쩔 수 없는 것으로 평시로 돌아가면 1936년 이상의 이출을 나타낼 것이 명약관화하며, 호경기를 일으킬 만한 여러 시설도 있기 때문에 포항항은 분

*1960년대까지 이용되던 황포돛단배 뒤편으로 송도의 정어리기름 탱크가 보인다.
당시 포항 특산물이었던 정어리기름은 일본 군수물자로 관리되었다.

발하고 있다. 화물의 주된 감소 품목은 이출액의 큰 부분을 차지하는 현미가 6만1758석, 콩은 1만8013석이고, 수산물(선어, 건어, 염어)은 정어리, 고등어, 청어가 비교적 흉어인 탓에 감소했으며, 기타 이출 품목 50종 가운데 26종이 감소하여 활발하지 못했다. 현재 경북도의 실제 쌀 수확고를 말씀드리겠다.

논벼水稻 286만4062석, 밭벼陸稻 2만3545석, 총 286만7607석으로, 이중 포항항에서 9만 7399석이 이출되었으므로 약 3분의 1을 보낸 셈이다. 농수산곡류는 작황과 여름 일조량이 순조로워 평년 대비

2 북지사변이란 1937년 7월 7일 북경 서남 방향의 노구교에서 일본군과 중국의 국민혁명군 제29군이 충돌한 사건으로, 중국에서는 '77사건'이라 불린다. 사건은 4일 만에 수습되는 듯했으나 이후 일본 내각이 북지사변이라 명명하고 중국의 계획적인 공격이라며 사건을 의도적으로 키움으로써 이후 지나사변으로 확대되었다.
3 북지사변 이후 전투 장소가 중국 전역으로 확산되었으나, 1941년 12월까지 양국은 선전포고나 최후통첩을 하지 않아서 국제법상 전쟁이 아닌 사변으로 명명하고 있다.

20퍼센트 증가가 예상되며, 콩은 면綿으로 대체되어 매년 감소 추세이며, 선어는 정어리의 풍어로 인해 유비油肥 생산이 늘었고, 고등어 생산은 중간 정도, 갈치는 풍어를 보였다. 청어는 2년 연속 불어로 투망업자의 어려움이 크고, 신흠 청어의 제조 가공 역시 원료 부족에 처했다. 반면 염장 정어리는 활발한 편으로 북만주로 수출하는 등 판로를 개척하여 현재 포항은 동해안 유일의 상업항, 어항이자 양항良港으로 주목받고 있다. 이와 같은 화물을 적재하기 위해 매월 평균 25, 26척의 선박이 출항하고 있으나, 1936년 쌀 생산량이 줄어들어 3~9월까지 쌀 이출량은 감소했다. 게다가 8월부터 시작된 전시 체제로 인해 대형 선박이 입항하지 않고 소형선으로 대체되었다. 그 밖에 흥남으로부터 질소 비료를 실은 대형 기선이 다니고 있는데 동일본에서는 시모노세키·몬지·고베·오사카 등지에서, 서일본에서는 사카이·마이즈루·쓰루가敦賀·후쿠기·홋카이도·오타루에서 300~3000톤급의 우수 선박이 입항하고 있다. 그러나 출곡기에는 적재 공간의 부족으로 앞서 이야기한 대로 이출량이 감소했다. 포항항은 적재 및 하역 설비가 불완전하기는 하지만 기민한 대응으로 다른 항구에 뒤떨어지지 않는 상황이다. 따라서 포항에 잔교를 설치한다면 능률을 증진시킬 수 있는 만큼 하루빨리 잔교가 축조되기를 희망하고 있다. 포항항의 이출 무역액을 행선지별로 조사하면, 고베의 경우 231만1310원이며 오사카는 일시적으로 고베보다 낮은 수치를 보였다. 이는 오사카행 현미가 수송 문제로 고베에서 하역되었기 때문으로, 이 상태가 지속될 것으로 예상된다. 그러나 1936년에 비해 서일본 6개 지역을 늘려 균형을 이루고 있다. 이출 화물은 행선지별로 특징이 있다. 오사카, 고베, 후쿠기, 오타루, 마이즈루는 현미·정미가 주종이며, 사카이는 현미·콩, 도쿄는 포항미쓰와 농장에서 생산하는 브랜디 생포도주뿐으로 도쿄 미쓰와 상점으로 보내졌으며, 시모노세키는 선어, 오미치尾道와 다도쓰多度津 등 지는 생선깻묵 비료·쌀겨 비료로 품목이 일정하다. 그렇게 보면 모두 우리 포항의 최대 고객이므로 보내는 쪽에서는 훌륭한 물품을 실어 나를 책임이 있다.

주요 이출품의 증감은 다음과 같다. 단 이 수치는 작년의 것이다.

• 현미: 이출량은 9만4383석(290만9543원)으로 1936년에 비해 4만 8048석(123만7258원) 정도 큰 감소를 보였다. 원인은 1936년의 쌀 작황이 좋지 않은 탓이기도 하지만 8월 이후 전시 체제에 따른 적재 공간 부족 때문이다. 11월은 불과 5570석, 12월은 1만1590석으로 이출업자는 곤란한 상황이다. 쌀이 출하되는 지역은 동해중부선 가운데 영천, 하양 부근이지만 포항에 배가 없어서 부산으로 실려갔다. 1937년 조선 전체 항구에서 이출된 1000만여 석 가운데 우리 포항을 통과한 양은 100분의 1에도 미치지 못하는 정도다. 행선지별 현미의 이출량은 6만7557석을 보낸 고베가 가장 많고, 오사카는 2만552석, 그다음으로는 후쿠기, 오타루, 사카이, 마이즈루의 6개 지역으로 1936년에 비해 5개 지역이 감소했다. 동일본은 오사카와 고베뿐이며 서일본은 4개 지역에 6274석을 보냈으나, 앞으로 시마타니기선을 이용하게 되면 이출량이 증가할 것이다. 선박 운임은 1936년에 비해 오른 반면 적재 공간 부족으로 인해 운송업자는 취급량을 줄였다. 현미에 관해 개괄하자면, 1937년은 일조량이 20퍼센트 증가하여 풍년 작황을 보였지만 지나사변으로 화물 선박이 크게 부족해 이출미가 부산으로 유출되었고, 이에 따라 창고에 화물이 모이지 않았다. 그러나 미창米倉회사가 진출해 있고 호안도 착착 진척을 보이고 있는데다 경주-포항 간 광궤 부설 여부에 따라 현미의 이출은 원래 수준을 회복하거나 격증할 것이다.

• 정미: 이출량은 3016석(9만5955원)으로 1936년에 비해 1만 3710석(41만1137원)이나 크게 감소했다. 포항은 정미업자가 그리 많지 않아 앞으로 1만5000석 이상 내는 일은 드물 것이다. 특히 1937년은 전에 없는 감소폭을 보였는데, 정미업자들은 더욱 노력하여 이 상황을 개척해야 할 것이다. 행선지를 보면 1937년은 마이즈루가 가장 많고 다음은 오사카, 고베로 3개 지역뿐이다. 1936년에 비해 2개 지역이 줄었으며, 정미는 주로 서일본에서 좋은 평가를 받고 있는데 이는 시마타니기선에 미리 맡긴 덕분이다.

• 쇄미碎米: 1937년뿐만 아니라 1934~1936년간 단 1석도 없었다.

• 콩: 이출량은 3483석(6만9462원)으로, 1936년에 비해 1만8013석(31만7222원)이라는 대 감소를 보였다. 이는 작황과 일조량이 부족한데다 면綿으로 교체되고 있어 출하가 줄었으며 선박의 적재 공간 부족이 큰 영향을 주었다. 포항의 평균 이출량은 2만 석이지만 최근 격감하고 있는데 그 원인은 작황과 출하별 현상이라 보아야 한다. 이후로 2만 석 이상을 내는 일은 드물 것으로 보인다. 이러한 급감으로 콩 행선지는 고베, 오사카, 사카이 3개 지역뿐이며 1936년까지만 해도 시모노세키, 도쿄, 후쿠기, 미야즈가 포함되었다. 콩은 현미, 정미에 이은 주요 품목이지만 흉작과 밭 면적 감소 그리고 선박의 적재 공간 부족으로 결국 소량에 그쳤으나, 이 또한 평시로 접어들면 되면 증가할 것이다.

• 선어: 이출량은 5518만2000근(2만5300만 원)으로, 1936년에 비해 27만3500근(1만6932원) 증가했다. 이는 1936년의 이출량이 크게 적었기 때문으로, 예년에 비하면 낮은 수준이다. 정어리는 풍어였지만 고등어, 청어, 방어는 흉어였다. 선어는 전부 시모노세키가 취급하는 오키다이沖台로 수송되었는데, 주로 생정어리며 고등어는 적었다. 방어는 없고 갈치가 조금 잡혔다. 수량은 적지만 고기 가격은 상당히 높았으

며 포항에서 직접 잡은 것은 없다.

• 건어인 자온煮鰛: 1937년 처음으로 부산을 통해 젠코煎子 시장으로 보내지고 있다. 1937년은 적은 편이었다.

• 신흠 청어: 이 품목도 1937년 처음으로 부산을 통해 일본으로 이출되고 있으나, 불어로 인해 양이 적었다.

• 건대구: 속칭 대구포라 불리며 불어로 인해 이출이 없었다.

수산물의 이수출, 매년 팽창의 일로를 걷다(연재 9회, 1938. 8. 23)

• 사쿠라보시櫻干: 이출량은 7153근(8142원)으로, 1936년에 비해 7253근(4589원)이 감소되었다. 사쿠라보시 주원료는 새우인데, 최근 몇 년간 어획량이 줄어들어 학꽁치(사요리), 복어, 대구, 보리멸(키스)로 겨우 대신하는 수준이다. 원료 부족으로 제조업체도 1개가 빠졌으며 제조품은 새우 1근에 1원 50전, 학꽁치 1근에 45전의 고급품이다.

• 기타 건어: 이출량은 595근(150원)으로, 1936년에 비해 1450근(538원)이 감소되었다. 이는 건어용 물고기 어획이 크게 줄어들어 잡어로 만든 제품이다.

• 청어 통조림: 이출량은 40근(5원)으로, 견본으로 사카이에 보낸 것이다.

• 고등어 통조림: 이출량은 2만1000근(1500원)으로, 오키다이에서 시모노세키로 나간 물량이다.

• 기타 잡어: 이출량은 1만6908근(2024원)으로, 1936년에 비해 14만7082근(2887원)의 감소를 보였다. 종류는 가즈노코(말린 청어 알)와 염장갈치뿐이며 원료 부족 때문이다. 이상으로 어류를 개괄하면 1937년 정어리는 1, 2월에 대풍어로 인해 기름과 비료가 보기 드물게 증산되어 어장은 호경기였고, 반면 1~3월의 청어 어획의 감소로 인해

1936년보다 20퍼센트 이출량이 감소했다. 고등어와 대구는 평균치였으며, 새우는 적었다. 갈치는 매년 풍어로 시장에 넘쳐났으며 판로가 확장되고 시세가 상승하여 어업자들은 이익을 보았다.

• 포도주: 이출량은 2만6705리터(9561원)으로, 1936년에 비해 1만 3820리터(3910원) 감소했다. 이 포도주는 포항 도구의 미쓰와 농장에서 생산한 적옥赤玉 포도로, 전량 도쿄미쓰와 상점으로 보내졌다. 이것을 석石로 환산하면 147석 9두 4근 9합으로, 1936년에 비해 76석 5두 7근 8합이 감소했다. 미쓰와 농장은 종묘개량 시험 중이고 강수량 부족으로 생산이 줄었으나 감미포도주로서 조선 내 판매에 노력하고 있다.

• 기타 주류: 이출량은 527근(791원)으로, 지난 해에 비해 212근(341원)이 증가했다. 미쓰와 농장에서 생산되는 고급 브랜디가 도쿄의 상점으로 들어가고 있다.

• 사과: 이출량은 2151근(288원)으로 전년에 비해 1200근(139원) 증가했다. 이는 4월, 9월, 12월, 3회에 걸쳐 3관들이 86상자를 고베, 시모노세키, 사카이로 보낸 물량이다. 동해중부선의 대구 지역 사과는 포항으로 수송되는 양이 적지만 이후 전망은 밝은 편이다.

• 정어리 통조림: 올해는 이출된 양이 없으며, 지난 해에 비해 4050~4060다스打(6921원)가 감소된 상황이다. 원료는 있었지만 일본 본토로 직접 출하하지 못했다.

• 장어 통조림: 64다스(200원)으로 전년에 비해 280다스(770원)의 감소를 보였다. 이는 장어의 부족 때문으로 행선지는 오사카 6상자, 사카이 2상자였다.

• 정어리 기름: 이출량은 110만7454근(15만3444원)으로, 1936년에 비해 83만2425근(11만 7501원)이 증가했다. 1937년 정어리는 보기 드

문 풍어로 큰 어획량을 기록하여 비료, 기름 모두 대량 생산되었다. 시세 또한 좋아서 1관에 최고 3원 85전까지 올랐으나 평균 3원 70전 정도였다. 조선 내 소비도 상당히 늘어나 흥남으로 수송되었다.

- 기타 어유: 이출량은 1만1303근(2005원)으로, 1936년에 비해 6215근(905원)이 증가했다. 이것은 대구의 간유肝油로 1근에 6원이며 오사카에서 약용으로 정제된다.

- 잡동사니艦褸: 이출량은 4251근(5만4765원)으로, 1936년에 비해 4600근(5641원)이 감소했다. 그 품목은 포항 근처에서 수집된 무명천, 마, 고철, 폐고무 등으로, 오사카로 보낸바 티끌 모아 태산이라고 상당한 금액이 되었다.

- 소牛: 이출량은 93두(6500원)로, 1936년은 없었다. 경북흥산주식회사에서 12월 1일부터 조선의 소 100마리를 검역하여 12월 18일 처음으로 범선 하치만호八幡丸에 93마리를 히로시마로 실어 보냈다. 앞으로는 매달 포항에서 살아 있는 소를 운송할 수 있게 되었다. 포항검역소는 조선 항구에서 여섯 번째로 설치된 셈이다.

- 비료: 비료 종류로는 건어 비료, 생선깻묵 비료, 가축骨獸骨 비료, 쌀겨米糠 비료, 기타 비료로 나뉜다. 전체 이출량은 4만5946근 (27만5077원)으로, 정어리가 많이 잡힌 덕분에 1936년에 비해 2만5311근(17만8363원)이나 급증했다.

  - 건어 비료: 원료는 청어 내장과 알白子(시라코)로 이출량은 579근(3888원)으로, 1936년에 비해 728근(4967원) 감소했다. 그 원인은 청어 어획량이 매년 줄어들다가 1937년에 급감하여 신흠 청어용으로도 많이 부족할 정도였기 때문이다. 그나마 이 수량도 강원도 쪽에서 매입한 결과로, 모두 쓰루가敦賀로 보내지며 사료로 사용된다고 한다.

- 생선깻묵 비료: 주로 정어리, 청어, 갈치 등이다. 정어리는 1~2월에 풍어였기에 대량의 깻묵이 생산되어 대호황이었다. 또한 어묵용으로 쓰이고 남은 갈치와 잡어의 잔뼈 부산물도 이출되었는데, 시세는 100근에 6원~6원 50전이다. 행선지는 오사카, 고베, 쓰루가, 시모노세키, 몬지, 오노미치, 시카마飾磨, 우지나宇品, 히로시마, 미즈구치, 다도쓰, 관음사, 사카이데阪出였다. 이 산물은 경북 연안의 특산품으로서 이출에 유망하기 때문에 증산을 대대적으로 장려할 필요가 있다. 이출량은 4만3122근(26만7974원)으로, 1936년에 비해 2만9100근(18만7615원)이 대폭 증가했다.
- 가축뼈 비료: 소뼈牛骨 비료로, 1937년 첫 이출량은 2800근(345원)이며 1936년에는 이출이 없었다. 행선지는 오사카다.
- 쌀겨 비료: 6년째 이출되고 있지만 정미의 이출이 적은 만큼 더욱 늘리고 싶은 종류다. 이출량은 2670근(2420원)으로, 1936년에 비해 433근(580원) 감소했다. 행선지는 오사카, 쓰루가, 시모노세키, 시키미사세보로 시세는 1석(100근)에 1원 20전 정도였다.
- 기타 비료(동백): 250근(450원)으로, 1937년 처음 몬지로 이출되었다.

이와 같은 비료 종류는 각 지역에 적합한 것을 보내는데 건어 비료는 쓰루가로, 선박 비료는 중국 각지로 보내고 있는 상황이다.

• 기타 잡품: 주로 이사화물·태도太刀 상자 등의 상자 재료로, 포항의 스기하라 공장에서 제작되어 주로 대만 다카오(가오슝)로 보내지고 있다. 주문에 따라 수시로 이출될 예정이다.

다시금 전체 품목을 개괄한다면, 1936년에 비해 164만여 원이 감소된 이유는 선박의 적재 공간 부족 때문이라는 결론에 따른 것으로, 평시 체제로 돌아가면 이출량이 증가될 것이다. 이미 1000만 원을 돌파할 수 있는 조건이 갖추어진 만큼 대대적인 노력을 기울여야 한다.

뻗어나가는 포항항, 대 상업항의 태세를 굳히다(연재 10회, 1938. 8. 24)

오노 다음으로 이입 화물의 상황에 대해 이야기하겠다. 이입 무역액은 275만2848원으로, 1936년 216만9520원에 비하면 26퍼센트가 조금 넘는 58만3328원이 증가했다. 이는 8월부터 11월까지 4개월 동안 전시戰時 철도운송 제한에 따른 것인데, 평온했다면 1936년 수준에 미치지 못했을 것이다. 이입 화물은 1~7월까지는 매달 14~15만 원 정도였지만 8~11월까지는 30~41만여 원으로 증가했다. 이는 철도운송 제한으로 오사카에서 들어오는 화물을 접수하지 못하고 오사카에서 선박회사에 위탁한 임시 기선이 부산에 하역된 결과로, 일시적으로 크게 혼잡했다. 그로부터 10월 5일, 운송 제한이 해제되어 12월에는 보통 수준으로 내려간 것이다.

한편 이입 화물의 시세는 8월 이후 10~20퍼센트 상승했다. 이는 물품 부족도 원인이지만 외환 관리에 따른 수입 제한 때문이며, 지금의 현상은 선박의 적재 공간 부족이 원인이다. 높은 가격이 조선 내 공사와 상공업에 영향을 주었음에 주목해야 한다. 이입 화물은 총 2만 8922톤으로 3729톤 증가했는데, 주된 품목은 물엿水飴, 시멘트, 금속 제품, 목재 등이다. 이상의 화물 중 60퍼센트(165만 원)는 대구를 비롯한 철도 중심지로 이송되었고, 110만여 원의 물량은 현지 소비로 부산과 근처 철도 중심지에 공급되었다. 이입신고 화물은 633톤으로 1936년에 비해 39톤이 감소했지만 징세되는 주된 화물은 소주, 설탕, 맥주, 직물류였다. 대구행 화물은 8월까지는 감소 경향이었으나 이후 475톤으로 늘어나 1936년에 비해 203톤이 많다. 이는 철도수송 제한에 따라 포항이 이용된 결과였다.

　　해당 세관의 1~12월까지 징세액은 4만603.92원으로 1936년에 비해 2443.44원 감소했다. 이는 직물류가 감소하고 소주가 1936년부터 30퍼센트 정도 감소한데다 이입세율이 개정되었기 때문이다. 설탕의 세액은 다소 증가했으며, 인지 수입은 7원으로 통계표 교부뿐이었다. 1937년 이입이 증가한 화물은 주로 콩류·과자·물엿·속옷·모자·서양종이洋紙·시멘트·철관·기계류·목재 등이며, 감소한 것은 주로 보리·밀가루·소주·철류·전도판·비료 등으로 250개 품목 중 85개 품목이 감소했다. 감소한 이유는 수요가 줄어들었기 때문이 아니라 부산으로 이입되었기 때문으로 봐야 한다. 이입 화물의 수송은 오사카상선과 조선우선이 맡고 있으며, 그 밖에 보조 범선이나 소형 기선은 특정 화물을 운반하고 있다. 두 선사船社는 각각 3척의 기선을 월 2회 정도 왕복하며, 기선은 26~27척이 입출항하는 것으로 확인되고 있다. 하지만 8월 이후부터는 전시로 인해 입항선이 21~22척으로 감소하여 소형 기선이 공백을 메웠다.

　　현재 포항항은 2만8000여 톤의 화물을 적재할 만한 설비가 되어 있지 않아 1937~1938년 36만 원을 들여 500톤급 선박을 접안할 수 있는 잔교 건설에 착수했다. 12월 현재 25퍼센트 진행된 상태에서 전시 체제로 인해 완공이 1939년으로 연장된 채 조금씩 진전되고 있다. 이와 같이 포항항은 축항과 잔교 설치에 힘을 기울이는 한편 육상으로는 대구-영천 간, 경주-영천 간 광궤 부설에 이어 포항-경주 간 광궤철도 개량을 급선무로 서두르고 있다. 중간 하역을 줄임으로써 부산에 하역되는 화물을 흡수하기 위한 것이다. 그때가 되면 포항항은 기선 출입이 빈번한 물자 무역의 탄토항이자 동해안 유일의 양항이 될 것이다. 그리고 의심할 바 없이 대구의 현관으로서 크게 발전하여 많은 사람들에게 큰 이익을 안겨줄 것이다.

당 항의 이입 무역액 규모를 출발지별로 살펴보면 오사카가 1위를 차지하며 그다음으로 시모노세키, 몬지, 고베, 하카다, 나고야, 도쿄 순으로 대체로 이입 물량이 증가했으나, 요코하마와 나가사키는 올해 (1938) 무역액이 없다. 이들 지역에서 들어온 화물은 각각 특색을 지닌다. 오사카는 면사·옷감류·서양지·철류·식료품·화장품·못류·노끈·잡화 등이고, 시모노세키는 밀가루·물엿·생물·건물·야채·목재·비료·콩류 등이고, 고베는 사탕·성냥·비료·기계류 등이고, 몬지는 시멘트·맥주·유리 등이고, 하카다는 석탄이다. 기타 지역으로는 오키나와의 소주, 규슈의 목재 등으로 각 지방의 특산품이 주로 이입되고 있다.

관민협력 일치하여 읍정 발전에 매진, 후방 국민의 사기 고양(연재 마지막회, 1938. 9. 2)

세토 청어 어업의 어획방식에 대해 말하자면, 다각형 어업을 개척하고 고전적인 방식은 폐기해야 한다. 현재 그 개척자가 선구적 시험을 하고 있다. 그러나 시험장을 쓰려면 경비가 드는데 개척자 혼자 비용을 감당할 수는 없는 일이고, 시험장 또한 장사를 겸하여 사용하는 실정인지라 생산업자로서는 폐를 끼치고 있는 상황이다. 시험장 운영상 다른 업자의 어장에 여러 번 진출한 결과 업자들과 충돌이 벌어져 비난을 받고 있다. 앞으로 수산시험을 할 때 업자의 세력범위에 접근하지 않는다면 그들도 안심할 테고 마찰도 없을 것이다. 시험장은 해당 업자의 손과 발이 되는 식으로, 즉 조류나 일조량 등의 정보로써 업자를 뒷받침할 수 있다. 앞으로 조류를 자세히 탐구하여 어족 및 어장 개척에 노력하여 연안의 어획량을 늘릴 수 있도록 진가를 발휘하기를 바란다. 시험장의 빈약한 예산에 대해선 유감으로 생각하고 있고, 생각대로 일이 풀리지 않는 그 기분은 잘 알고 있다.

나카타니 잡는 데는 깊이 궁리하는데 번식
에는 공을 들이지 않는 것 같아 유감이다.
예를 들어 이른 철에도 청어 알이 거리에
서 팔리고 있는데, 이것은 어족의 번식에
지장을 주는 것이므로 금지해야 한다. 요
컨대 최근의 불황은 조류의 영향이 지배
적이기는 하나 남획의 결과라고 본다. 도의
적으로 잡아선 안 되는 고기를 남획하지
못하게 하고, 알을 방류하고 성어가 될 때
까지 기다리도록 단속하여 어족의 번식을
보호해야 한다. 업자 스스로도 자성하여
남획의 폐단을 제거하는 것이 중요하다고
본다.

세토

다나카 계속 생각해온 것이지만, 한 가지
덧붙이겠다. 한 걸음 더 나아가 수산 가
공품을 더욱 장려했으면 한다. 판로를 여
러 지역으로 넓혀 적당한 때에 판매하면
서두르지 않아도 된다. 2, 3월경부터 잡히

나카타니

는 신흠 청어 등은 가장 값이 좋을 때 38만 원까지 올랐지만 올해는
20만 원밖에 되지 않았다. 현재 경북에는 15~16명의 제조업자가 있는
데, 3년 전 경북도 등이 제품 판매를 통제하여 신흠 청어를 팔지 않은
채 가공품의 품질 향상을 도모했다. 이제 수산 제품의 가공에 주력하
여 포항 수산업 발전에 기여하면서 그 가치를 높여야 한다고 생각한
다. 또 최근 영일만 앞바다에는 한류와 난류가 섞이기 때문에 난류성
어족과 한류성 어족을 모두 포획할 수 있으므로 해당 업자들은 바다

에서 큰 활약을 펼치고 있다.

윤 남획에 대해서는 단속을 하여 엄중 처벌할 방침이다. 함남에서는 시험장에 해사연구회를 설치하고 회원에게 소액의 회비를 걷어 업자의 편의와 친목을 도모하고 있다. 이런 활동은 좋은 방법이라고 여겨지므로, 참고하여 포항에도 도입하면 좋을 것이라 생각한다.

스나다 귀중한 시간을 내어 와주신 여러분, 장시간에 걸쳐 다양한 고견을 들려주어 주관자로서 고맙게 생각한다. 깊이 감사하며, 이것으로 폐회하고자 한다.

감사

무더위炎署 중에도 불구하고 본 좌담회 개최에 참석해주신 출석자 여러분, 다양한 편의와 호의를 베풀어주신 관계자 여러분에게 두터운 감사의 말씀을 드린다.

조선민보사

6 장
1939년부터 광복 이후
포항의 이모저모

1. 제2차 세계대전 확산과 창씨개명

『포항지』에서는 물론 1938년 조선민보의 특집으로 꾸며진 '포항읍발전좌담회'에서도 조선인들은 한국 이름으로 소개되고 있다. 그러나 1939년부터 일본이 패전하는 1945년까지 전국적인 창씨개명의 흐름 속에서 포항도 벗어날 수 없었을 것이다.

당시 포항에 거주하는 조선인 가운데 누가 어떠한 씨와 이름으로 창씨개명을 했는지는 유명인사가 아닌 다음에야 확인할 수 있는 자료가 많지 않고, 그리 중요한 사안도 아닐 것이다. 그보다는 총독부가 어떠한 목적으로 그 일을 추진했는지, 그리고 그들의 주장대로 조선인이 자발적으로 참여한 것인지 자료를 살펴볼 필요가 있다.

당시 포항에 거주하던 옛 포항인들이 강제적인 창씨개명을 피할 수 없었음을 알 수 있는 몇 가지 자료가 있다. 당시 포항은 대구지방법원의 관할이었기 때문에 다음과 같은 안내문 전단이 포항 시내에도 배포되었을 것이다. 일본에서는 이와 같은 전단 내용을 토대로, 열심히 홍보한 결과 창씨개명이 자발적으로 이루어진 것이라고 강변하고 있다.

전단의 내용을 소개하면 다음과 같다.

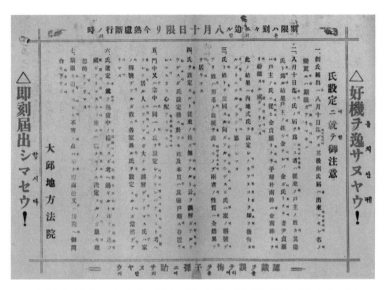

*창씨개명 기한이 10일 뒤 마감된다는 것을 알리는 대구지방법원의 안내 전단(1940)

– 좋은 기회好機를 잃지 않도록!

– 인식을 오해하여 후회를 자손에게 물려주지 않도록!

– 기한은 시시각각 다가오는 8월 10일까지, 기한 숙고하여 단행할 때 즉 각 신청합시다!

– 씨 설정에 대한 주의사항

1. 창씨 신청은 8월 10일까지입니다. 그 후 창씨 신청은 불가합니다. 이름의 변경에는 기한이 없습니다.

2. 8월 10일까지 씨의 신청서를 내지 않은 분은 종래 호주의 성이 그 대로 씨가 되는 결과, 호주의 성이 김金이면 김이 씨가 되고, 처 윤 정희尹貞姬는 호주의 씨에 따라 김정희가 되며, 며느리 박남조朴南祚

는 김남조가 되어 번거로운 부분이 있습니다. 그 결과는 내지식(일본식) 씨로 설정하지 아니한 것을 후회하게 될 줄로 생각합니다.

3. 씨와 성을 혼동하는 것 같은데, 씨는 집안의 칭호이며 성은 남자 쪽의 혈통을 나타내는 것으로서 양자의 성질은 전혀 다릅니다.

4. 씨를 설정하면 종래의 성이 없어진다는 오해가 있는 것 같으나, 씨설정 후에도 성과 본관은 그대로 호적에 존치되오니 걱정할 필요없습니다.

5. 문중이나 종중에서는 같은 씨를 설정해야 한다고 생각하는 사람도 있으나 큰 오해입니다. 씨는 집안의 칭호이니 각 집안이 다른 씨를설정하는 것은 당연합니다.

6. 씨 선정에 있어 숙려 중이겠으나 너무 생각하면 오히려 못할 수도 있으므로 조속히 하는 것으로 결정하는 것이 가장 이상적입니다.

7. 기한도 임박합니다. 궁금한 점에 대해서는 조속히 부면읍 또는 법원으로 문의합시다.

－대구지방법원

또 다른 조사와 자료에서도 그러한 사실을 확인할 수 있다. 다음표는 1988년 재일在日 한국인 1세의 창씨개명 체험에 관한 설문조사결과를 나타낸 것이다. 응답 대상자의 70퍼센트가 당시 일본에 거주하고 있던 분들로서 조선 본토보다도 창씨개명에 대해 부정적이지 않았을 가능성이 크고, 그러한 선택을 통해서라도 차별을 피할 수 있다면여러 편리를 도모할 수 있는 입장이었다. 그런데도 강제적이었다고 답한 사람이 80퍼센트였고, 당연하다거나 즐거웠다고 답한 사람은 3.3퍼센트에 불과하다.

재일 한국인 대상 창씨개명 당시 상황에 대한 설문결과

창씨개명을 한 경우		창씨개명 당시의 기분			
자발적	17.1%	당연한 일이라 생각했다	2.9%	분노를 느꼈다	11.3%
강제	80.0%	즐거웠다	0.4%	굴욕감이 넘쳤다	14.6%
불명	2.9%	어쩔 수 없는 일이라 생각했다	45.6%	아무 생각 없었다	23.1%
				불명	2.2%

출처: 在日韓國靑年會中央本部, 『アボジ聞かせて あの日のことを』, 1988. 41~42쪽

황기皇紀 2600년을 맞아 대대적인 기념행사를 개최하던 1940년 조선총독부는 2월 11일부터 6개월 동안을 창씨 신청기간으로 정하고 홍보했다. 이에 대한 예산경비를 책정할 때 창씨의 신청률을 12~18퍼센트로 예상했으나 3월 말 시점 1.5퍼센트, 4월 말 시점 3.9퍼센트로 극히 저조한 수치를 나타냈다. 그러자 미나미 총독과 법무국장으로부터 철저히 추진하라는 지시가 떨어졌고, 이때부터 신청이 급증하여 최종 신청률이 80.3퍼센트에 달했다. 이와 같이 비정상적인 증가는 결국 강제적인 수단이 동원되었음을 말해주는 것이다.

창씨개명 신청자 현황(1940. 2~1940. 8. 10)

창씨개명	신청자 수	월말 누계	비고
2월	15,746	15,746	
3월	45,833	61,579	3월까지 미나미 총독 '강제가 아니다'라고 발언
4월	95,495	157,074	4월 15일, 법무국장이 '창씨 철저에 관한 건' 발령 4월 23일, 미나미 총독이 도지사회의에서 창씨 철저를 훈시
5월	343,766	500,840	5월 24일, 평양부, 전 직원에게 6월 10일까지 창씨를 엄명

6월	580,724	1,081,564	6월 12일, 부산지방법원, 7월 20일까지 모든 가구 창씨원 제출 지시
7월	1,071,829	2,153,393	
8월 10일	1,067,300	3,220,693	학생들을 통해 가정에 개입하여 창씨를 선동한 사례, 창씨 건수를 놓고 지역 경쟁이 벌어졌다는 신문기사 등

자료: 조선총독부 제79회 제국의회 설명자료, 水野直樹, 『創氏改名』, 2008, 岩波新書 등

일본 제국의회회의록검색시스템으로 찾아본 결과 조선총독부의 다나카 다케오田中武雄 정무총감이 "절대로 그러한 일이 없었다고 말하기는 어렵다고 말씀드릴 수 있으며, 일부 유감스런 사례도 있었습니다"(귀족원 속기록, 1943. 2. 26)라는 발언을 볼 수 있다. 당시 조선인에 대한 창씨개명을 무리하게 추진했음을 인정하는 답변이다. 또한 당시의 추밀원 회의록(일본 아시아역사자료센터 소장)을 살펴보면 "일본식의 씨명을 개칭하지 않으면 아동의 학교 입학을 불허하여 사실상 강제한 것이 아닌가?"라는 질문(이시즈카石塚 고문관)에 대해 아키타秋田 척무대신은 "실제 비난의 소리가 전혀 없었다고 하기는 어려우며 앞으로는 주의하겠다"(1941. 3. 19)라고 답하고 있다. 이처럼 일본이 창씨개명을 강제적으로 시행한 것은 당시 일본의 공식 기록에서도 확인된다.

심지어 그 무렵 조선인끼리 창씨개명에 대해 이야기하던 중 비판적인 발언을 했다는 죄로 1년형의 징역에 처했다는 기사도 볼 수 있다.(『경성일보』, 1940. 5. 9) 포항의 조선인들도 비슷한 일을 겪었을 것이다. 대구지방법원은 학생들을 각 가정에 보내 창씨개명을 독려, 설명하도록 하여 출원시키겠다는 방안을 법무국에 보고하고 있다.

이상과 같이 창씨개명은 조선총독부의 주도로 한반도 전역에서 강제적으로 진행되었다. 조선인들에 대해 법적으로 일본인과 동등한 대

沿ハザルモノナリ而ルニ　實情ニ於テハ必ズ
シモ非難ノ聲ナシトセズ　今後ハ此カモ無理
ヲ生ゼシムルコトナキヤウ注意ヲ加フベシ

ノ願出ニ由リ許可セラルル制度ニシテ内地
ニ於テハ濫リニ許サレザルナルニ朝鮮臺
灣ニ於テハ或ハ兒童入學ニ際シ内地流ノ氏
名ニ改稱セザレバ入學ヲ許可セズトシ實際
上之ヲ強制スルト同樣ノ趣ナルヤニ聞ク尚
朝鮮臺灣ニ於ケル新聞紙ラヂオ等言論ノ取

이시즈카의 질의
(추밀원 회의록, 1941. 3. 19)

아키타의 답변
(추밀원 회의록, 1941. 3. 19)

テ參リタイト考ヘルノデアリマス、ソレカ
ラ次ハ創氏ノ問題、志願兵問題等ニ付キマ
シテ、官邊ノ強制ト云フヤウナコトニ關シ
テデゴザイマスルガ、是ハ私共モ仰セノ如
ク同ジャウナコトヲ耳ニ致シテ居リマシ
タ、デ、瑞ラズモ自分ガサウ云ッタヤウナコト
ニ對シマシテ責任ノ地位ニ立チマシタノ
デ、サウ云ッタコトニ對シマシテ間違ッテ
居ルコトガアルナラバ是正ヲシテ參リタイ
ト考ヘマシテ、色々事實ノ眞相ヲ調ベテ見
タノデアリマス、必ズシモ絶對ニサウ云フ
コトガナカッタトハ申上ゲ兼ネマスルノデア
リマシテ、一部遺憾ナ專例モアルヤウデア
リマス、併シ將來ハ左樣ナコトノナイヤウ
ニ、適正ニ運營シテ參リタイト斯樣ニ存ジ
テ居リマス、特ニ志願兵制度等ニ付キマシ

다나카 정무총감의 답변(귀족원 속기록, 1943. 2. 26)

징병을 앞두고 나카타니 동상 앞에서 촬영(1942. 12. 20, 자료: 김진호)

우를 하겠다는 명분을 내세웠지만 창씨개명의 목적은 다른 데 있었다. 제2차 세계대전이 확대되자 그동안 말로는 내선일체를 강조하면서도 실제로는 조선인을 배척해온 총독부가 부족한 전쟁물자를 징수하고 조선인 징용·징집의 명분을 만들려는 전략의 일환이었다. 실제 전쟁 막바지인 1944년 4월 13일 조선총독부 다나카 정무총감의 정기 도지사회의 훈시 중에 "국민동원 계획에 (…) 노무에 응할 자가 지망했는지의 유무를 무시하고 (…) 역시 강제 공출을 하기 때문에…"라는 발언을 했고, 이 내용은 자신들이 발행한 '관보'에 고스란히 담겨 있다.

2. 패전 이후 일본인의 본토 귀환

제2차 세계대전에 패한 일본은 연합군의 지시로 만주, 북한, 남한 그리고 대만 등 점령지역에서 본국으로 철수하게 되었다. 이에 따라 한반도에 거주하는 모든 일본인은 본국으로 송환한다는 방침을 정했으나 그 우선 대상은 일본군이었다. 패전 당시 해외에 거주하고 있는 일본 군인은 군속을 포함하여 육군 308만 명, 해군 45만 명, 총 353만 명이었으며, 일반인은 약 300만 명에 이르렀다. 연합군은 무엇보다 군인의 복귀를 중시했고 포츠담 선언에서도 일본군의 즉각적인 무장해제와 조기 본국 송환이라는 조건을 두었으나, 민간인에 관해서는 아무 언급이 없었다. 일본의 항복문서 조인 이후 한반도에 주둔해 있던 제17방면군 소속 부대원들도 무장해제에 들어갔으나, 미군 진주가 늦어진 탓에 모든 부대의 무장해제와 복귀가 완료된 것은 1945년 10월이었다.

그 후 10월 3일 아놀드 군정장관이 재류 일본인의 본국 송환을 발표한 것을 계기로, 민간인의 철수가 본격화되었다. 1946년 봄까지, 탈출한 이북 지역의 일본인을 제외하고 40만 명에 이르는 이남 지역의 민간인 대부분이 일본으로 건너갔다. 이 송환은 1949년 말까지 이어져서 전체 인원은 624만 명에 달했다.

당시 포항에 거주하고 있던 일본인 사업가와 가족들이 어떠한 방식으로 일본으로 돌아갔는지에 관한 기록은 찾을 수 없었으나, 철수 당시의 자료 가운데 포항이 언급된 것이 있어 여기 소개한다.

1945년이 되자 전국도 점차 급박해졌다. 소학교 6학년생인 학생이라도 우리는 매일 근로봉사의 명령을 받았다. 그 피로도는 상당히 극심했다. 첫 번째 일은 계절에 불구하고 공공도로의 말똥을 모으는 일이었다. 직접 손으로 주우라는 이야기를 들었지만 그 축축함은 지금도 잊지 못한다. 오히려 아련함마저 든다. 또 종전終戰이 가까워지자 시가지로부터 4.5킬로미터 떨어진 앞산 골프장의 잔디를 전부 벗겨내고 농작물을 심는 작업을 했다. (⋯) 돌아오는 길에는 솔뿌리 기름을 채취하기 위해 소나무통을 한 명당 한 개씩, 끈으로 허리에 묶어 질질 끌어다가 교정에 쌓았다. 나는 체력이 좀 있는 편이었지만 정말로 힘들었다. (⋯) 8월 15일이 지나, 일본인은 외출을 자제하라는 이야기를 들었다. (⋯) 거리는 수개월 전부터 '강제 소개'라고 부르는, 공습으로 인한 화재의 연소를 최소화하기 위해 가옥을 부수는 작업이 마침 끝났을 때였다. 아이들은 외모로 볼 때 조선인 아이와 구분이 어려우니까 외출하도록 두었고, 바깥으로 나가야 하는 심부름은 우리의 몫이었다. 이전(패전 이전)까지는 조선인들이 하던 일이었다. 쓰레기통을 비우는 것도 우리의 일이 되었다. (⋯) 이후 보름에서 3주 동안의 일은 나로서는 인생 최대의 모험이었다. 패전으로 대구부에 거주하고 있던 재류 일본인이 처음 행동에 옮긴 것은 철수하기 위한 어선을 수배하는 것이었던 듯하다. 당시 대구부는 조선 반도에서 세 번째로 인구가 많은 도시였지만 일본인 거류민은 서울이나 부산보다 적었고 정보도 충분히 닿지 않았기 때문에 철수 행동에 관한 정확한 판단도 어려웠다. 그래서 밀항선闇船을 구하느냐 아니면 일본에서 인양선이 올 때를 기다려야 하느냐 중에 어느 쪽이 최선일지 논의가 갈렸던 것 같다. 조금이라도 자기의 재산을 가져가고 싶은 사람들은 일본인 소유의 어선을 빌려 밀항하는 게 좋겠다는 의견이었는데, 그 방안을 신뢰할 수 없는 사람들은 불안을 느끼고 있었다.

모두가 이런저런 방안을 생각하고 있던 차에, 근처에 살고 있던 '양반'이 100척의 밀항선을 수배하여 동해에 면한 포항에서 일본인 희망자들을 탈출시켰다는 말도 들렸고, 예정된 일본 항구에 무사히 도착한 배는 몇 척에 불과하다는 말도 들렸다. 득실을 따지면 일본에서 오는 인양선에는 한 명당 등짐 하나와 수하물 하나로 제한되므로 그보다는 나을 것이라며 밀항선을 생각하는 사람이 많았다.

우리 집도 근처에 사는 몇 가족과 공동으로 밀항선 한 척을 구해 대구에서 철수하기로 했다. 한 명에 상자 3개씩 가져가기로 결정했다. 부산까지는 사람과 화물을 같이 싣는 가축용 열차에 오르게 되었다. 태풍이 몰아친 후라서 선로 양측으로는 탁류가 소용돌이치고 있었고 악취 때문에 코를 쥔 채 이동했다. (이하 생략)[1]

이 수기에 따르면 당시 대구에 있던 일본인들은 포항에서 일본 어선을 타고 밀항하거나, 부산으로 내려가 수배한 밀항선을 타고 돌아간 경우가 많았던 것으로 보인다. 또한 많은 밀항선이 이용되었던 1945년 9~10월경에는 규슈에서 동해 쪽으로 큰 태풍이 연달아 불어 닥쳤기 때문에 침몰 사고도 적지 않았다고 한다.

포항과 경주에 체류하던 일본인 중에는 홋카이도 등지에 정착한

---

1 이 내용은 2010년 2월에 출판된 『苦勞體驗手記 海外引揚者が話續ける苦勞』(일본 평화기념전시자료관) 가운데 「대구부에서의 철수大邱府よりの引揚げ」의 일부 내용을 발췌한 것이다. 글쓴이는 가나가와현의 쇼노 마사노리庄野正則로, 2010년 당시 77세였다.

사례도 확인되고 있다. 이는 철수할 때 일본인의 과도한 재산 반출을 금지했기 때문에 입국자 검사가 이루어지지 않는 홋카이도 항구로 밀항한 결과로 추정된다.

또한 위의 수기에는 당시 일본인과 조선인의 생활에 얼마나 큰 차이가 있었는지를 짐작할 수 있는 대목이 있다. 패전 직전까지만 하더라도 쓰레기통을 치우는 일은 조선인의 몫이었으나 이제 자신들의 몫이 되었다는 내용이 바로 그것이다. 그동안 창씨개명과 내선일체를 주장했으나 실상은 전혀 달랐음을 증언하고 있다.

3. 정부 수립 이후 포항의 정황과 시 승격

1949년 8월 14일, 포항읍은 포항부로 승격되었다가 다음 날인 8월 15일 다시 포항시로 승격되었다. 광복 이후 포항의 경제 상황 및 여러 현안을 알 수 있는 영남일보 기사를 발췌하여 소개하고자 한다.[2]

항도 발전에 적신호[3]

(포항에서 정대용 특파원 23일 전화) 동해 연안의 유일한 어항이며 세계 무역항으로서 장래가 촉망되고 있는 포항항은 이번 대외무역 지정항의 자격을 얻지 못하게 되어 전 영일군민, 특히 5만 인구를 포용한 항구 포항읍민의 실망이 크다. 따라서 수산계는 진퇴양난의 기로에 빠졌으며 앞날에도 자못 큰 영향을 주게 되었다. 이에 대하여 수산업 단체와 수산 가공업자는 무역 지정항 불합격 문제를 중요시하여 그 조치·대책을 강구하던 중, 드디어 도내 업자 및 영일군 업자연합회, 산하 13개 단체, 영일어업조합 관계자가 합동으로 중앙청 당국에 항의 진정서를 제출하게 되었다. 그에 앞서 3일 전, 관계자 대표가 경북도 당국에 이 내용을 진정하고 포항으로 돌아왔다. 그는 포항항이 무역항으로

---

2 영남일보는 1980년 언론통폐합 당시 '대구매일신문'으로 개칭되었다가 1989년 복간되었다. 가독성을 위해 원문의 내용을 훼손하지 않는 선에서 현대 어법에 맞게 정리했다.
3 이 기사의 큰 제목은 "남선 무역 중심지, 포항항을 지정하라!!"(1946. 8. 24)

지정될 가능성이 없다면 수산계는 물론 동해안 일대의 발달에 큰 지장을 주게 될 것이라는 여론을 전하는 한편, 강원도 묵호는 무역항으로 지정되었는데 포항이 제외된 데 분개하고 있다.

경북상공회의소 회장 이종원 씨 이야기

묵호항과 포항을 무역항으로 지정하는 것에 관해서는 내가 중앙청을 방문하기 전, 지난 토요일 포항 대표 김 씨가 먼저 무역국장을 방문했다. 하지만 국장이 확실한 언질을 줄 수 없다고 했다고 한다. 그는 포항이 무역항이 되어야 할 이유서를 작성하고 진정서와 함께 포항에 있는 미국인 군정관을 통해 중앙에 제출해보라고 했다. 나는 월요일 일찍 무역국장을 만나 포항이 무역항이 되어야 할 이유는 단순히 포항의 문제가 아니라 웅도雄道 경북 전체의 문제라고 했다. 포항은 경북의 관문이다. 앞으로 수입·수출에서 포항을 통하지 않고서는 철도 수송이 원활치 않다는 게 우리의 현실이다. 한 예를 들어 포항에서 많이 생산되는 수산물을 부산까지 철도나 선박으로 수송하여 또다시 외국으로 수출한다는 것은 조선 경제 전체의 손실이다. 그랬더니 국장은 근간 부산항에 조사원이 파견될 터인데 그때 포항도 조사하도록 해서 충분히 고려하여 지정의 가부를 결정하겠다고 답변했다. 그러므로 포항 무역항 지정 문제는 다소나마 희망을 가져도 되지 않을까 생각한다.[4]

---

4 포항항은 1920년 조선총독부에 의해 지정항이 되었다. 그해 조선 총독이 포항을 일본과의 무역선 명령항로로 지정했으므로 외국에 대해 실질적인 무역항으로서의 개항은 2020년에 100주년을 맞는다. 하지만 광복 이후 국제무역항으로서 지정항 자격을 취득한 것은 한참 후인 1962년 6월 12일이다. 1963년 3월 1일 이것을 기념하는 비가 포항시청 뒤편 정원에 건립되었다가, 2009년 11월 5일 새로 정비한 동빈 부두로 이전되었다. 그리고 포항시는 무역항 지정일인 6월 12일을 시민의 날로 삼았다.

*1962년 포항의 국제무역항 지정을 기념하는 기념비(사진: 포항지역학연구회 이재원)

포항의 이모저모 경제 상황[5]

경상북도의 해상 관문이자 미래적으로 우수한 조건을 갖춘 포항은 광복 이후 적적한 고민에 잠겨 있다. 그러나 묵묵히 힘차게 움직이면 머지않아 희망하는 대외무역 그리고 국내 산업경제에서도 중추적 역할을 할 것이 명약관화하다. 그러나 현재 읍민의 생활은 기형적이고도 극단적으로 흐르고 있다. 석양이 지기도 전에 요정에서 흘러나오는 기생들의 노랫소리를 포항의 관광객이 듣는다면, 도대체 어떤 인간들이 저렇게 대낮부터 취해 있는가 생각할 터다. 이들은 대부분 이북과 교역을 하는 상인들이다. 지금 포항의 가장 큰 희망은 이북 무역선의 자유로운 왕래다. 포항의 상회는 거의 20여 개나 되며 연 수입은 총

---

5 『영남일보』, 1949. 6. 19

1억 원에 달하는데, 수수료 10퍼센트만 해도 그들 수중에 1000만 원 정도의 수입이 들어오는 것이다. 그것은 결국 포항 경제를 윤택하게 만드는 일이다. 거래하는 무역선이 들어왔다가 돌아갈 때면 상회에서는 위로 연회를 베푸는데, 당국자들을 소개하는 술자리로 이어지는 것이 일반 상례다.

물론 광복 후 조국이 양 진영으로 대립을 보이고 있으니 모략의 침투나 파괴공작을 노리는 불순분자에 대비하려면 38선 이북에서 오는 상인들에 대해서도 엄중 단속해야 함은 두말할 나위가 없다. 그러나 그런 방관자적 견해로는 성실성을 발견하기 어려운 과다한 주연일 것이다. 다소 차이는 있겠으나 38선이 폐지되지 않는 한 남북 무역은 계속 이어지겠지만, 간혹 악질적인 상회가 상인들을 곤경에 빠트리는 일은 경계해야 할 일이다. 그중에는 물품 판매대금을 착복하는 비행도 비일비재한데, 이는 항구도시의 어리석음 가운데 하나다. 1년간이나 남북의 상업 교류가 단절되다시피 하여 상업계의 한산함이 읍민의 생활에도 영향을 끼치는 등 곤란한 양상이 확연하다.

수산업으로 눈을 돌려서, 전국적으로 우수한 어획량을 차지하던 영일만의 광복 후 어업 개황은 어떠했는가? 먼저 중요한 어업허가 건수를 보면 현재 5월 말까지 휴업을 한 기선저예망 어업이 35건, 청어잡이로 유명하고 역사도 깊은 정치망 어업은 대소大小 합계 600여 건이나 된다. 한류가 내려와 그물을 내리기도 전에 흉어가 이어지고 있으며, 작년(1948)에는 해일로 인해 정치망 전체가 유실되는 참담한 상황에 빠져 있다. 그러나 어업자들은 불굴의 의지로 재기하기 위한 준비에 바쁘다고 한다. 그들이야말로 산업 전선의 최강 용사라 부르고 싶다. 단기 4281년(1948) 1월부터 12월 말까지 영일만의 총생산량은 2억400만4570킬로그램으로서 가격은 6억7000여만 원이나 된다. 흑

자 경영이 가능한 포경업은 이제부터 성어기에 접어드는데, 현재는 배의 길이가 15척 정도인 소형 포경선이 활약하고 있으나 조만간 대형선이 출현할 것이라 한다.

어업 재난과 자금난에 허덕이면서도 바다의 용사들은 굳은 의지로 생산 활동을 펼치고 있다. 그와는 달리 육지의 산업시설은 광복 4년이 지난 오늘까지도 여전히 동면冬眠 중이다. 이는 남한 전체의 산업을 말해주는 좋은 사례로서, 포항의 경우 산업시설은 거의 없는 상태나 마찬가지며 몇 개의 시설(통조림 공장, 제재 공장)조차 닫힌 문이 좀처럼 열리지 않고 있다. 모리배들이 세상을 혼란에 빠트리는 일이 왕성한 이때 항구도시에는 부디 모리배들이 준동하는 일이 없기를 바란다. 나날이 식량 사정은 긴박해지고 있고 남한 전체에서 미곡 가격이 등귀하고 있는 이때, 포항만 고뇌하고 있다고 말할 수는 없으나 금년(1949)에는 확고한 계획이 있기를 바란다. 또한 근본적으로 자유방임하든 계획적으로 수집하고 배급하든, 하고자 한다면 끝까지 관철해주길 바랄 뿐이다. 중도에 그만두는 것은 그 어떠한 실패보다 기만적인 죄가 큰 것이다.

끝으로, 영일 군내에서 수차례 반란 사건이 있었으나 오늘날 치안 상태는 양호해지고 있다. 이는 일선 군경들이 고심한 결정 그리고 영일군의 청년운동이 어느 정도 궤도에 오른 성과이기도 할 것이다. 매일같이 한청에서 계몽대를 동원하여 열렬히 선전공작을 하고 있는 것도 군내 청년들에게 호응을 얻고 있다. 광복 이후 좌익에 동조하여 조국의 건설을 자신했던 지식층 청년들이 이후 심통한 반성을 보이더니, 지금은 속속 계몽대에 입대하고 있다. 이 유능 분자들이 모두 자기 사업이나 국가가 기획하는 산업 건설에 진출하게 될 때 조국의 산업은 반드시 융성할 것이며, 포항의 건설도 급속히 성장할 것이다. 아침마다 청년들이 훈련하는 소리, 씩씩하게 행진하는 광경을 볼 때 조국은 반드시 찬란한 역사를 이룩할 것이며 38선도 무난히 폐지될 것이라는 자신감을 가슴에 깊이 인식시켜주고 있다.(김창화, 영남일보 동해지사 기자)

포항시정 실시와 각계 인사의 희망[6]

• 영일군수 최원수

불순한 공비들의 발호가 아직 종식되지 못한 현재도 우리 대한민국은 정부 수립 1주년에 괄목할 만한 장족의 발전을 나타내고 있다. 그중에도 지방행정의 쇄신 방향은 과거 강점기 시절에 비해 가히 격세지감을 느낀다. 다행히 이번에 중앙 당국의 현명한 재량으로 지방자치법 실시와 아울러 포항시 승격을 보게 되어 감개무량하며, 음으로 양으로 시 승격에 많이 노력해주신 영일군 출신 국회의원 박원석 선생에게 무한한 사의를 표하는 바다. 포항은 다양한 현안이 산적해 있다.

축항 공사, 항만 수리, 중·초등교육기관 내용 확충, 도로 포장, 하수도 공사, 무역항 지정, 송도의 공원화, 공설운동장 설치 등 일일이 거명하기 어려울 정도로 수많은 숙제를 해결해야 할 것이다. 친애하는 포항 시민이여, 포항은 총각이 어른이 된 셈이고 처녀가 출가한 격이다. 아버지 어머니만 믿고 자라던 의존심을 버리고 형제끼리 다투는 버릇을 버리며 위정 당국만 믿고 행정에 무관심했던 옛 껍질을 벗겨내고 질투와 중상모략으로 남을 해치려고만 하던 폐단을 없애고, 자주 자립과 호조互助 겸양의 정신으로 대 포항 건설에 시민 모두 총궐기해서 경북 관문의 명성을 높여 우리 자손만대로 복록을 누릴 터전을 이루기 위해 전심으로 전력을 다하라.

---

6 『영남일보』, 1949. 8. 31.

• 경북어련 이사장 이병년

동해안에서 우수한 항구로서 약진하고 있는 포항이 시로 승격한 것은 당연한 귀결이다. 특별히 기이하다고 할 것은 없지만, 중요한 점은 수면 상태에 있던 읍정을 쇄신 확장하여 웅도 포항의 면목을 약진케 하는 것이야말로 시정 당국자와 시민에게 부여된 임무일 것이다. 이를 위해서 시의 책임자들은 대 포항시의 행정자라는 긍지를 가지고 일반 업무를 신속하고 공평하게 처결하며, 일반 시민 역시 대 포항 시민의 포부와 아량으로 시정에 협조하면 민주주의 국가의 지방자치단체로서 본능적 사명을 완수함과 동시에 밝은 포항시의 앞날을 기대할 수 있을 것으로 생각한다.

• 포항세무서 서장 박용하

우리 국가와 민족이 독립국이 되고 자주 민족이 될 것을 우리 조상 영령이 원하고 고군분투하여 삼천만 겨레가 모두 갈망하던 자주독립을 지난 8월 15일에 내외에 선포하여 세계 만방이 이를 공인했으니, 국가 발전을 위하고 민족 복리를 위하는 백년대계의 사업을 민주적으로 착착 진척시켜야 할 시기에 민주주의의 제1보인 지방자치 제도의 실시를 보게 되어 독립국의 자주민이 되었음을 각성하게 됨과 동시에 동해안의 요충지, 산업도시, 경북의 관문이라는 항구 포항에 일약 시제市制의 실시는 당지當地의 이利를 얻기에 경하하지 않을 수 없으나, 땅의 이익을 개척하기 위해서는 6만 시민의 친화와 모두의 노력이 없으면 바라는 발전을 이루기 어려울 것이므로, 우리 시민들은 도시 형성에 가장 중요한 공동생활의 본의를 현명하게 판단하여 시국의 추이를 정확하게 읽어들이면서 소아를 버리고 대승적 견지에서 일심동체가 되어 전력을 다해 시세市勢의 비약적 발전을 지상과제로 삼아 시정 운영에 양심적인 인물을 선출할 것이며, 내용의 충실과 산업 건설에도 자주 자력으로 일로매진一路邁進해 나가겠다는 각오와 결심이 가장 필요할 것이다.

• 포항상공회의소 회장會頭 박정원

전통이 빛나는 우리 삼천만 민족의 역사적 해방도 벌써 4주년을 맞이했으며, 대한민국 수립 1주년을 맞이하는 감격의 8·15를 전후하여 대통령령의 공포로 우리 포항이 시로 승격하게 되었음은 참으로 경하하지 않을 수 없다. 우리 6만 시민은 다년간 현안이던 문제를 이제 일단락을 보았으니 기필코 명실상부한 대 포항 건설에 전력을 경주해야 할 것이다. 우리 시민이 할 일은, 첫째로 시장과 시의원 등의 선거 또는 시민의 뜻을 충분히 대변하여 열과 성으로 초기의 시정市政을 담당할 수 있는 양심적인 인물을 선출하는 것이 당면한 급선무이며, 둘째로 모든 시민이 요청하는 대항만 시설과 지정 개항장이 인정되어 대 포항 대 무역도시로 발전시켜야 할 것이다. 또 항구 포항은 동해안의 중심지대요 웅도 경북의 관문으로서 수산 진흥의 대책과 해륙 운수기관을 기필코 도모해야만 할 것이다. 아울러 동해중부선은 왜정 시대의 설계가 중단된 것이므로 이 시설도 급진적으로 추진시킴이 대 포항 건설에 중요한 문제의 하나다. 여하튼 우리 포항은 동해안의 유일한 도시로 앞길이 양양할 것이다.

일제강점기를 거치는 동안 온갖 박해와 차별에도 살아남은 포항인의 삶의 흔적과 발자취, 그들이 쌓아 올렸던 재산은 6·25전쟁의 최후 방어선이 되어 일진일퇴하던 포항전투로 인해 먼지가 되어 흩어지고 말았다. 일제강점기 특별한 식민지였던 포항의 모든 것이 백지화된 것

*전투와 폭격으로 당시의 제일교회만 남은 채 초토화되어버린 포항 시내 전경.
1949년 8월 15일 포항인은 오랜 숙원이던 포항시 승격이라는 기쁨을 맛보았으나,
미래에 대한 꿈을 키운 지 1년도 안 되어 6·25전쟁을 맞았다.

이다. 다시 포항인은 불굴의 의지로 전후 복구라는 치열한 삶의 곡절
을 겪었으며, 2020년 포항전투 70주년을 맞이하게 되었다.

*전후 복구 10년 만에 빠르게 회복한 1960년대 포항 시가지 전경

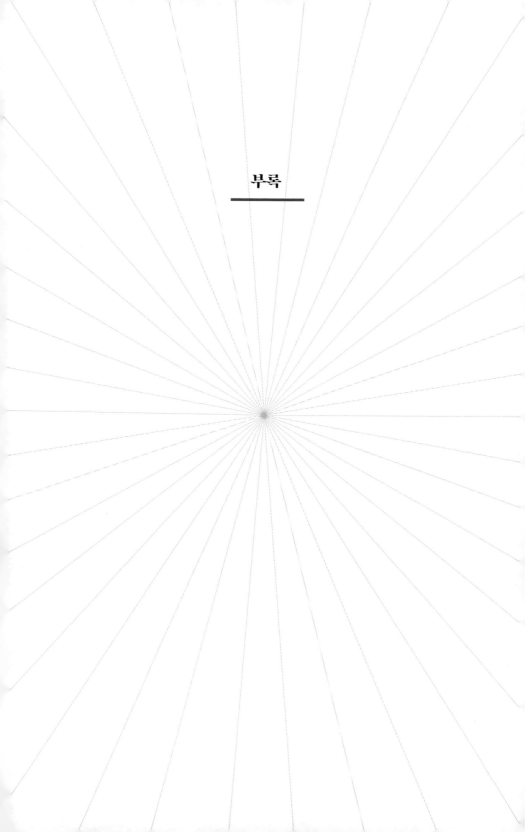

부록

포항의 주요 연표

구한말 이후 일제강점기를 거쳐 6·25전쟁까지
(•점선으로 구분된 하단은 정확한 월·일 미확인)

<일본> 일본 본토 관련한 사건, <통감> 일본·한국통감부와 관련한 사건,
<총독> 일본·조선총독부와 관련한 사건, <조선> 조선·일제강점기의 조선과 관련한 사건,
<한국> 조선·대한제국·민간과 관련한 사건, <포항> 포항 지역사회와 관련한 사건

1731년		〈포항〉 문헌상 최초로 『조선왕조실록』에 '포항浦項'이라는 지명 등장. "영조 신해년(7년) 관찰사 조현명이 고을 북쪽 20리에 포항창진浦項倉鎭을 개설하고 별장을 설치"(창진은 함경도 지방 백성 구제를 위한 곡식 보관장소)
1860년	5월 25일	〈조선〉 울산에서 경주 용담으로 귀향한 수운 최제우가 한울님을 만나는 종교 체험(동학 창도)
1862년		〈포항〉 수운 최제우가 흥해 매산리로 피신, 음력 12월부터 최초로 접주를 임명
1863년	1월 20일	〈조선〉 고종 즉위, 흥선대원군 집권
1866년	8월 21일	〈조선〉 미국 상선 제너럴셔먼호가 평양서 통상요구 거부에 행패. 분노한 평양 군민들이 상선을 불태움
	10월 19일	〈조선〉 병인양요(~12월 17일, 프랑스 함대의 거듭된 강화성 공격, 무기·서적 탈취 후 철수)
1868년		〈일본〉 메이지유신, 왕정복고

1870년		〈포항〉 병인양요 이후 이양선 출몰 증가에 따라 포항창진의 복설을 논의함. 3년 후(고종 7년)에 지정학적 요충지인 포항에 군사 목적의 포항진浦項鎭 설치
1871년	6월 10일	〈조선〉 신미양요(미 군함이 강화도를 무력 점령, 대원군이 전국 교통 요충지에 200여 개 척화비 건립)
1872년		〈포항〉 포항진지도浦項鎭地圖 제작
1873년		〈조선〉 흥선대원군 하야
1875년	9월 21일	〈일본〉 운요호 사건(일본 군함 운요호가 통상조약 체결을 빌미로 불법 침입, 강화도에서 전투)
1876년	2월	〈일본〉 강화도조약
	7월 27일	〈일본〉 조일통상장정(1. 일본상품 무관세와 항구 사용 무료 2. 양곡 무제한 유출)
	8월 24일	〈일본〉 조일무역규칙(일본 수출입 상품 무관세, 양곡 무제한 유출 허용 등 포함)
1878년		〈일본〉 일본 다이이치 은행, 부산 지점 개설 등 일본인 대상 금융거래
1880년		〈일본〉 조선 거주 일본인 인구 835명(남자 550명, 여자 285명)
1882년	5월 22일	〈조선〉 미국과 조미수호통상조약
	6월 9일	〈조선〉 임오군란
	6월 30일	〈조선〉 독일과 조독수호통상조약 체결
	7월	〈일본〉 조일수호조규속약(부산·원산·인천항의 간행이정 확장 [각 50리, 2년 후 각 100리]. 1년 뒤 양화진 개시. 일본국 공사·영사와 수행원 및 가족의 조선 각지 여행 허가 등)
	8월 20일	〈일본〉 제물포조약

11월 27일 〈조선〉 조청상민수륙무역장정

1883년 3월 6일 〈조선〉 박영효가 태극4괘 도안의 태극기를 1882년 9월 25일부터 사용, 이에 고종은 태극기를 국기로 제정 공포

7월 〈조선〉 상설조폐기관 전환국 설치

8월 17일 〈조선〉 박문국 설치, 『한성순보』 창간

8월 〈조선〉 함남 원산에 한국 최초의 근대적 교육기관인 원산 학사 설립

11월 26일 〈조선〉 새 조약안으로 독일과 조독수호통상조약, 영국과 조영수호통상조약이 같은 날 조인

〈조선〉 기기창 설립

1884년 12월 4일 〈조선〉 김옥균 등 개화당의 정변(갑신정변)

1885년 1월 9일 〈조선〉 한성조약(갑신정변 사후처리 보상을 위한 한일 간 조약)

2월 〈조선〉 최초의 서양의료기관 광혜원 설치

3월 1일 〈조선〉 거문도 사건(1885~1887년 12월 5일, 영국이 거문도를 불법으로 점령)

8월 〈조선〉 외국인이 설립한 최초의 근대적 사학 개원(고종이 '배재학당'이라는 명칭을 하사)

1886년 1월 25일 〈조선〉 『한성주보』 창간

3월 〈조선〉 최초의 근대의료기관 광혜원(1885년 설립)이 의료교육 시작

4월 〈조선〉 최초의 여성교육기관 설립(고종이 '이화학당'이라는 명칭을 하사)

9월 23일 〈조선〉 한국 최초의 근대식 공립교육기관인 육영공원 설립

1890년		〈일본〉 [인구] 조선 거주 일본인 인구 7245명(남자 4564명, 여자 2681명)
1894년	7월	〈조선〉 갑오개혁(1894~1896년 2월)
	8월 1일	〈일본〉 청일전쟁(1894~1896년 1월) 선전포고
1895년	4월 17일	〈일본〉 시모노세키 조약
	4월 23일	〈일본〉 삼국간섭(러시아·프랑스·독일이 시모노세키 조약으로 차지한 요동반도 반환을 권고)
	10월 8일	〈한국〉 을미사변(미우라 공사의 모략으로 암살대가 왕궁으로 침입하여 명성황후를 살해)
1896년	1월	〈한국〉 태양력으로 교체. 단발령을 계기로 '국모 복수'를 부르짖는 반일 의병투쟁 시작
	2월 11일	〈한국〉 친러파가 인천항에 정박 중인 군함 장병의 조력으로 쿠데타. 고종 러시아 공사관으로 피신, 개화파 각료는 암살 일소됨
	5월 14일	〈일본〉 고무라-웨버 협정으로 친러파 정권 수립(조선에 주둔한 일본 병력을 제한, 이와 동수의 러시아 병사 배치 승인, 일본과 러시아가 함께 고종의 왕궁 귀환을 권고)
	6월 3일	〈한국〉 러시아-청국 간 밀약 체결(일본과 교전하게 되면 상호 지원하기로 약속)
	6월 9일	〈일본〉 야마가타-로바노프 비밀협약(고무라-웨버 협정을 토대로 조선에서 러·일간 세력균형 규정)
	7월	〈한국〉 서재필 이완동 등 독립협회 설립. 자주독립, 자유민권, 자강개혁 제창. 『독립신문』 창간. 영은문을 철거하고 독립문 건립
		〈한국〉 철도규칙 6개조를 공시, 표준궤를 채용. 서울 시내의 하수 개량공사에 착수

8월 4일 〈포항〉 13도제 실시로 흥해, 청하, 연일, 장기가 4개 군으로 됨

8월 14일 〈한국〉 연호를 '광무'로 제정

9월 30일 〈한국〉 서울도시개조계획 시동(한성의 도로폭을 개정하는 건) 이 내부령으로 발령

1897년 2월 〈한국〉 고종이 러시아 공사관을 나와 경운궁으로 천궁

10월 11일 〈한국〉 국호를 대한제국으로 개칭

10월 12일 〈한국〉 고종이 환구단에서 황제로 즉위. 청의 속국이 아닌 독립국임을 선언
〈한국〉 광무개혁(러일전쟁으로 종료시까지). 왕궁이 주도하여 구법을 토대로 신법을 채용, 근대화 정책.

1898년 4월 25일 〈일본〉 니시-로젠 협정 체결. (1. 러·일 양국은 한국의 독립을 인정, 내정 불간섭 2. 한국에 군사교관 등 파견은 사전협의 3. 러시아는 한국에서의 일본 산업발전을 방해 안 함)

9월 〈한국〉 독차毒茶 사건(고종황제와 황태자(순종황제)가 아편 담긴 커피를 마셔 황태자에게 장애 발생)

10월 〈한국〉 독립협회와 정부가 민관공동회(1만 명 참가). 의회 설립 요구로 중추원에 민선 의관을 채용

12월 〈일본〉 가토 마스오加藤增雄 공사, 고종황제에게 독립협회 강제해산을 권고

〈한국〉 광무양전(근대적 토지조사사업으로, 러일전쟁으로 중단)
〈한국〉 한성전기회사 설립, 서울 시내에 전력 공급. 경원선·호남선 철도계획 수립

1899년 5월 〈한국〉 한성전기가 서울에서 전기 영업 시작

8월 22일 〈한국〉 기본법으로 대한국 국제를 제정(절대군주제)

9월 18일 〈한국〉 경인선(노량진-인천) 개통, 전차 운행 시작

〈한국〉경의선의 부설권을 프랑스로부터 회수, 자체적으로 건설 시도

〈한국〉각종 학교교육 규제를 제정, 그동안 의과·사범·외국어학교 등 설립. 유학생 파견

〈포항〉한자로 된 『연일군읍지』『흥해군읍지』『장기군읍지』『청하현읍지』가 간행됨

1900년	7월 8일	〈한국〉경인철도합자회사가 경인선 완공 개통
	8월 17일	〈한국〉이강, 이은을 의친왕, 영친왕으로 책봉

〈한국〉일본에 대해 대한제국의 중립국화 교섭을 신청

〈한국〉러시아의 마산 조차租借, 일본의 거제도 조차 요구를 거부

〈한국〉만국우편연합에 정식 가입

〈한국〉인천전환국 용산으로 이전(당시 1환(원)=5량兩=50전錢=500푼分)

〈일본〉[인구] 조선 거주 일본인 인구 1만5829명(남자 8768명, 여자 7061명)

1901년	1월	〈일본〉열국의 공동보장에 의한 한국 중립국화를 러시아가 제안했으나 거부
	2월	〈한국〉화폐조례를 시행
	4월	〈일본〉러시아·청국 간 한국의 영세중립국화 밀약에 영국, 미국과 함께 항의. 러시아 포기
	6월	〈일본〉이토 내각 사퇴 이후 가쓰라 타로 내각 발족. 한국의 보호국화를 방침으로 결정
	가을	〈포항〉최초로 일본인(나카타니 다케사부로) 방문. (당시 연일군 북면 포항동의 어촌 부락은 남빈, 여천, 학산 3개 동에 120~130호 형성. 포항의 거래 물자는 쌀 5~6만 석, 콩 3~4만 석 정도, 쌀 1석은 4, 5원 정도)

〈한국〉한성제직회사 등 방적회사 다수 설립

1902년	1월 30일	〈일본〉 러시아를 견제하려는 영국과 영일동맹 체결
	5월 31일	〈한국〉 한성-개성 간 전화 개통, 서울 시내 전화교환 시작
	6월	〈한국〉 울릉도 재류 일본인들이 부산이사청 인가를 얻어 일본인 자치공동체를 결성
		〈일본〉 일본 본토에서 '한국의 백동화 위변조범 처벌령' 제정(당시 조선전환국이 일본에서 수입한 기계로 5전 백동화를 제조, 일본에서 밀조된 백동화와 150여 대의 제조 기계까지 밀수하여 찍어냄에 따라 조선에서 백동화의 화폐 기능이 거의 상실)
		〈일본〉 다이이치 은행이 조선에서 다이이치 은행권을 발행
		〈한국〉 1환(원)이 종전 50전에서 100전으로 바뀜
1903년	3월	〈한국〉 중앙은행조례 공포
	5월	〈일본〉 한국령 내 용암포 삼림사업에 나선 러시아에 대해 일본의 진출을 억제하는 행위로 해석
	6월	〈일본〉 러시아에 대한 일본의 강경론이 신문에 발표
	8월	〈일본〉 한반도 분할론(만주와 한국을 교환하자는 요지의 대러시아 교섭)을 제안, 러시아가 이에 반발하자 극동총독부를 설치, 극동지역에 대한 독자노선을 결정
		〈한국〉 일본과 러시아에 대한 전시 국외중립을 방침으로 결정, 대외공작 시작
	10월	〈일본〉 도쿄에서 고무라-로젠 교섭(만·한 권익의 상호승인, 국경 양측 중립지대 설치안)
	12월	〈일본〉 한국령의 군사 이용 불가라는 러시아의 대응에 불만, 개전을 결의
		〈한국〉 서울-개성 간 철도 착공. 최초로 해외 이민 100명 송출
1904년	1월 1일	〈일본〉 경부철도 개통

1월 21일 〈한국〉 전시 국외중립을 선언, 영국·프랑스·독일·이탈리
아·덴마크·청이 수용
〈일본〉 한국의 국외중립 선언을 거부

2월 8일 〈일본〉 여순에 주둔한 러시아군에 야간공격을 시행

2월 9일 〈일본〉 인천으로 육군부대를 상륙시켜 한국 침공을 시작,
한국의 국외중립 상태 붕괴

2월 10일 〈일본〉 러시아에 선전포고, 러시아도 일본에 선전포고함으
로써 러일전쟁 시작

2월 12일 〈일본〉 수도 서울(한성)을 일본군이 점령(러시아 주한공사와
경비병은 철수)

2월 23일 〈일본〉 한국 점령 하에 한일협정서에 서명을 강요(1. 일본이
한국 내정을 지도 2. 제3국의 침해 또는 내란의 위기에
일본이 '임기응변 조치'를 취하고 한국은 협력함. 일본은
필요한 지점을 점령할 수 있다는 내용)

2~4월 〈일본〉 한일의정서에 반대한 대신 이용익을 납치(일본에서
연금 10개월), 반대하는 고위 장교를 서울에서 추방
조치

5월 1일 〈일본〉 중국과 한국 국경지대에서 러시아와 최초의 육상
전투(압록강 전투)

5월 18일 〈한국〉 용암포 등 러시아의 삼림벌채권에 관한 한·러조약
폐기

5월 31일 〈일본〉 식민지 경영 플랜인 대한국 시설강령을 각의에서
결정

7월 2일 〈일본〉 한국 국내에 군율을 공포(1. 군용 전선·철도를 파손한
자 사형, 2. 범인을 은닉한 자 사형, 3. 군시설의 보호는 지
역의 연대책임으로 범인을 놓치면 태형)
〈한국〉 1906년 10월까지 군율로 처리된 한국인은 사형
35명, 감금·구류 46명, 태형 100명 등

7월 13일	〈한국〉	보안회(일본의 개발권 요구에 대항하는 항일 운동단체) 활동
8월 22일	〈일본〉	제1차 한일협약을 체결(한국에 일본 정부가 추천하는 재정·외교 고문 설치, 외교권 제한)
9월 14일	〈한국〉	경기도 시흥에서 수천 명 민중이 군수와 일본인 2명을 살해, 전신선 절단, 공사 방해 빈발
9월 25일	〈한국〉	황해도 곡산군에서 경의선 건설인부 징발에 반발한 수천 민중이 일본인 7명 살해
10월 8일	〈일본〉	일본군, 반일활동 대책으로 한국 함경도의 점령지역에 군정을 시행
12월	〈일본〉	한국에 재외공관 폐지를 요구
	〈일본〉	일본인 재정고문 메가타 다네타로가 전환국 폐지, 화폐정리 사업을 단행(화폐가치가 불안정한 백동화를 갑, 을, 병종으로 나누고 1902년 화폐가치 조정에 따라 2전 5푼은 5전으로 변환되어야 하나 갑종은 그대로 2전 5푼, 을종은 갑종의 5분의 1만 인정, 병종은 교환대상에서 제외) 조선 내 백동화를 거의 병종 처리(결국 조선의 상공업자와 농민에게 큰 피해), 부족자금은 일본 차관으로 충당케 하여 한국 자본의 일본 귀속을 가속화
1905년 4월 1일	〈일본〉	한국의 통신주권 박탈, 한국의 우편·전신전화 사업을 일본 정부에 위탁하는 각서에 조인
4월 8일	〈일본〉	한국보호권 확립의 건을 방침으로 각의 결정
5월 27일	〈포항〉	러일전쟁의 동해日本海 해전으로 포항에서 폭음이 들리고 가옥이 흔들림
5월 28일	〈일본〉	동해 해전에서 승리, 러시아 발틱함대는 괴멸 〈한국〉 경부선 철도 개통식 개최
5월 31일	〈일본〉	러시아와의 강화조약을 미국에 타전. 미국은 만주

의 시장 개방을 전제로 승인

6월 7일	〈일본〉	일본의 부탁을 받은 미국의 강화 알선에 러시아 황제가 직접 수락
6월 9일	〈포항〉	포항우편국 전신인 임시우체소가 연일에 설치
7월 1일	〈일본〉	중앙에 통감부 통신관리국을 설치하고 조선 전국을 대상으로 통신망 확대
7월 1일	〈일본〉	한국 정부의 재정고문직에 있던 다이이치 은행에 화폐정리와 국고금 취급 허용, 다이이치 은행이 발행한 은행권의 조선 내 무제한 통용 허용, 한국의 통화발행권을 박탈
7월 27일	〈일본〉	가쓰라-태프트 밀약(한국, 필리핀을 상호 지배지역으로 인정하는 미·일간 비밀각서)
8월 12일	〈일본〉	제2차 영일동맹 조인, 한국·인도를 상호지배 지역으로 인정, 박제순 외상의 항의를 무시
9월 5일	〈일본〉	포츠머스 강화조약에 조인(1. 한국은 일본 세력권으로서 러시아는 불간섭 2. 쌍방이 만주에서 철병(철도 관련 제외) 3. 여순, 다롄의 조차권과 남만주 철도를 일본에 할양 등)
가을경	〈포항〉	나카타니 다케사부로가 영주 목적으로 포항 이주, 포항항 최초의 일본식 가옥 건축
11월 1일	〈한국〉	미터법을 채용한 근대도량형법 공포
11월 17일	〈일본〉	무력 동원으로 제2차 한일협약 조인(을사늑약). 미국·영국의 묵인 하에 한국 외교권을 박탈
11월 20일	〈한국〉	『황성신문』에 장지연이 「시일야방성대곡」 논설 게재
12월 20일	〈통감〉	칙령으로 일본의 한국통감부와 이사청 관제가 공표

〈포항〉 포항으로 이주한 일본인 총 7명(통역 1명 포함)

〈포항〉 연일과 흥해 지역의 첫 임시우체소가 업무(우편)를 시작

1906년	1월	〈한국〉 해외에 국서 송부, 일한협약 무효 주장, 5년간 한국 공동보호를 요청
	2월 1일	〈일본〉 통감부와 이사청의 업무 시작
	3월 1일	〈포항〉 1905년 고종의 밀명을 받은 정환직이 아들 정용기를 영천으로 파견, 의병을 모집토록 함. 영천, 영일 일대 각 고을의 포수 및 민병들로 산남의진 조직
	3월 11일	〈포항〉 사립 광남학교(현 연일초등학교) 개교
	3월	〈한국〉 애국계몽운동(대한자강회 결성, 교육·출판·민족자본 확립 제창을 위한 여러 단체 활동)
	5월	〈포항〉 정헌문 의병장이 김재홍, 김복선 등과 함께 300여 명의 의병을 모집. 영일을 중심으로 경주, 죽장, 흥해, 청하 등지에서 항전
	12월 1일	〈포항〉 연일임시우체소가 연일우편취급소로 개칭
		〈통감〉 조선 각지에 농공은행 설립, 1906년부터 한국정부 법률 최고고문에 우메 겐지로가 재직 〈한국〉 의병투쟁. 을사늑약(제2차 한일협약)에 분개한 민중이 각지에서 무장 반란을 일으킴 〈한국〉 만주 용정에 이상설이 한국 최초의 신학문 민간교육기관인 서전서숙 설립 〈포항〉 상거래는 거의 엽전으로 거래. 당시 포항의 시장에서 거래되던 주요 공산품은 마포, 토관, 기와, 옹자리, 관물冠物, 토시, 담뱃대, 놋쇠기구 등(1909~1910년경 일본인 거래품은 나막신), 술, 간장 거래
1907년	1월 25일	〈통감〉 통감부, 남산 왜성대 신축 청사로 옮김
	2월	〈한국〉 국채보상운동(급증한 일본 차관 1300만 원을 국민모금으로 갚아 간섭을 막자며 600만 원을 모았으나 일본의

탄압으로 좌절)

4월	〈포항〉 일본인회 설립 합의(5월에 규약 초안 완성, 6월 19일자로 인가)
5월 1일	〈포항〉 연일우편취급소가 철수하고 포항으로 이전
6월 25일	〈한국〉 헤이그에서 개최된 만국평화회의에 황제가 밀사를 파견, 한일협약의 무효와 국권 회복을 호소
7월 20일	〈통감〉 헤이그 밀사 파견을 구실로 고종황제 퇴위 강요. 순종 즉위. 이때부터 1908년까지 일본군은 반일 의용군 1만4000명과 1774회에 달하는 전투를 벌임
1907년 7월 24일	〈통감〉 제3차 한일협약 체결(통감부, 일본인 관리가 내정 장악, 한국의 주권 박탈(부속 비밀약정), 한국군 해산) 초대 통감은 이토 히로부미 〈통감〉 신문지법 제정케 함. 검열, 발행금지 처분 등을 규정
7월 27일	〈통감〉 보안법 제정케 함(결사·집회의 해산 명령, 전단 배포 및 게시 금지, 정치적 불온한 행위자에 대한 주거퇴거 명령 등이 포함)
8월 1일	〈한국〉 대한제국 군대 해산, 반발한 병사들이 의병 봉기, 연말까지 일본군과 323회 무력충돌
9월 9일	〈포항〉 일본의 도쿄수산대학 전신인 수산강습소 실습선 카이오호가 대보면 인근 해상에서 좌초(사망자 4명과 다수의 부상자를 현지 주민이 구조, 9월 12일 일본군 순양함이 부산을 경유하여 귀환시킴. 직후 목제의 기념비가 세워짐)
9월 21일	〈포항〉 정용기 의병대장이 이끄는 산남의진과 신돌석 의병, 청송읍 연합 공격
10월 7일	〈포항〉 정용기 의병대장의 산남의진이 입암동전투에서 참패(의병장 정용기, 중군장 이한구, 참모장 손영각, 좌영장 권규섭 등 순국)

10월	〈포항〉 [인구] 연일 지역 포함 일본인 거주자 36명
12월 11일	〈포항〉 정환직 의병장 청하에서 일본군에게 체포
12월	〈한국〉 의병 선견대 2000명, 서울 동대문 근교로 다가서다 패퇴

1908년 1월 1일　〈통감〉 진위대 해산으로 종래의 분파소가 순사주재소로 개칭

1월 21일　〈통감〉 삼림법 제정케 함

3월　〈통감〉 정부 차관 1968만 엔, 이외에 흥은차관 1296만 엔 (12월) 등 공여

4월 4일　〈포항〉 사립 의창학교(현 흥해초등학교) 개교

6월 11일　〈포항〉 일본의 동해안 해류 조사. 포항에서는 영일만 동쪽 15리(위도 36.18 경도 129.45)에서 병 10개를 투하

12월 28일　〈통감〉 동양척식(주) 설립(자본금 1000만 엔, 한국 정부는 177제곱킬로미터의 토지현물로 30퍼센트 출자)

〈한국〉 1908년 의병투쟁 1976회 교전(교전 의병은 약 8.2만 명)
〈포항〉 포항 거주 일본인들 최초의 연예회 개최
〈일본〉 의병과 일본군의 무력 충돌(연 1451회로 보고)
〈통감〉 동양척식회사를 세워 자금 수급원 확보
〈포항〉 최초의 서양식 포항 의사 쓰카하라 개업
〈포항〉 포항 최초의 여관 겸 요리점(에도야) 개업
〈포항〉 1907년 일본 수산실습선 좌초를 계기로 조선 최대의 근대식 등대인 호미곶등대 준공(높이 26.4미터로 국내 최고) 1982년 8월 4일 경상북도 기념물 제39호로 지정

1909년 1월 16일　〈한국〉『대한매일신보』,『런던트리뷴』지에 게재된 고종황제의 을사늑약 부인 기사를 전재

2월 23일　〈통감〉 출판법을 제정케 함(출판 허가제로 제정)

2월	〈포항〉 총독부 교육촉탁인 히로타 나오사부로 포항 방문, 학교 설립 구체화
3월	〈통감〉 민적법을 제정케 함 〈포항〉 부통감 소네 자작의 포항 방문, 일본인회립소학교 설치비로 50원 기부
4월 10일	〈통감〉 이토 히로부미, 가쓰라 수상과 고무라 외상이 제안한 한국병합 정책에 동의
4월	〈통감〉 통감부령 신문지규칙을 제정(1907년 신문지법과 같은 취지) 〈한국〉 1909년 2~6월 의병투쟁 교전 1738회(교전 의병 약 3.8만 명) 〈포항〉 여관, 요정 등 화류계 번성(여종사원 46명) 〈포항〉 포항공립심상고등소학교 개교(이후 27년간 졸업생 1143명 배출)
6월 1일	〈포항〉 연일우편취급소, 포항우편전신사무취급소로 개칭 후 전신업 시작
6월	〈포항〉 야마자키 교장의 부임으로 일본인회립소학교 개교, 6월 신교사로 이전(입학아동 12명) 〈통감〉 이토 히로부미 일본 복귀로 부통감 소네 아라스케 자작이 통감 직위 승계
7월 6일	〈일본〉 한국병합을 정부 방침으로 각의 결정
7월	〈통감〉 사법과 감옥 업무를 일본 정부에 이양
8월 9일	〈포항〉 흥해지방금융조합 설치(1911년 포항지방금융조합, 1918년 포항금융조합으로 개칭)
10월 16일	〈통감〉 한국의 범죄 즉결령을 제정케 함
10월 26일	〈통감〉 안중근 의사, 하얼빈역에서 초대 통감 이토 히로부미 암살

10월	〈통감〉	한국의 법부를 폐지
	〈포항〉	포항의 관할권이 부산이사청에서 대구이사청으로 이관
12월 4일	〈한국〉	이용구의 일진회가 100만 명 회원의 이름으로 '한일합방을 요구하는 성명서' 상주. 대한협회·천도교도 등 반대
	〈포항〉	일본인 최초의 친목 야유회 개최. 일본인 204명, 화류계 소속 예기, 창기, 작부 총 48명
	〈일본〉	일본군, 의병과 무력충돌 연간 898회라고 보고
	〈통감〉	중앙은행인 한국은행 창립. 다이이치 은행, 중앙은행 업무를 한국은행으로 이관
1910년 1월	〈통감〉	소네 통감은 와병으로 본국 귀환, 5월 30일 통감직 사임
봄	〈포항〉	여천 화재 발생으로 24가구 피해
3월 14일	〈통감〉	토지조사사업 시작
3월~8월	〈통감〉	임적조사사업 실시. 절반 이상의 삼림을 국유림으로 등록, 무주공산(입회지, 공유지)을 박탈하는 결과로 분쟁화
	〈한국〉	공유림이 수탈됨
5월 24일	〈통감〉	기존의 일본인회를 폐지하고 재류일본인 자치기관인 학교조합을 조직하기로 결정
5월	〈한국〉	미국에서 대한인국민회 설립
6월 1일	〈포항〉	일본인회를 영일학교조합으로 개칭(조합 초대 관리자는 일본인회장 나카타니 다케사부로)
6월 10일	〈포항〉	사립 천일학교(현 청하초등학교) 개교
6월 24일	〈통감〉	한국 정부와 각서를 교환하여 경찰 업무를 제국에 위임하기로 결정

6월 30일 〈통감〉 헌병경찰제도 발족

7월 5일 〈포항〉 통감부의 조합령 발표로 학교조합 의원 선거 실시

7월 23일 〈통감〉 육군대신 데라우치 마사타케 자작이 통감 겸직으
로 서울 입성

7월 25일 〈포항〉 일본 히가시혼간지 포항포교소 개교

8월 16일 〈통감〉 한국 정부와 데라우치 통감 간 한일병합 의견 일치,
초안 작성

8월 22일 〈통감〉 한국병합 조약 체결(통감 저택에서 데라우치와 이완용
조인)

1910년 8월 29일 〈총독〉 한국병합 조약 공포, 초대 총독 데라우치 마사타케
가 대한제국 소멸 선언

9월 13일 〈총독〉 보안법에 의거 집회·정치활동을 엄금. 야외에서의
군중집회 금지. 일진회(친일단체)·대한협회 등의 결
사를 해산

9월 〈포항〉 칙령 358호에 따라 중앙에 경무총감부, 지방에 경
무부를 설치. 포항에는 대구헌병대가 관할하는 헌
병분대를 두고 연일 외 10개 지역에는 분견소 설치

10월 1일 〈포항〉 포항우편전신사무취급소에서 전화 업무 시작

10월 12일 〈포항〉 포항 최초의 전문 여관인 하시모토 여관 개업

10월 〈포항〉 [인구] 포항 거주 일본인 432명, 호수 142호, 대구-
포항 간 2등도로 완성
〈포항〉 사립 장명학교(현 장기초등학교) 개교

12월 15일 〈총독〉 범죄즉결례 제정. 3개월 이하의 징역이나 태형에 상
응하는 범죄재판은 경찰서장이 즉결 가능.(병합 전
시행되고 있던 칙령을 계승, 당시 일본 본토에서도 구류
30일, 과금 20엔 이하는 즉결 가능)

12월 29일 〈총독〉 회사령 제정(회사 설립 허가제, 1920년 4월 1일 폐지)
조선인 자본의 성장을 억제하는 결과(대한제국 당시 조선인 경영회사는 합명회사 3, 합자회사 4, 주식회사 14, 총 21개사)

〈조선〉 조선인 불입자본: 1911년 274만 엔→1917년 587만 엔. 일본인 불입자본: 1911년 506만 엔→1917년 3802만 엔

〈포항〉 조선총독부, 포항 일대 지도 제작(5만분의 1)(이때까지 송도는 섬이 아니었음)

〈총독〉 한국은행을 다시 조선은행으로 변경

〈총독〉 총독부 기관지(매일신보, 경성일보, The Seoul Press) 외의 신문 폐간 유도(경성신보 1912년 폐간)

〈일본〉 의병과의 무력충돌, 연 147회로 보고

〈포항〉 사립 광흥학교(현 송라초등학교)

〈포항〉 대구조선민보사 포항지국 설립(포항 최초의 신문사)

〈포항〉 구룡포 최초의 영주 일본인으로 가야노 이주

〈일본〉 [인구] 조선 거주 일본인 총 17만1543명(남자 9만 2751명, 여자 7만8792명)

1911년 4월 17일 〈총독〉 토지수용령 제정. 임의 토지를 철도·도로 건설에 이용(공사는 현지민의 부역=무상 노동)

6월 20일 〈총독〉 삼림령 제정(통감부 시대의 삼림법과 임적조사사업의 결과를 계승, 임의의 민유림을 보안림으로 지정 가능), 화전민 압박(연 4000~8000건 검거), 조림 대부제도로 조림 성공자에 양여(대소유자는 일본기업)

〈조선〉 공유림 수탈, 난방용 장작 입수, 화전민의 밭농사 피해, 삼림법 위반 매년 4000~8000건 발생

8월 23일 〈총독〉 제1차 조선교육령 제정(조선인에게만 적용, 일본어를 국어로 정함, 보통학교 4년제, 사범학교 없음, 고등보통학교에 1년간 사범과 설치)

10월 20일 〈총독〉 사립학교 규칙 제정(총독부가 인정한 교과서 외 사용 불가, 질서를 어지럽힌다고 인정된 학교를 폐쇄하여 민족

교육을 억압)

〈조선〉 1910년 사립학교는 1973개(1919년에는 742개로 격감)

9~11월　〈총독〉 황해도에서 대규모적인 의병 잔당 토벌작전 실시

11월 1일　〈포항〉 포항교회 부지 내 사립 영흥학교 개설

〈조선〉 1906~1911년까지 일본인 사망자는 136명, 부상자 277명(수비대, 헌병, 경찰 포함), 의병 사망자 1만 7779명, 부상자 3706명, 포로 2139명(일본군의 조사)

1912년　1월 1일　〈총독〉 한국 표준시를 일본 표준시로 변경

2월 24일　〈포항〉 포항우편전신사무취급소에서 일반 전화교환 업무 시작(전화 개통 수는 29기)

3월 18일　〈총독〉 조선태형령 다시 제정. 곤장형은 조선인만 적용. 절반에 달하는 범죄자가 강제부역
　　　　　〈총독〉 조선형사령 제정. 용의자의 임의구속, 증거 없이도 판결 가능

3월 25일　〈총독〉 경찰범처벌규칙 제정. 집회나 청원도 처벌 대상

4월　　　　〈총독〉 보통학교용 언문철자법 확정

8월 13일　〈총독〉 토지조사령 제정. 전국의 토지측량과 소유자 확정 (1910~1918). 광무양전光武量田을 계승

9월 16일　〈총독〉 경상북도 장관 이진호, 훈령 제28호 발포(면 처무규정 제정)

9월　　　　〈조선〉 고종의 밀명으로 독립의군부 조직

10월　　　　〈총독〉 1911년 9월 애국운동 용의자 600~800명을 구속, 그중 122명을 1912년 5월 공판에 회부하고 이날 105인에게 유죄 판결. 이에 대한 고등법원 항소로 '105인 사건'으로 불림. 이후 비판적인 국제 여론이 형성되자 1915년까지 전원 무죄 특사

〈포항〉 포항경찰서 서양식 2층 건물로 신축
〈총독〉 어업령과 수산조합규칙 실시
〈조선〉 [물가] 쌀 10킬로그램에 1원 78전
〈포항〉 마쓰오카 가메요시, 청하만 최초의 일본인으로 이주

1913년	2월	〈포항〉 여천 화재(1910년 봄)를 계기로 조직적인 포항소방조가 창설
	5월 13일	〈조선〉 안창호, 미국 샌프란시스코에서 흥사단 창립
		〈포항〉 1912년부터 동해안 연안, 서일본과의 무역 개시로 포항세관감시소 설치 〈포항〉 구룡포우편소 설치
1914년	1월 7일	〈포항〉 형산강 방제 축조공사 착수(1915년 10월 14일 준공)
	3월 1일	〈총독〉 지방행정구획 개정. 부·군·면제 시행. 〈포항〉 흥해, 청하, 연일, 장기 4개군이 영일군으로 통합 (18개 면)
	4월 1일	〈포항〉 총독부의 부군 통폐합에 따라 포항면 탄생(장기군 현내면, 서면은 영일군 장기면, 봉산면으로 변경)
	8월 5일	〈포항〉 도보道報 69호로 신포항면新浦項面 구역 결정(득량동, 죽도동, 학잠동, 대도동, 상도동, 해도동, 포항동 총 7개 동)
	10월 7일	〈포항〉 경북도에서 형산강 방사제 축조공사 착수
	10월	〈포항〉 오쓰카, 대구-포항 1일 1회 왕복 자동차 교통 시작 (경북 최초 자동차번호는 '경북1')
	12월 4일	〈포항〉 포항우편국 청사 신축 이전
	12월 8일	〈포항〉 영일어업조합 설립인가 획득(영일만 내 동해·오천·대송·연일·형산·흥해면에 거주하는 일본인 및 조선인 어업자를 위한 어업단체로 1912년 10월 어업가 17명이 발기)

12월 19일	〈포항〉	창주면의 석탄광 채굴권 출원(대구 거주 바바 다테미 외 3명)이 인가됨
12월	〈포항〉	영일어업조합 창립, 조합원 820명
	〈총독〉	조선총독부에서 포항 지역의 남녀 평균체격 측정 실시
	〈조선〉	무장 항일운동가들 일본군에 쫓기어 만주로 탈출
	〈포항〉	일본인 야마모토 이시, 포항 최초의 전문 산파로 이주
	〈포항〉	포항항의 일본인 인구 1500여 명
1915년 6월	〈조선〉	박은식 『한국통사』 편찬
9월 3일	〈포항〉	영일수리조합 인가 지령(4월6일)에 의거 창립
12월 24일	〈총독〉	조선광업령 제정(통감부 시대의 한국광업법을 치환, 외국 인의 신규광업권 취득 금지, 금·은·철·납의 광업세 폐지)
겨울	〈포항〉	연일군청 이전(연일군 생지리에서 포항면 덕산동으로) 청사는 6·25전쟁 당시 소실(1953년 같은 자리에 재건 축, 1995년 이후 북구 청사로 사용)
1916 년 2월 12일	〈포항〉	영일수리조합이 공법인으로 탄생
3월 31일	〈총독〉	공창제도를 공식화하는 경무총감부령 제4호 대좌 부창기단속규칙 공포(5월 1일부터 시행)
4월 1일	〈포항〉	조선부동산등기령 시행과 동시에 대구지방법원 경 주지원 포항출장소 업무 시작
4월 29일	〈총독〉	조선경편철도주식회사에서 동해중부선 기공
5월 13일	〈포항〉	포항공립보통학교 창립
10월 16일	〈일본〉	데라우치 내각 발족
	〈총독〉	하세가와 요시미치 육군대장이 2대 총독으로 부임
1917년 2월 28일	〈포항〉	일본의 린자이슈 도후쿠지파 포교소 개설

	4월 9일	〈포항〉 포항미두검사소 업무 시작, 1920년 경상북도 미두 검사소 포항지소로 개칭
	8월	〈포항〉 구룡포의 축항 돌제기부 근처부터 32간間의 방파제 준공
	10월 1일	〈포항〉 면제面制 시행. 포항, 학산, 두호 3개동만 특별 지정 면으로 하고 나머지 동은 신설된 형산면에 흡수됨 〈포항〉 포항역의 동해중부선(포항-대구 간 개통) 업무 시작
	12월	〈포항〉 구룡포의 방파제가 폭풍우로 소실
		〈포항〉 조선총독부, 포항 시내 1만분의 1 지도 제작 〈포항〉 포항전기주식회사 창립 〈포항〉 대구지방법원 경주지청 기밀사항에 관한 기록(검사 사무, 1916~1917)의 교통기관 상황은 경주-포항 간 자동차(2시간반, 하루 오전·오후 1회 왕복, 관용은 부정 기), 경주-포항 간 마차(5시간), 포항-울릉도 간(1개 월에 4~5회 기선)
1918년	2월 21일	〈총독〉 서당 규칙 제정(서당에서도 일본어와 산수 교육, 총독 부 편찬 교과서를 가르치도록 강제, 폐쇄명령 가능)
	2월	〈포항〉 마루미야 상점주인 미쓰와 젠베에가 미쓰와포항 포 도농원 창업(1914년 유럽전쟁 발발을 계기로 데라우치 총독으로부터 포도주 사업을 권유받고 1917년 10월 동 해면과 오천면에 약 60만 평 대지를 구입)
	5월 1일	〈총독〉 조선임야조사령 제정. 공유림의 소유권 분쟁으로 재차 신고를 받음. 〈조선〉 공유림은 무주공산인데다 신고가 되어 있지 않아 서 문제 미해결인 채 국유림 949만 헥타르, 민유림 639만 헥타르로 확정(1923)
	6월	〈총독〉 금융조합령 개정
	9월 21일	〈일본〉 데라우치 내각 총사퇴

〈조선〉 여운형 등이 상하이에서 신한청년당 결성

10월 31일 〈포항〉 포항-하양 간 철도 개통

〈총독〉 농공은행과 기타 5개 은행 합병으로 조선식산은행 신설, 10월 1일 업무 시작

1919년 1월 7일 〈포항〉 형산강 북하구 도수제 1차 축조공사 시작((2개년 사업으로, 1921년 3월 8일에 준공)

1월 21일 〈조선〉 고종황제 붕어

2월 8일 〈조선〉 도쿄의 조선인 유학생 약 600명이 종교단체와 연대하여 독립운동을 일으킴

3월 1일 〈총독〉 3·1운동 진압에 일본군 투입(발포 105건, 무력진압으로 다수의 사망자 발생)
〈조선〉 3·1독립 선언으로 서울에서 50만 명, 전국 770개 지역에서 데모로 발전, 충돌 176건

3월 11일 〈포항〉 수백 명이 운집한 장터에서 독립선언서 낭독 및 만세운동 벌어짐.(3월 8일 대구 시위에 참여했다가 돌아온 송문수, 이기춘, 이봉학, 장운환 등이 밀정에 의해 검거)

3월 12일 〈포항〉 포항교회 신도를 비롯한 수백 명 주민이 야간에 포항교회에 모여 등불 시가지 행진, 영흥학교 서쪽을 돌아왔을 때는 1000여 명으로 늘어남

3월 22일 〈포항〉 청하와 송라면에서 대전교회 신도를 비롯한 동지들이 만세 시위(23명 대표 체포)

3월 27일 〈포항〉 송라면 대전리 두곡 숲에서 만세운동

4월 1일 〈포항〉 연일과 동해, 장기, 오천, 대송, 연일, 달전 지역에서 만세운동

4월 2일 〈포항〉 기계, 죽장, 신광, 청하, 송라, 흥해 등 각 면·동에서 일제히 만세운동. 박은식의 『한국독립운동지혈

사』에 따르면 그해 영일군의 3·1운동 시위는 청하면 2회를 포함한 9회, 참가 인원은 2900명, 사망자 40명, 부상자 380명, 피검자 320명

4월 11일	〈조선〉 중국 상하이에서 대한민국 임시정부 수립 선언
4월 15	〈총독〉 정치에 관한 범죄 처벌의 건을 제정(정치변혁을 지향하는 단체운동 등에 10년 이하의 징역 또는 금고, 재외 조선인에게도 적용)
4월 24일	〈포항〉 포항에 잠입한 만세운동 주모자 등 수십 명이 24일 거사를 계획했으나 밀고로 단념, 심야에 함경호를 타고 북방 15리 영해 축산항으로 이동하여 영해에서 궐기
6월 25일	〈포항〉 동해중부선 학산역 업무 시작
8월 12일	〈총독〉 하세가와 총독 사임. 사이토 마코토 전 해군대신이 3대 총독으로 부임
8월 19일	〈총독〉 총독부 관제 개정. 헌병경찰 폐지 관리·교원의 패검 폐지. 지방정청의 자문기관(협의회) 일부에 제한선거 도입
8월 20일	〈총독〉 헌병경찰제도 폐지 〈포항〉 포항헌병대 내 경찰서 설치, 헌병분건소 11개소를 경찰관 주재소로 치환
8월 24일	〈포항〉 25일까지 이틀간 내린 큰비로 형산강 범람(1장 1척)
9월 2일	〈조선〉 서울 남대문역에 도착한 사이토 신 총독에 대한 강우규 폭탄 테러 미수
10월 5일	〈조선〉 김성수, 경성방직주식회사를 설립
11월 3일	〈조선〉 대한민국 임시정부 수립
11월	〈조선〉 김원봉이 폭탄투쟁 노선의 의열단 결성

12월 9일 〈조선〉 대한민국 임시정부가 대일본 선전포고

〈포항〉 포항-학산 간 1.2마일 개통으로 동해중부선 전 노 선 개통
〈포항〉 나카타니, 오가미, 후쿠시마 3명이 미쓰토모 자동 차부 설치, 포항-영덕 간 운전 시작

1920년 3월 5일 〈조선〉 『조선일보』 창간

3월 31일 〈총독〉 태형령 폐지

4월 1일 〈총독〉 회사령 폐지(회사 설립 신고제)
〈조선〉 김성수가 『동아일보』 창간

6월 18일 〈포항〉 포항금융조합 업무 시작

6월 30일 〈포항〉 박문찬 목사가 흥해 예수교 예배당에서 흥해청년회 를 창립, 애국계몽운동 전개

6월 〈조선〉 봉오동전투(홍범도) 대한독립군연합군, 만주 북간 도에서 일본군을 격파

8월 2일 〈포항〉 다이코 전기와 포항전기 합병, 10월 23일 인가

10~11월 〈총독〉 독립군 토벌을 위해 간도로 출병, 간도참변으로 주 민 참살
〈조선〉 청산리대첩(김좌진) 대한독립군연합군, 토벌일본군 2만 명을 격파

11월 20일 〈포항〉 면상담역 제도 폐지, 면장 자문기관인 면협의회 의 원설치를 위한 초대의원 선거

11월 〈포항〉 문명기, 한규열이 한문양행 창립, 포항-영덕선 운행

12월 27일 〈총독〉 산미증식 계획안 입안. 30년 계획으로 농지 개간과 쌀 증산을 도모(1934년 중지)

〈조선〉 조선물산장려회 창립. 조선교육회(조선교육협회) 설 립, 대학설립 운동

〈조선〉박은식이『한국독립운동지혈사』편찬

〈포항〉총독부령 제41호 단서 규정(항만 수축, 매립, 방파제, 방사제, 잔교, 물양장 등 축설, 개축, 제거에 총독부 허가를 받도록 함)으로 20개 지정 항만에 포항, 구룡포, 감포 포함

〈일본〉[인구] 조선 거주 인구 일본인 34만7850명(남자 18만5560명, 여자 16만1059명)

1921년	1월	〈포항〉일본의 본파 혼간지 개교
	4월 1일	〈포항〉다이코 전기 송전 시작(포항은 10촉 환산 1906등, 수요는 652호)
	8월 27일	〈포항〉형산강 북하구 도수제 2차 축조공사 착수(1922년 3월 15일 준공)
	11월 10일	〈포항〉경상합동은행(대구은행) 포항지점 업무 시작
	12월	〈조선〉조선어연구회(조선어학회의 전신) 설립 〈포항〉포항경찰서 신축 이전
1922년	2월 6일	〈총독〉조선교육령 개정(1. 상용 언어(일본어·한국어)를 기준으로 학교 분류 2. 보통학교는 4년제에서 6년제로 3. 대학 교육을 인정하는 방침으로 전환)
		〈조선〉민족대학 설립운동 기성준비회 발족(다음해에 모금 운동을 추진했으나 거듭된 재해로 불발)
	4월 4일	〈포항〉니시혼간지 부인회 유치원 개설
	5월 28일	〈포항〉항 최초의 조선어 신문인『동아일보』경주지국 포항분소 설치
	5월	〈포항〉두호동 학술강습소 개교
	7월 22일	〈포항〉흥해예수교회 내 사립 명신학숙에서 여름방학식 및 학예회, 학부형회를 개최

8월 5일 〈포항〉 홍해청년회가 오후 3시 흥해공립보통학교에서 제 13회 정기총회 개최(회장 박문찬)

9월 1일 〈포항〉 형산강 북하구 도수제 3차 축조공사에 착수(1923년 6월 20일 준공)

12월 18일 〈총독〉 조선호적령 제정(시행은 다음해 7월 1일) 기존의 민적 법은 폐지, 조선인 호적은 일본인 호적과 완전 분리

〈포항〉 영일어업조합 가입 인원은 일본인 48명, 조선인 724명

〈포항〉 경북도 160개의 전통시장 중 포항 지역에는 14개 시장이 있었고, 모두 1호 시장이며 공설시장이 다.(포항, 여천, 도구, 영일, 부조, 외3동, 흥해, 옥리, 기계, 입암, 창주, 하성, 청하, 칠전) 이중 조선 남부의 3대 시 장인 부조시장은 1만 마리 이상 거래되는 대형 우 시장이, 흥해는 5000마리 이상 거래되는 우시장이 형성

〈포항〉 구룡포 축항기성회가 제1기 축항공사 착수(1926년 완성)

1923년 1월 13일 〈포항〉 조선수산회령 시행(1. 13. 발포)으로 포항에 경상북 도 수산회 출범

2월 16일 〈포항〉 경상북도 수산시험장 설치, 3월 1일부터 업무 시작

3월 20일 〈포항〉 니시혼간지 유치원 원사 신축

4월 1일 〈포항〉 총독부 제령 제6호로 포항이 관세 지정항이 되고, 포항세관감시소는 포항세관출장소로 승격

〈포항〉 경북수산회를 포항에 설립

4월 12일 〈포항〉 전례 없는 폭풍우로 대참사(당시 포항경찰서 공식기 록으로, 부상·중상자 16명, 경상자 17명, 행방불명된 일 본인 125명, 조선인 230명, 선박조난 발동선 19척, 어선 76척, 사망자 311명) 동아일보는 사상자가 2000명에 달한다고 보도

4월 25일	〈조선〉	피차별 부락민(백정)의 광복을 지향하여 형평사가 설립됨
6월	〈포항〉	일본의 곤코교 포항소 교회 개교
9월 1일	〈일본〉	관동대지진 발생
	〈조선〉	관동대지진 이후 유언비어로 인한 조선인 학살
9월 15일	〈포항〉	포항 무진회사 창립(10월 3일 영업인가 즉시 업무 시작)
9월 30일	〈포항〉	포항신사 준공
가을	〈포항〉	포항상공회 창립. 소매상 90여 명이 친목과 상거래 개선을 위해 조직
11월 17일	〈포항〉	상수도 시설 인가 접수, 착공(1926년 3월 31일 공사 완료)
	〈조선〉	전남 무안 암태도에서 강점기 최대 규모의 소작 쟁의 발생(1년간 투쟁 소작료 40% 감면)
	〈포항〉	일본인에 의해 홋카이도식 신흠 청어 생산
	〈포항〉	경북수산시험장 설립(1938년 10월 10일 경북수산공진회 장소로 이용)
1924년 6월 4일	〈포항〉	포항청년단 창립
6월	〈포항〉	동해산업주식회사 창립(본사는 영덕), 포항-영덕, 포항-구룡포 간 자동차 운행 시작
10월	〈포항〉	일본의 텐리교 개교
12월 15일	〈포항〉	형산강 북하구 응급 준설공사 착수(1925년 1월 20일 준공. 여러 차례에 걸친 형산강 준설공사로 인해 지류인 여을천의 유량이 감소하다가 메워진 것으로 추정)
	〈총독〉	경성제국대학 예과 개교(본과는 1926년부터)
1925년 4월 1일	〈총독〉	조선총독부 철도국 설치, 남만주 철도에 대한 위탁 경영을 해제

4월 17일 〈총독〉 조선신사를 조선신궁으로 격상

5월 〈포항〉 구룡포에서 부산 간 전화 개통

9월 〈포항〉 선운합명鮮運合名이 마루로쿠 운송을 매수하여 오후쿠회조점 창립

10월 3일 〈포항〉 포항청년단 주최로 포항 대가족 위안연예회가 영일좌에서 개최(연극 등 공연)

10월 25일 〈조선〉 조선농민사에서 독서회, 야학 운영, 협동조합 사업 전개

12월 11일 〈포항〉 포항역에 도착한 '와(ワ)'제102호 화물열차에 강도가 침입, 포항에 부임한 의사 나카무라 지카라의 행낭 3개(500원 상당)를 절도

〈일본〉 남자보통선거법 개정, 치안유지법 시행(독립운동 단체를 결사하거나 가입만 해도 징역, 최고형 사형)
〈총독〉 조선은 선거법 적용 외 치안유지법만 적용

1926년 3월 2일 〈포항〉 포항 호안 수축공사 착수(4월 30일 준공)

3월 31일 〈포항〉 제1수원지 준공

3월 〈포항〉 영일군농회 창립(1935년 3만438명 회원 보유)

4월 1일 〈조선〉 경성제국대학 개설

6월 10일 〈조선〉 대한제국 순종황제 서거로 일어난 학생 중심의 만세운동

8월 11일 〈포항〉 포항여자청년회 창립총회(포항영일청년회관에서 백명도 양의 사회로 개최, 임시의장 박일선 여사가 피선 강령과 규약을 통과)
〈포항〉 영일재외유학생회 주최, 흥해청년회 후원으로 10~11일 흥해보통학교 운동장에서 영일축구대회를 개최. 출전한 6개 팀 가운데 흥해소년팀, 흥해청년팀

이 우승

9월 21일	〈포항〉 다카마쓰노미야 노부히토 친왕을 태운 중순양함 후루타카호가 일본제국 제2함대 30여 척과 함께 포항항에 도착, 상륙 후 경주로 이동
9월 26일	〈포항〉 영일좌에서 포항죽우회가 주최하는 추계 연주회 개최(대구 등지 연주자 참가)
10월 1일	〈총독〉 조선총독부 신청사 준공
10월 3일	〈포항〉 포항 향도해수욕장에서 공인 나고야 비행학교 비행사의 모험비행대회(에어쇼) 개최(해도동에 임시 도항장 설치, 입장료는 대인 30전, 소인 15전)
11월 28일	〈포항〉 일본의 카이오호 조난 당시 세운 목제 기념비의 노후로 인해 사단법인 낙수회가 화강석 건비식建碑式을 개최(1945년경 주민들이 기념비를 쓰러뜨린 후 방치되다가 1971년 12월 향토사학자들에 의해 복원하기로 결정. 2000년 포항시의 도로정비계획에 따라 현재는 대보면 구만2리로 이전됨)
	〈포항〉 포항상공회가 포항번영회로 개칭
	〈조선〉 [물가] 쌀 10킬로그램에 3원 20전, 공무원 초임은 75엔, 가솔린 1리터 18전, 영화관 입장료 30전, 맥주 대병 1개 42전
	〈포항〉 1922년 이후 정화기, 이노우에 히로아키, 세이노 세이이치, 나카무라 치카라, 고토 도시조 등이 포항에서 의료사업 시작
	〈포항〉 구룡포 제1기 축항공사 완성
1927년 2월 15일	〈조선〉 신간회 결성
2월 16일	〈조선〉 사단법인 경성방송국, 라디오 방송 시작
5월 2일	〈조선〉 조선질소주식회사 설립
5월	〈포항〉 포항토지주식회사 창립(자본금 5만 원)

7월 22일 〈포항〉 영일청년회관에서 50여 명이 모인 가운데 신간회 영일지회 설립총회 개최(1930년 5월 17일 강제해산)

11월 2일 〈포항〉 경북어업주식회사 창립(자본금 15만 원)

12월 10일 〈총독〉 야마나시 한조가 4대 총독으로 부임

〈포항〉 부산-원산 간 동해안선 부설 확정, 부산 유력자 10여 명이 포항 시찰

1928년 2월 8일 〈포항〉 포항항 도수제 축조공사 착수(1930년 5월 31일 준공)

4월 3일 〈포항〉 포항양조주식회사 설립(주주 18명, 자본금 5만 원. 1929년 1월 28일 연일주조주식회사와 합병)

4월 21일 〈포항〉 공유수면 매립공사(학산동 앞) 착수(1930년 5월 31일 준공)

5월 10일 〈포항〉 구룡포경찰관주재소 청사(서양식 철근콘크리트 건물) 상량식 거행(3월 중순 기공)

5월 18일 〈포항〉 흥해공립보통학교, 흥해소학교의 교사 신축 준공을 기념하는 축하회 개최

7월 19일 〈포항〉 한문양행과 동해산업주식회사가 합병 후 교에이 자동차주식회사로 조직(본사 대구로 이전)

7월 〈총독〉 조선철도 경동선이 조선총독부에 의해 국유화

9월 〈포항〉 주식회사 후쿠시마 상점 창립(자본금 10만 원)

11월 〈포항〉 포항청년훈련소 개소(1932년 5월 15일자로 공립 전환)

12월 25일 〈포항〉 다이코 전기, 흥해로 송전 시작

〈조선〉 [물가] (1912년=100%) 정미 173%, 조선된장 258%, 조선간장 312%, 계란 279%, 명태 365%
〈포항〉 [인구] 포항 거주 조선인 7810여 명, 일본인 2180여 명, 중국인 60여 명

1929년	1월	〈조선〉원산 총파업. 조선인 노동자가 일본인 감독에게 구타당한 사건을 계기로 동해 중부지역 전체로 확산
	3월 2일	〈포항〉포항소사음사 주최로 문학(하이쿠) 백일장 개최
	5월	〈조선〉조선일보가 생활개신운동 시작. 주로 여름휴가 기간에 학생을 동원한 문자보급운동
	7월 25일	〈포항〉흥해향교 내 정문공사가 한자로 된 『영일읍지』(목활자본 2책 159장) 발간
	8월 10일	〈포항〉김동덕이 합자회사 김동 상점 창업(자본금 3만 원)
	8월 17일	〈총독〉사이토 마코토, 5대 총독으로 재임
	8월	〈포항〉영일군 조선주조업자들에 의해 영일누룩주식회사 창립
	10월 1일	〈포항〉우편국에서 간이보험 업무 추가
	11월 3일	〈조선〉광주학생항일운동(조선인 고등보통학교 학생과 일본인 중학생 간의 충돌에서 비롯되어 차별 반대 투쟁으로 발전, 전국적으로 확산.(검거 1600명, 퇴학 580명, 무기정학 2300명) 〈총독〉신간회 탄압(광주학생 사건을 계기로 민중운동에 나선 신간회 간부 및 44명을 체포)
	11월 19일	〈포항〉'경상북도 포항 시가도' 발행(포항 중심 시가의 상점들까지 상세히 표기)
	12월 30일	〈포항〉포항경찰서에서 도굴범 일당 체포
		〈포항〉대구형무소에서 출옥한 시인 이육사, 포항에서 요양(1939년에 발표한 시 「청포도」가 이 무렵에 창작된 것으로 추정)
1930년	1월 10일	〈조선〉부산방적 파업. 노동 조건의 근대화를 요구하며 2000명이 파업, 무장경관의 개입으로 해산. 기타 각

지에서 노동쟁의 빈발

2월 26일	〈포항〉학산역에서 소하물 취급 시작
4월 1일	〈포항〉조선인 문학청년들의 동인지 모임 '시림촌사詩林村社' 결성(영시 번역 및 비평 활동)
5월 1일	〈포항〉마루산 어업주식회사 창립(자본금 10만 원)
5월 17일	〈포항〉영일군 신간회 지부 강제해산
5월 22일	〈포항〉포항면장이 조선총독부로 공유수면 매립면허원 제출(11월 17일 면허 인가)
5월 29일	〈포항〉영일누룩제조주식회사 창립(주주 12명, 자본금 5만 원)
5월 30일	〈조선〉중국공산당계 조선인에 의한 간도 5.30사건 봉기(2200명 검거)
5월	〈포항〉수산강습소 설치(10월 19일 신축 교사 낙성식) 〈포항〉구룡포 시가도 '경상북도 구룡포 시가도' 발행
7월 1일	〈포항〉형산강 북하구 1차 준설공사 착수(1931년 3월 31일 준공)
9월 27일	〈포항〉포항역 주최 금강산 탐승(오전 7시 45분발 열차, 경주에서 단원 합류)
10월	〈포항〉포항경찰서에서 공산주의 비밀결사 청년 10여 명 검거(이후 여러 번 거듭됨) 〈포항〉1928년 6월 포항에 온 산파 엔도 렌세이가 경동간호부회 설립
11월 29일	〈포항〉어업조합연합회 설립(경북 13개 어업조합 연합)
11월	〈포항〉포항소사음사 주최 하이쿠 대회가 여자기예학원에서 개최(구룡포에서도 참가) 〈포항〉일본의 불교 종파인 일연종 포교소 개설

12월 1일 〈총독〉 지방제도 개정. 도회·부회·읍회에 의결권 부여, 면 협의회를 임명제에서 선거제로 바꿈(의결권 없음)

〈조선〉 당시 식자율識字率 22.26퍼센트(여성 7.95퍼센트)

12월 15일 〈포항〉 포항동 공유수면 매립공사 착수(1932년 4월 13일 준공)

〈포항〉 조선어업주식회사 영일출장소 창립(자본금 10만 원)

〈총독〉 언문철자법 제정

〈포항〉 향도(송도)해수욕장 정비(주요 설비는 탈의장 3개, 다이 빙대 3개, 욕조 2개, 유희장 6개, 전화 설비 1개)

〈일본〉 [인구] 조선 거주 일본인 50만1867명(남자 26만 391명, 여자 24만1476명)

1931년 2월 〈포항〉 포항항 출입화물 담당 포항운수주식회사 창립(자본 금 10만 원)

4월 1일 〈포항〉 지방제도 개정으로 포항면에서 포항읍으로 승격(읍 제에 따라 5월 21일, 제1대 읍회의원 선거 실시)

4월 2일 〈포항〉 포항의 3개 운송업체(마루호, 마루로쿠, 마루다치) 합 병하여 포항운수로 개편

5월 16일 〈총독〉 신간회 해산

5월 〈조선〉 동아일보가 계몽운동 시작(조선일보의 생활개신운동 과 유사한 문자보급운동)

〈포항〉 포항무진회사의 서기 난바 마사오(25세)가 2000여 원을 횡령, 시내 요리점 및 유흥비로 탕진

6월 17일 〈총독〉 7대 조선총독으로 우가키 임명(남면북양 정책, 북선개 척 정책)

7월 2일 〈조선〉 만보산 사건 발생(만주 이주 조선인과 현지 중국인 간 의 충돌. 이로 인해 조선 각지에서 중국인이 피습되는 사 건으로 확산)

7월 〈포항〉 총독부 제령 제145호로 농업창고령 발포(영일군 농 회가 설치)

8월 15일	〈포항〉 형산강 개수공사 착수(1935년 3월 31일 준공)
8월	〈포항〉 구룡포에서 제2기 축항공사 3개년계획으로 총연장 250간의 방파제 기공
9월 18일	〈일본〉 만주사변 촉발 〈총독〉 만주사변에 조선군 참가
10월 23일	〈포항〉 경북수산주식회사 창립(자본금 25만 원. 1935년 10월 강구에서 토마토사르딘 제조 시작)
10월 24일	〈포항〉 포항, 구룡포, 흥해, 울릉도, 감포의 청년단 연합으로 경동연합청년단 창립(포항에 사무소 설치)
	〈포항〉 각 어촌 부락 단위로 어민상조회라는 단체 조성 〈일본〉 중요산업통제법 시행 〈총독〉 조선에는 중요산업통제법을 비적용(일본 기업이 진출하는 인센티브로 작용)

1932년	1월 8일	〈조선〉 애국단원 이봉창 의사, 도쿄에서 일왕 암살 시도
	2월 1일	〈포항〉 형산강 북하구 2차 준설공사 착수(1932년 3월 31일 준공)
	3월 15일	〈포항〉 포항 소사음사에서 단카·하이쿠 연합 월간문학잡지 『비어飛魚』 창간호 발행
	4월 13일	〈포항〉 1931년 착공되었던 남빈 매립공사가 준공
	4월 29일	〈조선〉 애국단원 윤봉길 의사, 홍커우 공원 의거(관병행사 중인 일본군에 폭탄을 투척하여 시라카와 대장 등이 사상)
	5월 19일	〈포항〉 장기면 장기공립보통학교 교내에서 퇴비장려 선언식 거행. 이시카와 영일군수가 조선어로 선언서 낭독.
	7월 20일	〈포항〉 영일군 체육협회 포항지부 창립
	7월~8월	〈포항〉 하마나 이와의 송덕비가 영일어업조합과 에비스 신사 경계지점에 건립

10월 1일　〈포항〉 조선총독부 곡물검사소 부산지소 포항출장소 개소

10월　　〈총독〉 농촌진흥운동 시작(시행은 1933년 3월~1936년 8월)

12월 27일　〈포항〉 경북 흥해부인회(회장 최백현 여사)가 토지 3만 보를 기부, 경작을 장려(회원 50여 명이 총출동하여 박하를 식재)

1933년　1월 28일　〈포항〉 다이코 전기에서 연일 지역으로 송전 시작

3월　　〈포항〉 경북 영일군 대송면 동촌·피동의 부인회 조직(각 30여 명) 8월부터 논 300평 공동경작과 야학교를 운영할 계획

5월 27일　〈포항〉 일본해군 기념일을 기해 포항재향군인분회 춘계사격대회가 용흥동분회사격장에서 개최(여성사수도 참가, 대회에 참가한 사수는 147명)

6월 4일　〈포항〉 포항체육협회 연중행사인 시민 대운동회 시행(장소는 남빈정 공설운동장)

7월 25일　〈포항〉 포항상공회 창립총회 개최(발기인 17명)

8월 5일　〈포항〉 영일군 읍사무소 공사 착수(1933년 12월 15일 준공)

8월　　〈포항〉 어민상조회를 어촌진흥회로 개칭

9월　　〈포항〉 나카타니 다케사부로의 수상이 새로 조성된 공원에 건립

10월 14일　〈포항〉 청하면사무소 신축 낙성식 개최(200여 명 참석, 5일간 육상경기 및 자전거경기 개최)

10월 19일　〈조선〉 조선어학회가 조선어 철자법 통일안을 제안

〈포항〉 경상북도 수산시험장의 실습선(계림호)을 미쓰비시 조선소에서 제작
〈포항〉 어업조합과 에비스 신사의 경계에 하마다 이와의 송덕비 건립

〈포항〉[인구] 포항읍 인구 1만4050명, 영일군 인구 16만
2944명

1934년	1월 7일	〈포항〉 포항항 방파제 재해복구공사 착수(같은 해 준공)
	1월	〈포항〉 문학(하이쿠 등) 월간회지 『조선닷사이朝鮮瀨祭』 창간
	4월 1일	〈포항〉 죽북면과 죽남면은 죽장면으로, 장기면과 봉산면은 지행면으로 합병(1읍 15면)
	5월 1일	〈포항〉 각 도의 재무부가 폐지되고 세무행정의 독립으로 대구 세무감독국 소관 포항세무서 설치
	5월 26일	〈포항〉 영일좌 화재 발생. 관람객 150여 명이 탈출하고 인근 요리점 마루만은 반소
	6월	〈조선〉[물가] 쌀 한 가마니에 21엔 22전
	8월 3일	〈포항〉 포항세무서 설치
	8월 25일	〈포항〉 흥해읍 홍수 위험을 대비하기 위한 북천 제방공사를 1000여 호 주민들이 도·군·총독부에 진정
	12월 1일	〈포항〉 포항예수교회당에서 50주년 희년축하회 개최(조선예수교 경북장로회 영일군 시찰회가 주관하고 목사 권영해가 사회를 맡음)

〈포항〉 주식회사 나카타니 상점 창립(자본금 20만 원)
〈포항〉 영일어업조합 연간 어획량 증가(168만2279원, 조합원 783명)
〈포항〉 영일만 청어 어장의 품질 및 출하를 통제하기 위해 신흠청어조합 조직
〈포항〉 경북도 당국의 빈민구제 사업으로 시행된 제2기 축항공사 완공
〈포항〉 영일만 조개잡이를 위한 포항피조개조합 조직

1935년	1월 15일	〈포항〉 경북도경 출동, 일본공산당 사건에 연루된 청년들 검거(경주 14~15명, 포항 10명 정도)

2월 23일 〈포항〉포항 지역민들 만주로 이주(2월 23일~3월 18일까지 포항역 통계로 단체 173명, 개인 322명 합계 475명)

3월 〈포항〉문명기의 강구주조 명소주 '신선神仙'의 포항공장 설립

4월 1일 〈포항〉[인구] 일본인 633호(남 1382명, 여 1192명), 조선인 2588호(남 5414명, 여 5330명), 중화민국인 28호(48명), 합계 3249호, 인구 1만3366명

5월 〈포항〉경상북도수산진흥공진회 선전용 가사 공모전(5월 21일까지)에서 요정 기라쿠 소속의 게이샤 오카모토가 당선(예명은 야나나)

7월 15일 〈포항〉포항상공회가 상공회원과 종업원 등을 대상으로 강습회 개최(과목은 주산, 부기, 어음환론, 은행론, 상업문서, 조세의 개념, 관세창고론, 운수교통론, 통신일반, 수산제품, 서민금융론, 산업조합론, 상업사례, 시사해설)

8월 15일 〈포항〉조선민보사 주관 구룡포발전좌담회 개최(특집기사로 게재)

8월 〈포항〉구룡포 가구 총 1200호(그중 일본인은 200호)

10월 9일 〈포항〉부산일보, 조선총독부 시정 25주년 기념 특집기사 기획(전면기사로 2회 게재, 제목은 '약진 조선의 전망' 포항특집)

10월 10일 〈포항〉조선민보사 포항지국에서 『포항지』 발간

10월 10일~20일 〈포항〉10일간 포항에서 경상북도수산진흥공진회 개최, 일별 입장객 누적인원이 대인 2만1497명, 소인 52384명, 단체 9802명, 무료입장 2만2959명(합계 5만9642명)

〈총독〉민간의 문자보급운동을 금지
〈포항〉[인구] 일본인 650호 2500명, 조선인 2600호 1만1500명, 중화민국인 30호 50명
〈포항〉구룡포 소속 어선 10여 척 러시아 캄차카반도 오호

츠크 해역으로 원양, 성적 호조

〈포항〉 포항-구룡포 간 3등도로(1일 자동차 5회 왕복), 구룡
포-대보 간은 등외도로(자동차 1일 2회왕복)

〈포항〉 경북 지역을 비롯한 서울에서도 피서객이 향도해수
욕장을 방문(연간 입장객 2만 명)

〈포항〉 포항경찰서 본서 외 17개 분서에 치안인력 확보(부
장 22명, 순사 60명 총 82명)

〈조선〉 [물가] 일본 도쿄 기준 신문구독료(마이니치신문, 1개
월) 1엔, 가솔린(1리터) 12전, 엽서 1전 5리, 이발요
금 40전, 백미(10kg) 30전, 설탕(1kg) 39전, 커피
(1잔) 15전, 일용근로자 일당 1.3엔, 목수 1일 공임
2.0엔, 순사 초임 45엔, 국가공무원 초임 75엔, 급여
소득자 연봉 712엔(원화와 엔화의 환율 차 없음)

〈포항〉 [신문사] 조선민보, 대구일보, 부산일보, 경성일보,
조선신문 지국 주재

〈포항〉 [기독교 포교소] 총 3개소로, 462명 모두 조선인 신자

〈포항〉 (자동차 교통노선) 포항-대구 간 7회 왕복, 포항-영덕
간 5회 왕복, 포항-안동 간 2회 왕복, 포항-평해 간
1회 왕복, 포항-기계 간 1회 왕복, 포항-안강 간 4회
왕복, 포항-대보 간 2회 왕복, 포항-양포 간 2회 왕
복, 포항-보경사 간 2회 왕복, 포항-구룡포 간 5회
왕복

〈포항〉 [기업] 주식, 합자, 기타 17개 회사. 출장소 지점 5개
소(총 22개 기업 활동)

〈포항〉 [학교] 영일군 내 공립학교 20개(83학급, 교사 48명,
학생 4805명), 사립학교 1개(2학급, 교사 3명, 학생
150명, 유치원 1개), 사설 학습강습회 및 서당 10개
(학생 210명)

| 1936년 | 4월 3일 | 〈포항〉 쓰지 스테조가 『경북대감』 발행 |

| | 5월 5일 | 〈조선〉 동북항일연군의 주도로 만주에서 조국광복회 설립 |

| | 5월 10일 | 〈포항〉 포항궁도회에서 궁도시합대회 개최(울산군蔚山軍을 초빙, 참가자는 약 50명) |

7월	〈포항〉영일좌 전소 이후 2년 만에 포항극장이 최신식으로 신축되어 개관
8월 5일	〈총독〉미나미 지로 육군대장이 총독에 취임. 내선일체를 제창
8월 9일	〈조선〉베를린 올림픽 마라톤에서 손기정 선수 금메달 획득, 남승룡 선수 동메달 획득
12월 12일	〈총독〉조선사상범 보호관찰령 제정(치안유지법 집행유예자와 가출옥자 감시, 교우 제한 등)
	〈포항〉조선총독부, 포항시내 지도(1:1만) 작성 〈조선〉올림픽 마라톤에서 우승한 손기정 선수의 사진에서 일장기를 지운 사건(일장기 말소사건)으로 『동아일보』무기정간 처분 〈총독〉신사참배를 강제하고 단속을 강화, 거부하는 기독교계 학교를 폐교시킴 〈조선〉1931~1936년까지 압록강 양안에서 항일 게릴라전이 2만3928회(총독부 통계) 발생(이듬해 1월, 항일 단체는 동북항일연합군으로 개편)
1937년 3월 10일	〈포항〉포항재향군인 포항분회가 충혼비 앞에서 전몰용사 위령제 거행(1935년 회원수 175명)
7월 7일	〈총독〉북경 서남쪽 노구교에서 북지사변(중국에서는 77사건) 발생. 이후 일본은 지나사변으로 확대시킴
7월	〈포항〉이육사 동해 송도원에서 휴양 생활
10월 2일	〈총독〉황국신민의 서사誓詞 제정
12월	〈포항〉대구-포항 간 전신설비 완비
	〈포항〉[전신] 평균 발신 4만5000통, 착신 5만5000통, 중계신 2만7000통. 전화 가입자 260여 명, 통화 도수 133만, 호출 도수 3400, 시외통화 도수 44,000, 기타 라디오 가입자 260여 명

〈일본〉 중일전쟁에 돌입. 남경대학살 사건
〈총독〉 황민화 정책의 본격화. 미나미 총독의 5대 정강 발
표, 황국신민의 맹세 제정, 매월 1일을 애국일로 삼
아 신사참배 강요
〈포항〉 동해면 발산동에서 범종 출토

1938년	2월 1일	〈포항〉 형산면이 포항읍으로 편입(1읍 14면)
	2월 26일	〈총독〉 육군특별지원령 공포(조선인 지원자는 일본병으로 대우)
	3월 4일	〈총독〉 조선교육령 개정(학제 일원화, 조선어를 필수 정규과목에서 제외)
	3월 29일	〈포항〉 후쿠시마 상점, 제4회 조선주조협회 대구지회주최 청주품평회에서 "영해迎海" 금배 획득
	4월	〈일본〉 국가총동원법 시행
	5월 5일	〈총독〉 국가총동원법을 조선에도 적용
	7월 1일	〈총독〉 국민정신총동원조선연맹 설립(모든 조선인을 황국화하는 생활지침을 강제함)
	8월 13일	〈포항〉 14일까지 영일 소학교정에서 남조선축구대회 개최(우승은 영덕팀)
	8월 30일	〈포항〉 조선민보사 주최 포항읍발전좌담회가 읍사무소 회의실에서 개최
	9월 24일	〈포항〉 소·돼지 염장통조림을 대량 제조하기 위한 조치로, 포항읍의 도우장屠牛場(형산면 용흥동 위치)의 증설 및 전기 공급
	9월 27일	〈포항〉 형산면과 대송면 송정동의 일부 지역이 포항읍에 편입, 향도동 신설(총 28개동 관할)
	11월 5일	〈포항〉 대구일보 주최, 포항상공회 후원의 포항종합미술전람회 개최(출품작 약 200점)

1939년	4월 10일	〈포항〉 포항고등여학교(포항여중 전신) 개교
	6월	〈포항〉 도가와 야사부로 옹의 공로 송덕비를 건립하기 위한 석재가 구룡포에 도착(같은 시기에 하시모토 젠기치의 송덕비도 건립)
	6월 14일	〈포항〉 미나미 총독의 강원, 경북 지역 첫 시찰(포항의 경북어업조합연합회를 방문하여 훈시)
	7월 8일	〈일본〉 국가총동원법에 의거, 국민징용령을 공포 〈총독〉 국민징용령을 조선에도 적용(체제의 불일치로 실행 곤란)
	8월 1일	〈포항〉 영일군기독교연합회 신도 100여 명이 포항기독교회에서 2차 총회 후 신사참배부터 마지막 일왕폐하 만세 삼창에 이르는 참배 행사를 시행
	8월 9일	〈포항〉 '행운의 편지'가 7월 13일경부터 포항의 소녀들 사이에서 전파되어 포항경찰서 고등계가 엄중 경계, 전파 경로는 부산과 예천 쪽으로 파악
		〈총독〉 일본 본토로 조선인 노동자를 동원하는 노무자계획 동원 시작(1939년도 동원자는 3만8700명) 〈조선〉 조선인 기독교도의 신사참배 거부운동으로 약 2000명 투옥(그중 50여 명 옥사) 〈포항〉 포항의 소사음사를 주재하는 문인 세토 가즈요시가 도가와의 송덕비문을 입안 집필
1940년	2월 11일	〈총독〉 창씨개명의 제령을 시행. 8월 11일까지 창씨개명을 강제 추진(월별 신청자수 2월 1만5746명, 3월 4만5833명, 4월 9만5495명, 5월 34만3766명, 6월 58만724명, 7월 107만1829명, 8월(10일간) 106만7300명, 총 322만693명)
	2월 23일	〈포항〉 영일어업조합 옥상에서 개최된 총회에서 만장일치로 하마다 이와가 조합장으로 유임
	2월 25일	〈포항〉 경북 포항도립병원 부지가 당초 향도(송도) 해안으

로 결정되었으나 모든 주민의 반대로 2년 뒤 용흥동 감곡지 부근(포항역 서남방 계곡)으로 최종 결정

3월 30일	〈포항〉 창주면의 창씨개명 신청자는 200여 명
4월 15일	〈총독〉 총독부 법무국장이 '창씨 철저에 관한 건' 발령
4월 23일	〈총독〉 미나미 총독이 도지사 회의에서 창씨 철저를 훈시
5월 9일	〈조선〉 창씨개명을 비난한 조선인이 1년 체형을 구형받았다는 기사가 『경성일보』에 게재
5월 24일	〈총독〉 평양부에서 전 직원에게 6월 10일까지 창씨를 마치도록 엄명
6월 12일	〈총독〉 부산지방법원에서 7월 20일까지 모든 가구의 창씨 신청원 제출토록 지시
7월~8월초	〈포항〉 대구지방법원에서 8월 10일까지 창씨 신청기한을 알리는 전단이 배포되었으리라 추정
8월	〈조선〉 학생들에게 가정을 방문케 하여 창씨개명을 유도했다는 언론 보도(이 보도로 동아·조선일보 폐간, 조선어 신문은 총독부 기관지만 남겨둠)
9월 27일	〈일본〉 독일, 이탈리아와 3국간 동맹조약 체결
9월	〈조선〉 대한민국 임시정부 충칭으로 이전, 광복군사령부 설치

〈총독〉 일본 본토로 조선인 노무자계획동원(연 5만4944명), 강제연행, 강제모집 사례 확인

〈조선〉 1939~1940년까지 일본 본토에서 열악한 노동환경에 저항한 조선인 노무자는 2만3383명, 투쟁 건수는 338건(특별고등경찰조사)

〈조선〉 관동군·만주국군에 쫓겨 동북항일연군이 소련령으로 탈출

〈포항〉 학산역에서 흥해역까지 경동선 연장공사에 착공

〈일본〉 [인구] 조선 거주 일본인 68만9790명(남자 35만
6226명, 여자 33만3564명)

1941년	2월 12일	〈총독〉 조선사상범예방구금령 제정(형기를 마쳐도 구금 가능)
	3월 31일	〈총독〉 국민학교 규정 개정, 조선어 수업 폐지
	4월 1일	〈총독〉 '소학교'라는 명칭을 일제히 '국민학교'로 개칭
	4월 11일	〈포항〉 제2 영일국민학교(현 남부초등학교) 개교
	12월 8일	〈일본〉 미국의 진주만 공습, 제2차 세계대전 시작
	12월 10일	〈총독〉 기업허가령 제정(내지와 동시에 기업 설립이 허가제로 복원)
		〈일본〉 본토에서 징용에 의한 동원이 대폭 증가
		〈총독〉 일본으로 징용되는 조선인 노무자 계획동원의 1941년 실적 5만3492명
1942년	2월 7일	〈포항〉 부산측후소 포항출장소 개설
	2월	〈총독〉 강제연행 강화('조선인내지이입알선요강'에 의거, 관 주도로 노무자 동원. 촌락 대상 동원 인원을 할당하여 납치 및 연행에 의한 강제공출 심화)
		〈포항〉 이육사, 기계면에 사는 집안어른 이영우 집에 기거
	3월	〈포항〉 포항소방조를 소방단으로 개칭
	4월 11일	〈포항〉 포항상공회의소 설립 인가
	5월 6일	〈총독〉 국어보급운동요강 결정. 국어 상용에 따라 조선어 사용을 억압
	5월 13일	〈총독〉 조선에서도 1944년부터 징병을 실시한다는 각의 결정
	5월 13일	〈총독〉 기업정비령 제정. (내지와 동시에) 기업 정리에 집중. (그 결과 조선 전체 자본의 74퍼센트가 일본 자본이고 조선인 기업자본은 6퍼센트에 불과)

5월 29일   〈총독〉 고이소 구니아키 육군대장이 총독에 취임

8월 1일   〈포항〉 한일은행 포항지점 개점

10월 1일   〈포항〉 창주면이 구룡포읍으로 승격(2읍 13면)
            〈총독〉 조선어학회 사건(조선어학회를 독립운동 단체로 간주
            하여 적발)

12월 19일   〈포항〉 포항소방서 청사 준공
            〈총독〉 노무자계획동원의 연 실적 11만2007명

            〈포항〉 해무원 인가로 포항항 2급항 지정

1943년 4월 16일 〈포항〉 포항공립중학교 개교(현 포항중학교)

       9월   〈포항〉 영일군 오천면 일월동에 일본군 비행장 건설
             〈총독〉 노무자계획동원 시행으로 연 실적 12만4290명
             〈조선〉 일본 현지와 조선의 1인당 평균소득(일본 1인당
             817엔, 조선 1인당 158엔)
             〈포항〉 흥해시장에 청어를 팔러 갔던 고 김달순 할머니(당시
             18세)가 일본 경찰에 의해 일본군 위안부로 끌려감

1944년 3월   〈총독〉 여자 근로정신대를 일본 본토 공장 등으로 동원하
             기 시작
             〈조선〉 조선인 가정의 라디오 보급률 3.7%, 신문 구독률
             1.5%

       4월 1일   〈총독〉 제1회 징병검사 시작

       4월 13일 〈총독〉 총독과 정무총감의 훈시 기록(조선총독부 관보)에
             '국민동원계획 관련 본인의 희망 유무를 불문하고
             강제공출을 감행하라'는 취지의 내용이 있음

       7월   〈총독〉 아베 노부유키 육군대장 전 수상이 총독에 취임

       8월 8일   〈총독〉 노무 동원이 징용으로 이행, 조선에서 징용을 시행
             할 것을 각의에서 결정(월 실시, 종전까지 약 30만 명
             이 일본으로 송출)

8월 23일 〈총독〉 여자정신대 근로령 공포

9월 26일 〈포항〉 제2 수원지 준공

12월 24일 〈총독〉 정부, '조선 및 대만 동포에 대한 처우 개선에 관한 건' 발표

〈일본〉 [인구] 조선 거주 일본인 91만2583명(남자 34만 5561명, 여자 56만7022명)

1945년 3월 9일 〈포항〉 영일군 구룡포읍 대보출장소 설치

6월 10일 〈포항〉 포항-부산진 간 동해남부선 철도 영업 시작

7월 10일 〈포항〉 학산역 폐쇄됨

8월 6일 〈일본〉 히로시마에 농축우라늄 원폭Little Boy 투하

8월 9일 〈일본〉 나가사키에 플루토늄 원폭Fat Man 투하
〈조선〉 재일 조선인 4만 명 피폭 사망
〈조선〉 소련군이 일본과의 전쟁에 참전, 두만강을 건넘

8월 15일 〈일본〉 일본, 연합국에 무조건 항복 발표. 일본 정부 포츠담 선언 수락
〈일본〉 패전 당시 일본의 해외 재류 일본인은 군인·군속 등 육군 308만 명, 해군 45만 명, 일반인 300만 명으로 총 600만 명 이상
〈조선〉 여운형, 조선건국준비위원회 결성

1945년 8월 21일 〈조선〉 소련군, 평양 진주

8월 25일 〈조선〉 미군, 인천 상륙

9월 6일 〈조선〉 여운형 등 조선인민공화국의 수립을 선언

9월 7일 〈조선〉 미국 극동군사령부, 조선에서의 군정을 선언(즉시 독립 부인)

9월 8일 〈포항〉 오천비행장 내 일본군 무장 해제

	9월 9일	〈총독〉 일본 총독부, 항복문서에 조인
	9월	〈포항〉 일본인 본국 귀환자들이 포항에서 밀항선 100여 척을 구해 귀국
	10월 2일	〈일본〉 연합군 최고사령관 총사령부SCAP(일명 G.H.Q)가 설치됨
	10월 3일	〈일본〉 아놀드 미군정 장관, 패전 일본군 제17방면군 소속의 무장해제와 복귀를 결정. 이에 따라 재류 일본인 철수 본격화
	11월 1일	〈포항〉 미 군정청 교통국 포항부두국(포항 해운항만청의 전신) 개설
1946년	1월 15일	〈조선〉 남한 지역 국방경비대 창설
	2월 8일	〈조선〉 북한 지역 조선북한 임시인민위원회 창설
	봄	〈일본〉 남한 지역에 있던 민간 일본인 40만 명 대부분은 본토로 귀환
	6월 30일	〈조선〉 이승만이 정읍에서 남측만이라도 임시정부 또는 위원회 조직이 필요하다고 발언
	8월	〈포항〉 대외무역 지정항 선정에서 탈락. 5만 포항 읍민, 영일군 13개 어업단체 분노
1947년	2월	〈조선〉 북조선인민위원회 창설
	2월 8일	〈포항〉 미군정령으로 해군 포항기지사령부 설치
	3월 1일	〈조선〉 제주 4.3사건 발생(경찰의 발포사건으로 인해 민간인 시위 발생. 1954년 9월 21일까지 무력 진압과정에서 수많은 민간인이 희생)
	4월 1일	〈포항〉 포항체육회 발족
	8월 3일	〈포항〉 포항체육회가 남조선 축구대회개최(장소는 동지중학

교, 신청금은 500원)

1948년	5월 10일	〈조선〉 조선 남한 단독으로 초대 총선거 실시
	7월 12일	〈조선〉 대한민국 헌법이 제정, 7월 17일 공포
	8월 15일	〈한국〉 대한민국 정부 수립
	9월 9일	〈한국〉 북한(조선민주주의인민공화국) 정부 수립
	10월 12일	〈한국〉 반민족행위특별조사위원회 구성
	10월 19일	〈한국〉 여수·순천 사건(여수시 주둔 14연대 군인 2000여 명이 제주 4.3사건 진압명령을 거부하여 무장반란)
	12월 1일	〈한국〉 국가보안법 제정
		〈포항〉 영일만의 총생산량은 20억400만4570킬로그램, 생산액 6억7000여만 원, 공장시설(통조림 공장, 제재공장) 정지 상태로 이북 지역과의 무역교류 자유화를 희망 〈포항〉 영일군 내 수차례의 반란 사건에도 치안상태는 양호 〈한국〉 제주도 4.3 사건, 여수·순천 사건
1949년	5월 말	〈포항〉 기선저예망 35건, 청어 정치망 (대소) 합계 600여 건이 휴업
	6월 5일	〈한국〉 사상보호관찰 단체인 국민보도연맹 조직(가입하면 처벌하지 않는다고 권유)
	6월 6일	〈한국〉 친일 경찰이 반민특위 습격
	6월 26일	〈한국〉 김구 암살
	8월 14일	〈포항〉 포항읍이 포항부로 승격
	8월 15일	〈포항〉 포항부를 포항시로 개칭
	12월 31일	〈포항〉 영일군과 포항시 교육위원회가 설립

〈포항〉 포항의 상회는 20개로 연간 수입 총액은 1억 원

〈일본〉 연말까지 해외 재류(군인, 일반인) 일본인 624만 명
이 귀환을 완료

1950년	1월 12일	〈미국〉 미국 국무장관 딘 아치슨이 '아치슨라인'을 표명

5월 30일 〈한국〉 2대 총선 실시(210석 중 126석 무소속 당선)

6월 25일 〈한국〉 북한의 남침으로 6·25전쟁 발발

6월 27일 〈한국〉 이승만 대통령, 서울 탈출 직전 보도연맹이나 남로
당원에 대한 처형을 지시. 이에 따라 전국적으로 많
은 국민이 학살됨(피해자 수는 언론에 따라 다르지만
최대 120만 명)

〈포항〉 2015년 8월 13일, 대법원은 포항의 피해자(166명)
유가족(143명)에게 국가가 배상하라고 최종 판결

7월 11-17일 〈포항〉 해군경비부 육전단의 죽장지구-구암산 전투

7월 18~22일 〈포항〉 미군 포항상륙작전(작전명 블루하트)

7월 20~22일 〈포항〉 영덕 포항전투

8월 5~19일 〈포항〉 죽장 보현산 수석봉 전투

8월 9일 〈포항〉 8월 18일까지 안강-기계 전투

8월 9~11일 〈포항〉 학도병들이 산화한 포항 실함 직전 소티재 전투,
포항여중 전투

8월 10~17일 〈포항〉 송라 독석리의 제3사단 해상철수 작전

8월 15~20일 〈포항〉 민기식 특수임무부대의 포항 탈환 작전

8월 17~26일 〈포항〉 기북지구 비학산 전투

8월 17~9월 5일 〈포항〉 천마산지구 삿갓봉고지(93고지) 전투

9월 2~21일 〈포항〉 포항 안강 방어, 반격 전투

9월 5~22일 〈포항〉 낙동강 최후의 방어선, 형산강 방어, 반격전투

9월 14~22일 〈포항〉 포항반격 전투, 미주리함이 발사한 포탄 380발
로 인해 시내가 초토화(9월 17일 미군 확인)

9월 15~16일 〈한국〉 인천상륙 작전

9월 17~22일 〈포항〉 포항-흥해 전투

9월 16~30일 〈포항〉 안강-38선 진격 전투

9월 22~27일 〈포항〉 청하-울진 진격 전투

1951년 1월 10~2월 16일 〈포항〉 미해병1사단과 국군 해병대의 포항게릴라 헌
트 작전

1951년 7월 10일 〈한국〉 휴전회담 개시

10월 20일 〈포항〉 포항고등학교 개교, 포항시 재건위원회 위원 선거
실시

1952년 4월 28일 〈일본〉 샌프란시스코 강화조약에 따라 일본이 미군정에서
해제, 독립

5월 5일 〈포항〉 포항시 의회, 영일군 의회 개원

5월 10일 〈포항〉 미해병 제1사단 병사들이 '미해병대기념고아원'을
설치, 전쟁고아 지속 구호

8월 1일 〈포항〉 한국 해병대 포항 기지에 주둔(이후 1958년 4월 해병
대 포항사령부)

1953년 5월 2일 〈포항〉 미군통역관 이종만이 포항역 광장에 미해병 전투비
행단 전몰용사 충령비 건립(1937년경 존재했던 일본 군 충혼
비를 재활용한 것으로 추정. 1969년 4월 22일 송도동으로 이전)

7월 27일 〈한국〉 유엔군과 중국·북한 연합군 간 휴전 서명

주요 참고문헌 및 자료

1. 田中正之助·加納安正, 『浦項誌』, 朝鮮民報社, 1935

2. 逢捨藏, 『慶北大鑑』, 1936

3. 大邱日報社, 『慶北要覽』, 1910

4. 朝鮮民報社, 『慶北産業誌』, 1920

5. 中谷竹三郎翁壽像建設委員會, 『中谷竹三郎翁』, 1936

6. 熊田頭四郎, 『日本環海の海流調査業績』, 1922

7. 朝鮮總督府, 『朝鮮の都邑』, 1932

8. 朝鮮駐箚軍司令部編, 『朝鮮暴徒討伐史』, 朝鮮總督府官房總務局印刷所, 1913

9. 善生永助, 『朝鮮の市場』, 朝鮮總督府庶務部調査課, 1924. 11

10. 庄野正則, 『苦勞體驗手記 海外引揚者が話續ける苦勞-大邱府よりの引揚げ』, 平和 記念展示資料館, 2010. 2

11. 在日韓國靑年會中央本部, 『アボジ聞かせて あの日のことを』, 41~42쪽, 1988

12. 경상북도포항교육지원청, 『포항교육사』, 2019

13. 손경희, 「일제강점기 경북영일군의 이주일본인 증가와 토지소유 확대」, 『대 구사학』 제122집, 2016. 2

14. 이기복, 「'경상북도수산진흥공진회'(1935)와 경북 수산업의 동향」, 『역사와 경 계』 73, 173~220쪽, 부산경남사학회, 2009. 12.

15. 이상준, 『포항의 3·1운동사』, 포항문화원, 2019. 1.

16. 최부식, 『그들의 경주, 우리의 경주』, 경주문화원, 2019

17. 최성원, 「일제강점기 포항의 도시화 과정」, 『경주사학』 제38집, 114쪽, 2013

본문 주석 및 연표 관련 주요 참고 웹사이트

1. 국립중앙박물관 일제강점기 자료 원문(지도, 조선총독부소장 유리건판 사진)
   (http://www.museum.go.kr/site/main/content/japanese_gov_gen_korea)

2. 한국역사정보통합시스템
   (http://www.koreanhistory.or.kr/)

3. 조선총독부관보 활용시스템
   (http://gb.nl.go.kr/)

4. 한국사 데이터베이스
   (http://db.history.go.kr/)

5. 한국학중앙연구원 한국역대인물종합정보시스템
   (http://people.aks.ac.kr/index.aks)

6. 일본 국립국회도서관 제국의회 회의록 검색시스템
   (http://teikokugikai-i.ndl.go.jp/)

7. 일본 국제일본문화연구센터 데이터베이스(지도, 조선그림엽서)
   (http://kutsukake.nichibun.ac.jp)

8. 기타 일본 야후 등 포털